Mayo 1, 2021

Henry,
Gracias por ser tan
especial. El preview te quedó
fabuloso!

Nunca dejes de soñar...
XooXX

Gloria Resta

# La Chica con el Vestido Escotado

# La Chica con el Vestido Escotado

Gloria Restoy

# Dedicatoria

Este libro está dedicado a Maritza, mi
madre. La vasija que Dios usó para
traerme al mundo. «Mamá, nunca
imaginé que podría amar a alguien tan
profundamente».

# Agradecimiento

Quiero agradecer a mi amado Salvador por mi vida. Este libro es un testimonio del poder transformador y la existencia de un Dios amoroso.

Quiero agradecerle a Dios por creer en mí, por confiar en que yo podría llevar este mensaje al mundo. Según la estimación humana, sería la menos calificada para escribir un libro.

*«Sino que Dios ha escogido lo necio del mundo, para avergonzar a los sabios; y Dios ha escogido lo débil del mundo, para avergonzar a lo que es fuerte; y lo vil y despreciado del mundo ha escogido Dios; lo que no es, para anular lo que es».*

*I Corintios, 1:27-28*
(LBLA)

Él dijo que podía, ¡y yo le creí!

Tengo mucho que agradecer. Mi familia, mis amigos, las herramientas que Dios usó y los maestros que eligió para traer amor, conocimiento y sanidad a mi vida.

Mi deseo es honrar a todos y todo lo que Dios eligió para ser parte de mi mundo y traerme a este momento.

Gracias a TBN, *Trinity Broadcasting Network* (Red de Televisión Cristiana) por ser fundamental en la renovación de mi mente.

Estoy muy agradecida a *Central Bible Church* y la familia Stocker por ser mis pastores en mis años de formación mientras bebía la leche que es la palabra de Dios.

Gracias a la Iglesia Pneuma y el pastor Christian García. A través de su seguimiento de crecimiento, aprendí los talentos que Dios había puesto en mí.

Estoy en deuda y muy agradecida con la Iglesia Canaán USA, el Pastor Jaime y Liliana García. Este libro no hubiera podido ser concebido si no hubiera sido por ustedes.

A mi familia, estoy agradecida por sus vidas. Todos ustedes son parte de mí, nunca los olvido. Bryan, Lisa, Robert, Gladys, Eduardo, Alfredo, Carlitos, Eddy, Juan Carlos y sus familias.

Mis amigas y hermanas en Cristo, gracias por su amistad, sus oraciones y su apoyo. Yona, Mercy, Evelyn, Vilma, Mariella, Maribel, Niurka, Marcia, Cindy, Graciela, Annie, Connie, Edys, Evelyn, Belen y Alfonso.

La vida de muchos ha estado acompañada de experiencias y etapas supremamente dolorosas, a tal punto que, algunos, han concluido que ya no hay esperanza de cambio para ellos, ni mucho menos esperanza de que algún día la vida pueda sonreírles. Después de suficientes años de sufrimiento, muchos quedan convencidos que simplemente merecen la vida que les tocó.

¿Será posible que una vida enmarcada por abandono, muerte, cárcel, drogas, homosexualismo, temor, vergüenza y culpa, pueda realmente llegar a cambiar para bien? La respuesta podría ser definitivamente Sí. Estoy convencido que cientos, o tal vez miles de personas que leerán este libro, se identificarán en alguna medida con la vida de Gloria Restoy; y quiero invitar a cada individuo que se permita ser inspirado por el poder transformador de Dios.

Las páginas de este libro contienen el relato de una historia fascinante, así como enseñanzas de vida muy poderosas que Gloria recibió e implementó durante un proceso de restauración que transformó por completo su vida. Ella descubrió que Dios tiene el poder y la voluntad de cambiar la culpa, la vergüenza, el temor, la ansiedad y la depresión por gozo, paz, libertad y propósito. No lo aprendió leyendo un libro, o escuchando las historias de otros, lo aprendió disponiendo y entregando su ser al Único capaz de sanar su alma sangrante, y convertir sus más grandes heridas en un testimonio poderoso, en un llamado y en un propósito.

La palabra de Dios dice que «... el testimonio de Jesús es el espíritu de la profecía» —Apocalipsis 19:10b. Esto quiere decir que, cada vez que alguien comparte el testimonio de lo que Jesús ha hecho en su vida, las palabras que salen por su boca están cargadas de contenido profético. Es como si Dios estuviera diciendo a la persona que escucha (o lee) este testimonio, que Él volverá a hacer ese milagro. Esta es la explicación de lo que cada lector sentirá al leer este libro; una sensación de que algo poderoso va a ocurrir en sus vidas. Esta «sensación» se llama ESPERANZA y es el regalo más grande que Gloria está entregando a través de su testimonio.

Con un estilo muy particular, sencillo y agradable, el lector encontrará que le resultará difícil dejar este libro a un lado. Es el anhelo de mi corazón que sean muchos los testimonios de transformación que se den como resultado de la transparencia, apertura y vulnerabilidad de Gloria; así mismo, anhelo que todo aquel a quien este libro llegue sea grandemente bendecido, y que *todos puedan apreciar y valorar la valentía de esta mujer que expone su vida, de una manera muy detallada, con el único objetivo de darle gloria a Dios y esperanza a muchos.*

JAIME GARCÍA

Pastor Principal

Canaan, USA.

# Contenido

Introducción.................................................15

**PRIMERA PARTE** .......................................17
Capítulo I. Cuba, 1953 ...............................19
Capítulo II. ¿Quién eres Maritza Brezot?...........27
Capítulo III. Dejando la Isla del Paraíso...........51
Capítulo IV. En una Montaña Rusa con Mamá.............55

**SEGUNDA PARTE** ......................................77
Capítulo V. La Luz de mi Mundo se Oscureció.........81
Capítulo VI. Adicta al Amor.........................89
Capítulo VII. La Maldición y la Causa ..............97
Capítulo VIII. Falsas Expectativas ................115
Capítulo IX. Robo de Identidad.....................139
Capítulo X. Corriendo Desnuda .....................159
Capítulo XI. La Furia del Pecado...................187

**TERCERA PARTE**......................................209
Capítulo XII. Conocida por Dios....................211
Capítulo XIII. Asilo del Alma......................227
Capítulo XIV. El Proceso de Morir..................245
Capítulo XV. Entró la Gracia.......................263
Capítulo XVI. Abrazo y Entrega.....................281
Capítulo XVII. Construí mi Castillo con Deseos.....307
Capítulo XVIII. Canaán, la Tierra Prometida es Real.333
Capítulo XIX. Perdón...............................353
Capítulo XX. Mujer de Valor........................363
Oración para Entregar tu Vida a Jesús .............379
Un Poco de mi Historia en Imágenes.................381
Información de Contacto ...........................387
REFERENCIAS........................................389

# Introducción

*«Te doy las gracias, Dios, de todo corazón, Estoy
escribiendo el libro sobre tus maravillas. Estoy
silbando, riendo y brincando de alegría; Estoy cantando
tu canción, Dios Supremo».*

*Salmos 9:1-2*

*(Traducción el Mensaje)*

(MSG)

Este libro está destinado a honrar a un hombre y a una mujer, los padres que Dios eligió para traerme al mundo. Sus vidas me enseñaron mucho, y hay mucho de ellos en mí.

Mientras estoy sentada aquí me sorprende cuántos años han pasado. Casi toda mi familia ha fallecido, reflexiono mientras miro las fotos de mis seres queridos y pienso en lo diferentes y, sin embargo, lo similares que fueron nuestras vidas. Sus luchas, su dolor, eran muy parecidos a los míos, la única diferencia era el tiempo y el lugar.

Miro mi foto cuando era una bebé, acurrucada en el regazo de mi madre, mi sonrisa era tan inocente y mi madre, Maritza, era tan joven y hermosa. Su dolor se evidencia en las sombras que se dibujan en sus hermosos ojos.

El amor es tan misterioso; puede causar dolor o alegría. El amor puede elevarte a nuevas alturas y puede hundirte en un pozo. El amor puede animarte y puede desalentarte.

Esta es también mi historia, me crié en un ambiente de caos y gran parte de esa vida creó en mí una sensación de pérdida y abandono. Cuando me hice adulta, tuve que luchar todos los días para conservar mi cordura.

Desde que tengo memoria tuve una insaciable necesidad de saber de dónde venía. Interrogaba a mis tías y a mi abuela y cuando me convertí en adulta hacía preguntas a mi madre sobre mi infancia y sobre mi padre. Era mi tema predilecto y ella se obligaba a dialogar porque le daba la oportunidad de hablar de sí misma.

He cambiado algunos nombres para proteger la privacidad de aquellas personas especiales que Dios usó en mi vida, he tenido la bendita oportunidad de conocer a cada una de ellas.

¿Puede una persona herida, lastimada y traumatizada amarse a sí misma y a su hija?

Acompáñame en este viaje, mientras comparto contigo lo que he aprendido a lo largo de mis años de lucha contra las adicciones, la ira, la depresión y la falta de perdón, abriré mi corazón con una historia concebida en el corazón de Dios.

*«Así dice el Señor, Dios de Israel: "escribe en un libro todas las palabras que te he hablado"».*

*Jeremías 30:2*

(LBLA)

# PRIMERA PARTE

# Capítulo I. Cuba, 1953

Maritza —mi madre— era la segunda hija más joven de una familia de ocho hermanos. Cuando nació, su madre, Juana, estaba cansada de tanto luchar pues la pobreza la rodeaba y no encontraba salida. Juana estaba exhausta y emocionalmente agotada por la falta de descanso, vivía una vida sin recreación y sin nada que esperar. Se sentía atrapada con tantos niños a su cargo y con muy poca ayuda, siempre preguntándose si pasarían hambre.

Juana veía a los ricos hacerse más ricos y a los pobres vivir desolados y con pocas esperanzas para un futuro, excepto para los hijos que ella había dado a luz. «Un día crecerán y me darán una vida mejor, una que yo nunca podría darme a mí misma», pensaba. No tenía tiempo para la pequeña Yolanda, su hija mayor, que había asumido el papel de madre y siempre llevaba a cabo los quehaceres así como las responsabilidades adultas de cuidar a los niños más pequeños. Yolanda siempre temía por su hermana pequeña Maritza, era tan hermosa y desenvuelta. Cuando era niña, todos se detenían para mirarla y hablar con ella y de adulta se había convertido en una mujer deslumbrante. Aunque sus secretos estaban profundamente ocultos, su profundo dolor y el quebrantamiento eran evidentes en sus ojos, un recuerdo doloroso había creado una sombra en su joven existencia, un evento que quería borrar, el resultado de una noche en la que su vida había cambiado para siempre.

Juana pensaba, «no hay tiempo para esas cosas del amor, tengo que cocinar, limpiar y lavar la ropa». Planchaba la ropa de otras personas para poder poner comida en la mesa. Camisas blancas que requerían almidón y cuidadosos pliegues hechos con una plancha candente, tenían que lucir impecables pues las usarían los hombres importantes del pueblo. Los vestidos de las damas estaban hechos de fino lino, mientras los planchaba, sentía una extraña melancolía al pensar en su vida, la entristecía recordar a su esposo fallecido. El padre de Maritza había sido capitán en el departamento de policía, era un buen hombre, honesto, pero su salario era mínimo y siempre parecía no ser suficiente con tantas bocas que alimentar.

Había un velo de misterio detrás de la muerte del capitán, al parecer, se había tratado de algún tipo de disputa entre unos delincuentes que vivían en su pueblo y una joven a la que el capitán intentaba proteger, todos comentaban que probablemente lo habían matado. Nadie sabía con certeza qué había sucedido o cuáles habían sido las circunstancias reales detrás de su muerte.

La pérdida de su marido había sido muy traumática para Juana y toda la familia. Maritza había sido la más afectada, era una niña joven y muy apegada a su padre, lo extrañaba muchísimo, lo había encontrado muerto ese último día de su vida, le regalaron su camisa para apaciguar sus gritos y llantos de desesperación. Ese día, ella empezó a decir que quería morir, quería suicidarse, no podía soportar el dolor. Le gustaba estar cerca de su padre.

Él la hacía sentir segura, tenían una buena relación y ella se sentía tan especial cuando él la miraba, cuando se detenía a hablar con ella a pesar del ajetreo de su vida. Cuando murió el capitán, dejó un profundo vacío en la vida de todos en su familia, pero en su hija menor esto había ocasionado una profunda herida.

Maritza había tenido una buena relación con sus hermanos, pero todo había cambiado, nunca fue lo mismo después de la muerte de su padre. Se sentía sola, asustada y desprotegida.

Maritza necesitaba mucha atención. De niña le gustaba hablar y fantasear sobre su mundo interior, sus sentimientos, sus miedos y sus sueños. Ella hacía y decía cosas que podían sorprender e impresionar, sólo para hacer que su audiencia la adorara. Era muy habladora, hablaba tanto que enloquecía a su madre. Su familia le decía «chica tranquila ya» pues nadie quería escuchar las mentiras y los dramas que ella inventaría. A Maritza no le gustaba oir la palabra «no», un día hizo una enorme pataleta porque no quería ir a la escuela. No le gustaba estar rodeada de gente, le decía a su mamá, Juana: «Siempre están hablando de mí y me tratan mal». Había tenido rabietas antes, pero nunca como la de ese día, había sido peor que nunca. Amenazaba a Juana y le decía: «Si me haces ir a la escuela me iré de casa y me encontrarás muerta en una cuneta». Todos le decían a Juana, «esa niña está muy malcriada, vas a tener muchos problemas con esa niña, es muy rebelde, no escucha, nadie puede disciplinarla». Juana había cometido el mayor error de su vida al rendirse. Su hija nunca más fue a la escuela.

A medida que la niña crecía y se convertía en una joven, miraba revistas durante horas, soñaba con ser rica y tener su propio dinero para comprar lo que quisiera. Odiaba la escuela y creía que ser bella era más importante que sentarse en un aula aburrida y escuchar hablar a una anciana todo el día. Sabía que era importante ser inteligente para poder hablar con personas importantes y vivir la vida que soñaba. Decía que «ella siempre podía actuar de manera inteligente si tenía que hacerlo». Sus pensamientos básicamente eran viajar y ser la esposa de alguien rico y poderoso. Quería que sus vestidos de lino fueran planchados como lo hacía su madre, exigía mucho a otras personas, nadie entendía realmente cuáles eran sus expectativas y por eso estaba continuamente decepcionada.

Maritza no podía comunicar sus sentimientos, pensamientos o necesidades con mucha facilidad, se frustraba, gritaba y se enojaba, generalmente todos cedían a sus caprichos. Toda su familia estaba a su entera disposición, en el fondo ella estaba manipulando a todos y ellos sabían que no se encontraba bien. Siempre amenazaba con suicidarse. La desgracia la había alcanzado desde muy joven, su vida nunca volvió a ser la misma después de ese día en el que la sangre manchó su vestido.

La Habana, Cuba, era el año 1953 y había excitación en el aire. Una hermosa joven con muchos sueños, despertó muy emocionada una mañana de verano, se sentía diferente, sentía que algo bueno le iba a pasar, apenas un día antes, sus hermanas estuvieron de acuerdo con ella en que necesitaba divertirse e hicieron una cita para salir a la ciudad.

Ella eligió su vestido con cuidado, mientras escogía los accesorios, su mente comenzó a divagar. Empezó a soñar despierta sobre cómo sería una noche en Tropicana. Cantantes de renombre como Celia Cruz estarían presentándose y las Mulatas de Fuego estarían bailando al ritmo del *show* de la Sonora Matancera. El club que habían elegido era uno de los sitios nocturnos más famosos del mundo. Sus hermanas, Yolanda y Vitalia irían con ella a divertirse, bailar un poco y con suerte conocer al hombre de sus sueños.

Sabía exactamente lo que quería en un hombre, debía ser guapo, alto y económicamente independiente. Ella pensaba para sí misma, «debe ser sociable y con aspiraciones de un buen futuro», alguien que pudiera apoyarla a ella y a su familia económica y moralmente. Esa era la cultura en Cuba, la carrera de una mujer era conocer a un hombre, casarse y tener hijos. El esposo ideal también representaría a la familia de la mujer y le brindaría estatus, así como el apoyo para una vida mejor; si fuera un político prominente, como había algunos, entonces le encontraría trabajo a aquellos miembros de la familia que estuvieran desempleados.

Aunque sus hermanos y hermanas ya eran mayores y cada uno vivía su propia vida, tenían sus problemas y era evidente que Juana favorecía a los chicos, les exigía muy poco, pero para las chicas tenía expectativas muy diferentes.

Sus hermanas entraron a la habitación mientras Maritza estaba sumida en sus pensamientos, Yolanda vio el vestido y sus accesorios y estuvo de acuerdo con Vitalia:

—Maritza se verá hermosa esta noche.

Yolanda pensaba para sí misma, en los años que habían pasado después de aquella horrible noche, cuando su hermana había llegado con el pecho ensangrentado y su ropa desgarrada, su hermanita lloraba histéricamente, estaba en *shock* y con una mirada aturdida en sus ojos.

Vitalia interrumpió los pensamientos de su hermana y exclamó:

—Vamos a pasar un rato maravilloso esta noche, no más tristezas, hoy nos divertiremos en la ciudad más hermosa del mundo, ¡La Habana, Cuba!

Maritza tenía una euforia diferente que a veces no parecía normal, sin embargo, todos lo ignoraban, lo veían como parte de su personalidad. A veces estaba sumisa, triste y callada, incluso deprimida; pero otras veces estaba eufórica. Su familia siempre exclamaba: «¡¿Quién puede entender a esta niña?!».

Con mirada de preocupación, pero comportándose como una joven, exclamó:

—Espero que esta noche no veamos a ninguno de esos radicales políticos que están ocasionado tantos disturbios en nuestra isla —dijo—, me ponen tan nerviosa. Ya es bastante malo todo lo que se habla de Batista —Los rumores habían empeorado últimamente. La gente decía que estaba involucrado en la mafia y que torturaba a las personas, que su gobierno no era democrático sino una dictadura y por eso Fidel tenía posibilidades de apoderarse de la isla. Luego continuó:

—Sólo quiero ocuparme de mis asuntos y no pensar más en política ni en nada serio esta noche. Quiero que esta noche esté llena de música, risas, buena conversación y, con suerte, mi amor verdadero.

Maritza había tenido algunos novios en el pasado, no había tenido éxito en encontrar el correcto. Eran demasiado pequeños o demasiado altos, no hablaban de temas interesantes, eran calvos o eran demasiado mayores. Ella acababa de cumplir treinta y dos años, ya era hora de casarse y tener hijos como todas las otras mujeres que conocía. A veces pensaba que algo andaba muy mal con ella, pero se encogía de hombros y no le daba importancia. Cuando pensaba en sí misma, intentaba hacer una introspección personal para descartar esos pensamientos. Dolían demasiado; ella simplemente no se aprobaba a sí misma. Tenía que ocultar lo que estaba sintiendo, sus pensamientos y sus sentimientos no podían ser compartidos sino sólo con sus hermanas e incluso si lo hacía con ellas, tendría que elegir bien sus palabras. No se entendía a sí misma y a veces tenía pensamientos extraños. Algunos días estaba feliz, pero cuando estaba triste se quería morir. Pero hoy, se iba a divertir.

Corría el año del segundo mandato del presidente Fulgencio Batista, era de dominio público y se rumoraba en toda la ciudad que gobernaba con mano de hierro. El asesinato en primer grado era una práctica habitual en el régimen de Batista. Aunque muchos estaban en contra de sus prácticas, mucha gente lo seguía; contaba con el apoyo de casi toda la isla.

Pero también se hablaba del malestar político, un hombre como Batista se había hecho de muchos enemigos y se rumoraba que sacaba dinero de Cuba a Estados Unidos porque temía que hubiera una revolución y quería resguardar la seguridad de su familia. Su plan sería abandonar Cuba en la primera oportunidad, había amasado una gran riqueza y podía empezar de nuevo en cualquier parte del mundo. La revista Bohemia, que era una publicación cubana leída en toda la isla y el Caribe, difundía historias de las afiliaciones que tenía Batista con la mafia de Las Vegas, como Meyer Lansky y Lucky Luciano.

La conferencia de La Habana de 1946[i], fue un encuentro histórico de enormes proporciones encabezado por Charles «Lucky» Luciano. La mafia siciliana conocida como la «Cosa Nostra» en la que Luciano organizó la reunión para que todos los participantes delinearan las políticas y procedimientos de la mafia en Cuba. La conferencia representó a familias criminales de los Estados Unidos e Italia y se llevó a cabo el 22 de diciembre de 1946 (Conferencia de La Habana, s.f.). Fue una especie de cumbre de la mafia que allanó el camino para todo el dinero sucio que ayudó a construir hoteles y casinos, los fondos contribuyeron con el respaldo del corrupto sistema político del presidente Fulgencio Batista.

La gente estaba emocionada ante la perspectiva de otra presidencia. Todos los demás presidentes del pasado habían prometido mucho, sin embargo, hasta ese momento habían cumplido con muy poco. Nunca imaginaron lo que pasaría en su isla paradisíaca.

Las cosas parecían normales pero estaban lejos de serlo. En apariencia, todo iba como de costumbre. Las más hermosas mujeres y sus hombres vivían y jugaban allí. Todos querían visitar la ciudad en la que muchos de los placeres estaban a la venta y en ocasiones eran gratis. El juego, el alcohol, el sexo y las drogas abundaban en todo el país, la clase alta sólo consumía cocaína porque los ricos consideraban que la marihuana era para las clases más bajas. Había tensiones raciales entre las personas, los pobres sólo podían soñar con una vida mejor y sentían cada vez más envidia de las clases privilegiadas.

Fidel tenía cabello oscuro y barba, su atractivo sexual era abrumador. A las mujeres les encantaba oirle hablar; era un chico malo que irradiaba misterio y miedo. Era elocuente y carismático. Hablaba de cambio, de una Cuba mejor y mucha gente escuchaba sus discursos en las plazas y en los campos, entre los que estaba obteniendo más apoyo, de los agricultores y en las universidades.

Con su encanto, logró convencer a mucha gente y nadie conocía su agenda oculta. Sus discursos iban dirigidos principalmente a los pobres, con un tono envidioso que incitaba a la gente a resentirse con los ricos e influyentes.

Fidel Castro era un enigma, había nacido en una familia muy rica y parecía que se rebelaba contra los de su mismo tipo, los privilegiados. Era el hijo ilegítimo de un rico terrateniente y su amante. Asistió a dos internados antes de ser enviado a «El Colegio de Belén» en La Habana, Cuba, dirigido por Jesuitas.

Posteriormente, se convirtió en abogado. Los periódicos contaban fragmentos de su vida personal, dando a los lectores la impresión de la amarga relación que tenía con su padre, era como si se rebelara contra todo lo que su padre representaba.

Los casinos no se vieron afectados por la situación política, por el contrario, la gente jugaba e iba a tertulias sociales en las que el tema principal de conversación era la incertidumbre política, pero todos lo negaban, veían las señales pero nunca creyeron que su Cuba les pudiera ser robada. Había mucha corrupción, principalmente porque Batista le había pedido a Meyer Lansky que operara los casinos en la isla, llevando todo el conocimiento que había obtenido de la mafia en los Estados Unidos a La Habana.

Por otro lado, Juan Restoy —mi padre— visitaba habitualmente el *Havana Yacht Club*, allí era muy conocido por otros políticos. Lo admiraban por su forma de vestir; siempre lucía impecable, con sus trajes de lino perfectamente planchados. Se había hecho de una buena reputación a través de los años. La gente lo respetaba y le escuchaba cuando hablaba. Era elocuente y muy refinado.

Esa noche regresaba del Casino Nacional, donde había ganado una buena cantidad de dinero, sus habilidades como jugador profesional de póquer habían dado frutos. Tenía varios vicios: juego, mujeres hermosas y licor. Bebía todos los días desde que tuvo veinte años. Vivía la vida de un rico hombre de negocios y políticamente estaba vinculado al régimen de Batista. Nunca trabajó ni un solo día en su vida, pero de alguna manera hacer dinero siempre le resultó fácil.

Era encantador con todo el mundo, resultaba serlo incluso para aquellos hombres con los que trataba. Hablaba con funcionarios gubernamentales muy acaudalados sobre las leyes que le interesaban y su trayectoria era muy buena. Era elegante, cautivador, respetuoso, su encanto hacía que las mujeres desmayaran a sus pies, podía tener a cualquier mujer que quisiera. Había nacido en una familia adinerada; jugaban fuerte y apenas trabajaban. Se le recordaba constantemente que debía ser como su hermano, un hombre de familia.

Definitivamente, la vida de Juan se orientaba más hacia el amor que hacia la confrontación. Guardaba para su familia un lugar especial en su corazón, sus hermanas eran consideradas unas de las mujeres más bellas de Cuba y sus hijas también eran muy hermosas. En cierto modo, era un enigma, había aspectos de su personalidad que eran un poco contradictorios y que no eran del conocimiento de todos sino excepto para unos pocos. Amaba la belleza, probablemente las personas que no lo conocían bien podían juzgarlo de superficial, sin embargo, sentía empatía hacia las personas menos afortunadas y era bondadoso con ellas.

No era un hombre severo, su voz era suave y era muy cortés, poseía una inteligencia natural para los negocios y delicadeza al hablar con la gente. Era un imán para las mujeres y él lo sabía. Financieramente era independiente; su riqueza provenía de un negocio familiar originado por su padre.

Juan acababa de ganar las elecciones como representante o cabildero de su provincia, bajo el partido legislativo democrático. Debido a su estatus socioeconómico y su encanto, había ganado con gran ventaja. Estaba feliz, quería celebrar y tomar unas copas e ir al casino, según él, era justo lo que necesitaba.

# Capítulo II. ¿Quién eres Maritza Brezot?

Yolanda lo vio cuando entró al club, desde el otro lado del salón ella lo miraba fijamente, él sostuvo su mirada por un momento y luego ella apartó la suya avergonzada. Sin embargo, por el rabillo del ojo, estaba siguiendo cada uno de sus movimientos. Al acercarse a la barra, el cantinero lo saludó de manera amistosa pero respetuosa. Ella pensaba para sí misma «que hombre tan guapo, debe tener la esposa cerca. Si ese fuera mi marido no le perdería ni pies ni pisada, un hombre tan guapo no se deja solo por mucho tiempo». De lejos parecía todo un caballero, era alto, guapo y con el cabello canoso. El extraño no parecía muy mayor. Tenía cuarenta y tantos años y se comportaba con clase. La elegancia que reflejaba no había sido comprada en una tienda; de lejos se veía que era rico, educado y mujeriego. De repente empezó un desfile de mujeres que pasaban por el bar y saludaban a este misterioso caballero. Ella pensaba para sí misma, «me parece un poco familiar, pero no puedo recordar dónde lo he visto antes».

—Mi hermana, ¿qué estás mirando? No has dicho una palabra desde que llegamos aquí. ¿Te pasa algo? —interrumpió Maritza el análisis de su hermana acerca del misterioso extraño.

—Estoy bien, he estado mirando a un hombre guapo en el bar, no estoy segura dónde lo he visto antes, pero me parece familiar —respondió Yolanda.

Maritza y Vitalia volvieron la cabeza al mismo tiempo y Yolanda dijo:

—¿Pueden ser un poco más discretas? No puedo creer que estén siendo tan obvias, no quiero que él sepa que estamos viendo cada uno de sus movimientos, el hombre pensará que estamos interesadas en él, parece un mujeriego. Deberían ver la cantidad de mujeres que lo han saludado y él las conoce a todas. ¿Te imaginas tener un hombre así por marido? No podría dormir por la noche, no dejaré que mi imaginación se apodere de mí.

—Estoy segura de que Maritza sabe quién es, siempre está al tanto de los últimos chismes y de quién es quién en La Habana. Necesitamos verlo mejor —concordó Vitalia, afirmando que le parecía familiar.

Maritza se echó a reír ante el comentario de su hermana sobre su interés por los chismes. El misterioso extraño se dio la vuelta y las estaba mirando cara a cara. Le pidió al camarero que le refrescara la bebida. Maritza saludó desde lejos y respondió:

—Lo conozco, es ese tipo rico que acaba de ganar las elecciones. Es simpático, lo conocí hace unos meses en una fiesta, estaba reuniendo votos y definitivamente me llamó la atención. La gente dice que está casado, pero rara vez han visto a su esposa, las columnas de chismes dicen que tiene tres hijas, dos hermosas hermanas y un hermano. Su padre tenía algún tipo de negocio que tenía que ver con madera y barcos, pero no estoy muy segura de los detalles. Y sí, tienes razón en tu apreciación, se le considera un mujeriego, pero la gente también dice muchas cosas buenas de él.

El caballero caminó hacia ellas y se presentó ante las tres hermanas. Maritza lo felicitó por su triunfo en las elecciones y dijo que esperaría con ansias todas las leyes que se aprobarían, referentes a mejorar el empleo para las mujeres e igualdad de sus salarios.

Preguntó si podía unirse a ellas y las tres hermanas respondieron que sí al mismo tiempo, él sonrió de manera juguetona. Pasaron por todas las sutilezas sociales, luego una pequeña charla e, inmediatamente, Yolanda notó cómo este extraño guapo miraba a su hermanita y pensó, «si él piensa que va a convertir a mi hermana en uno de sus trofeos, será mejor que lo piense dos veces. No permitiré que mi hermana caiga en la trampa de un político casado». Vitalia vio el rostro de Yolanda y pudo leer su mente como si fuera un libro abierto. Era como si el rostro de Yolanda fuera una máquina de telégrafos y sólo Vitalia supiera leer el mensaje codificado. Hizo un leve gesto con los ojos y la boca como diciéndole en silencio a su hermana que dejara de tener esos pensamientos, alguien se daría cuenta de que estaba cada vez más molesta por ese mujeriego y su hermanita. Ninguna de las dos había oído hablar de su primer encuentro, cuando Maritza lo había conocido antes de su elección.

Juan invitó a bailar a Maritza, estaban charlando mientras bailaban al ritmo de La Sonora Matancera tocando «Historia de un Amor». A Maritza le gustaba lo fácil que le resultaba hablar con él, no tenía aires de grandeza y era realmente una buena persona. De hecho, estaba sorprendida de que la gente lo hubiera descrito con tanta precisión. Este apuesto hombre, que era un político nato, tenía muchas cosas en común con ella, conocían a mucha gente, aunque ella no estaba en los mismos círculos sociales que él, había conocido a otras personas de la política en las fiestas a las que ambos habían asistido. Maritza trataba de no pensar en la familia y en lo mucho que probablemente lo extrañaban en casa, sus hijas posiblemente lo idolatraban, podía sentir que era atento, considerado y generoso con las mujeres de su vida.

Una vez que regresaron a la mesa, habló con las hermanas sobre su padre y el negocio que había iniciado, mencionó que su padre había sido pobre, había comenzado a vender madera a la ferretería local y luego había comprado una ferretería, con diligencia y trabajo duro, había creado uno de los negocios más lucrativos de La Habana. También les contó que viajaba a Costa Rica con regularidad para traer madera a la isla.

Juan también habló de sus hermanas, las describió como altas con ojos azules y piel bronceada, con cabello gris, aunque eran jóvenes, el cabello blanco formaba parte de su ADN familiar. Su bisabuelo era de ascendencia francesa y española y a la temprana edad de veinticinco años, su cabello estaba completamente cubierto de canas.

El espectáculo estaba por comenzar, se presentarían las «Mulatas de Fuego», famosas bailarinas cubanas. La función era una versión tipo Las Vegas con hermosos y sexis trajes, con vestidos decorados con plumas y bikinis muy pequeños cubiertos de lentejuelas. El atractivo sexual de las chicas irradiaba belleza, meneaban sus caderas luciendo muy sensuales, ese era parte del encanto, el entusiasmo y lo seductor del espectáculo. Vendían un producto llamado fantasías sexuales y todos los hombres lo compraban.

Después de que terminó el espectáculo, Juan le pidió a Maritza otro baile, parecía que ambos disfrutaban bailando los lentos boleros cubanos. Bailaron y hablaron sobre una variedad de temas. De repente él hizo silencio.

—De pronto te quedaste muy callado —comentó la hermosa joven.

—Te vi desde el otro lado de la habitación y vi algo especial en ti. Vi una belleza natural, un gran encanto, tu risa es contagiosa, pero también vi una tristeza que quizá mucha gente no ve ya que tú la escondes muy bien. ¿Quién eres Maritza Brezot?, ¿qué secretos se esconden detrás de esos grandes ojos negros? —respondió Juan. La hermosa joven sonrió dulcemente y lo miró.

Maritza pensó en su familia, la falta de su padre durante su crianza, la pobreza que los atormentaba y todo el dolor que había soportado cuando era joven. Imágenes de su familia, recuerdos de su vida pasaban rápidamente por su mente como si estuviera viendo una película.

Pensaba en cómo le gustaría confiar en alguien, necesitaba desesperadamente derramar su corazón, pero no, eso nunca sucedería. Se había prometido a sí misma no volver a ser débil. Prefería morir antes que ser herida; no podría soportar más dolor.

Maritza veía un cielo abierto esa noche, mientras reflexionaba acerca de un político guapo e influyente, que estaba interesado e intrigado por ella. Pensó para sí misma: «Definitivamente, podría haber salido peor la noche».

La mujer que había llorado hasta quedarse dormida, que se había condenado a sí misma en silencio y se había sentido como la criatura más fea y sucia sobre la tierra, no dejaría pasar esta maravillosa oportunidad. No tenía nada y soñaba con todo, pero las voces en su mente insistían en decirle que no era digna de ser feliz ni de ser amada. Pensaba para sí misma, «no puedo contarle mis secretos a este hombre, estoy tan avergonzada, moriría si me juzga o piensa que tengo la culpa de aquel día en el que casi pierdo la cabeza». Maritza no sabía que la relación que estaba permitiendo surgir con Juan sería el dolor más dulce que jamás conocería. La combinación entre sus adicciones y el deseo de matrimonio con el que había hecho un pacto años antes era mortal, era una trampa en la que ella estaba cayendo y no habría lugar donde aterrizar, excepto estrellarse en una magia de amor.

Maritza veía las señales pero un corazón lleno de dolor y vacío siempre buscaría el amor y se conformaría con menos sólo para tenerlo, las voces que escuchaba de sí misma la hacían creer que, «si él me ama, puedo cambiarlo y sera mío. Quiero ser la mujer que él necesite, una mujer que lo enorgullezca, que sea la dueña de su corazón para siempre».

Ella lo miró y sonrió, la tercera canción casi terminaba pero querían seguir bailando. Podía ver a Vitalia y a Yolanda mirándolos y Maritza podía leer en sus caras, «hermanita estás bajo tanto peligro».

El guapo hombre bailaba muy bien, tenía una dulce sonrisa y era un verdadero caballero. La pregunta que él había hecho la hizo pensar, ella tenía la misma interrogante. «¿Quién eres Maritza Brezot?» Mientras pensaba en ello, se dio cuenta de que sabía muy poco sobre sí misma. La única persona que conocía nunca se había dado a conocer ante el mundo. Se podría decir que usaba siempre una máscara que impedía que la gente realmente la conociera como persona. Su esencia nunca fue mostrada a nadie.

Ella pensaba para sí misma, «no podría compartir la historia de mi vida con este hombre. Lo asustaría, tengo que ir despacio, él podría conocer a todos en mi familia y se enteraría de todos los pequeños secretos sucios». En ese momento vino a la mente un dicho que le escuchaba decir a su bisabuela, «la ropa sucia se lava en casa».

Una película de su vida apareció instantáneamente ante sus ojos y pensó: «¿Quién soy?», los pensamientos empezaron a inundar su mente cuando menos lo esperaba.

Quería desesperadamente olvidar los recuerdos que evocaban la sensación de su aliento contra su rostro, sentía terror, la escena de esa terrible noche cuando tenía veinticuatro años invadía su mente: «… Ella trabajaba para un hombre rico que resultó ser un depredador. Él le dijo que había sido culpa de ella, su masculinidad la estaba desgarrando. Ella trató con todas sus fuerzas de quitárselo de encima, le rogó que se detuviera pero él dijo que a ella le gustaba lo que él le estaba haciendo y por eso era tan coqueta. Ella lloraba y le decía que sólo estaba siendo amable pues él era su empleador»…

—*Fantaseabas con algo que no existía, déjame en paz o gritaré más fuerte y todos en esta ciudad sabrán quién eres realmente. Eres una farsa.* —Y lo abofeteó, lo pateó, lo mordió pero la fuerza de él la dominó y logró sujetarla. Ella gritó:

—*No eres un hombre cuando tienes que hacer esto para conseguir una mujer.* —Cada palabra que ella pronunciaba lo excitaba más, ella ya no pudo resistirse, no tenía fuerzas para luchar y se rindió, fingió estar muerta y su cuerpo se rindió mientras su mente gritaba: «Para, deja de lastimarme», pero no salía ningún sonido de su boca. Estaba completamente paralizada y sentía que perdía la cabeza en ese momento.

Estaba oscuro cuando caminaba hacia su casa, nadie la vio mientras se acercaba, llamó a la puerta y su hermana Yolanda respondió, cuando abrió la puerta vio el estado en que se encontraba su hermanita, la sangre que teñía su vestido, la abrazó hasta que Maritza no pudo llorar más.

El estado de impotencia la había dominado, no su fuerza, se condenaba a sí misma por su debilidad. Desde ese día, su mente se sumió en otro estado de miedo y terror que sólo ella conocía. Se escuchaba a sí misma hablar mientras sentía gran ansiedad, todo pasaba rápido en su cabeza y le decía a su hermana Vitalia, «no me siento segura en ningún lado».

El tema era un tabú en la familia, esos asuntos no se discutían abiertamente, todos tenían muchos secretos, toda la ropa sucia se quedaba en la casa, pero estaba lejos de ser lavada. Los temas no resueltos persistían, como la suciedad que se barre bajo una alfombra, pero cuando llegan las tormentas, la suciedad sale y es entonces cuando realmente se escuchan las verdaderas condiciones de sus corazones.

Las imágenes de su abuela inundaban su mente y recordó una divertida historia que le había contado cuando era niña. Anita estaba casada con Chino, su abuelo, Chino había nacido en China. Sus padres eran de la ciudad de Cantón ubicada en la provincia de Guangzhou. Chino había viajado por el mundo y había elegido a Cuba como su hogar. Había conocido a Anita que era de ascendencia africana y pronto se habían casado. Las culturas eran muy diferentes, Chino siempre le decía a Anita que en su país, y específicamente, en su familia, el cabello de los hombres no se debía cortar, los hombres debían llevar una trenza como símbolo de sus tradiciones. Tenía que usar esa trenza toda su vida pues, el no tenerla, sería una deshonra para su familia.

Chino tenía planeado un viaje para visitar a su familia, pero una noche, mientras dormían, su abuela había tenido un arranque de locura y le había cortado la trenza. Ella no quería que él la dejara. No hace falta decir que todo esto creó un gran problema, pues se difundieron los rumores y él estaba tan enojado que casi mata a Anita.

Esto había sucedido a principios de 1800, la necesidad de tener un esposo, el miedo a estar sola y el afán de hacer lo que fuera necesario para no estar sin un hombre, ya corría por las venas de las mujeres de la familia.

Anita siempre le decía a su hija Juana que los hombres siempre serían infieles, sólo tenían que mirar para otro lado, «mientras no seas problemática, nunca te dejarán». Entonces Juana siguió teniendo hijos, nunca fue conflictiva, lo que decía el hombre de la casa era la ley. Les había enseñado lo mismo a sus hijas, pero había agregado algo más: «Mientras seas fuerte y hermosa nunca te dejarán, cuídate, guarda dinero y trata de no enamorarte».

Juana se casó cuando era muy joven, el matrimonio había durado sólo unos años, su esposo había fallecido repentinamente. Tenía dos hijos, Nena y Raul. Cuando sus hijos eran muy pequeños, conoció al capitán y se volvió a casar, con él tuvo seis hijos más.

En el hogar en el que creció Maritza había poca fe en Dios, para ellos Dios era una entidad muy lejana que castigaba y traía pruebas y juicios a su pueblo.

Este Dios era muy condicional, había que ganarse su amor y aprobación según las cosas que se hacían en lugar de lograrlo por la fe, como resultado de esta creencia había una decepción implícita en el hecho de que nada de lo que pudieran hacer sería suficiente.

Culturalmente, las raíces africanas de la madre de Juana habían prevalecido en las costumbres y prácticas religiosas de su hogar. Juana le contaba a su familia las historias que había escuchado sobre los esclavos y decía, «fueron más duros que los indios».

Para el año 1500, el rey de España había dado autorización para que los esclavos africanos fueran introducidos en Cuba, trabajaban más duro que los aborígenes que habían estado allí desde antes de 1492. Para 1840, Cuba ya tenía 430 000 esclavos africanos que conformaban el 60% de la población. Trajeron consigo muchas costumbres por lo que también introdujeron en Cuba sus creencias religiosas, que eran paralelas a la religión católica. Los esclavos, cuando fueron colonizados y entraron en Cuba, se vieron obligados a adoptar el catolicismo, practicaban sus rituales de la tradición Yoruba pero también iban a la iglesia. Invocaban a Dios primero, como ellos decían, antes de invocar a sus santos e ídolos.

Se dio una unificación entre las creencias, entre sus deidades con los santos de la religión Católica. Poco después, mucha gente comenzó a tener fe en la santería, que es una mezcla de la religión Yoruba y la Católica. Los ídolos de madera y piedra eran comunes en la mayoría de los hogares de La Habana, Cuba.

Esta era la religión de la familia Brezot, la santería, los dioses Yoruba y las prácticas espirituales, las lecturas del Tarot, las sesiones espiritistas y las adivinaciones realizadas por entidades espirituales.

El entremezclado entre los blancos de la isla y los esclavos, creó una raza mixta de cubanos llamados mulatos. Los mulatos eran famosos en todo el mundo por ser hermosos por el color de su piel y la forma de sus cuerpos, los hombres eran muy musculosos y las curvas de las mujeres las proveía de una naturaleza seductora. Las mujeres mulatas hipnotizaban a los españoles y sus niños eran hermosos, tenían la piel color miel y cabello rizado, era un contraste muy atractivo.

Los hijos de Juana eran mulatos, Maritza y sus hermanas eran hermosas, altas, de piel clara y de cabello y ojos oscuros. Sus facciones no eran africanas, sus narices eran un poco anchas pero no demasiado y su cabello era ondulado, no muy rizado ni grueso.

Tenían encanto y demostraban confianza en si mismos, la impresión que causaran en los demás era lo más importante para ellos. Se esforzaban en parecer perfectos aunque estaban lejos de serlo, aún si estuvieran muriendo por dentro, nunca mostraban al mundo la verdad.

Toda la familia Brezot conocía la pobreza, y sabían que otras personas vivían mucho mejor que ellos, esto despertaba la codicia, hambre y deseo por las cosas buenas de la vida. Le daban mucha importancia al dinero y cómo obtenerlo, confiando en sus propios esfuerzos y no en Dios.

La mayoría de las chicas hacían lo necesario para ganarse la vida, incluso sacando provecho de su juventud, su apariencia y su seducción. Notaban el efecto que provocaban en los hombres y pronto descubrían que su belleza y su juventud eran algo muy valioso.

Sólo una de las hermanas de Maritza había elegido tomar la ruta normal del matrimonio y la familia. Se casó con un médico y así paso a formar parte de una buena familia, su suegra le hacía la vida miserable, siempre la hacía sentir que no era lo suficientemente buena para su hijo. Probablemente conocía el destino que le esperaba si no se casaba de inmediato, o tal vez no se sentía tan bonita como sus hermanas; una cosa era segura, ella quería experimentar la vida estando casada con un médico y lo había logrado. ¿Estaba realmente feliz? Nadie está muy seguro ello; no había sido honesta ni transparente con sus sentimientos, los escondía muy bien.

Se decía que la madre de Maritza, Juana, protegía a los varones y, en cambio, era muy dura con las mujeres. Toda su vida los varones vivieron a la sombra de las mujeres de la familia y de muchas maneras fueron totalmente protegidos y mantenidos por Juana. Los hombres tenían muchas mujeres y les eran infieles a todas. Por supuesto, también tenían muchas buenas cualidades, una de ellas era la fidelidad que existía entre ellos, algo que Juana les había enseñado durante toda su vida. Hacían juicios entre ellos, competían entre sí y se destruían a sus espaldas, a decir verdad, pero una vez que surgía una necesidad siempre estaban presentes el uno para el otro, apoyándose.

Maritza conocía muy bien la pobreza, las voces de su madre sonaban en su mente. Tenía una cultura de pobreza, era un sistema de creencias y una forma de vida, sus decisiones se veían siempre afectadas por este razonamiento que pendía sobre su cabeza. Debido al bajo nivel económico, había muchos déficits: educativos, emocionales, espirituales, pero sobre todo, sus identidades estaban distorsionadas y las prioridades de la familia estaban enraizadas en los sistemas del mundo más que en el reino de Dios. La lucha constante por el dólar todopoderoso se había convertido en una forma de vida, la integridad y la honestidad no habían sido enseñadas, por lo tanto, los medios por los cuales se obtenía el dinero no eran los correctos. Estudiar e ir a la universidad y convertirse en un buen estudiante para tener una vida mejor no formaban parte del plan. Su nivel educativo no era importante, por lo tanto, tenían que depender de otras cosas, de su belleza, de su juventud, de su sexualidad y de su propia fuerza.

Esta familia usaba máscaras para ocultar el dolor y sus defectos, de modo que pareciera que tenían todo bajo control. No confiaban en nadie, no pedían consejo ni orientación a nadie, como resultado de ello todo quedaba oculto, incluso entre ellos mismos. El matriarcado era fuerte y muy unido, llevaban tacones y maquillaje desde que se levantaban, sus galas y joyas adornaban y escondían su desnudez espiritual en el espejo cada día. Tanto potencial, tanta belleza, tanto amor se había atrofiado y se habían arruinado emocional y espiritualmente, sin ser útiles a ellas mismas ni para los demás.

El dinero era un medio de pago, pero también una forma de control y manipulación. El amor venía con un precio y con el balanceo de las cadenas de una cartera.

No se permitían expresiones de amor, ser vulnerable era un signo de debilidad y confiar a alguien la santidad interior de la disfunción familiar, estaba estricta y silenciosamente prohibido. Nadie hablaba de sus sentimientos y la supresión emocional se había convertido en un medio de supervivencia al igual que la ira, el control, las amenazas, las palabras duras y sobre todo, el usar cualquier cosa o persona para sentirse poderoso.

Así, la nueva vida de Maritza había comenzado en un torbellino de romance, su mundo giraba rápidamente, estaba absorta en las joyas, el apartamento que Juan le había comprado, los viajes, la ropa y el estilo de vida de una amante y no de una esposa. Su vida fue apasionante por un tiempo, pero cuando se estableció una rutina diaria fue bastante diferente, porque en lo más profundo de su alma sabía que estaba sola.

La hermosa pareja tenía amigos muy ricos, había otros políticos que también tenían amantes, algunas de sus esposas permitían las amantes de sus amigos, había dueños de negocios y gente que viajaba a Estados Unidos todas las semanas ya fuera por negocios o por placer. En estos círculos era común el licor, las drogas y mucha actividad sexual.

La poderosa pareja era invitada a todas las fiestas de la alta sociedad y la gente había empezado a preguntarse si su esposa sabía o le importaba que tuviera esta amante. ¿Cómo podía una mujer voltear la cabeza para el otro lado de esa manera? Incluso la hermana de Maritza mencionó en algún momento el hecho de que había fotos de ellos y que tendría que vivir recluida en una cueva de la isla para no ver los periódicos.

Juan se había convertido como en un dios para la familia Brezot, era la cabeza de su familia y de la familia de Maritza. Tenía conexiones políticas que le permitieron proporcionarle trabajo a los hermanos; los sacó de las esquinas de las calles y los llevó a trabajos en la ciudad que les proporcionaban un ingreso estable.

Juan también había logrado una mejor atención médica para una de las hermanas de Maritza; padecía una grave enfermedad, tuberculosis. Haciendo uso de sus conexiones, había gestionado que Celia ingresara en un hospital llamado El Sanatorio Antituberculoso, Topes de Collantes, en Trinidad, Cuba.

Allí hacía un frío agradable y la temperatura era templada en invierno. Ser paciente en ese hospital era como flotar en las nubes, el aire era como en ningún otro sitio, una atmósfera pura que sólo se podía encontrar en alturas muy elevadas. La abundancia de oxígeno se debía a la altura de la meseta de Topes de Collantes, estaba rodeada de montañas, abrigada por un panorama privilegiado, como para recordarle al paciente que respirar era una bendición.

Su hermana Celia casi moría, los médicos le habían dicho que necesitaba limpiar sus pulmones como consecuencia de fumar marihuana, la resina se adhería a sus pulmones y no permitía que sus vías respiratorias se despejaran para una recuperación adecuada.

El hospital en las nubes era muy caro. Era un proveedor líder de excelente atención para personas diagnosticadas con enfermedades pulmonares. Sólo los ricos tenían acceso a este nivel de atención médica en Cuba. Si Juan no hubiera intervenido, seguramente su hermana no habría sobrevivido.

Maritza siempre había discriminado a Celia por su preferencia en cuanto a las drogas, sólo la clase más baja fumaba marihuana. Le daba vergüenza verse a sí misma saliendo con su hermana mientras esta estaba drogada y estaba muy avergonzada de que Juan, siendo un político, tuviera que lidiar con una situación como esta sólo porque su hermana era adicta y simplemente no podía parar.

Las hermanas de Maritza siempre comentaban cómo Juan había entrado en la familia con tanta facilidad, no tenía ningún prejuicio, por el color de su piel o su clase económica. De hecho, disfrutaba de su nueva posición, ya que era el asesor, protector y proveedor de dos familias, la familia de Maritza besaba el suelo por el que él caminaba. En una familia pobre conformada en su mayoría de mujeres, el tener un hombre que las protegiera y cuidara de sus necesidades había sido una racha de suerte que finalmente les había llegado.

La vida seguía desarrollándose y Juan y Maritza seguían viéndose a diario, ella permanecía en el hermoso departamento que él amoblaba, él le brindaba todas las comodidades a su amada. Juan también debía pasar tiempo con su otra familia y Maritza tenía dificultades para aceptar el hecho de que su hombre no era realmente de ella; estaba tranquila un día y enfurecida al siguiente. Trataba de mantener la paz, actuaba como si todo estuviera bien, preparaba cenas hermosas y se había hecho amiga de personas influyentes para ser invitada a las fiestas más populares. Todo lo que hacía era para que él la quisiera más, la necesitara más y nunca la abandonara.

Su cabello y su maquillaje siempre estaban impecables, ataviada con vestidos ajustados y escotados, con una flor en el cabello, era la mujer que todos los hombres deseaban en el dormitorio y mostrar en público. Tenía excelentes conversaciones y había aprendido mucho sobre política con Juan y sus amigos. Su mayor deseo era que Juan estuviera orgulloso de ella.

Su romance era como ser una estrella de cine. Entraban en un lugar y el lugar se iluminaba, todos querían acercarse a ellos, la gente quería estar en la misma esfera de influencia, como para que algo se les pegara. Esto alimentaba el alma de Maritza, la hacía sentir importante, amaba todas estas atenciones y estaba cautivada por el hecho de que fuera ella la que se iría a casa con Juan, nadie más tenía ese privilegio.

Aproximadamente dos años después de conocerse, las cosas empezaron a cambiar. Juan y Maritza discutían sobre cosas sin importancia, ella sentía que estaba perdiendo el control. A veces no volvía a casa con ella y eso enfadaba a Maritza. Ella empezaba a tramar en su mente cómo recuperar el estatus de atención de Juan.

Aunque siempre le había dicho a Maritza que no se iba a divorciar, ella se formaba elaboradas fantasías en su cabeza, soñaba con el día en que él se casaría con ella y el tipo de hijos que tendrían. En el fondo de su corazón, necesitaba ser la única mujer en su vida. Se decía a sí misma que ese era un sentimiento normal que todas las mujeres sentían cuando amaban a un hombre. Pero la perspectiva de que Juan dejara a su esposa por ella, se estaba convirtiendo en una obsesión.

Había viajado mucho con el amor de su vida, él la había llevado a Costa Rica, Panamá, Nueva York y siempre se hospedaban en los mejores hoteles, el gasto nunca había sido un problema. Le compraba oro y joyas, cada vez que iban a un nuevo país Juan le compraba lujosos regalos.

Realmente disfrutaba su vida, pero en el fondo de su corazón siempre temía que él la dejara. Disfrutaba al máximo la atención que recibían cuando llegaban a una fiesta, se fijaba en las caras de las personas, dejaban huella cuando entraban a una habitación.

Todos decían que eran la última pareja de poder, pero ella sabía la verdad, lo estaba perdiendo y no sabía qué hacer para recuperarlo, quería que su relación fuera como antes, como al principio cuando él era más romántico con ella y le decía las cosas más hermosas mientras ella veía una luz en sus ojos que estaba allí sólo para ella.

Ella se preguntaba: «¿Qué pasó? Realmente no lo he presionado, he intentado que las cosas funcionen, he intentado ser la mujer que necesita, pero parece inquieto todo el tiempo». Las ilusiones que se había creado en su mente y el hecho de que no se estuvieran haciendo realidad la estaban enfermando. Maritza hablaba de la situación con sus hermanas, justificaba y culpaba de sus actuales circunstancias al malestar político que se vivía en el país. Ella pensaba para sí misma, que la actitud de él era en parte lo que estaba ocasionando el malestar entre ellos, su preocupación como político que escucha todas las conversaciones en la ciudad, un partido con tendencias comunistas estaba invadiendo el país lentamente y la gente estaba ciega para ver lo que estaba pasando.

Maritza se estaba cansando de esperar a Juan todo el tiempo, era difícil para ella porque estaba muy sola, él permanecía lejos durante las vacaciones y desde que su esposa sabía de su existencia, la familia siempre parecía tener eventos a los que él no podía faltar. Pero en realidad, eran dos mujeres que querían ganar el premio y estaban peleando por él. Durante los momentos en que estaba sola su obsesión se hacía más intensa, gritaba en el apartamento, lloraba y se ponía histérica, la enojaba estar en una situación que no podía controlar.

La idea de que él estuviera con su esposa, pensar en él estando en la cama con ella la volvía loca.

Salía con amistades, iba a espectáculos y casinos y empezó a probar cocaína en pequeñas dosis. En esos días la cocaína que entraba a la isla era muy pura, se hacía en un laboratorio francés y se traía a Cuba, además estaba la cocaina traída de Colombia.

Un día había probado la cocaína con Juan, una cosa más a la que se había vuelto adicta. Fueron consumiendo un poco más cada día, la droga de alta calidad estaba en todas partes, en su casa y en las fiestas, todos los que tenían una buena posición consumían.

Un día les contó a sus hermanas lo que había oído, Juan estaba por la ciudad con alguien que había ganado el concurso de *Miss* Cuba. Empezó a explicarles a sus hermanas que tenía un plan, todas se indignaron y le aconsejaron que no lo hiciera. Empezó a gritar, se enfureció, pronto se puso histérica y gritaba diciendo:

—Qué voy a hacer, tengo que hacer algo, no puedo aguantar un día más que Juan esté en esa otra casa, ahora tengo otra rival.

—Si sigues adelante con este loco plan tuyo, lo alejarás cada vez más y posiblemente lo perderás por completo, hay que tener mucho cuidado, todo en esta vida tiene consecuencias —dijeron sus hermanas severamente.

Ella no había escuchado, sus hermanas comentaron entre ellas:

—Esta chica es una persona muy terca, esto le va a traer muchos dolores de cabeza en su vida si no cambia su forma de pensar.

A la mañana siguiente, una joven decidida salió muy temprano, fue la primera clienta en una tienda de vestidos de novia. Le pidió a la recepcionista que le mostrara los vestidos más elaborados que tuvieran disponibles, la señora preguntó si el vestido era para ella.

—Sí, es para mí —respondió.

—¿La boda es pronto? —preguntó la dependienta.

—Sí —respondió Maritza.

—Necesito saber para tener una idea de cuánto tiempo tenemos en caso de que tengamos que hacer modificaciones —dijo la muchacha.

—Probablemente el hombre que amo tardará unos cuatro meses en divorciarse de su esposa —respondió ella.

Ese día Maritza salió de la tienda con el vestido más caro y le quedaba perfecto. Ahora, tenía que ejecutar la siguiente parte de su plan. Se fue a casa y escondió el vestido; se aseguró de que Juan no lo encontrara.

Llamó a todos los periódicos de La Habana y montó una sesión de fotos en su departamento para el día siguiente, los titulares dirían que Juan Restoy pronto se casaría con Maritza Brezot. Había pagado a los periódicos para publicar la historia, con un vestido de novia en la portada.

Este hecho generó tal escándalo que Juan tuvo que limpiar el desorden durante meses, todos le decían que su amante era una mujer inestable, que debía tener cuidado con ella, «una mujer así es capaz de cualquier cosa para salirse con la suya».

Durante el transcurso de su relación Maritza había tenido varios embarazos, sabía que no era el momento adecuado y había tenido tres abortos. Eso era culturalmente aceptable.

Comenzó a tener un sangrado uterino disfuncional, era muy ligero pero su cuerpo estaba cambiando. Cada vez que Maritza se sometió a un procedimiento para interrumpir un embarazo, le había hecho algo a su espíritu. Constantemente le daban cólicos leves y su médico le había dicho que si continuaba con el método anticonceptivo de su elección, eventualmente no podría tener hijos.

Una mañana Maritza y Juan tuvieron una discusión, él le decía que no podía mantener dos casas, que no podía continuar con la farsa que estaba viviendo porque si el comunismo se apoderaba de la isla se quedaría sin trabajo y su negocio sufriría mucho. Él quería decirle las verdades lentamente, pero sabía que esta hermosa mujer estaba fuera de control, era muy errática y sentía que no podía confiar en ella para mantener la calma en tales acontecimientos que cambiarían la vida y que afectarían a toda su familia.

Juan ya estaba saliendo con otra mujer, la había conocido un año después de que ganara el concurso de *Miss* Cuba. Hilda M. era morena, irradiaba elegancia y donde quiera que iba era conocida, la gente la trataba como a una estrella.

A medida que avanzaba la discusión, Juan perdió la paciencia y soltó que estaba teniendo una relación con «*Miss* Cuba». Maritza empezó a gritar y a llorar incontrolablemente, salió corriendo del apartamento, bajó las escaleras y cruzó la calle. Mientras caminaba un poco pensaba en lo que haría y ya lo sabía, él iba a pagar por todo el dolor que le había causado.

La recordaría todos los días de su vida y la culpa lo consumiría como pensar en él la consumía a ella. Cruzaba las calles sin ningún miedo, estaba en trance, la sobrecogió la idea de morir, su vida ya no tenía sentido. Cruzó el Malecón, una calle muy transitada en la isla y todo lo que escuchaba eran chirridos de frenos, autos chocando entre sí, gente gritando y caos por todas partes, sintió un dolor punzante tan intenso que se desmayó. Maritza fue atropellada por un camión y una de sus piernas quedó aplastada bajo los enormes neumáticos del vehículo.

Se despertó aturdida y pensó: «Estoy viva, no estoy muerta, pero ¿por qué siento un dolor tan horrible?» Ella comenzó a gritar mientras miraba hacia abajo, había sangre por todas partes, su pierna se veía horrible y no podía moverla. Su extremidad izquierda estaba destrozada, completamente aplastada y reconstruirla sería una tarea increíble.

—¡Ayúdame, ayúdame, no siento mi pierna, no puedo soportar este dolor! —gritaba.

Escuchaba al conductor mientras lo interrogaban y decía:

—Oficial no tuve tiempo de detenerme, ella se tiró al frente del camión, traté de detenerme pero fue demasiado rápido.

Entraron las enfermeras y escuchó la voz de Juan hablando con la policía. Los médicos estaban por todas partes y le pusieron una inyección para el dolor. Después no escuchó una palabra más. No había más dolor, no más susurros, sólo un negro silencio, lentamente se rindió y se quedó dormida.

Los médicos le hicieron multitud de exámenes a Maritza, análisis de sangre y radiografías y todos revelaron que era una mujer sana, pero había algo imprevisto, una complicación que agravaba mucho el caso, tenían que salvar dos vidas, la vida de la mujer y la de su bebé de doce semanas que llevaba en el vientre.

La encantadora joven fue llevada a una habitación luego de muchas horas de pruebas y del aseo quirúrgico de su pierna, estaban tratando de evaluar el daño de su extremidad, era muy grave y las siguientes veinticuatro horas eran cruciales pues determinarían si la vascularización regresaba a la pierna, lo que pareció una eternidad antes de que se tuviera que tomar una inevitable decisión.

Los médicos llamaron a Juan para una reunión, le preguntaron si su esposa había tenido antecedentes de suicidio y él dijo que no. Indagaron si había estado deprimida o si le había pasado algo como para estar en ese estado de desequilibrio emocional y querer tirarse frente a un camión en movimiento. Explicó que habían tenido una discusión, mencionó que ella era muy nerviosa y muy emocional. El médico intervino y dijo que su condición podría estarle afectando demasiado emocionalmente.

—¿Su esposa sabe que tiene doce semanas de embarazo? —preguntaron los médicos. Juan respiró profundo, completamente abrumado por lo que escuchaba decir a los médicos. Llamaron a la puerta y Yolanda pidió permiso para entrar a la habitación, la acompañaban su hermana y sus hermanos, Vitalia, Raúl y Carlos.

—El médico me acaba de informar que Maritza tiene tres meses de embarazo, y esto es una noticia nueva para mí —dijo Juan—. No entiendo cómo ella no supo esto, ¿cómo es posible que no hubiera señales? Por lo general, las mujeres saben estas cosas antes que el hombre.

La familia estuvo de acuerdo, no sabían nada del embarazo. El médico continuó con el pronóstico del caso, que no era nada bueno.

—La pierna no tiene flujo sanguíneo, hay signos tempranos de muerte del tejido y para salvar a esta joven tendremos que amputarle la pierna de inmediato —dijo el médico. Juan suspiró y dijo:

—¡No! Todo esto es culpa mía, si no hubiéramos discutido, esto no habría sucedido.

—¿De qué discusión estás hablando Juan? —intercedió Yolanda.

—¡Peleamos ayer por la tarde antes del accidente, estúpidamente dejé que se me escapara lo de Hilda M.! —explicó.

—Qué insensible puedes ser —exclamó Yolanda.

—Yolanda, conoces a tu hermana mejor que yo, ella empujó y empujó hasta que perdí la cordura y se me escapó —intervino Juan.

—¡Bueno, mira las consecuencias de dejar que algo así se te escape de la boca, a mi hermana le van a cortar la pierna por tu discusión y por ser mujeriego! ¿Por qué no vas con tu esposa donde perteneces y nos dejas tranquilos? Ahora tienes una nueva familia, —respondió gritando Yolanda.

—Cálmate Yolanda, ya sabes cómo se puede poner Maritza, estoy de acuerdo en que cualquier mujer se hubiera enfurecido, pero Maritza es diferente, no soporta el dolor, recurre a la muerte —interrumpió Vitalia.

—¿Hay alguna otra forma doctor y qué va a pasar con el bebé?, ¿sobrevivirá a una operación así? —preguntó Carlos al doctor.

—No hay otra forma de salvarlos a los dos, debemos proceder lo antes posible —respondió el médico y le preguntó a la familia—: si las cosas se complican en el quirófano, la prioridad es salvar a la madre, ¿es eso correcto? —Todos asintieron con la cabeza y dijo—: haremos todo lo posible para salvar a la criatura.

Toda la familia había llegado y estaban reunidos en la sala de espera, habían quedado asombrados cuando se enteraron del bebé. Sentían tanta pena por su hermana. Todos temían la posibilidad de que el bebé naciera con problemas, sabían que su hermana se divertía mucho, todos pensaban lo mismo, pero nadie tuvo el valor de expresarlo.

Yolanda pensó para sí misma, «amo a mi hermana y amo a Juan, pero tenía la sensación de que su relación con él sería un problema para ella. Sabía que iba a pasar algo terrible. Mi hermosa hermana, después de todo lo que ha pasado, ahora tienen que amputarle la pierna y posiblemente traer un niño al mundo que podría ser anormal, quien sabe los efectos que este trauma pueda ocasionar a la criatura por nacer».

—Mamá está en casa muy preocupada, iré a decirle en cuanto salga el médico que ambos sobrevivieron. No entiendo cómo pudo pasar esto, mi hermanita siempre amenazaba que se iba a suicidar, pero nadie la tomó nunca en serio. Ella es emocional y dramática, pero en realidad lo que amenazó con hacer, lo cumplió, y se tiró delante de un camión. Para rematar el humor del destino, tiene tres meses de embarazo. Soñaba un día con tener un hijo. Dios, por favor, deja que este bebé esté sano y con vida.

—Escúchenme todos ustedes, tenemos que ser muy pacientes con nuestra hermana, cuando salga de la cirugía estará en *shock* y angustiada —dijo Raúl a sus otros hermanos.

La operación duró cuatro horas, hubo varias complicaciones y la presión arterial de Maritza había bajado a niveles graves, había estado en riesgo de muerte.

El médico explicó todos los detalles a la familia; dijo que habría un alto nivel de dolor, así como también la condición llamada el dolor fantasma. Aclaró que el paciente tendría que ser monitoreado de cerca por si tuviera dolor, ya que la medicación tendría que elegirse cuidadosamente para proteger a la criatura.

Toda la familia estuvo de acuerdo en que los días venideros serían muy difíciles para su hermana. El médico también mencionó que si el dolor del miembro fantasma se presenta durante el trabajo de parto, el bloqueo epidural sería la única opción, sin embargo, también reiteró que cada médico tenía su propio protocolo y en ese momento la vida de la criatura sería de suma importancia.

Maritza entraba y salía de sus estados de consciencia debido a la anestesia y el suero intravenoso para el dolor; estaba muy inquieta y ansiosa. Se despertaba agitada como si tuviera una pesadilla; lo poco que habló fue para contar sus sueños sobre el accidente.

La amputación había sido realizada por encima de la rodilla izquierda, los médicos estaban tratando de calmar a la joven, para que el dolor del miembro fantasma no la afectara. Una condición que aparecería inmediatamente después de una amputación, pero que, en ocasiones, podía aparecer meses o incluso años después del desmembramiento. Cada paciente era diferente, había explicado el médico a la familia, la diferencia la marcaba si el paciente estaba estresado o nervioso ya que el dolor se debía a un mecanismo conocido como hiperexcitabilidad del nervio periférico. Durante la etapa del dolor, las neuronas del cerebro se estimulaban desde el área alrededor de donde existía la extremidad o parte del cuerpo afectada. El dolor asociado con esta condición se sentía como un dolor pulsátil aplastante, ardiente, punzante, con picazón y sensación de entumecimiento que afectaría mucho a la víctima de manera psicológica y física, ya que el dolor se volvía insoportable. La alteración emocional era un factor importante en estos casos y cuando la paciente estaba embarazada, todo era más complicado porque el dolor no se puede medicar con el tratamiento normal de morfina u otros opioides utilizados para aliviar estos síntomas.

La joven comenzó a gritar, lloraba de una manera tan desesperada que escucharla rompía el corazón. Estaba experimentando un sufrimiento severo.

—¿Dónde está mi pierna?, ¿qué me han hecho? ¡Han destruido mi vida! —Se preguntaba.

La familia corrió a su lado, ella lloraba histéricamente y no podía ser consolada. No hubo negociaciones válidas para calmarla, era demasiado pronto, estaba en estado de *shock*. No quería oír hablar del bebé, no la hacía feliz, sólo la enojaba.

La familia se turnaba para cuidarla, estaba tan furiosa que ni siquiera su hermana mayor podía hacerla entrar en razón. Las enfermeras y el médico explicaron que el proceso sería gradual; se necesitaría un espíritu de lucha y mucha resistencia para salir de esta experiencia.

—Con suerte, el bebé traerá algo de alegría a su vida, aunque será difícil para ella —observó una de las enfermeras.

Maritza se negó a ver a Juan durante los primeros días pero luego pidió verlo. Estaba un poco más tranquila pero no se veía igual, parecía que había envejecido en menos de una semana. Juan entró en la habitación pero se sentía asustado. No sabía qué tipo de reacciones encontraría, pero Maritza actuó muy bien a pesar de todo lo que sentía. Quería insultarlo, humillarlo y menospreciarlo, pero no siguió ese camino. Había tenido unos días para pensar y ahora lo necesitaba, especialmente porque él era el padre de su criatura y ella no iba a tener un bastardo, tendría que darle al bebé su apellido. Él se disculpó profusamente por toda la situación, se había sentido muy mal por la forma en que habían terminado su última conversación mientras le aseguraba que Hilda M. no significaba nada para él, que asumiría toda la responsabilidad por ella y el bebé. Le prometió que la enviaría al mejor hospital para su rehabilitación y que no tenía que preocuparse por nada, sólo quería que se mejorara. Ella sabía que estaba mintiendo, lo había perdido hacía mucho tiempo, pero pensaba que era posible que el bebé pudiera hacerle cambiar de opinión; «él podría escogerme a mi», pensó.

A los pocos días Maritza fue dada de alta del hospital, Juan había hecho todos los arreglos con un centro de rehabilitación en la ciudad de Nueva York a la que Maritza iría durante unos meses con su hermana Yolanda y aprendería a caminar con una prótesis. El hospital había sido altamente recomendado, se llamaba *The Hanger Clinic*, un centro que se especializaba y promovía el potencial humano, enseñando a los amputados a caminar, nadar, bailar, entre otras enseñanzas para el diario vivir, con una nueva extremidad artificial para ganar independencia.

El médico le informó a Juan que el caso de Maritza iba a ser desafiante, el peso por su embarazo iba a dificultar mucho la rehabilitación y una vez que diera a luz, tendría que reajustarse al peso una vez más. Necesitaría un terapeuta en Cuba y habría que reajustar la prótesis.

La rehabilitación iba a costar una pequeña fortuna, pues esta incluía el alojamiento para Maritza y Yolanda, la manutención de ambas, así como los honorarios por los cuidados diarios en el hospital. A Juan no le importaba, quería que Maritza tuviera lo mejor, quería que su bebé tuviera todas las oportunidades para nacer saludable, quería darle a su criatura todas las posibilidades de tener una vida normal, aunque nunca iba a escuchar el final de la misma, una vez que su esposa e hijas supieran sobre el bebé. La criatura será un Restoy, pensó Juan.

Maritza estuvo en *The Hanger Clinic* durante seis meses y Juan iba a visitarla con regularidad. Él se comportaba como un completo caballero mientras ella aprendía a caminar, se sentía tan culpable por lo que había sucedido que quería compensarlo de cualquier forma que pudiera. Miraba a Maritza, ella parecía muy entera y segura, como si no tuviera preocupaciones en el mundo, pero él la conocía, conocía su pasado y todo el dolor de su infancia, sabía que ella era una experta en esconder sus verdaderos sentimientos.

Los médicos le informaban de su progreso de forma regular y le comunicaron que sus episodios de «dolor fantasma» requerirían enviarla al hospital para recibir medicamentos especiales. El psiquiatra le mencionó a Juan que Maritza estaba muy desconectada del embarazo, estaba enfadada, le decía que por el hecho de estar embarazada, tendría que aguantar el dolor que sería insoportable ya que los médicos le habían dicho que no podrían colocarle morfina pues debían proteger al bebé.

El médico habló con Juan extensamente sobre la condición emocional de su esposa, mencionó características que eran indicativas de un trauma, al igual que los soldados que venían de la guerra, decía que era un síndrome postraumático, pero había otros síntomas involucrados y debía llevarla para que pudiese ser evaluada una vez que regresara a su país.

Maritza regresó a Cuba y retornó a su departamento en el que una vez había vivido con el hombre que amaba. Ella todavía sentía algo por él, pero todo estaba mezclado, con culpa, condenación y vergüenza. Realmente no podría decir lo que sentía. Necesitaba verse bonita, estaba obsesionada con el día en que volvieran a tener sexo. Era un tormento en su mente el pensar en cómo la miraría, el hecho de haber sido amputada lo cambiaba todo, ya no tenía su cuerpo como herramienta para conseguir lo que quería. Se preguntaba, ¿cómo sería su mirada sería de lástima, de disgusto, la rechazaría o la haría sentir menos? Sintió todas esas cosas y más incluso antes de que el acto se consumara.

Tuvo algunas conversaciones con las hermanas de Juan y con su hermano, le contaron que su esposa estaba tan enojada, que le había provocado visitarla y darle su opinión, pero no se había atrevido a ir, ya que probablemente diría: «Eso es para mujeres de clase baja y yo soy la esposa de un político, no tengo nada por lo que pelear ya que él es mi esposo».

Cada vez que tenía episodios de dolor fantasma, gritaba que quería morir. El dolor era tan intenso que incluso exigió la interrupción del embarazo. No se le pudo conceder su deseo porque su embarazo estaba demasiado avanzado. Para aliviar el dolor había sido necesario administrar un analgésico epidural continuo.

Poco tiempo después, Maritza tuvo que ser trasladada al área quirúrgica para practicarle una cesárea por placenta previa. Durante el tiempo del trabajo de parto, cuando el cuello uterino comienza a abrirse, la placenta, que se encuentra en la parte inferior del útero, se desprende y el sangrado severo es una de las complicaciones potencialmente mortales que pueden ocurrir. Esto lo convierte en una condición peligrosa tanto para la madre como para la criatura, lo que provoca hemorragia o incluso la muerte. El bebé puede literalmente ahogarse debido a la ausencia de oxígeno.

Su hermana, Yolanda, estaba presente en el momento de la cesárea y pensó: «Este bebé debe ser un verdadero luchador y sé que mi hermana lo es. Esta criatura ha sobrevivido a una cirugía mayor, a una tristeza intensa, llantos, gritos, dolores horribles, medicamentos, terapias y a toda la incertidumbre y la preocupación y ahora placenta previa. Le pido a Dios que sea saludable, tengo la sensación de que será una niña».

Vine al mundo el 8 de abril de 1957. Nací con una pierna fracturada; la misma pierna que le amputaron a mi madre, a mi me pusieron un yeso.

A mi mamá no le gustaba amamantarme, le dijo a la enfermera que yo la mordería y no soportaba el dolor, les decía que por favor me llevaran y me dieran el biberón.

Tuve una niñera, muchos tíos y tías y una abuela que me amaba. Mamá no sabía qué hacer conmigo, necesitaba mucha ayuda, todos pensaban que perdería el equilibrio y me dejaría caer. Parece que las niñeras no habían sido muy amables y mamá y papá tuvieron que cambiarlas varias veces. Mi padre atrapó a una de ellas abusando de mí; estaba tratando de alimentarme con lo que estaba vomitando.

Recuerdo el sótano de mi abuela cuando era niña en Cuba; habían sacos de arroz, que formaban parte de las comidas diarias. Pasaba horas allí, jugando a las casitas y sirviendo arroz a amigos imaginarios. Esta es la única vez que recuerdo haber jugado libre cuando era niña, no guardo memorias de tener muñecas ni de haber jugado con alguien.

Siempre he tenido una sensación, un vago recuerdo de estar con papá cuando era niña. Mi espíritu lo recuerda mirándome con tanto amor. Sus ojos están grabados en mi alma; su ternura era como un manto cálido a mi alrededor. Era tan alto y fornido, sus brazos rodeándome abarcaban cada centímetro de mí en su abrazo. Recuerdo a mi padre como un hombre cariñoso, la otra cara de la historia era la dura realidad de la vida, un padre ausente que pasaba muy poco tiempo conmigo y la mayor parte del tiempo con su familia real.

Ese era un gran secreto en mi casa, a pesar de que estaba casado, todos los miembros de la familia de mi madre lo amaban y respetaban. Su comportamiento era acogedor y nunca egoísta ni arrogante. Era rico y, sin embargo, humilde.

Los titulares de los periódicos de Miami, Florida, escribieron: «Un voto de confianza para el actual presidente de La Habana Cuba». Representantes de todos los sectores económicos de Cuba, incluidos los trabajadores sindicales, habían visitado el palacio presidencial en La Habana para reafirmar su apoyo al presidente Batista y su gobierno.

Hubo una serie de manifestaciones espontáneas en La Habana, cuando 250 000 cubanos de todas las clases sociales se reunieron frente al Palacio Presidencial para animar al presidente del ejecutivo y reafirmar la confianza en su gobierno.

Los titulares siguieron escribiendo en el periódico *El Miami Herald*: «Todo está bien y es divertido en La Habana Cuba», pero todo estaba lejos de estar bien. En la isla, la gente estaba siendo asesinada, perdían sus hogares, sus negocios eran confiscados y declarados propiedad del Estado. Las familias vendían todo lo que podían para huir de lo que parecía el comunismo, pero mucha gente lo negaba, decían que eso no podía suceder allí. Por otro lado, una parte de la población estaba cansada de los tratos inescrupulosos del gobierno. Lo llamaban corrupción, pero nunca se percataron realmente del nivel en el que Batista estaba involucrado con la mafia.

La gente quería un cambio, quería una revolución, pero nunca se imaginaron que las implicaciones serían tan devastadoras como para perder todas sus libertades.

La agitación política creó mucha incertidumbre. Las conversaciones en la isla giraban en torno a Fidel Castro, la gente estaba pensando seriamente en salir del país y llevarse a su familia y posesiones al exterior. Las serias implicaciones de esta realidad eran que se perderían propiedades y negocios que habían sido propiedades que se habían conservado por generaciones. Las tierras no se podían vender ya que el gobierno se había apoderado de la mayor parte de ellas, la única forma de escapar era con el dinero y las joyas disponibles. Los cubanos enfrentaban una situación muy difícil, se desarraigaban las familias y dejaban todo atrás para huir de la dictadura que azotaba a la isla, era verdaderamente una situación abrumadora.

La consigna comunista creada por Fidel Castro se escuchaba en todo el país: «¡Patria o muerte. Venceremos! Porque morir por la patria es vivir!».

Había un ambiente muy tenso, la vida como ellos la conocían pronto cambiaría, todos sabían que «*Havana Nocturne*» pronto moriría, la facilidad que habían conocido sería reemplazada por las milicias en las calles, puesto que en lugar de alegría sólo habría miedo.

Tras la Revolución Cubana en 1959, comenzó una migración a gran escala desde Cuba a los Estados Unidos, cuando Fidel Castro encabezó la toma de la isla y del régimen de Fulgencio Batista, por los comunistas. La población cubana en los Estados Unidos creció casi seis veces en una década. La gente emigró a diferentes áreas de los Estados Unidos. La mayor migración ocurrió a noventa millas de la isla, a Miami, Florida.

# Capítulo III. Dejando la Isla del Paraíso

Mi tía Yolanda, mi madre y yo huimos de Cuba en 1961. Yo tenía cuatro años, fuimos directamente a Kingston, Jamaica y estuvimos allí un año. Mi padre todavía estaba en Cuba y enviaba dinero todos los meses a través de la Iglesia Católica, un sacerdote aceptaba el dinero y luego se lo daba a mamá para nuestros gastos.

En ese momento, la cultura rastafari estaba muy de moda allí; ellos rechazaban todo lo que representaba los estándares y estructuras de la sociedad occidental. Como en todas las razas y culturas había gente buena y mala, sin embargo, habían algunos de ellos que en realidad eran corruptos, secuestraban a los hijos de familias cubanas porque sabían que estaban huyendo de su país con dinero, o habían dejado familiares que lo tenían y con gusto pagarían por un rescate en caso de ser secuestrados. Había otras personas que imitaban al rastafari y fumaban marihuana todo el día, creían que su cultura era genial y les gustaba la forma en que usaban su cabello, sus trenzas y cómo se vestían o se comportaban. Sin embargo, había quienes tenían creencias religiosas basadas en la Biblia y aunque su teología no era correcta, no fumaban hierba, eran vegetarianos y profesaban respeto por su cuerpo como templo de Dios.

Era muy difícil al principio, todo se veía tan extraño, muchas calles eran sólo de tierra y no había aceras. Me sentía un poco asustada, pero tenía a mi madre y a mi tía favorita conmigo, así que estaba bien. Lo único que faltaba era mi padre.

Cuando huimos de Cuba, vivimos en Kingston por lo que me pareció una eternidad. Mi madre era cariñosa, me cuidaba y protegía como todas las madres hacen con sus hijos. Mamá, tía Yolanda y yo vivíamos en una pensión junto con unas veinte ratas que estaban dentro del techo de la casa. Cuando me acostaba por la noche permanecía un buen rato despierta, mi corazón latía de terror, tenía visiones de una rata cayendo encima de nosotras mientras dormíamos. En las noches se oían correr de un extremo al otro del techo, mi madre y yo compartíamos la misma cama, abrazándonos y llenas de miedo. Mi tía se quedaba dormida y al instante empezaba a roncar, mamá y yo nos quedábamos despiertas hasta que el cansancio nos vencía y nos dormíamos.

Todos los días la gente pasaba y saludaba. Había familias, ancianos y otras personas que tenían el pelo largo y con trenzas, vestían raro y olían muy mal. Mi única amiga, Ana, vivía con su familia en la casa de al lado y me enseñó a llamarlos rastas. Tenían mucho cabello y estaba todo tejido. Siempre pensé que vería cucarachas saliendo de sus cabezas. Al principio les tenía miedo y aunque eran amistosos con Ana, me tomó un tiempo adaptarme a ellos.

En un inicio no sabía lo que decían pero a los pocos meses comencé a entenderlos cuando le preguntaban a Ana si tenía una nueva amiga y ella respondía que sí y decía mi nombre, también decía Cuba y papá. Mi amiguita les explicaba a sus vecinos y amigos que yo era de Cuba y esperaba a mi padre.

—No hables con esas personas que no son como nosotros —decía mamá.

—Son amables, todos son como familia de Ana —respondía con inocencia infantil.

—No Gloria, son desconocidos hasta para Ana. No te vayas lejos, quédate en la terraza —decía mi madre.

Ana y yo nos sentábamos en la terraza de la pensión mientras jugábamos con las muñecas de ella pues yo no tenía con qué jugar. Jugábamos a la escuelita en la casa, yo siempre era la maestra y ella y sus muñecas eran las alumnas. Recuerdo que recitaba las cinco palabras en inglés que había aprendido y agregaba palabras en español.

Un día estábamos jugando en la terraza y la mamá de Ana la llamó para almorzar, ella entró a su casa y yo me quedé afuera. La pelota con la que estaba jugando rebotó en la acera y me alejé sólo unos metros de la casa. Uno de los rastafaris me llamó, quería que me sentara en el asiento trasero de su bicicleta, me decía que me había preparado un asiento para que pudiéramos ir a jugar.

Caminaba hacia él cuando escuché a mi madre gritar mi nombre diciendo:

—¡Gloria corre!, ¡corre!

Cuando me volví sentí una mano deslizarse por mi brazo, comencé a correr mirando hacia atrás, trataba de concentrarme en mamá para no volver la mirada hacia atrás de nuevo. El hombre que estaba tratando de atraparme estaba en una bicicleta con un pequeño asiento trasero. Lo había visto andar en bicicleta por el vecindario y nunca antes había tenido ese asiento. Continuaba corriendo y él seguía tratando de atraparme. Para entonces mi madre gritaba tanto que la madre de Ana y mi tía salieron y corrieron hacia mí, mi tía me agarró del brazo y me llevó dentro de la casa. Con la ayuda de Dios y la mirada atenta de mi madre, pude escapar de esa trampa que estaba preparada para mí. El plan había sido secuestrarme.

Mamá estaba muy enojada conmigo, ese día me regañó con mucha dureza, sentía que había sido mi culpa lo que ese hombre había tratado de hacerme.

—Pero mamá yo sólo jugaba con Ana —dije.

—Tu no escuchas, yo te dije que no te fueras lejos.

Yo era una niña y me sentía asustada y sin apoyo, nadie me consoló ni me preguntó cómo me sentía o qué pensaba.

Ese fue el primer evento que me causó mucho terror, el miedo seguía acumulándose, cada noche mientras me acostaba en la cama los sonidos del techo me daban pánico.

Además oía a mi mamá susurrar:

—No puede salir sola ni ir a la casa de al lado. Podría ser secuestrada para pedirnos rescate y luego, ¿qué haremos?

Me sentía diferente, no tenía la sensación de libertad infantil que había sentido anteriormente, estaba asustada todo el tiempo. Empecé a tener una sensación de pavor, supe que ya no estaba segura; estaba perdiendo algo que en ese momento no podía ponerle nombre, esos primeros años de mi infancia tuvieron un impacto en todos los ámbitos de mi vida futura.

Un día fue a la casa el cura del pueblo con un policía, hablaban un poco de español y le explicaron a mi mamá que habían llegado al pueblo un grupo de hombres y mujeres que se parecían a los rasta pero eran delincuentes que intentaban secuestrar a niños de familias cubanas. Sabían que las familias cubanas enviaban dinero a sus seres queridos. El policía dijo que, probablemente, me habían estado observando durante mucho tiempo y que por eso se habían movido tan rápido cuando la otra niña se había alejado para ir a su casa a almorzar. Ambos dijeron que se trataba de personas muy malas que estaban cometiendo delitos graves e incluso mataban a los niños cuando sus familias no pagaban el rescate.

Tenía la sensación de que alguien me estaba mirando todo el tiempo para hacerme daño, tenía casi cinco años para ese entonces y sentía que el mundo era un lugar inseguro en el que había gente realmente mala que trataba de lastimar a los niños. Nunca imaginé que mi madre me incluiría en el grupo que ella llamaba gente mala, jamás pensé que un día mi madre se convertiría en una de esas malas personas que lastiman a los niños.

Nadie notó que estaba asustada, no se dieron cuenta de que ya no me gustaba estar sola. Los eventos de ese día nunca se fueron de mi mente y nunca más se comentaron abiertamente, apenas escuchaba susurros en los que hablaban de ellos. Si intentaba hablar con mi madre o mi tía simplemente me decían que olvidara lo que había pasado, que nos iríamos de allí pronto.

Ya no se me permitía jugar con Ana afuera; sólo estaba permitido que ella viniera a mi casa. Las cosas nunca volvieron a ser iguales. Un día, escuché una conversación entre mi madre y mi tía. Decían que alguien que nos conocía podía haber sido cómplice de los delincuentes, que quizás podía ser el cura o incluso la madre de Ana. Empecé a sentirme muy sola y triste. No podía creer que la madre de mi amiga pudiera hacer algo así. Ana era la única amiga que tenía en el mundo, ¿por qué su madre intentaría hacerme daño? No lo creía; me negaba a creerlo.

Unos meses después recibimos una carta de mi padre con instrucciones y su apoyo económico mensual. Había dado el nombre de un hombre que haría todos los arreglos para nuestro vuelo a Estados Unidos. Pronto llegaría el día en que dejaríamos Jamaica, los rastas y las ratas atrás. Trataría de olvidar los días en que casi me secuestraban. Me perseguían los pensamientos de lo que hubiera podido pasar si mi madre no hubiera estado parada en la puerta, los rastas se habrían salido con la suya en su complot contra mí y mi familia.

# Capítulo IV. En una Montaña Rusa con Mamá

E stábamos tan emocionadas por el futuro que nos esperaba. No podía imaginar que mi vida cambiaría por completo cuando entramos a los Estados Unidos en 1962 como refugiadas cubanas.

El primer tipo de refugiado cubano estaba formado en su mayoría por clases medias y altas. Una multitud de familias abandonaron Cuba desde la década de 1950 hasta 1970 tras la toma de posesión de Fidel Castro y la dictadura. Por temor al peligro y las represalias del Partido Comunista, lo dejaban todo en busca de asilo político.

Entre 1960 y 1962, los padres enviaron a más de catorce mil niños cubanos a Estados Unidos en lo que se conoció como Operación Peter Pan. Estos niños quedaban huérfanos instantáneamente, dejaban atrás a sus padres y familias, eran colocados en hogares de acogida y recibían cuidados de la Iglesia Católica en un esfuerzo por evitar que fueran adoctrinados por el Partido Comunista.

Las familias cubanas habían conocido profundamente la hipocresía del comunismo, los peligros de vivir bajo el bastión de un régimen en el que todas sus libertades habían sido arrebatadas sólo para enriquecer su partido y que el pueblo viviera en la pobreza.

El gobierno estadounidense fue muy indulgente en sus políticas de inmigración, abrieron el camino para que los cubanos llegaran a Estados Unidos. Crearon una variedad de programas de reasentamiento para ayudar con viviendas, empleo, educación y atención médica. La Iglesia Católica estuvo muy involucrada en las conversaciones con los funcionarios del gobierno estadounidense que impulsaron la creación de las leyes que regulaban el visado y las políticas de inmigración en general, para apoyar el éxodo masivo a los Estados Unidos.

El Programa de Refugiados Cubanos fue establecido por el Gobierno de Estados Unidos en 1961 como respuesta al creciente número de cubanos que huían del régimen de Fidel Castro y llegaban al sur de Florida. El Centro de Refugiados Cubanos, más tarde conocido como la Torre de la Libertad, fue el lugar donde todos los cubanos encontraron ayuda.

La vida en Estados Unidos era muy dura, mi tía Yolanda empezó a trabajar como empleada doméstica en un hotel, mamá no podía trabajar por el problema de su pierna. Íbamos a la Torre de la Libertad a buscar leche en polvo, huevos, mantas agujereadas que olían raro y ropa usada que eran donadas por diferentes organizaciones benéficas. Comíamos todos los días la famosa carne enlatada del refugio, mamá la servía con arroz con salsa y huevos. Odiaba la carne que venía en lata, olía raro, pero mamá decía «eso es todo lo que hay». Miraba la comida en mi plato y mi estómago hacía un sonido extraño, sentía náuseas.

Encontramos una casita en la zona noroeste del pueblo; era sólo para mi tía Yolanda, mamá y yo. A veces miraba a mamá cuando cocinaba y pensaba que era tan bonita, me preguntaba por qué ella era tan alta y yo tan pequeña. Recuerdo que papá también era muy alto, era muy agradable y tan guapo. Le preguntaba a mamá, cuándo vendría mi padre a verme y ella me decía «pronto, muy pronto». Tenía tantas preguntas, quería conocer la historia de mi nacimiento; cómo se habían conocido mamá y papá. Un día le pedí a mi tía que me mostrara algunas fotos y lo hizo. Estaba tan feliz, descubrí que eran las imágenes más hermosas del mundo. Vi algunas fotos de mamá cuando era joven. Era tan guapa que podría estar en las películas. Había una foto que era absolutamente mi favorita, era de papá cargándome cuando era una bebé, me miraba fijamente deleitándose conmigo, como un padre complacido con su hija.

Teníamos muy poco, pero éramos felices. Me convertí en la traductora de la familia, sabía muy poco inglés pero me comunicaba mejor que mi tía y mi madre que no entendían y mucho menos hablaban el idioma. Las lecciones básicas que había recibido de mi amiga Ana habían sido una parte muy importante de mi vida.

Pronto comencé la escuela y tuve que dejar la seguridad de mi casa para compartir con extraños todos los días. No estaba preparada; sólo me dijeron que eso era lo que tenía que hacer.

Comencé a sentirme asustada de nuevo, especialmente cuando mamá no me recogía a tiempo. Tenía que esperarla, a veces la maestra tenía que llamarla y no obtenía respuesta de la casa. Empecé a sentir que no me querían, me sentía abandonada.

Aproximadamente un año después, mi tía Vitalia y su familia, así como la hija de mi tía Yolanda, Miriam, llegaron a Miami. Como mi tío Miguel era médico, su esposa Vitalia, mi primo Mike y mi prima Gladys acordaron que se mudarían a Chicago, Illinois. Mi tía Yolanda trabajaba muy duro y no ganaba suficiente dinero, pero era emprendedora, quería ganar mucho dinero y sabía que si se quedaba en Miami estaría limitando sus posibilidades. Decidió mudarse a Nueva York. Al principio sería difícil, así que le pidió a su hermana Vitalia que se llevara a su hija Miriam a Chicago hasta que se hubiera instalado bien.

Mamá y yo nos mudamos a una casita en Coral Gables, Florida, había empezado a trabajar con un hombre que había conocido por intermedio de alguien que había conocido en Cuba. Héctor venía a la casa a comer y pasaba la tarde allí. Empezaba a hacer cosas en la casa y luego se marchaba. Un día le pregunté a mi madre por qué se comportaban de manera tan extraña cuando entraba a su habitación y ella respondió:

—Estamos teniendo conversaciones de adultos, eres una niña y no entenderías.

Parecía agradable con mamá pero había algo en él que no me gustaba, podía sentir que me miraba de forma extraña.

Luego de unos meses mi madre me dijo que Héctor se mudaría con nosotras y que yo debía llamarlo «papá».

—No lo voy a llamar así —dije—. No es mi padre.

—¡Harás lo que te digo! Ahora será tu padre y quiero que lo trates bien. Si te descubro causando problemas, te azotaré muy fuerte, él te cuidará mientras yo voy a trabajar —gritó mi madre muy enojada y retándome. Empecé a llorar.

—Mami, por favor no me dejes con él, por favor mamá, busca a alguien más que me cuide, te prometo que me portaré bien —dije asustada.

Ya había empezado la escuela y cada mañana era un caos, mi madre se quedaba dormida y yo tenía que prepararme sola. Parecía que siempre estábamos apuradas, mi madre se la pasaba enojada y gritaba por todo.

Recuerdo que cuando mamá salía de casa, instintivamente, cerraba la puerta de mi habitación con llave. Era una niña, pero cada fibra de mi ser sabía que no estaba segura. ¿Cómo podía decirle a mi madre algo negativo sobre este hombre?, ella me hubiera matado. Pasó aproximadamente un mes cuando un día recuerdo haber tenido una sensación extraña. Era como un día cualquiera, mamá había salido de casa por la tarde y yo me había quedado en mi habitación, encerrada como una prisionera. De repente escuché a Héctor llamarme, mi corazón comenzó a latir con fuerza. Cuando lo oí de nuevo mi corazón quiso saltar fuera de mi pecho, luego escuché un golpe en la puerta y dijo que mi madre quería hablar conmigo que ella estaba hablando por teléfono, yo me quedé allí sin moverme ni un centímetro.

—¡Tu madre quiere hablar contigo, ven aquí! —gritó él.

Salí de la habitación lentamente y mientras me acercaba a la cocina me dijo que ella estaba hablando por teléfono en el dormitorio así que corrí a hablar con mamá, él estaba allí sentado en una silla, estaba masturbándose.

—Eres sucio, no eres mi padre, el nunca me haría eso, se lo diré a mi madre —gritaba llorando.

—¿Crees que ella te creerá? Ella me creerá a mi; si intentas decírselo a tu madre le diré que entraste desnuda en nuestra habitación —respondió.

Me sentía sucia, violada, quería huir de casa y no volver jamás. Odiaba a mi madre por hacerme eso, ¡era su culpa! Sabía que no podía decírselo a mi madre, creí lo que me había dicho Héctor, ella no me iba a creer. Recordé la forma en que había actuado cuando me había negado a llamarlo «papá» y no me arriesgaría.

Me mantuve alejada de los dos, me sentía muy sola. Soñaba con el día en que mi padre vendría a verme, pensaba que tal vez me llevaría con él, sabía que mi padre me amaba y me repetía esas palabras a solas para consolarme.

Cada vez que mi madre tenía que dejarme con Héctor yo tenía un ataque, le suplicaba a mamá que no me dejara sola con él, después de rogárselo muchas veces accedía a dejarme con una señora del barrio.

Mamá trabajaba todas las noches, algunas veces salía con Héctor y otras iba sola. Siempre salían a divertirse de noche. Iban a muchos lugares nocturnos. Veía a mamá vestida con abrigos de *mink* y, relativamente rápido, comenzó a parecer muy rica y desenvuelta. Siempre actuaba con una doble cara, cuando yo necesitaba algo mi madre reaccionaba como si le estuviera pidiendo un millón de dólares. El discurso había cambiado a: «Trabajo muy duro, ¿crees que soy una máquina de hacer dinero?» Sabía que tenía dinero, podía verlo en la forma como vestía. Tenía una horrible sensación de abandono, sentía que mis necesidades no eran importantes y por lo tanto, no valía nada para ella.

Mi vida giraba en torno a la escuela y alguna salida ocasional, pero no tenía una verdadera recreación. Siempre me preocupaba que le pasara algo a mamá. Comenzaba a tener miedo nuevamente, pensaba que si mamá un día no regresaba más, ¿quién cuidaría de mí?

Un día Héctor y mamá terminaron su relación y ella entró en una depresión, lloraba histéricamente. Yo estaba alegre pues lo veía como un demonio. Traté de cuidar a mamá lo mejor que pude, tenía sólo siete años, cocinaba una olla de frijoles para que ella comiera. Como era pequeña tenía que subirme en un pequeño taburete para poder alcanzar la estufa. Ese día noté que mamá limpiaba repetidamente la mesa antes de cenar, lavó el plato y aún no había empezado a comer. Nunca había visto a mi mamá hacer eso antes y me sentí muy asustada. No entendía nada, pero sabía que algo no andaba bien y que eso no era normal.

Cuando mi madre estaba feliz se reía conmigo, recuerdo una vez en particular cuando bailaba con la música de una película de una estrella infantil llamada Marisol, una joven española. La canción se llamaba «La Máscara», yo actuaba y cantaba. Tenía un lado creativo y artístico, podía mantener la melodía y disfrutaba mucho bailando. Cuando la gente venía a la casa tenía que montar un espectáculo. Esas eran las únicas veces que experimentaba real aprobación de mi madre, cuando ella se reía era como si yo caminara sobre el agua. Pero cuando entraba en una depresión, a veces sin previo aviso, lloraba histéricamente y gritaba. Durante esos episodios depresivos de mamá me sentía perdida, indefensa y sin esperanzas. Pensaba para mis adentros «mi padre no volverá nunca y tendré que quedarme aquí para siempre». La última vez que había visto a mi padre tenía cuatro años.

Un día, mamá estaba actuando de manera extraña y hablaba muy rápido.

—Vamos, vamos a dar un paseo por la calle ocho. Necesito hacer una parada, tengo que ir a la casa de mi amigo y voy a entrar un minuto —dijo con voz aguda.

Me senté en el asiento trasero mientras mamá conducía, parecía nerviosa. La había visto así antes, había aprendido a leer a mamá. Tuve que aprender a identificar ciertos comportamientos como un mecanismo de supervivencia, incluso desde lejos podía captar el estado de ánimo en el que se encontraba. Una vez que llegamos, ella dijo:

—Quédate en el auto, voy arriba y regresaré en breve.

Estuvo allí lo que me pareció una eternidad. Pasaron treinta o tal vez cuarenta y cinco minutos cuando bajó las escaleras, recuerdo que era de noche y pude ver que ya empezaba a actuar de manera extraña. Ella entró al auto y yo continuaba aburrida en el asiento trasero, en ese entonces no teníamos teléfonos ni ningún otro tipo de entretenimiento electrónico y, siendo una niña, quería conectar emocionalmente con mi mamá. La vi limpiar el espejo retrovisor muchas veces, también frotaba el costado de la puerta del pasajero y yo pensaba: «Oh, Dios, está haciendo esa locura otra vez».

Para ese entonces tenía unos ocho años y sabía instintivamente que debía tener una pequeña charla con mamá. En mi inocencia infantil, lo hacía para tratar de apaciguar o encontrar algo de normalidad en toda esa situación.

—Mamá, ¿a qué hora vamos a buscar la bicicleta mañana?, dijiste que iríamos esta semana —dije.

—Cállate la boca, te odio, todos mis problemas son por ti. Siempre estás hablando, siempre exigiéndome cosas —gritó ella.

—Mamá, no soy exigente sólo me aseguraba de que recordabas que me lo habías prometido —contesté.

—Cállate ya, ¿no ves que estoy conduciendo?, ahora mira, ahora nos vamos a matar —respondió con dureza.

Ella pisó el acelerador y el auto iba aumentando rápidamente la velocidad, comencé a gritar y a llorar mientras me ponía histérica, pero mamá no disminuía la velocidad.

En ese momento, mi inocencia se apoderó de mí y solté:

—No quiero morir, por favor mamá, seré buena, detente, estoy realmente asustada, la policía nos detendrá. ¡Mamá!, ¡para!, ¡mamá, por favor! —dije llorando—. ¿Por qué me tratas así, mami? No soy tan mala, ¿por qué eres tan mala conmigo?, ¿por qué me odias tanto? —grité con mucho dolor en mi corazón.

Paró el coche de repente, era como si hubiera despertado de su trance. Ella nunca dijo que lo lamentaba, no recibí un abrazo, nunca me consoló, en ese momento me di cuenta de que odiaba a mi madre.

En mi inocencia esto había sido totalmente devastador para mí, no podía entender por qué hacía esas cosas. Más tarde, me di cuenta de que estaba drogada con cocaína y que un negocio de drogas le había salido mal. Estaba tan enojada con mi madre, pero, sin embargo, tenía miedo de que le pasara algo malo. La prolongada sensación de desesperanza me causó mucho daño durante mi proceso de crecimiento; los sentimientos no resueltos eran muchos, tenia emociones que no entendia. Tenía una sensación de confusión, sentía una presión espantosa en mi cabeza y me decía a mí misma: «¿Qué me pasa? ¿Por qué me está pasando todo esto?».

Tenía tantos sentimientos sin aclarar con mi madre, la amaba pero también me desagradaba y odiaba cómo me hacía sentir. Sentía demasiadas emociones de adulto que aún no entendía. Nunca tuve la oportunidad de procesarlas, una enorme cantidad de ira, falta de perdón, soledad, tristeza y vacío emocional causada por su negligencia, habían sido un caos para mi pequeño cerebro y cada área de mi vida estaba siendo afectada.

Tenía problemas en la escuela, no podía concentrarme, no podía estudiar y cuando un profesor me hacía una pregunta en clase y decía una respuesta incorrecta, los otros niños se reían de mí y yo sólo quería morir.

No tenía nada a lo que aferrarme. Mi madurez prematura e inestable había hecho que no tuviera habilidades para tratar con las personas, con la vida o los desafíos que esta presentaba. Siempre elegía la salida más fácil. Mi satisfacción inmediata era jugar primero y luego hacía la tarea, cuando me sentaba a estudiar estaba exhausta y me quedaba dormida.

A veces jugaba afuera con los niños del vecino y mamá me llamaba para que entrara a la casa. En una ocasión me pidió que la ayudara a cambiar el zapato de su prótesis.

—Mamá, estoy jugando, ¿tiene que ser ahora mismo, no puedes esperar para más tarde? —dije.

—Eres tan mala hija, tienes el corazón negro, soy tu madre y perdí esta pierna dándote la vida. —Me gritó.

Sus ojos se veían como si me perforaran directamente y sentía que me desintegraba. El dolor que sentía mi pequeño corazón era insoportable. Pensaba: «Mi madre me odia». Finalmente me rendí y cambié el zapato llorando y sintiéndome muy triste, frustrada e impotente de no poder cambiar mis circunstancias. Los papeles en mi vida estaban invertidos, yo era la adulta, al parecer ella no se había dado cuenta de que todavía era una niña.

Nuestras vidas transcurrieron entre diferentes mudanzas, de un dúplex a una casa pequeña y luego a un edificio de apartamentos. Mi vida consistía en mantenerme alerta y sostener la incertidumbre e irregularidad que significaba el comportamiento disfuncional de mi madre y de su vida.

Un día escuché a mamá hablando por teléfono con su hermana, la oí decir que mi tía Emelina estaba muy enferma en Venezuela.

—¿Cómo la vamos a trasladar a Miami?, porque necesita un equipo especializado que la asista mientras está en el avión, no puede viajar en esas condiciones —preguntó a su hermana Vitalia—. ¿Cuánto va a costar eso? —mamá suspiró y dijo—: sabes que no tengo esa cantidad de dinero, así que todos vamos a tener que colaborar porque es una pequeña fortuna.

Finalmente, la trajeron a Estados Unidos en una ambulancia aérea desde Caracas, Venezuela. Mi tía tenía cáncer de pulmón en etapa tres y estaba prácticamente desamparada en un hospicio. Esa noche todos estábamos exhaustos. Especialmente mi madre, pues se había ocupado de su hermana y casi no había dormido, apenas había pegado un ojo la noche anterior. Empezamos a prepararnos para ir a la cama; finalmente, el día había terminado y podíamos descansar. Debimos habernos quedado dormidos en dos minutos.

En medio de la noche, no estoy segura de la hora que era, pero aún estaba oscuro, oí muy levemente el sonido de alguien que caminaba hacia la casa. Escuché el ruido que generaban las pequeñas piedras cuando se pisaban en la parte delantera de la casa. Era como la gravilla que cuando se pisa hace un chirrido. Nuestro apartamento estaba cerca de la entrada en el primer piso, era una noche muy calurosa del mes de agosto y teníamos las ventanas abiertas porque el aire acondicionado estaba dañado.

Estaba entre dormida y despierta pero seguía escuchando el ruido de la gravilla bajo los zapatos de alguien. Se estaba acercando a nuestro apartamento, cerca de la ventana abierta.

Empecé a intentar despertar ansiosamente a mi madre.

—¡Mamá, despierta! —Con mi codo le di un suave empujón y una vez más le susurré—: ¡Mamá, despierta!

—¿Qué pasa? Estoy muy cansada, necesito dormir, Gloria —respondió ella.

—Mamá, hay alguien caminando hacia la casa, hay alguien afuera —dije.

Cuando finalmente se sentó en la cama para mirar por la ventana abierta, se golpeó con la cabeza del intruso al otro lado de la tela metálica de la ventana. En ese momento, ya todos estábamos gritando y el hombre escapó. No pudimos volver a conciliar el sueño después del incidente y tuvimos que cerrar la ventana a pesar del calor de la noche.

Mi corazón latía con fuerza, tenía la misma sensación del día en que el rastafari había deslizado su mano sobre mi pequeño brazo en Jamaica. Pensaba para mí misma que no me gustaba tener miedo. ¿Por qué sucedían estas cosas? Quité esos pensamientos de mi cabeza y traté de volver a dormirme pero mis oídos estaban atentos y percibían cada ruido que ocurría fuera de nuestro apartamento. El incidente me hizo llegar a ciertas deducciones ese día. Había llegado a la conclusión de que dormir con la ventana abierta no era una buena idea y vivir en el primer piso era una idea aún peor. Además, había terminado por convencerme de que Estados Unidos también era un lugar muy aterrador.

Unos meses después llegó mi abuela de Cuba junto con su hija Nena, su hijo Carlos y su familia. Eran más morenos que mi madre, que mi tía Yolanda o que yo. Eran casi negros pero no se parecían a los negros que había visto aquí rodeando nuestra nueva casa en el centro de Miami, eran diferentes, más claros como en Cuba.

Mi tía Nena siempre había estado con mi abuela, nunca se había casado y no tenía hijos, el propósito de su vida se había convertido en cuidar a la abuela. Había tenido una relación con un hombre en Cuba y había quedado embarazada pero el niño había nacido con una condición llamada sangre azul o bebé azul. Un bebé azul suele tener una malformación cardíaca que impide que la sangre se oxigene completamente. El color azulado refleja un estado de mala oxigenación de la sangre. La sangre normalmente oxigenada es roja.

Poco después del nacimiento el niño murió y mi tía Nena nunca volvió a ser la misma después de esa pérdida. Como nunca se casó, servía a su madre y a su familia con humildad, pensaba que nunca llegaría a ser mucho en la vida. Era muy dulce y se preocupaba genuinamente por sus hermanos y hermanas, aunque algunos no fueran del mismo padre. No permitía que pensamientos de división entraran en su mente, luchaba contra ellos todos los días.

Yo le preguntaba a mi tia Nena el por qué mi madre era tan extraña. Me dolia mucho que mi mamá fuera tan dura conmigo y mi tía se apenaba por mí y me abrazaba con cariño. Todavía tengo fotos de varias fiestas de cumpleaños con niños alrededor de la mesa. Recibía regalos de otros, pero mi madre nunca me dio un juguete o una muñeca. Ella sólo me compraba ropa para la escuela o útiles.

Un evento en particular es vívido en mi mente, una vez recibí un regalo de mi madre, era un pequeño anillo de diamantes. Lo llevé a la escuela un día y lo perdí en el patio de recreo. Recibí palabras tan duras de mi madre ese día, me dijo que yo era una niña mala, que no apreciaba nada, «¿crees que el dinero crece en los árboles?, te di algo valioso y lo perdiste». Nunca más volví a recibir otro regalo de mi madre.

Un día me dijo que tenía que irme a vivir con mi abuela y me puse histérica.

—Mamá, ¿por qué? Apenas los conozco, no siento que soy parte de ellos, ¿por qué quieres deshacerte de mí?, dime qué hice mal, dime por qué tengo que irme a vivir con otras personas, ¿qué pasa con mi escuela?, ¿y mis amigos? —preguntaba llorando desesperada.

Mi madre me dijo que aprendería mi lección acerca del valor de las cosas, que tendría que trabajar para pagar la escuela, la ropa y la comida.

Me fui a vivir con mi abuela. Fueron muy amables pero al principio me tenían un poco de miedo. Sabían que mamá era errática y se enojaba fácilmente, así que no sabían cómo tratarme. Estaba triste todo el tiempo. Me sentía muy sola. Me sentía abandonada y rechazada. Tenía mucha confusión con respecto a quién era, a dónde pertenecía y cuál era mi raza.

Especialmente tenía problemas porque me sentía mitad negra y mitad blanca. Era la década de 1960 y recientemente se había permitido a los negros sentarse en el autobús junto a los blancos. Escuchaba historias en la escuela, la gente decía cosas muy negativas sobre los negros y yo no quería ser parte de eso.

No encajaba en ningún lado, me sentía extraña, como una huérfana, pensaba que alguien debió haber cometido un error pues yo no pertenecía allí.

Ansiaba pertenecer a algún lugar, a alguien. Quería tener amigos que vinieran a mi casa, pero me sentía incómoda con mi familia. No confiaba en ellos. Sentía que me avergonzarían frente a la gente. ¿Cómo podía mi madre y mi tía Yolanda verse blancas pero había este otro lado de la familia, con el que tenía que vivir, que parecían tan oscuros a mis ojos? Claramente, yo no les agradaba y era algo recíproco. Tenía peleas con mi primo Carlitos y mi abuela siempre se ponía de su lado. Mi tío Macho era tan duro; no era nada dulce. Intentaba acercarme a él y ganarme su aprobación, pero él siempre me alejaba. No tenía a nadie que me quisiera, ninguna persona que se tomara el tiempo de aclararme de una forma en la que pudiera entender que no importaba de qué color fuera mi familia, eran mi sangre y tenía que amarlos y respetarlos. Me preguntaba dónde estaba mi padre cuando lo recordaba blanco, muy alto y bien vestido. «¿Por qué no ha venido a verme o a buscarme y sacarme de aquí?».

Mi tío y su esposa practicaban mucho la santería. Tenían reuniones espirituales en la casa, sentía que vivía en África. Incluso hablaban un idioma diferente. Eso fue tan aterrador para mí y muy difícil de asimilarlo. La gente bailaba, se vestían de blanco y usaban collares hechos con cuentas de diferentes colores. En sus manos sostenían un instrumento extraño que hacía un sonido como si tuviera semillas dentro. Todo eso era demasiado extraño para mí.

Me sentía avergonzada y me preguntaba a mí misma: «¿Qué pasaría si la gente en la escuela descubre que tengo africanos viviendo en mi casa?».

Mamá me enviaba con mi tía Vitalia a Chicago durante las vacaciones de verano. Mi tía y su hija me llamaban negra y enana. Me decían que era huérfana y que mi madre me había encontrado en un basurero. Eso tenía sentido para mí, así que lo creí. Para un niño, todo lo que se dice sobre su identidad es creíble para él. Todas las críticas que recibía realmente me hacían daño. Las bromas pesadas, las burlas me dolían mucho. Mi prima se divertía a mis expensas, disfrutaba asustándome hasta casi morir. Un día se tapó la cabeza con una sábana y saltó en mi cama mientras yo dormía. Ella me provocaba terror. Sentía que me odiaba. Ansiaba que terminaran las vacaciones para volver a mi otro infierno.

De regreso a Miami, mi madre me dijo un día:

—Prepárate, tu padre viene a verte.

Apareció después de casi cuatro años. Pensé que iba a morir ese día. Estaba tan emocionada, mi corazón latía tan rápido y apenas podía hablar. Sólo lo miraba y registraba en mi mente cada línea, cada grieta, cada arruga, cada mirada, cada sonrisa y cada palabra que me decía. Estaba hipnotizada por su dulzura, su altura y su elegancia. Pensaba para mí misma «él es realmente mi padre. Es el único que es normal».

—Papá, ¿es posible que una persona te ame y, sin embargo, actúe como si te odiara? —pregunté.

—Querida, el amor es gracioso, esto es algo muy difícil de explicar para mí —respondió y continuó—. Cuando crezcas, podrás comprender los misterios del amor. Pero recuerda, ella es tu madre y pasó por muchas cosas para traerte a este mundo. Quiero que me prometas que serás amable y gentil con ella porque conozco a tu madre y ella te ama. Ella no es una persona cariñosa por fuera pero en el fondo eres su hija y sé que te ama.

—Papá, nunca has visto a mi madre cuando se enoja conmigo. Es como si fuera una persona desconocida. Actúa como si yo fuera una extraña y a veces me siento muy asustada, no sé qué hacer, a veces sólo tengo ganas de huir, paso la mayor parte del tiempo aquí en casa con abuela y tía y no tengo amigos porque mamá siempre me dice que no quiere que salga porque me secuestrarán.

—Ella sólo está tratando de protegerte —respondió.

Ese día fue uno de los días más felices de mi vida. Pasamos mucho tiempo juntos y estuvimos bastante rato a solas. Hablamos de muchas cosas diferentes, de la escuela y las materias que prefería, pero sobre todo hablamos de mamá, pude expresarle mi confusión y mi frustración por no poder tener una conversación normal con ella. Siempre estaba ocupada, siempre estaba trabajando, siempre estaba atendiendo a otras personas y nunca tenía tiempo para mí.

—¿Por qué no me llevas a vivir contigo? —Le pregunté.

Comenzó a darme diferentes excusas y procuraba salirse del tema, me dijo que pronto viviría en Miami y que nos veríamos más a menudo.

—Papá, ¿por qué no vives con nosotros? —pregunté.

—Boli, tengo un trabajo en Costa Rica y necesito ocuparme del negocio antes de mudarme aquí —respondió.

Pronto tuvo que irse y sentí pavor, mi estómago dio un vuelco, era como si me hubieran dictado una sentencia de muerte, tenía que permanecer en un lugar donde había muy poca esperanza, amor o felicidad.

Bolita era un apodo con el que mi padre siempre me llamaba, nunca me importó ni me sentía avergonzada. Lo aceptaba como un nombre cariñoso y no como una crítica. A papá le encantaba apostar y «Bolita» era un juego de números cubano que era muy común en la isla, pero en Estados Unidos era ilegal.

Para ese entonces mamá estaba trabajando, no tenía ya a quien cuidar y era libre de ir y venir cuando quisiera. Cada vez que la veía vestía ropa nueva y yo le preguntaba: «¿Qué tipo de trabajo estás haciendo?», me explicó que hacía presentaciones a las personas que venían de Cuba a los Estados Unidos acerca de cómo era el sistema que funcionaba allí. Les asesoraba sobre cuáles eran las áreas comerciales, los servicios médicos y otros. Ella les brindaba apoyo para que encontraran una vivienda y los ayudaba a reubicarse.

Pasaron varios meses y mamá siempre me recogía tarde, me decía: «Te recogeré el sábado» y llegaba tres días después.

—Mamá, ¿qué pasó mientras te esperaba? —Le pregunté una vez cuando apareció, ella entró en un ataque de rabia.

—No tienes derecho a exigir o pedir explicaciones de dónde he estado, para que yo ponga comida en la mesa tengo que perderme algunas citas de compras contigo. —Me dijo.

Podía sentir que algo no estaba bien con ella, me asustaba mucho cuando veía a mamá actuando como loca.

Era tan doloroso ver a mi madre gritar y decirme todas esas cosas como si yo fuera su enemiga.

Me culpaba de todo, mis calificaciones, mi apariencia y ni siquiera podía entretenerme. Su justificación favorita era decirme: «No tengo tiempo para esto» y salía corriendo por la puerta de la casa de mi abuela, porque siempre andaba corriendo. Ella hacía un gran problema de cualquier cosa, parecía como si estuviera esperando que algo siempre saliera mal para explotar y hacernos sentir mal.

Las voces dentro de mi cabeza me decían: «Mira, ella no te ama, hace tiempo para todos menos para ti. No eres importante para ella. No eres bonita como tu prima Miriam. Eres sólo un niña tonta. No sabes nada. Ella ya te dijo que "todos sus problemas son por tu culpa"».

Las cosas empezaron a empeorar progresivamente. Mi madre ahora trabajaba a tiempo completo en el negocio de las drogas y también consumía cocaína. El nerviosismo que le ocasionaban las drogas hacía que fuera insoportable estar cerca de ella, simplemente optaba por irme a mi habitación.

Mi madre nunca fue a la escuela para participar en ninguna de mis actividades. A veces los profesores querían darle alguna actualización sobre mi progreso en la escuela o la falta de este en ciertas materias y mi madre nunca aparecía.

Tenía muchos problemas con ciencias y matemáticas, a veces tenía que faltar a la escuela pues no me sentía bien y no tenía la fortaleza emocional suficiente para soportar tanto dolor. En cierto modo, era como si estuviera renunciando a la vida. Era un sentimiento de impotencia que restaba todas mis ganas de luchar. Pensaba: «¿Cuál es el punto, para qué voy a discutir, qué voy a lograr confrontando o peleando? De todos modos nunca gano. No importa lo que diga, no importa lo que haga, mi madre siempre tiene la razón y tengo que hacer las cosas como ella dice o de lo contrario...» Fueron tantas promesas rotas y con cada engaño mi miedo a confiar crecía, sentía que mi mundo era realmente aterrador, ¡no podía confiar en mi propia madre!

En cierto modo, me alegré de haberme ido a vivir con mi abuela. Al menos había personas de carne y hueso que me amaban y me cuidaban. Me ayudaban a prepararme para ir a la escuela. Tenía comida caliente y deliciosa todos los días, no tenía que realizar quehaceres en la casa, lo único que tenía que hacer era limpiar mi habitación. Finalmente acepté mi destino, ya no tenía límites ni fronteras así que las cosas no estaban tan mal. Podía irme a dormir tan tarde como quisiera o ver programas de televisión, nadie me empujaba a estudiar y no tenía que tratar con nadie.

Lo único malo era que no podía salir, sentía que vivía en la celda de una cárcel. Vivía en mi habitación, ese era mi pequeño mundo y allí mi soledad crecía.

Mis sentimientos y la creencia de que no era querida, los pensamientos de que era una estúpida y que nadie me amaría y que no llegaría a ningún buen lugar se asentaban muy profundamente en mi mente y en mi alma.

Mi madre no era una persona cariñosa; ella no fue dulce ni cariñosa conmigo. No guardo ningún recuerdo de abrazos o besos. El carácter de mamá realmente me asustaba. Un día estaba feliz y contenta pero otros estaba triste o enojada. Perdí la cuenta de las veces que mamá dijo que quería morir. Me estaba manipulando para que me sometiera. Nunca la confronté y nunca le respondí. Todavía era una niña y no tenía esa fortaleza. Obedecía y hacía todo lo que ella decía.

Oía a mi madre enfrentarse a mi abuela y mi tía Nena, era mala con ellas como lo era conmigo. Sentía tanta pena por mi tía Nena y mi abuela. No merecían ser tratadas de esa manera, ellas siempre estaban atendiendo a todos sus hijos. Las amaba tanto que me dolía ver que alguien abusara de ellas verbalmente.

Experimentaba el mundo a través de mamá y me sentía indefensa y desesperanzada. No me sentía cómoda en ningún lado, me sentía como una marginada que no pertenecía a ningún sitio ni a nadie. De niña me sentía desprotegida e insegura con todos, sentía que todos eran malos y que me encontraba en constante peligro.

Mi papá venía a visitarme de vez en cuando. Cuando estaba con él me sentía amada, podía ver una luz en sus ojos y me sentía especial como nunca experimentaba estar en mi casa. Mi papá me decía que me amaba, que yo era su hermosa hija, simpre me llamaba con el apodo de «Bolita».

A veces, cuando volvía de la escuela, papá estaba en casa de la abuela. Esos días me sentía como una princesa. No deseaba apartarme de su lado ni un momento, quería estar mirándolo constantemente. El era hermoso y pensaba que era triste el no saber mucho sobre él ni de su vida. Tenía padres, pero me trataban como a una huérfana. Estaba hambrienta de atención; necesitaba amor más que comida. Siempre fui una niña sensible y mi falta de pertenencia a alguien o a algo estuvo profundamente arraigada en esa etapa de mi proceso de madurez.

A veces yo era la niña de oro de todos, cuando tenía que llamar a la compañía telefónica o a la compañía eléctrica porque había un problema que resolver con una factura. Era la única en mi familia que hablaba inglés con fluidez y me convertí en la intérprete oficial. Me encantaba la atención que recibía de ellos, finalmente sentía que era buena en algo. Me propuse aprender tanto inglés como fuera posible. Era genial deletrear y leer. Otras veces era la niña perdida que vivía en su habitación y que nadie veía ni reconocía.

Siempre fui sobresaliente en gramática inglesa, lectura y ortografía. Podía ganarle a cualquiera en esas materias, siempre leía por encima de mi nivel. Las matemáticas eran otro asunto. Era la primera clase de la mañana y era un manojo de nervios todos los días al ir a clase.

Mi madre no quiso mirar nunca mi boleta de calificaciones; jamás se enteró de mis deficiencias en matemáticas o ciencias. Prefería que me viera bonita, que aprendiera a comer en público y estudiara modales. Así que, hubiera preferido pagar clases de modelaje en lugar de un tutor de matemáticas y ciencias.

Mamá empezó a empeorar cada vez más. Estaba más impaciente, se enfadaba fácilmente y perdía los estribos cada día más. Si cometía el más mínimo error, ella explotaba a lo grande y si hacía algo mal evolucionaba a la Tercera Guerra Mundial. No importaba qué, según ella, no podía hacer nada bien. Rompió muchas promesas, decía que estuviera lista que me iba a recoger y aparecía días después, de mal humor, y siempre me hacía llorar. Sentía que estaba maldecida y en mi mente me sentía culpable por todo lo que había salido mal en nuestras vidas.

Ella me llevaba a la tienda a comprar ropa, su propósito era que me vistiera como ella quería, le contaba a la dependienta todas mis faltas, le decía que me iba mal en la escuela y que me castigaban por portarme mal y por sacar malas calificaciones. Ella me subestimaba y me avergonzaba tanto que quería que se abriera un agujero en el suelo y me aspirara para poder desaparecer. Sentía que mamá y yo hablábamos diferentes idiomas, el rechazo, las palabras de crítica y esas miradas que podían matarme, me hacían pensar que tenía que haber algo mal conmigo, que era mala y ni siquiera mi mamá me amaba.

No confiaba en mamá. No me sentía segura siendo su hija. Nunca entendí por qué hacía esas cosas, luego comprendí que estaba drogada con cocaína y que su frustración, su enojo y su impotencia las descargaba conmigo.

En esos momentos entraba en una sensación de confusión espantosa. Sentía una presión demencial en mi cabeza y me decía: «Eres una persona horrible, no mereces ser amada ni recibir nada bueno de nadie». Y tenía la prueba; todos a mi alrededor estaban pasando por momentos en los que vivían sus vidas en modo de supervivencia, no en modo dignamente humano. Tenía una extraña sensación de desconexión, muchas veces pensaba, «esta no es mi familia, yo no pertenezco aquí».

Iba a la escuela en autobús y me sentía increíblemente triste de niña. La mayor parte del tiempo, mi madre llegaba a casa cuando mi tía Nena me preparaba para la escuela. Cuando bajaba de sus alturas, una vez más había rechazo, me ignoraba y me gritaba, me decía duras palabras y me miraba con sus famosas miradas malvadas. Me destruía por dentro; mi corazón se rompía poco a poco. Cuando estaba drogada, se sentía eufórica, era una supermujer y me alejaba diciendo: «Vete, no me molestes». Pero cuando bajaba y pasaba la euforia, se ponía deprimida y necesitada, si no respondía como esperaba, se enojaba y se ponía violenta diciendo: «Eres una hija tan mala, tienes un corazón negro».

Un día empecé a sangrar en la clase de educación física y estaba realmente asustada, pensé que me iba a morir. Nunca me dijeron o prepararon para saber que en algún momento me iba a suceder algo llamado menstruación.

Llamé a la casa de la abuela y mi papá estaba allí, esperaba que volviera de la escuela. Yo estaba llorando y tenía miedo.

—Papá comencé a sangrar y me duele mucho el estómago, por favor ven a buscarme. Necesito tomar una aspirina, pero por favor ven ahora. —Le dije alarmada.

—No te preocupes, estoy en camino, ve a la oficina del director y habla con la enfermera y diles que estoy en camino para darte una aspirina —dijo él tranquilizándome.

Hice lo que me pidió, un rato después llegó papá con una bolsa en la que habían *Kotex*, aspirinas y un cinturón elástico que sujetaría la almohadilla en cada extremo. Me llevó al baño, me dijo que me lavara con agua y jabón y luego me explicó cómo usar la toalla sanitaria.

Una vez que salí del baño, me sentía como un perrito herido. Mi padre explicó que esto me pasaría todos los meses y dijo que ahora yo era una niña grande y que si estaba con un hombre de manera íntima, podría tener un bebé. Además me dijo, «no dejes que un extraño ni nadie te toque las partes íntimas, guarda eso para cuando te cases». Una vez más me sentí maldecida.

Tenía once años cuando me vino la menstruación, como un reloj la visitante llegaba una vez al mes después de esa primera vez. El dolor era muy fuerte, me acostaba en la cama en posición fetal mientras lloraba y mi abuela y mi tía Nena me daban té de canela, pues ellas decían que era bueno, pero me hacía sangrar más. A veces tenía que quedarme en casa y no iba a la escuela porque el dolor era muy intenso. Mi madre le decía a mi abuela cuando volvía a casa de sus fiestas: «Envíala a la escuela, ¿no ves que está actuando? Envíala ahora».

Tenía que tomar una aspirina y mientras me vestía me veía en el espejo con el rostro pálido como una hoja de papel y con ojeras. Me sentía fatal; con mucha tristeza y sólo quería desaparecer. Siempre me preguntaba «¿Por qué me odia mi madre?» Entonces empecé a odiarla también yo y más que ella a mí.

Mi madre vivía en una montaña rusa emocional y yo era la pasajera a su lado. A veces estaba feliz, otras triste y en ocasiones declaraba su deseo de acabar con su vida. Vivía en un caos, la verdad era mentira y la mentira era verdad. Mamá mentía y si yo sabía que no era cierto y le decía, «mamá eso no es cierto», me pellizcaba muy fuerte debajo de la mesa y yo tenía que permanecer sentada allí soportando el dolor, lo hacía incluso si estábamos en público. Ella decía que ese era mi castigo por llamarla mentirosa.

Un día mi padre me pidió que fuera a almorzar con él. Dijo que necesitaba mi ayuda para hablar con algunos amigos en inglés. Me sentí como una niña grande saliendo con su padre. Recuerdo que me habló de mis hermanas pues admitió que tenía otra familia. Mencionó que pronto llevaría a mis hermanas a conocerme. Me contó que había tenido esas niñas hacía mucho tiempo pero que yo era su bebé, su favorita. Dijo que yo era «Bolita» y que quería que fuera una niña grande y lo ayudara a hablar con sus amigos.

—¿Por qué me traes a mí y no a tus otras hijas? ¿No hablan inglés? —pregunté.

—Sí, pero no pude encontrarlas para venir hoy —respondió él.

Entramos en el restaurante, recuerdo vagamente que era italiano y nos sentamos en una mesa reservada. Me sentía muy especial. Me sentía amada y querida por mi padre, el único familiar que parecía ser normal en mi vida. No tenía idea de lo que estaba pasando, tenía once años y nunca pensé que mi padre me usaría de esa manera.

Llegaron los hombres, eran totalmente americanos, hablaban de un paquete y kilos, yo traducía como me había pedido mi padre. No tenía ni idea de que estaba hablando con la DEA, la Agencia de Control de Drogas. Mi padre estaba siendo incriminado o estaba siendo investigado, estaba haciendo un negocio de drogas con policías encubiertos y su hija de once años, una niña inocente, estaba traduciendo para él.

Poco tiempo después escuché una conversación que estaban teniendo mi abuela y mi tía Nena, decían que mi padre había sido arrestado. Unos días después escuché en una conversación en la que decían que mi padre había escapado de la cárcel.

Me volví un poco rebelde, me enfurecí, estaba enojada y devastada. No quería ir a la escuela. No quería seguir sintiéndome mal cuando iba a la escuela. No tenía amigas, varias veces había invitado a amigas de la escuela a la casa de la abuela y mamá llegaba a casa y me avergonzaba mucho. Le decía a todo el mundo que había sacado malas notas o algo personal sobre mí y luego toda la escuela lo sabría. Sólo quería quedarme en casa para escuchar lo que estaba pasando con mi padre.

Después de un mes, más o menos, mi madre me dijo que mi padre había muerto. Estaba en todas las noticias, a partir de ese momento hubo aún más caos en mi vida, habían más secretos y más susurros a mi alrededor.

¡Oh!, mi mundo se derrumbó, pieza por pieza y muy lentamente. El dolor era insoportable. No podía pensar. No podía concentrarme. Estaba desgarrada por dentro en pequeños pedazos y no sabía cómo volver a armarme. El dolor de la pérdida era tan profundo que me sentía sumida en una habitación oscura, completamente sola y sin luz por ninguna parte. Me sentía simplemente ciega y tropezando a cada paso; cayendo más y más en la oscuridad y sin siquiera querer encontrar la luz. Sentía que me estaba consumiendo, que me apretaban el corazón y lo aplastaban dentro de mi pecho. Mis sueños de tener una vida normal, de casarme y tener hijos, de ser feliz alguna vez, todo se centraba en la única persona en el mundo que me amaba y se preocupaba por mí. Para mi padre yo era suficiente, era hermosa y aunque no lo fuera, él me hacía sentir que lo era. Mi vida se había acabado. Tenía que enfrentar mi existencia con una madre que no estaba bien, una loca que sólo estaba en mi vida para hacerme sufrir y volverme loca a mí. Ella era alguien que me hacía sentir como si no existiera, alguien que mataría mi felicidad en cada oportunidad que tuviera. Esa sería mi vida ahora, una madre que me odiaba. Viviría mi vida sin tener sueños y con alguien que era una enferma mental, viviría en una ciudad horrible donde todo lo que me rodeaba era feo y pensaba: «No quiero mi vida. Tan pronto como conozca a un hombre, saldré de esta casa».

Tenía casi doce años cuando murió mi padre, la vida seguía dándome golpes en la cabeza y clavándome dagas en el corazón. Mi madre me dijo que íbamos al funeral de mi padre y recuerdo que como era una niña todavía le decía: «Mamá, no pertenecemos allí. Tiene otra familia». Pero ella no escuchó, estaba en estado de trance. Fue un día tan horrible, además de tener que cargar con todos mis sentimientos, con la vergüenza, la culpa y el desprecio que sentía por mí y por todos los que me rodeaban, peleé con mamá por la ropa que usaría.

Cuando entramos a la funeraria, sentí que todos volvieron la cabeza para mirarnos. Fue impactante, las miradas eran como cuchillos que entraban en mi pecho mientras nos acercábamos al ataúd. Varias mujeres comenzaron a insultarnos diciendo que éramos unas intrusas, que mamá era una puta y que yo era una bastarda. Nos gritaban que saliéramos, me gritaban a mí, diciendo:

—Ese hombre que está allí muerto no es tu padre, tu madre se acuesta con hombres casados.

Las mujeres nos gritaban a nosotras y directamente a mí.

—Ve a buscar otro padre porque ese hombre no es pariente tuyo, ¡fuera!, ¡fuera! —gritaban, diciendo las que supuse que eran mis hermanas.

Corrimos hacia el auto, mamá estaba furiosa y yo lloraba, totalmente destrozada. La miseria y la oscuridad cubrieron mi corazón, mientras pensaba, «no hay ningún Dios». Ya había conocido la tristeza desde antes, pero nunca me había sentido tan sola. Había perdido a mi padre, pero también había perdido algo muy frágil...

La poca confianza que tenía en mi madre murió ese día, desapareció junto con papá en esa horrible caja de la muerte.

# SEGUNDA PARTE

El era alto.

Él era guapo.

Era un placer mirarlo. Siempre vestía bien;
para él la vida era un acontecimiento.

Tenía un cabello tan hermoso, oscuro y blanco, representaba una
vida plenamente vivida.

Era gentil, amable y hablaba en voz baja como sólo un caballero
podía hacerlo.

Siempre estaba justificando los errores de los demás, nunca
acusando, nunca condenando, una palabra hermosa siempre fluía
de su boca.

Me miraba y sus ojos se iluminaban como una pequeña llama.

Me dio su nariz y sus ojos.

Él me veía. Le agradaba mi presencia. Él me amaba.

Se tomaba el tiempo para hablar conmigo.

Él me hacía sentir especial.

Cuando él estaba cerca me hacía sentir como si yo fuera la única
persona en la habitación.

Él aparecía y su sonrisa hacía bailar mi corazón.

Venía a verme, y de lejos, yo corría hacia él y saltaba de gozo.

Me envolvía con su abrazo y yo desaparecía en su grandeza.

Le hubiera gustado caminar conmigo al altar cuando me casara.

Habría hecho un revuelo el mundo por verme con un bebé en
brazos.

Sueño con verlo un día y decirle: «Papá, mira a la mujer que Dios
ha formado en mí».

Recuerdo el día en que la luz de mi mundo se oscureció.

Estaba angustiada; me senté en la oscuridad sólo para estar cerca
de él.

Quería ser su ocasión especial.

Él era el amor de mi vida. Él era mi padre.

Y al final eligió a todos los demás y no a mí.

# Capítulo V. La Luz de mi Mundo se Oscureció

Después de la muerte de mi padre, toda mi vida cambió. Me mentían constantemente y había perdido a la persona más importante de mi existencia, mi padre. La confianza se rompió. Ya había culpado a mi madre por tantas cosas, pero este incidente en la funeraria había sido imperdonable.

Sentía que me había llevado como un cordero al matadero. Lo que había hecho con el vestido de novia que tanto había angustiado a mi padre, lo había vuelto a hacer pero esta vez yo había sido su arma.

El mundo cambió y yo también. Me di cuenta de que las personas que amamos se van y te abandonan, aunque digan que nunca lo harán. Confiaba en que mi padre estaría aquí para siempre, creía que me amaba y también creía en sus ojos y el amor que me profesaba a través de su mirada.

Él era mi ancla, en mi mente todas mis ilusiones estaban puestas sobre él. La luz que vi en sus ojos me hizo sentir segura. Compartimos momentos tan especiales, sobre todo cuando era una niña y de un día para otro me había convertido en una mujer con la capacidad de concebir una vida en mí. Algo en mí murió con él, una parte muy profunda de mí, una niña que alguna vez estuvo viva, ahora estaba herida. Ya no quería vivir. Quería irme a dónde él estaba.

Se había ido y no podía soportar la desolación que su muerte había dejado en mi vida. Tuve que batallar con la realidad de su legado, vergüenza, burla, desprecio, prejuicio, humillación y rechazo. También luchaba con una verdad que no quería enfrentar, él me había engañado, pero también le había mentido a todos los demás. Yo no era diferente, sin embargo, la conexión que había sentido con él me había asegurado que no era una mentira. A mi padre le pasaba algo más que yo no entendía, había algo más de lo que no era consciente.

Los periódicos y los medios de comunicación fueron crueles, pero decían la verdad. A nadie le importó que tuviera una hija que era sólo una niña y que sufriría mucho las consecuencias.

Los titulares del *El Miami Herald* decían: «Fugitivo cubano asesinado a tiros, pone fin a una persecución del FBI que llevaba dos meses». Un fugitivo que supuestamente era una alta figura de la «mafia cubana», había muerto el domingo por las heridas sufridas en un tiroteo con el FBI. Juan Cesar Restoy había escapado de la cárcel del condado de Dade con un amigo del cual se decía que tenía vínculos con los participantes de la invasión de Bahía de Cochinos en Cuba en 1961. Restoy había estado escondido durante meses y el FBI había recibido un aviso de que había sido visto en *Meridian Avenue* en *Miami Beach* en un edificio de apartamentos propiedad de un amigo.

Siete agentes, cuatro del FBI y tres del Buró de Narcóticos, se acercaron a la casa. Todo estaba en silencio ese domingo, la casa estaba cerrada con llave pero el aire acondicionado estaba funcionando y había una luz sobre la puerta trasera de la casa. Los agentes federales rompieron la puerta con una tabla de madera a modo de ariete. Registraron la casa y cuando uno de los agentes abrió la puerta de un armario Restoy salió disparando. Lo acompañaba una amiga que había ganado un concurso de belleza en Cuba en 1955.

Un agente había caído con una herida mortal en el pecho y otro había recibido un impacto en el brazo. Al menos tres agentes habían respondido al fuego de inmediato y golpearon a Restoy dos veces en el pecho y una en la mano.

Incluso mientras moría en el suelo y salía sangre de su elegante traje, se había resistido al arresto. Había muerto una hora y media después, en la mesa de operaciones de uno de los hospitales de la ciudad de Miami.

Restoy, un hombre alto y apuesto, exmiembro de la Cámara de Representantes de Cuba bajo el régimen de Fulgencio Batista, supuestamente consumía cocaína y además estaba involucrado en la venta de la misma. El hombre estaba asociado con los veteranos de

Bahía de Cochinos y los señores del narcotráfico. Restoy había sido parte de la «Operación *Eagle Bust*» ya que había sido arrestado en relación con envíos masivos de drogas y luego había escapado. Formaba parte de una red nacional de mayoristas que manejaba alrededor del 30% de todas las ventas de heroína en los Estados Unidos. La red de Restoy había surgido del imperio del crimen organizado de Santos Traficante, que estaba muy involucrado con Fulgencio Batista y los imperios de los casinos cubanos.

¿Por qué mi padre había elegido una vida de crimen?, ¿por qué tuvo varias mujeres?, ¿por qué no fue fiel a su esposa? y ¿por qué estaba dispuesto a dejar atrás a su familia en busca de una promesa de felicidad y una vida mejor?, ¿por qué no podía presentarme a mis hermanas y ser honesto acerca de sus errores, pedir perdón y ser sincero sobre sus otras hijas? Otros hombres hacían eso; otras personas cometían errores, pedían perdón y mejoraban sus vidas. ¿Por qué mi padre no había pensado en esas cosas?

Sus decisiones tuvieron muchas consecuencias e impactaron en muchas personas y estoy segura de que no fui la única que se había convertido en «la lesionada andante» el día que murió.

Pagué las consecuencias por el estilo de vida de mi padre, lo que había hecho al final me persiguió durante mucho tiempo. En la escuela, nadie quería sentarse conmigo porque yo era la hija del narcotraficante que había matado y herido a dos policías antes de que le dispararan a él y lo mataran. Cuando me acercaba a la mesa del almuerzo, todos los niños se levantaban y me quedaba sola con mi vergüenza. Experimenté el rechazo de mis compañeros, mis profesores y el director de la escuela.

El día que fui con mi padre a cenar con sus amigos estadounidenses, tenía once años. Sabía en mi corazón que eran malas personas y se lo dije a mi padre. Resultó que tenía razón, eran policías encubiertos y habían estado armando un caso sobre él durante los últimos años.

Los niños registran constantemente lo que ven, lo que escuchan y lo que aprenden y viven con sus padres. Me convertí en una persona muy sobreprotectora, porque de niña sentía la necesidad de proteger constantemente a mi madre. ¿Y si mi madre moría como mi padre? En el fondo sabía en mi corazón que mi madre caminaba por el mismo sendero que había transitado mi padre y no sabía cómo ayudarla o protegerla.

Había veces en que estando en la cama tarde en la noche sonaba el teléfono. Respondía y alguien colgaba. Era un número equivocado, pero automáticamente me ponía ansiosa. No podía dormir, ¿y si era mi mamá? Tal vez estaba muerta en su auto o la habían arrojado en un matorral en algún lugar y nadie sabía dónde estaba.

La amaba, pero al mismo tiempo, la odiaba.

Sus emociones destructivas me lastimaban cuando escuchaba sus gritos y la violencia de su voz. Cuando era niña, la fuerza destructiva e inesperada de su ira y de su abuso verbal era como ser atropellada por un camión gigante y a toda velocidad. El dolor emocional era mayor que si alguien me golpeara. Los moretones desaparecen, pero las duras palabras que se dicen permanecen ocultas en la mente. Toda la confianza se rompe en esa criatura y le robas su identidad.

Quería autodestruirme. Quería desaparecer. Me había quedado sola para encargarme de la única persona que tenía que cuidar de mí; una loca que yo no conocía y ella tampoco me conocía, ni quería hacerlo. Sin embargo, todavía la necesitaba; su negligencia era una experiencia profundamente angustiosa que me produjo vergüenza a largo plazo.

Ansiaba tanto el amor y la atención de mi madre, sin embargo, era totalmente incapaz de obtenerlo. Ella no me veía y cuando lo hacía su rabia dolía como una daga atravesando mi corazón.

Las palabras que escuché cuando era niña crearían tanta confusión en mi mente. No entendía, ¿que había hecho que había sido tan horrible, tan malo como para que mi madre estuviera enojada conmigo todo el tiempo?

¿Qué era un corazón negro?

Debe ser una niña malvada. Si mi madre lo dice, esa debo ser yo.

La montaña rusa de emociones de ira, depresión, júbilo, gritos, violencia, insultos de mi madre, era mi mayor enemiga. No creo que yo estuviera loca, pero se imitan los comportamientos aprendidos. Los niños creen que es su culpa cuando no comprenden el comportamiento errático de sus padres. Sinceramente, creía que todo era culpa mía. Las frustraciones de mi madre, su incapacidad para conseguir un trabajo, su comportamiento irracional y su razonamiento se debían a que yo era muy exigente como ella decía.

Una de las cosas que más me molestaba de mamá era la doble moral de su comportamiento. En casa se comportaba de una forma pero mostraba otra cara al mundo. Me hacía sentir muy desconfiada cuando la veía actuar de manera diferente frente a la gente. Actuaba como la mejor madre, irreprochable. Pero en mi mente de adolescente sabía que mi madre estaba mintiendo, sabía que era una farsante y su hipocresía también era una forma de abusar de mí, pero no me atrevía a hablar de eso con nadie.

Otra característica del hogar en el que me crié fue vivir con personas que no eran transparentes. No se podía hablar de los sentimientos, no se podía ser sincero al expresar los pensamientos o las necesidades que cada uno tenía, si se hacía habría un alto precio que pagar, invalidación, rechazo y negligencia.

Tenía una constelación de emociones que no entendía. Nunca tomé el camino de doblegarme y hacer todo lo posible para ser aceptada. Algunas personas, de hecho, hacen eso para compensar sus faltas. En cambio, siendo una persona sensible, me refugié en un caparazón ya que nunca me dieron las herramientas y el apoyo para resistir y poder recuperarme de todos los hechos decepcionantes de mi vida. La alegría era absolutamente esencial para que se produjera un resurgimiento. Nunca conocí el gozo, la única vez que había sentido una emoción parecida fue haber sido envuelta por los brazos de mi padre en un abrazo de un metro y ochenta y ocho centímetros.

Tenía problemas para relacionarme con otras personas y cuando sentía el rechazo intenso de otros niños al juzgarme por lo que había hecho mi padre, mi madre me consolaba diciendo: «No te preocupes, sólo te envidian». A esas alturas tenía una cosa más de la que preocuparme, algo que no entendía, más confusión que enfrentar. «¿Qué diablos tenía yo que fuera tan especial como para que la gente quisiera mi vida?» No entendía completamente qué era la envidia, pero sabía que no era buena, comprendía que era un sentimiento que se experimentaba cuando quieres lo que otros tienen.

Este comentario que hizo mi madre se quedó conmigo y siempre volvía allí, sus palabras se habían quedado clavadas en mi cerebro como una daga. Me sentía desconectada de la gente, sin poder intimar ni confiar en nadie.

La única amiga que tenía la conocí en la escuela. La única persona que me aceptó y se preocupaba por mí era Rosie. Dios puso a esa niña en mi vida y su familia se convirtió en mi familia. El único lugar que se me permitía visitar era su casa. Comía con ellos y ellos me mostraban lo que era una verdadera familia sin siquiera darse cuenta, yo era una invitada en su mesa. Ellos se reían y yo también lo hacía. Era testigo de cómo interactuaban las familias reales, cómo se escuchaban y como todos tenían la oportunidad de expresarse libremente. Apreciaba a Rosie porque sentía que podía confiar en ella y nos hicimos muy buenas amigas. El lavado de cerebro de guardar secretos estaba tan arraigado en mí que nunca pude contarle realmente lo que estaba sucediendo en mi casa. Ella sabía lo que había pasado con mi padre, sin embargo, nunca me juzgó. Yo sabía que ella sentía lástima por mí y que era tan buena persona que había elegido a la chica menos favorita antes que a las más populares.

Secretamente deseaba, algún día, tener una familia como la de Rosie. Soñaba con la normalidad en mi vida. Era como una niña huérfana que presionaba su nariz contra el cristal para contemplar a la gente feliz alrededor de un árbol de Navidad.

Rosie no tenía idea de lo que significaba para mí su amistad en ese momento de mi vida, un día hablábamos de adultos y le conté un poco de lo que me había pasado de niña y me dijo que sabía que algo me estaba pasando pero que como yo era tan reservada, ella no quería entrometerse.

Casi no hablé de mi vida con nadie mientras crecía, el voto de secreto había sido silencioso pero se confirmaba con declaraciones como «no ventiles nuestras ropas sucias en público» o «si descubro que hablas con alguien sobre nuestra vida privada, te meterás en serios problemas». Estaba tan avergonzada de mi vida que no estaba dispuesta a contar nada de mi familia a nadie.

Mi prima Miriam estaba de visita desde Chicago, había regresado por un tiempo porque se había casado y las cosas no iban bien. Conoció a un joven en el lugar donde vivíamos, se llamaba Richard, era superlindo y muy sociable, me llevaba muy bien con él. Parecía que hipnotizaba a mi prima.

Quería ser como Miriam, ella llamaba la atención de mi madre y para mí eso era suficiente. Estaba celosa por la forma en que ella y mi madre hablaban, reían y mantenían conversaciones reales. Amaba a mi hermosa prima, era ocurrente, amable y tenía una gracia especial con la gente. Todos querían estar cerca de ella porque era divertida y muy inteligente.

# CAPÍTULO V. LA LUZ DE MI MUNDO SE OSCURECIÓ

Tenía casi catorce años cuando Miriam me invitó a un concierto.

—¿Estás bromeando? Mamá nunca me dejará ir. Quizá, si le preguntas, ella esté de acuerdo, pero yo ni me atrevo —respondí.

Estaba aterrorizada por la respuesta que pudiera recibir de mi madre, no podía pedirle nada. Pero mi prima logró que mi madre estuviera de acuerdo.

—Vamos a tener una cita doble —dijo ella.

—¿Estás loca? Aún no tengo quince años —dije.

—Richard invitó a su amigo, Germán. Sólo vamos a divertirnos un poco, no es gran cosa —dijo ella.

—¿Por qué estás haciendo esto?, ¿por qué no te llevas a una de tus otras amigas? —Fueron mis siguientes preguntas.

—¿Quieres vivir tu vida atrapada en esta casa?, eres joven y es hora de que salgas y te diviertas —respondió ella.

Tenía una idea preconcebida en mi cabeza que cada vez que alguien hacía algo bueno por mí era porque tenía una agenda oculta. Ella continuó diciendo:

—Además, ¿sabes a quién vamos a ver? A Ike y a Tina Turner en el *Playboy Club* en *Collins Avenue* en *Miami Beach*.

Estaba superemocionada, eran los setenta y la canción «*Proud Mary*» (Orgullosa Mary) estaba en todas las estaciones de radio. Me había alisado el cabello rizado poniendo una gran lata de melocotones vacía en la coronilla y envolviendo mi cabello alrededor, así lo mantuve toda la noche.

Entonces, con mi traje de pantalón y mis zapatos elevadores, estaba lista para la gran noche. El día del concierto llegó mi prima a la casa de mi abuela a recogerme. La abuela le leyó a mi prima todas las reglas.

—Sabes que serás responsable de Gloria, asegúrate de que no le pase nada a esa niña si no, tendrás que desaparecer —dijo.

—El ladrido de mi tía es más grande que su mordida. Pero no te preocupes, me aseguraré de que esté bien —dijo mi prima riendo.

Miriam y yo subimos al coche y salimos a dar un paseo en la alfombra mágica. Para mí era un sueño hecho realidad, era muy divertido y muy emocionante estar con mi prima favorita. Germán, el chico que había sido invitado como mi cita, era compañero de casa de Richard, el amigo de mi prima. La casa era pequeña, había tres habitaciones y cada una de ellas tenía luces ultravioletas. Había camas de agua en las habitaciones y todas las luces estaban atenuadas.

Salimos y subimos al coche, Richard conducía el auto de Miriam y yo me senté en el asiento trasero con Germán. La música estaba a todo volumen con la canción «*Groovie*». Germán sacó un cigarrillo, cuando lo encendió, no olía como el que yo le encendía a mi tía Nena a veces. Se lo pasó a Miriam y ella me dijo:

—Esto es marihuana así que ten cuidado, sólo dale una fumada suave para que no te marees.

Así lo hice, inhalé y empecé a toser, no podía parar. Empecé a marearme. Puse buena cara como si estuviera con gente mayor, no quería avergonzar a mi prima. Así que actué como una adulta y fingí tanto como pude que todo estaba bien.

La sensación de que la vida estaba siendo arrancada de mi cuerpo y que mi estómago era como un bolsillo que se volvía hacia afuera no desaparecía. Me asusté y comencé a sudar. Quería reír y pasar un buen rato, pero mi cuerpo lo que quería hacer era vomitar sobre mi compañero.

Traté de no pensar en eso mientras Germán me miraba y yo le devolvía la sonrisa, pero todo el tiempo tenía ganas de llorar. Llegamos al *Playboy Club* y las chicas que servían las bebidas en el vestíbulo vestían diminutos trajes de Santa. Faltaba un mes para la Navidad y había luces y emoción por todas partes. Fuimos a hacer cola para conseguir nuestras entradas.

—¿Estás bien? Te pusiste pálida y pensé que te desmayarías —Me preguntó Germán.

—Estoy bien, nunca antes había fumado marihuana, según lo que dicen otras personas tiendes a reír y te dan ganas de comer dulces. No estoy segura de lo que me pasó, pero pensé que se me iba la vida —respondí.

—Puede que hayas inhalado demasiado profundamente y te mareó ya que nunca antes lo habías probado —dijo. Me di la vuelta, me tomó de la mano y continuó—, estás bien, pero si te desmayas te atraparé así… —y me abrazó por la cintura.

# Capítulo VI. Adicta al Amor

Cuando sentí sus brazos alrededor de mi cuerpo, una sensación familiar de calidez me envolvió e instantáneamente fui transportada de regreso a la última vez que me había sentido así. Podía sentir el abrazo de mi padre a mi alrededor, el recuerdo de sus brazos rodeándome, hipnotizándome con su amor, su ternura y su aceptación.

Si dijera que muy pocas veces me abrazaron, besaron o me hicieron sentir segura, ¿me creerías? Eso pasa muy a menudo, se llama negligencia emocional y duele más que ser abusada físicamente; deja heridas y cicatrices que no son visibles a los ojos, pero el alma conoce la desnuda verdad. Tiene hambre de amor, lo anhela y hará cualquier cosa por tenerlo.

El concierto fue genial, después nos fuimos todos a casa sin sufrir ningún percance mayor. Llegué en una pieza y nuestra abuela finalmente se fue a dormir después de haberme esperado sentada en el sofá y ver las noticias.

En mi habitación, pensé en lo mal que me sentía después de haber fumado la marihuna pero también sonreía pensando en lo mucho que me había divertido. Estaba emocionada ante la perspectiva de que le agradara a un hombre mayor, me sentía muy cómoda con él.

Germán y yo nos hicimos amigos, podía hablar con él de cualquier cosa y nunca me juzgó ni desestimó mis sentimientos. Después de un mes de hablar por teléfono todos los días y de abrirle mi corazón, sentí que me había enamorado. Me aterrorizaba la reacción de mi madre una vez que descubriera que Germán y yo éramos amigos y que existía un posible interés romántico. Esa era la primera vez que sentía algo por un chico y más aún por un hombre.

Ambos estábamos ansiosos por encontrar una forma de vernos.

—¿Y si salgo por la ventana? Creo que puedo seguir adelante sin atascarme —dije y me eché a reír incontrolablemente.

—¿Qué te pasa?, ¿por qué te ríes tan fuerte? —preguntó, un poco sorprendido.

—¿Te imaginas si me quedo atascada y mi abuela me encuentre y tengan que llamar al departamento de bomberos y cortar la ventana de la pared? —dije riendo a carcajadas.

—Vas a hacer que me maten. Es mejor que no te atrapen porque recuerda que tu madre camina por este pueblo con una pistola en el bolso y de seguro que no quiero estar al otro extremo de esa pistola —dijo él sin poder dejar de reír.

Toda la semana la había pasado obsesionada con la forma de escapar por la ventana. Colocaría las almohadas justo en mi cama, en mi mente medía la distancia de mi pierna entrando por la ventana y cómo lograr que mi cuerpo no se atascara para poder sacar la otra pierna y poder salir. El viernes por la noche puse mi plan en práctica. La ventana era del tipo que se levantaba; tenía una tela metálica y un marco de metal a su alrededor.

Mi cama también tenía un marco sobre el que podía pararme y era lo suficientemente sólido para soportar mi peso.

Estaba lista para enfrentar las consecuencias, fueran las que fueran. Tenía que ver al hombre que me sujetaba por la cintura y no me dejaba caer, me estaba esperando afuera.

Le di las buenas noches a mi abuela y a mi tía Nena alrededor de las 8:30 p. m.

—Voy a ver una película y me iré a dormir temprano —Les anuncié.

—Buenas noches —dijeron las dos.

Entonces me preparé para mi viaje. Dejé la televisión encendida y puse almohadas debajo de las sábanas para que pareciera que alguien estaba acostada en la cama.

Ejecuté mi plan y cuando mis pies tocaron el suelo, no podía creer lo que había hecho. Miré a mi alrededor en busca de vecinos entrometidos y no vi a nadie. Corrí hacia el auto y ahí estaba, abrió la puerta, me besó y nos alejamos.

Nos miramos y reíamos, ambos estuvimos de acuerdo en que había valido la pena. Condujimos un rato y me llevó a comer un sándwich cubano en un pequeño restaurante familiar que servía la comida en el coche. Tenían bandejas especiales que se colocaban en la ventana del auto, se podía escuchar la radio y beber los mejores batidos. Hablamos durante horas. Él me miraba a mí y yo a él mientras pensaba: «¿Por qué le gusto a este hombre? Él podría tener a cualquier mujer que quisiera, además es superlindo».

Tenía cabello oscuro, ojos grises y nariz grande, pero encajaba perfectamente con todos sus otros rasgos. Su boca era hermosa y cuando hablaba mi corazón se aceleraba. Me gustaba que no me presionara; no me empujó a hacer nada que me incomodara. Pensaba para mí misma, que, o era un caballero total, o estaba absolutamente aterrorizado por mi madre, finalmente llegué a la conclusión de que era un poco de ambas cosas.

Me convertí en una experta en escapar por la ventana. Germán me recogía y me llevaba a dar un paseo. Comíamos algo y hablábamos de nuestros sueños y planes para el futuro. Hablaba de mi madre y de cualquier evento que estuviera sucediendo en el momento. El drama que envolvía a mi madre nunca terminaba.

—*Ten paciencia con tu mamá, no es inteligente pelear con ella, ella siempre va a ganar hasta que seas una adulta y ya no tengas que vivir con tu familia. Elige sabiamente tus batallas* —Siempre me decía.

Me sentía feliz de nuevo. Cuando estaba con Germán, me sentía libre y tranquila, los planes y los sueños de un futuro los podía compartir con él. Mi confusión interior estaba en reposo y tenía mucho que ver con él. Sin embargo, me di cuenta de que nunca hablaba mal de mamá ni decía nada que me indispusiera contra ella. Aproximadamente, un mes después de que empezamos a vernos, fuimos a su casa. Creo que secretamente yo esperaba que él se me insinuara, sin embargo, estaba asustada.

Entramos a su casa y estaba oscuro, encendió esas luces divertidas, se veía azul y yo también. Me sentí tan aliviada de que no hubiera nadie en su casa.

Quería retrasar lo inevitable tanto como fuera posible. Quería prolongar la fantasía y olvidar mi realidad. Me ofreció un poco de vino y tomé un sorbo. Escuchamos música por un rato, de repente oí a alguien tratando de abrir la puerta principal con una llave y mi corazón comenzó a latir con fuerza, pensé que se me saldría del pecho. La puerta se abrió. Era uno de sus amigos con su novia. Tomé una respiración profunda y él me miró y sonrió.

—Te estás divirtiendo mucho conmigo, estás disfrutando demasiado con esto y sabes que no soy la única que va a tener serios problemas —dije.

Estaba bromeando, por supuesto, pero quería vengarme de él por reírse de mí cuando su amigo había abierto la puerta. Debí haber tenido una mirada asustada en mi rostro.

—No vas a estar al otro extremo de una pistola, conociendo a mi madre me parece que será más bien una escopeta —Le dije.

—Está bien —dijo—, es hora de irse a casa. —Y ambos nos reímos.

—¡Oh! —exclamé—, no tenía ni idea de que fueras tan cobarde, bueno de seguro yo si lo soy.

Me tomó de la mano y nos sentamos en la cama de agua, sin darme cuenta caí de espaldas y volvió a reírse de mí. Trataba de levantarme y cada vez que intentaba hacerlo me caía de nuevo hacia atrás.

—Esta cama es peligrosa, ¿y si hay un incendio o algo así y no puedes salir? Esta cama me quiere comer —exclamaba mientra él continuaba riéndose—. ¡Oh no!, tienes uno de esos cigarrillos de marihuana en la mano —dije.

—Se llama pitillo —dijo, corrigiéndome.

Me dijo que sólo fumara un poco porque no quería que me sintiera mal. Inhalé un poquito, podía sentir el remolino de humo en mi cabeza. Me sentía segura y amada. Disfruté del remolino que me causó el humo y la risa. Nos besamos, nos tomamos de la mano, nunca intentó otra cosa.

Si hubiera tenido algo de sentido común habría dicho: «No, no volveré a hacer eso porque me hizo sentir horrible la última vez que lo probé». Pero quería que me aceptaran. Ansiaba que me amaran. Por una mala decisión, mi vida había cambiado. Me volví adicta al amor y estaba en camino de volverme adicta a las drogas o cualquier otra cosa que prometiera hacerme sentir bien.

Un día mamá llegó a la casa de la abuela y se encontraba como de costumbre. Estaba moviendo la boca más de lo habitual y supe que estaba bajo los efectos de esa cosa horrible que me enseñaban en la escuela. Eso que había matado a mi padre y ahora se apoderaba de mi madre, pensé.

De repente mamá dejó caer algo al suelo y mientras se inclina para recogerlo, un botellita amarilla se cayó de su pecho. Un polvo blanco se esparció por todo el piso, comencé a llorar y gritar.

—Mami, ¿por qué estás haciendo eso?, ¿por qué lo usas?, ¿no ves que cuando lo haces te vuelves mala y horrible y nadie puede hablarte? —dije llorando.

—¿Qué estás diciendo? Una niña que no sabe nada de la vida, esto es bicarbonato de sodio y lo uso para el malestar estomacal —me contestó.

—Mamá, no soy tonta, sé lo que es eso, nos enseñan sobre las drogas en la escuela, eso es cocaína y puede hacer que te maten como a mi padre.

Seguía gritando y llorando histéricamente y ella me golpeó en el costado de una de las costillas con un candelabro que estaba encima de la mesa del comedor.

Salí corriendo de la casa, no tenía adónde ir pero tenía que irme del lugar donde lo único que conseguía eran mentiras y más mentiras. No podía soportarlo más. Sentía que necesitaba respirar. Me estaba ahogando, no tenía a nadie que me consolara y sólo quería irme lejos. Tenía trece años y sentía todo el peso del mundo sobre mis hombros. Sentía que estaba totalmente sola sin nadie en quien confiar, nadie excepto Germán. Pero no podía llamarlo, no quería meterlo en líos así que corría sin tener ningún destino. Me hice el juramento de cuidar de mí misma porque nadie más lo haría, no tenía a nadie más que a mí misma.

Corrí a una iglesia cercana, le pedí ayuda a una señora que salía de la oficina y fue a buscar al pastor para que me ayudara. Cuando llegó el pastor todavía estaba llorando y temblando mientras me preguntaba qué me había pasado, le expliqué que había tenido una discusión con mi madre.

—Debe haber sido una gran discusión si te hizo querer huir —dijo.

Le respondí que mi madre estaba enfadada todo el tiempo porque no podía conseguir trabajo. Le expliqué que era hija única y que mi madre tenía una prótesis.

—Debe ser difícil para ella no poder trabajar como la gente normal —dije—, me entristece que ella grite todo el tiempo.

Nunca mencioné nada de las drogas, porque siempre tuve miedo de que mi madre fuera a la cárcel y luego me quedaría realmente huérfana y me llevarían a un hogar de acogida del estado o peor aún con mi tía Vitalia.

Su familia se convertirían en mis protectores legales y entonces realmente si me escaparía en el primer autobús que pudiera tomar o me escondería en un avión y me iría a una tierra lejana donde no pudieran encontrarme y en la que nadie me conociera.

El pastor se sentó allí conmigo hasta que me tranquilicé. Escuchaba en silencio cada detalle, pero ponía más atención a lo que no estaba diciendo. Tenía una personalidad amable, me calmé y dejé de llorar.

—Todas las familias tienen problemas, no creo que haya padres perfectos. Cuando somos jóvenes todos soñamos con ser adultos y créeme, cuando lo eres, quieres volver a ser un niño. Mi punto es que comprendes la posición de tu madre y eso es raro para alguien de tu edad. No estoy diciendo que lo que pasó sea correcto, porque no tengo todos los detalles y tengo la sensación de que no me lo estás contando todo. Una cosa que sí quiero preguntar es si alguien te está lastimando de alguna manera, como sobrepasar los límites y tocarte sin tu consentimiento —Me preguntó.

—No, eso no me está pasando —respondí inmediatamente.

—Me parece que esto es sólo un malentendido y pronto terminará una vez que regreses a casa —continuó diciendo.

Le pidió a la señora que había conocido cuando llegué que me trajera un poco de agua. Tenía la sensación de que era su esposa.

—¿Eres sacerdote? —Le pregunté.

—No, soy un ministro y la señora con la que acabas de hablar es mi esposa —respondió él.

Cuando su esposa regresó me entregó el vaso y me dijo:

—Aquí tienes cariño, no hay prisa, quédate todo el tiempo que quieras.

Era gracioso, pensaba que ella me acababa de conocer, sin embargo, me miraba como lo haría una madre de verdad. Caminé de regreso a casa con una sensación extraña. No podía olvidar la mirada en los ojos de la esposa del ministro. Había visto bondad y había visto amor.

# Capítulo VII. La Maldición y la Causa

Una nueva familia se acababa de mudar al otro lado de la calle. La pareja de ancianos tenía dos hijas gemelas que tenían la misma edad de mi prima Miriam. Toda la familia era amable y me llevaba muy bien con las gemelas. Eran mayores que yo, por alguna razón, siempre me atrajeron las personas mayores. Nunca tuve mucho en común con los jóvenes de mi edad. Hablábamos, reíamos y nos divertíamos. Sólo podía interactuar con ellas en nuestra casa o en la de ellas ya que mi abuela no me dejaba salir con nadie por instrucciones de mi madre. Mamá siempre tuvo miedo de que me secuestraran, siempre decía eso y yo crecí con ese miedo, tanto que era horrible.

Mi felicidad era mis largas conversaciones telefónicas con Germán, él me contaba sobre su familia y su trabajo, le conté lo que había pasado con mamá el día que había corrido a la iglesia. Él era el único que sabía sobre el frasco amarillo de pastillas que se había caído del pecho de mi madre. Se quedaba callado y me dejaba desahogar todos mis sentimientos.

—Gloria, ya no puedes salir por la ventana. Siento algo por ti, cuando no hablamos ni nos vemos te extraño mucho —dijo—. Quiero dedicarte una canción. Será nuestra canción, déjame tocarla por teléfono, se llama *Ain't No Sunshine When She's Gone* (No hay Sol Cuando Ella no Está) de Bill Withers.

Un día me dijo:

—Realmente no sé hacia dónde se dirige nuestra relación. No tenemos futuro juntos, eres demasiado joven y tu madre nunca nos aprobaría.

—Realmente no me importa lo que diga mi madre. Nos mantendremos al margen y seguiremos hablando para ver si esto continúa creciendo. Pero eres un hombre adulto y estoy segura de que puedes elegir a otra persona —Fue mi respuesta.

—Es extraño, pero tú y yo tenemos una conexión que no tengo con otras mujeres —dijo él.

Acordamos que esa sería la última vez que haría mi acto de escape. Así que el sábado por la noche salí como una ladrona por la ventana y corrí hacia su auto. Me llevaba al parque mientras hablábamos en el automóvil. Nos besamos como si fuera la última vez que nos veíamos. Después de unas horas regresamos a casa, siempre fue un perfecto caballero, me decía a mí misma: «Este muchacho es raro. No creo que sea homosexual, me toma de la mano, me escucha y pasa tiempo conmigo», estaba totalmente confundida.

Cuando regresé a casa, estaba de pie en la silla, fuera de mi ventana, elevé mi pierna derecha para pasar a través de ella y aterricé pero no estaba en el marco de mi cama sino en el rostro de mi abuela. Una sensación de pavor me invadió, como si me hubieran atrapado con las manos en la vasija de las galletas. Para entonces, ella se había levantado así que pude saltar a la cama y ponerme de pie en el suelo. Ella me miraba con dolor, pensé que podía desintegrarme de la vergüenza.

—¿Cómo pudiste hacerme esto? Confié en ti y ahora con mucho dolor en el corazón tendré que contarle a tu madre lo que has hecho —dijo ella y continuó—: No me mientas más, ¿con quién estabas?

—Con Germán —respondí. Y se fue sin decir nada más.

Llamé a Germán rápidamente y le conté lo que había pasado.

—Por favor, cuídate, tienes que tener ojos también en la parte trasera de tu cabeza, ella irá trás de ti —dije.

Lo que pasó después era como estar en la cárcel. Mamá y Miriam se aparecieron en la casa de Germán al día siguiente.

—Te mataré si vuelves a ver a mi hija. No le hables, ni la veas, estoy poniendo rejas fuera de su ventana. La voy a enviar a un internado y no podrás verla, esto no es una amenaza, es una promesa —Le dijo mi madre, apuntándole con una pistola a la cabeza.

Mi prima me llamó inmediatamente cuando estuvo sola.

—No puedes volver a verlo, si te preocupas por él Gloria por favor no lo veas, tu madre habla en serio. Además, hay muchas cosas sobre él que no sabes, —dijo mi prima por teléfono—. Por favor, dime la verdad, necesito saberlo, ¿tú y él…? —Me preguntó.

—Te juro que no nos acostamos. Era un perfecto caballero —respondí.

—Está muy lejos de ser un caballero, Gloria, Germán es un drogadicto. No lo conoces —dijo ella.

En ese momento estaba llorando histéricamente y grité:

—¡¿Por qué me invitaste a ese concierto?!

—Nunca imaginé que las cosas llegarían tan lejos, nunca me dijiste que continuarías viéndolo —dijo ella.

—¿Qué habrías hecho si te lo hubiera dicho? Me habrías dado un millón de razones para no verlo y creo que estoy enamorada de él, pienso que él siente lo mismo.

De repente soltó la noticia, fue como recibir una enorme patada, hizo la declaración de todas las declaraciones…

—Gloria, Germán consume heroína.

—Eres una mentirosa, ¿por qué mientes? No puedo seguir hablando contigo, te odio —dije y colgué el teléfono.

Después de ese día las cosas empeoraron en casa, mamá era supererrática, siempre estaba nerviosa, molesta y muy a la defensiva. Ella seguía llamándome mentirosa y diciendo que no se podía confiar en mí. Un día le respondí a mi madre como nunca antes lo había hecho.

—Eres mala e hiriente. En el fondo no soy una mentirosa y si lo soy lo aprendí de ti. Sólo quiero ser feliz, me siento una miserable siendo tu hija.

—Si te quedas embarazada, no serás bienvenida aquí —siguió diciendo ella.

Yo pensaba, ¿cómo puedo quedar embarazada? Cada mes, cuando tengo mi período, siento que me arrancan las entrañas.

—No te preocupes mamá, me iré con el primer hombre que me diga «te quiero» y no te va a costar nada. Lo agarraré del brazo y lo llevaré lejos de ti y de esta horrible ciudad.

Ella debió haber creído que realmente me iría, en lugar de contraatacar me envió a un viaje a Europa con mi no muy querida prima Gladys y su esposo. La misma que me aterrorizaba de niña y me hacía sentir más pequeña de lo que era. Acepté mi destino, dije que sí y realmente me emocioné. Me decía a mí misma, «sé que Gladys se comportará bien, estará con su marido».

La idea de no volver a ver a mi padre nunca más me atormentaba, me desgarraba por dentro y derretía mi corazón de amor, dolor y pena. Nunca hablé con nadie sobre mis sentimientos. Sentía que me descartarían como siempre. Me hicieron sentir que no tenía derecho a expresar mis sentimientos y por eso no hablé. Mamá estaba muy involucrada en el negocio de las drogas y viajaba mucho a Chicago, tenía un amigo allí con el que hacía negocios. Podia percibir que mamá estaba haciendo mucho dinero. Estoy segura de que mamá había pagado una buena parte del viaje para todos los que iríamos.

El viaje fue maravilloso, visitamos diez países y lo pasé muy bien. Pudo haber sido una oportunidad para hablar de todo lo que estaba pasando en mi vida y cómo me sentía, pero Gladys no estaba preocupada por mi. Ella estaba allí sólo por interés no para ser mi amiga o ayudarme de alguna manera. Sabía que no podía confiar en ella. Nunca me había llevado bien con mi prima y tenía muy poca comunicación con ella. Así que decidí guardar mis tormentos para mí sola, como siempre.

Antes de irme a Europa había hablado con Germán, estaba muy triste. No sabía cómo ayudarlo y no le dije lo que mi prima me había dicho de él. No podía asumir la responsabilidad de sus problemas que, si era cierto lo que había escuchado de mi prima, para mí eran enormes. Le prometí que llevaría un diario y una vez que regresara compartiría mis experiencias con él. Ambos dijimos: «Te amo y te extrañaré».

Al día siguiente, estaba en un avión a Europa, había dejado a mi amor atrás. Sabía en mi corazón que nunca volvería a ser lo mismo, tenía que encontrar la manera de olvidarlo. No podría vivir mi vida con una persona adicta a las drogas. Tenía que alejarme de él porque la vida que podía ofrecerme no era la que yo quería o necesitaba para sobrevivir. Había perdido a mi padre por las drogas y no quería más policías, disparos y muerte en mi vida.

Fumé mi primer cigarrillo sentada en un banco en *Hyde Park,* en Londres, Inglaterra. Habían unos jóvenes que me ofrecieron uno y decidí fumarlo. No tenía preocupaciones, nada era realmente significativo para mí; no me importaba lo que me pasara. En cierto modo no tenía sueños ni esperanzas, pero también creía que la pesadilla de mi vida terminaría algún día. Tenía tanta confusión en mi cabeza; era difícil porque mis emociones estaban completamente desordenadas y regadas por todos lados.

Extrañaba mucho a Germán. Viajaba en los autobuses turísticos, llovía en las calles de Roma mientras veía fuentes y hermosas estatuas, cerraba los ojos y fingía estar dormida. Pensaba en él y soñaba cómo sería si la situación fuera diferente. Una lágrima se escapaba por el rabillo del ojo y un pequeño gemido y un suspiro me abandonaban mientras me deleitaba con la belleza frente a mí, era una terapia para mi alma. Nadie conocía la magnitud de mis sentimientos, se necesitaría alguien muy cariñoso y paciente para que pudiera hacerme abrir de nuevo, lo había hecho con una persona en mi vida, sólo con él.

Cuando fui a Venecia visité una tienda que fabricaba hermosas máscaras para sus carnavales anuales. Pensaba en los payasos y en cómo ellos también llevaban máscaras para ocultar sus verdaderos sentimientos. Escribí en mi diario: «¿También me escondería detrás de una máscara? ¿Aparecerá alguna vez alguien que realmente me quiera y me escuche como Germán?

Le pedí a la señora de la tienda que me contara un poco sobre las máscaras, estaba intrigada. Explicó que tenían siglos de antigüedad, la gente las usaba para ocultar su identidad si eran ricos y no querían que la gente común supiera quiénes eran en el carnaval. También se usaban máscaras durante interludios románticos o cuando se hacían actividades ilícitas o delictivas. Las máscaras tenían diferentes nombres y se hacían de formas diferentes, algunas tenían plumas o lentejuelas, se hacían a mano y cada una era única. Turistas de todo el mundo los visitaban en los meses entre diciembre a febrero para celebrar el Carnaval de Venecia también conocido como *Mardi Gras.*

Tres semanas después volví a casa de mi viaje. No podía esperar para hablar con Germán y compartir con él todo lo que había vivido. Todavía estaba de vacaciones de verano y al día siguiente por la tarde lo llamé y hablamos durante unas tres horas. Puso la canción de Bill Withers *Ain't no Sunshine When She's Gone* (No Hay Sol Cuando Ella no Está), ese día tenía un significado diferente para mí. Nos reímos y le hablé de la pizza y el helado en Italia.

Le describí la plaza de San Marcos, lo hermoso que había sido el día cuando llegué a Venecia, le conté de las palomas volando con música clásica como telón de fondo, rodeadas de agua y el atardecer más asombroso que había visto con un cielo completamente anaranjado. Emocionada, le conté sobre Suiza con sus montañas cubiertas de nieve y de los pequeños pueblos de Alemania. Le dije que era hermoso e impresionante al mismo tiempo. Había tanta belleza que me provocaba llorar. Quería registrar cada olor, cada visión y toda esa belleza en mi mente. No quería perderme ni un sólo pequeño detalle.

—Me encantaría ir contigo algún día —dijo.

—Si había alguna conexión entre nuestros espíritus, estabas allí conmigo, aunque no pudieras verlo —respondí.

—Por momentos sentía tu presencia a mi lado y supe que estabas pensando en mí. —Me dijo.

Durante la conversación decidí preguntarle claramente si era cierto lo que me habían dicho.

—Necesito hacerte una pregunta, ¿es cierto lo que mi madre y mi prima dijeron de ti?, ¿eres adicto a la heroína? —pregunté mientras mi corazón latía con fuerza.

—Sí —respondió simplemente.

Mi mundo se derrumbó, quería llorar profundamente. Me entristeció mucho su respuesta.

—Quiero estar limpio de drogas para ti —agregó luego.

Sonaba muy romántico, pero sabía que no era tan fácil. No lo enfrenté, ni lo menosprecié cuando acepté que todo era verdad.

¿Por qué había tanto dolor en el mundo? ¿Por qué la gente lastimaba a otras personas tan fácilmente sin ninguna consideración? ¿Era esa la vida que estaba destinada a vivir, una vida de decepciones y sueños rotos?

Después de un año, mi familia tenía un poco más de confianza con las gemelas que se habían mudado al otro lado de la calle. A veces venían y mirábamos la televisión y otras veces yo iba a su casa y jugábamos dominó. Algunas veces, cuando estaba de visita, llegaba su otra prima con su esposo, nos habíamos conocido jugando cartas y otros juegos de mesa.

Los padres de las gemelas eran un poco mayores, eran personas dulces y su madre me mimaba, era como si un ángel le hablara al oído de mis necesidades. A veces ella me miraba y sentía que sabía todo sobre mí. Me relajé y confié en ellos por esas dos personas mayores que me querían.

Un día todos habíamos hecho un plan para ir al cine, mi mamá, finalmente, había accedido y me estaba vistiendo cuando las gemelas cambiaron de planes en el último minuto.

—Por favor, ve con nuestra prima Judy y su esposo Víctor. Nos sentimos tan mal que por nuestra culpa no puedas salir. Te van a cuidar como si estuviéramos allí —dijeron.

Cuando le dije a la abuela ella estuvo de acuerdo. Vinieron a recogerme y todo parecía normal.

—¡Oh, vaya!, nos olvidamos las entradas al cine en nuestra casa, detengámonos a buscarlas un momento —dijo Víctor cuando ya estaba conduciendo—, nosotros también tenemos tu boleto, paremos rápido porque no queremos llegar tarde a la película.

Tenía catorce años y, aunque había recibido tantos golpes y tenía tanto dolor en mi corazón, necesitaba desesperadamente creer que había buenas personas en el mundo.

—Déjame hacer un café cubano mientras esperamos —dijo la esposa y entramos en su casa.

Su esposo se alejó un momento y trajo algo envuelto en papel de aluminio, era grande y pensé que parecía un tamal cubano, que es una crema de maíz con carne de cerdo envuelta en papel de aluminio. Me pareció gracioso que no mencionaran que íbamos a comer antes de la película. Así que desenvolvió el papel de aluminio y cuando lo abrió había un polvo blanco, tomó una cuchara y echó un poco sobre la mesa de la cocina. Mi corazón empezó a latir con fuerza y pensé que el polvo era cocaína. La situación empezaba a no lucir bien, si mi madre se enteraba me iba a matar. Empecé a pensar que mi mamá nunca me dejaba salir, era la primera vez que salía después de haber regresado del viaje, mi abuela y mi tía habían estado de acuerdo y mi mamá también. «Dios mío, voy a tener muchos problemas».

Me quedé en silencio hasta el punto que no podía oírme respirar, no podía moverme, él me pidió que tomara un poco.

—No, no quiero tomar esa droga, ¡odio las drogas! —Le dije.

—¿No sabes que este es el negocio de tu madre? ¿No sabes que tu madre es la puta más grande que está robando mis clientes? y ahora tú vas a pagar —dijo.

Mi mente estaba gritando: «¡¡ESTO NO PUEDE ESTAR SUCEDIENDO!! ¿QUÉ ESTÁ PASANDO? ¿QUIÉNES SON ESTAS PERSONAS? Me van a lastimar, peor, ¡quizá me violen o quizá me maten!».

Estaba llorando, hablaba muy rápido tratando de negociar, en mi mente de niña pensaba que tenía que decir algo para que se detuvieran.

Tenía que convencerlos de que estaban cometiendo un terrible error. El esposo y la esposa me tomaron de los brazos y me rompieron la blusa, los botones salieron volando por toda la habitación. Tiraba y luchaba tratando de liberarme de su agarre.

—¿Cómo pueden hacer esto, hipócritas, mentirosos, estuvieron planeando esto todo este tiempo? ¿Dónde está su hijo, les gustaría que alguien le hiciera esto? —gritaba.

Me sujetaron mientras ambos me lanzaban a la mesa del comedor. Me sostenían fuerte mientras yo gritaba para que no me amordazaran. De alguna manera ataron mis brazos y piernas a la silla, se podía ver mi sostén debajo de la blusa abierta. Luego procedieron a abrir mis *jeans*, mi vientre quedó expuesto y vertieron la cocaína sobre mi estómago y empezaron a soplarla en mi cara, tenía arqueadas y no podía respirar. Me echaron más cocaína por todas partes y ambos empezaron a inhalarla encima de mí. Ambos estaban drogados mientras bebían y reían, estaba desesperada e indefensa. Lloraba histéricamente y culpaba a mi madre en voz baja.

Estaba aterrada, mi mente estaba completamente disparada y en un estado caótico de confusión total. Miles de preguntas se agolpaban en mi cabeza: «¿Cómo era eso posible? ¿Cómo podía estarme pasando eso? Esas personas eran familia de los vecinos que vivían frente a mi casa y mi abuela los conocía. ¿De dónde los conocía mi madre y qué les había hecho que había sido tan horrible como para que me hicieran eso a mí?».

La pareja hablaba acerca de cómo se iban a desquitar con mi madre, me iban a violar, pegarme y hacerme sufrir para que ella también sufriera. Ellos decían que no sabían si mi madre pagaría el rescate ya que ella no tenía corazón y no se preocupaba por nadie, ni siquiera por mí. Si hablaban de rescate, eso significaba que planeaban secuestrarme. «Dios mío, mi madre tenía razón».

Empecé a tirar de mis manos y pies, halaba muy fuerte para tratar de aflojar las ataduras. Se alejaron y empezaron a hablar. Estaban susurrando y él estaba buscando algo dentro de un cajón. Pude soltar un brazo y luego el otro. Saqué el trapo de mi boca y luego desaté mis pies. Todavía estaban en el dormitorio cuando fui al baño. Me metí la blusa dentro de los pantalones. No limpié mi cuerpo. Cogí una toalla del estante, durante todo ese tiempo mi mente estuvo acelerada. Estaba orando para que se abriera la ventana, giré el pestillo en la parte superior y se abrió, salté y corrí para salvar mi vida.

Instintivamente, me puse la toalla sobre los hombros como si tratara de tapar mi desnudez. Corría muy rápido y atravesaba algunas casas entre algunos patios para que no me encontraran en la calle. Llamé en una ventana y salió una señora, me puse a llorar y le dije que alguien había intentado violarme mientras me rasgaban la blusa, pero me había escapado. Quería llamar a la policía y le rogué que no lo hiciera, llorando le pregunté si podía llamar a mi casa.

Llamé a mi casa y me contestó la abuela, le pedí que por favor fuera el tío Macho a recogerme, le conté que no habíamos ido al cine y me puse a llorar.

—¿Qué te pasa, qué te hicieron? —preguntó—, dame la dirección, Gloria, haré que tu tío vaya a buscarte ahora mismo.

Estaba temblando y le pregunté a la señora la dirección, le entregué el teléfono y le explicó a la abuela que era la vecina a unas pocas casas de donde yo le había dicho que estaba.

—No estoy segura de lo que pasó. Está muy nerviosa y muy alterada. Deberían venir rápido —Le dijo a mi abuela.

Me senté, ella me ofreció agua y asentí con la cabeza. Ella comenzó una pequeña charla, pero yo estaba impaciente y realmente quería que se callara. Los minutos se prolongaban, me parecía una eternidad, estaba desesperada por estar en mi casa y a salvo en mi habitación.

De repente escuché un auto afuera, salté de mi asiento, miré por la ventana y vi a mi tío caminando hacia la casa. Me sentí tan aliviada que quería gritar, correr y llorar al mismo tiempo. Había tanta confusión dentro de mi cabeza; estaba traumatizada.

Una vez en la seguridad del auto de mi tío nos empezamos a alejar y gradualmente comencé a calmarme, hasta que empezó a hacerme preguntas.

—Lo siento, pero no quiero hablar de eso, se pelearon y yo estaba en el medio y él me rompió la blusa, eso fue todo —Fue todo lo que pude decir.

No tenía ni idea de lo que les diría a mi abuela y a mi tía Nena, después del incidente de escapar por la ventana, no confiaban mucho en mí pero yo sabía que me querían y entendía que estaban heridas.

Llegamos a mi casa y entré a la sala de estar, mi pobre abuela corrió hacia la habitación. Ella me miró y mi tía también entró en mi habitación.

—Niña, ¿qué te pasó? —preguntó mi tía.

—Por favor tienes que prometerme que no le dirás a mi mamá lo que te voy a decir, esto es muy serio y tengo miedo —Le respondí.

Procedí a explicar lo sucedido con todo detalle diciéndole cada una de las palabras que me habían dicho, prometí por mi vida que no mentía, no sobre eso. La historia sonaba tan ridícula que sólo alguien que hubiera visto mi ropa y mi cara me creería. Cuando les conté lo que habían dicho sobre secuestrarme a mí y el robo que les había hecho mamá, mi abuela comenzó a llorar.

—Mamá no puede enterarse de esto, ya que eso traería serias consecuencias. No volveré a ir a la casa de las gemelas porque ellas recibirán el mensaje y, eventualmente, si tuvieron algo que ver con esto, se mudarán. Estoy tratando de proteger a mamá, ella podría hacer algo violento y luego habría más problemas. No creo que planearan hacerme nada malo, sólo querían asustarme, para que se lo contara a mamá y la hiciera correr asustada o peor aún, los perseguiría y tal vez acabaría en la cárcel.

Ellas me escucharon atentamente y la abuela lloraba desconsolada.

—Necesito darme una ducha —dije.

Cuando saqué la blusa de los pantalones mi abuela vio que le faltaban los botones. Abrí mi blusa y ella me detuvo y vio los rastros del polvo blanco en mi vientre.

—Probablemente estaban todos de acuerdo, debieron haber planeado esto o ¿la mamá y el papá y las gemelas son inocentes? —dijo y continuó—. ¿Ves que tu mamá tenía razón?, al menos en esto.

—Esto es culpa de mi madre, si ella no estuviera en ese negocio esto no hubiera pasado, todas mis heridas, todo mi dolor, toda mi miseria es por culpa de ella. No tiene idea de cómo me ha afectado su vida y la de mi padre. Pronto seré una adulta y no podré vivir dentro de esta habitación y entonces, ¿qué pasará? ¡No puedo ser una prisionera para siempre! —dije muy enojada.

No volví a ver a las gemelas, un día llamaron y la abuela las trató muy fríamente para que nunca volvieran a llamar. A mis ojos, ellas también eran culpables. Después del incidente mi tía Nena me esperaba afuera cuando el autobús me traía de la escuela. Un día se fueron, se mudaron en medio de la noche, como delincuentes que eran.

Me tomó meses superar el incidente, me costó mucho entender cómo las personas podían tener dos caras, mentían abiertamente fingiendo que les importaba mientras todo el tiempo realmente estaban planeando mi destrucción. Ahora no había ninguna duda en mi mente, mi madre era una traficante de drogas como mi padre y sabía que esto no iba a terminar bien. Todos en esa vida eran atrapados tarde o temprano o peor, eran asesinados como papá.

Cumpliría quince años en unos meses y estaba emocionada. Me enfoqué en una nueva ilusión, pensaba en el día de mi fiesta y con quién bailaría, también me preguntaba ¿cuándo iba a tener novio?

Mamá mencionó que estaba preparando con una amiga los detalles de mi fiesta y que iría a ver los salones de baile, en diferentes lugares. También había hablado con un diseñador de moda que haría el vestido. En realidad, nunca me pidió que eligiera nada para la fiesta, yo simplemente aceptaba.

El *atelier* donde se estaba haciendo el vestido quedaba en *Coral Gables*, Florida, era un estudio de alta costura y de diseños de vestidos donde se esbozaban hermosas creaciones de tela y luego se hacían a mano. El dueño era un poco artístico, pero muy agradable. Sus creaciones eran exquisitas y el vestido que me estaba confeccionando era rosa claro ceñido a la cintura y una hermosa capa bordada con piedrecitas que relucían con las luces. El diseñador tenía un hijo que era muy lindo y varias veces noté que estaba coqueteando conmigo.

Estaba seriamente preocupada por quién bailaría conmigo el día de mi fiesta de quince años. Qué gran cosa, hubiera preferido volver a Europa y pasar más tiempo por esos lugares, definitivamente esa hubiera sido mi elección. No me gustaba toda esa planificación, todos esos preparativos, especialmente, cuando no estaba incluida en ellos. Era mi fiesta y no sabía lo que estaba pasando ni podía hacer ninguna elección. Conociendo a mi madre ella me avergonzaría totalmente, estaba metida en todo ese alboroto rimbombante y yo era una chica sencilla que no quería llamar la atención. Era muy insegura y odiaba tener los ojos de la gente sobre mí, mirándome o juzgándome.

Había pasado por todo eso en la escuela, los niños me miraban como si fuera un gusano en el suelo. Había vivido mi vida aterrorizada de ser avergonzada y ser esa persona rara. Después del incidente de mi papá, esa persona rara había podido descansar en la escuela secundaria y... ahora, esta fiesta, ¡vaya! ¿Qué pasaría si invitaba a las personas y nadie aparecía? Seguramente moriría.

Estaba empezando a florecer de nuevo. Empezaba a dejar atrás el síndrome de la patita fea. Era delgada, tenía el pelo largo y mi rostro había comenzado a cambiar. Me veía más elegante. Los chicos estaban empezando a mirarme más y me sentía bien con eso. Sin embargo, siempre fui muy cohibida y nunca me sentí realmente bien. Tenía la molesta sensación de que algo andaba mal conmigo, los sentimientos de no ser querida me atormentaban y en mi mente era cruel conmigo misma. Yo era mi peor enemiga.

Mamá llamó y dijo que estuviera lista el sábado por la tarde, me recogería para llevarme a la casa de un amigo. Necesitaba hablar con un hombre y yo podría pasar el rato con su hija. Entonces fuimos a una pequeña fiesta, según mamá. Llegamos a la casa y la gente bailaba, bebía y se divertía. Mamá se quedó unos minutos charlando y luego se disculpó, se retiró con su amigo a una oficina de la casa y la esposa e invitados se quedaron en la sala. Yo estaba tratando de ser amigable y formar parte de la conversación.

Aproximadamente, una hora después, mamá salió de la habitación y me dijo que tenía que salir un rato con su amigo pero que regresarían pronto. Ese pronto se convirtió en horas, ya era de noche y comencé a preocuparme.

—No te preocupes, tu mamá regresará pronto. Si estás cansada puedes descansar en la oficina donde hay un sofá y puedes recostarte y ver la televisión —Me dijo la esposa.

Había bebido un poco de vino y empezaba a sentirme un poco cansada.

Su hija tenía mi edad, tenía el cabello oscuro y bonitos ojos. Ella tomó unas copas de vino y se reía sin la menor preocupación. Supongo que estaba relajada porque esa era su casa, pero yo no podía calmarme, esa no era mi gente, no los conocía. Mi mente estaba tratando de buscar formas de crear alarmas para hacerme sentir que estaba en peligro, así que empecé a interiorizar que no había hombres en la casa excepto el amigo de mi madre, pero él estaba con ella de modo que no había peligro. Había algo en la hija que no podía explicar, era una sensación de que ella no era auténtica o que estaba escondiendo algo. Intentaba sacarla de mi mente en el momento en que entró en la oficina y se sentó a mi lado. Ella me preguntó si quería ver televisión mientras esperaba.

—Claro, que está bien. —Le dije.

Puso el *Show* de Lucy, una mujer muy cómica. Me dispuse a verlo y como era uno de mis favoritos me ayudó a perder de vista mi mundo caótico en esa casa. Empecé a reírme casi de inmediato y comencé a relajarme poco a poco, entonces me dije a mí misma, «eres demasiado seria, ¿ves que no hay nada de qué preocuparse?».

Me quedé dormida y debí acostarme en el sofá tratando de estar más cómoda. Escuché un leve ruido y me desperté pensando que era mamá pero como no escuché nada más, me volví a dormir. De repente, sentí un peso encima de mí, mi boca estaba cubierta por una mano y había otra mano tocando mi pecho, abrí los ojos y era la chica besándome por todo el cuello y la cara. Mientras trataba de hablar y gritar, movía las piernas y la golpeaba en la cabeza.

—Te estuve mirando toda la noche y estaba excitada por ti, quédate quieta, deja de pelear conmigo. Se que te gusta —decía ella en medio de la lucha.

—No me gusta, déjame en paz. —Le dije cuando pude alejarme.

Escuché ruidos afuera y la voz de mi madre, eran alrededor de las tres de la mañana.

—Si le dices algo a tu madre, le diré que entraste en mi habitación desnuda y te metiste en la cama conmigo —Me dijo cuando me iba.

Salí de la habitación muy rápido, arreglé mi ropa y me encontré con mi madre. Ella me miró de manera realmente extraña, movía la boca, hablaba rápido y llevaba una bolsa de viaje que su amigo le había entregado antes de irse.

Conocía a mi madre como si yo fuera su madre. Conocía cada mirada, cada tono de su voz. Sabía si estaba drogada o no. Sabía cuando estaba deprimida y cuando actuaba como una supermujer. Me decía a mí misma, que mamá era como la película «Sybil, debe tener múltiples personalidades». ¿Cómo puede un ser humano tener tantas emociones y que todas fueran negativas?

Tenía miedo de ella todo el tiempo, sus arrebatos repentinos, sus rabietas, su ira por las pequeñas cosas que era la misma que sentía por cosas grandes; era como si no hubiera un termómetro. Lo que realmente me asustaba eran los comportamientos repetitivos que parecían rituales, por ejemplo, limpiar la puerta del automóvil treinta veces antes de encender el motor.

Yo estaba en el auto en el asiento del pasajero junto a ella, como había aprendido mi lección años atrás en nuestro famoso paseo por la calle ocho, no dije una sola palabra. Aprendí a no ponerla más nerviosa cuando estaba en esa condición.

—Hoy quiero que duermas en mi casa, no quiero estar sola. —Me dijo.

Le dije que estaba bien, era sábado por la noche. Llegamos a la casa de mi madre, ella tomó la bolsa del asiento trasero y entramos. Fui a mi habitación, la encontré, pues, era como ella me la había descrito. Había comprado esa casa recientemente; quedaba cerca de la casa en la que vivía con mi abuela y mi tía Nena. Encontré un pijama en uno de los cajones y me lo puse.

—¿Necesitas algo? Me voy a la cama. —Le pregunté.

—¿Cómo estuvo la fiesta de esta noche? —Me preguntó ella.

—Estaba bien —respondí y le dije—: mamá, por favor, no me vuelvas a hacer eso nunca más. —Le pregunté—, ¿quiénes son esas personas?

—Es un amigo y hacemos negocios juntos —respondió.

—Por favor déjame en la casa de la abuela si tienes que hacer negocios, creo que deberías llevarme a un lugar para divertirme cuando no estés haciendo negocios.

—Por eso te llevé allí, no seas tan ingrata, pensé que te divertirías —respondió ella.

—Mamá, no me dejes sola otra vez y eso es definitivo.

Fui a mi habitación y traté de dormirme, estaba dando vueltas en la cama y ya eran como las cinco de la mañana. Finalmente, me dormí. Alrededor de las 7:30 a. m. me desperté para ir al baño y vi que ya era de día, mi cabeza latía con fuerza. Busqué una aspirina pero no pude encontrar ninguna. Fui a la cocina a buscar agua y recordé que no había hablado con mi abuela. Llamé a la casa y ella respondió, me preguntó si estaba bien.

—Sí, no te preocupes, estoy con mamá en su casa —respondí. Le dije que me iba a volver a dormir porque habíamos vuelto de la fiesta muy tarde.

—¿Te divertiste? —preguntó. Entonces pensé, «¡oh!, Dios mío», recordé toda la noche anterior. Mentí y dije:

—Sí, abuela, todo está bien.

Estuve caminando por la casa de mi madre, observaba el estilo de ella, sus decoraciones eran muy llamativas, no me gustaban sus preferencias en cuanto a los muebles que tenía ni el papel tapiz.

Tenía una alfombra de piel de leopardo con un sofá dorado. Estaba husmeando, apenas sabía nada de la vida de mi madre, abrí un cajón de la cómoda en la sala de estar y había algunos álbumes de fotos de mamá, con actores y actrices, también de mi tía Yolanda y otra señora que solía ir a mi casa. Mamá vestía abrigos de *mink* y, en algunas fotos, sus ojos estaban supervidriosos como si hubiese estado llorando, pero estaba en una fiesta, era extraño.

Estaba analizando todas las fotos, sus vestidos, su cabello y su maquillaje. Y pensé, «mi madre está viviendo la vida y yo estoy atrapada en una casa como una prisionera». Cerré el álbum de fotos y me alejé.

Abrí la puerta de su habitación lentamente y ella roncaba levemente, estaba totalmente dormida. Busqué la bolsa que tenía en el auto pero no la vi por ningún lado. Entré al interior de su armario y había ropa a ambos lados del armario, vestidos largos, abrigos y muchas carteras, algunas grandes, otras con pedrería y otras más en colores realmente llamativos. Escuché a mi madre moverse en la cama y asomé la cabeza por el armario, desde lejos vi su prótesis apoyada contra la cama. La había visto multitud de veces, sin embargo, ese día sentí tanta lástima por mi madre. Pensaba que ella vivía sola en esa casa, su armario estaba lleno de ropa pero su vida estaba vacía. Seguí buscando, por alguna razón tenía la misión de encontrar la bolsa para ver qué había en ella.

Miré a mi alrededor y estaba escondida junto a un poco de equipaje, había aproximadamente cuatro bolsas que se veían iguales. Encontré el cierre y lentamente comencé a moverlo para abrirla, había alrededor de cinco bolsas grandes del famoso polvo blanco, abrí la otra y la otra y todas estaban llenas del mismo polvo blanco. Lo cerré, dejé todo tal cual estaba, salí lentamente y dejé la puerta entreabierta.

Regresé a mi habitación y sentí una tristeza tan intensa. Me senté en mi cama y comencé a llorar. En ese momento, tuve hambre y mi dolor de cabeza estába empeorando. Escuché a mi mamá llamarme por mi nombre, me levanté y caminé hacia su habitación.

—Mamá, buenos días, ¿te sientes bien?

Ella respondió que le dolía mucho la cabeza y me dijo que fuera al baño, que en el botiquín había un frasco amarillo de pastillas, que le llevara una de esas pastillas. Saqué la pastilla del frasco y fui a la cocina a buscar agua. Caminé hasta su habitación, le entregué la pastilla, ella la tomó y se la tragó con agua.

—Por favor, cierra la puerta, la luz me molesta. —Me dijo. Le dije que si quería que caminaría hasta la casa de la abuela.

—No, te llevaré en un rato —respondió.

Cuando saqué su pastilla del frasco tomé una para mí, también la tragué con un poco de agua, pensé que me quitaría el dolor de cabeza. Fui a mi habitación y encendí la televisión. Aproximadamente diez minutos después estaba completamente adormecida. Mi dolor de cabeza se había ido, pero no sentía nada, sentía calor y quería hablar e incluso bailar. Pensé para mí misma que eso no era una aspirina, debía ser algún tipo de droga, «¡oh!, Dios mío, ¿qué hice?» Empecé a levantarme y casi me caigo, me estrellé contra la pared, estaba muy mareada. Llegué a la cocina y eché más agua en mi vaso, corrí al baño para tratar de vomitar, me arrodillé en el piso frente al inodoro y metí mi dedo en mi garganta y toda el agua salió de mi boca.

Me caí y me senté en el piso del baño, eché la cabeza hacia atrás, sentía gotas de sudor en mi frente, estaba totalmente drogada con algo, no estaba segura de lo que sentía. Creo que me quedé en el suelo del baño unas horas hasta que pasó la sensación de miedo. Me levanté agarrándome del lavabo y de la cortina de la ducha y casi me caigo en la bañera. Salí del baño y entré en la habitación de mamá, fui a buscar el frasco de pastillas en silencio, el nombre fuera del frasco decía Metacualona. Fui a mi bolso, anoté el nombre y guardé el papel, pensaba preguntarle a Germán o buscaría el nombre en mi enciclopedia cuando llegara a casa.

Traté de dormir un rato más pero cada vez que cerraba los ojos la habitación daba vueltas, me paré y puse mi cara frente al aire acondicionado, eso me hacía sentir mejor. Me quedé allí un momento y volví a la cama hasta que pude quedarme dormida.

Dormí unas horas y cuando me desperté estaba hambrienta. Fui a la cocina y preparé el desayuno. Hice una tortilla para mamá y para mí, tostadas y café cubano con leche. Preparé una bandeja y le serví el desayuno en la cama. Ella me permitió cuidarla ese día, era la primera vez que me había permitido hacerlo sin recibir de ella ninguna hostilidad o rechazo. Pensé que esa era la primera vez, ¿qué estaba pasando?, ¿había notado que había crecido y ahora quería iniciar una relación? Seguí el juego, cuando trató de levantarse de la cama casi se cae pero logró aferrarse a la mesita de noche y obtener el impulso suficiente para saltar al baño ya que no estaba usando su prótesis.

—Mamá —dije—, ¿tomas esas pastillas todos los días?

—¿Qué sabes sobre esas píldoras? —respondió.

—No demasiado, sólo que… pensé que eran para el dolor de cabeza y tomé una —respondí.

¿Tú qué? —gritó ella.

—¡Mamá, me drogué tanto que pensé que me iba a desmayar! ¿Es eso lo que se toma para dormir o para el dolor de cabeza? ¿No puedes tomar una aspirina como todos los demás? —continué diciéndole.

En ese momento mi voz se había elevado y aproveché el momento porque ella se había devuelto a la cama. Si hubiera estado de pie, probablemente nunca me habría arriesgado a decir nada.

—No eres nadie para juzgarme —Me gritó ella.

—Mamá, sólo estoy preocupada por ti. —Y concluí la discusión—. Por favor, desayuna porque se te va a enfriar la comida, hace frío.

Ella nunca me hizo ningún comentario acerca de haber tomado esa píldora y mucho menos me había preguntado lo que había sentido cuando estaba drogada. Nunca se le pasó por la cabeza que yo hubiera podido haber muerto de un infarto o de cualquier otra complicación debido a una droga desconocida en mi organismo. Salí de la habitación diciendo en voz baja: «Podría haber muerto sola en mi habitación mientras ella dormía».

# Capítulo VIII. Falsas Expectativas

Mamá me estaba prestando más atención mientras yo pensaba cada vez más en terminar con mi vida. Me intrigaba pensar en cómo sería, lo que más me atraía de esa idea era imaginar cómo pagaría por el resto de su vida todo lo que me había hecho.

Al día siguiente, hablé con Germán y me dijo que iba a ir a rehabilitación o algo similar, dijo que quería vivir un tipo de vida diferente. Yo estaba muy feliz por eso y se lo dije. No habíamos hablado durante un tiempo, no quería crearle ningún problema ya que le había prometido a mi prima que no volvería a verlo. Sin embargo, él era mi confidente, era mi consejero, era esa persona a la que podía decir la verdad más horrible y nunca me juzgaría, siempre me amaría.

Mientras hablábamos estaba poniendo música en mi tocadiscos.

—Pon algo de Al Green —dijo Germán.

—¿Quieres oir la canción *Let's Stay Together*? (¿Nos Quedamos juntos?) —Le pregunté y se rió mientras la música sonaba de fondo.

—Necesito contarte lo que me ha pasado estos últimos meses que no hemos hablado —dije.

Empecé a contarle todo lo que había pasado con las gemelas y la visita a la casa de los amigos de mi madre y su extraña hija.

—Espera, déjame buscar mi bolso. —Le dije, luego saqué el papel con el nombre de la droga que había anotado en la casa de mi madre—. ¿Qué sabes sobre la Metacualona? —pregunté.

—Es una droga muy fuerte, ¿por qué? —preguntó y comencé contarle la historia de lo que me había pasado, no podía creerlo.

—Eso es una locura, ¿por qué te pasan todas estas cosas? Y lo que es peor, todas están relacionadas con tu madre —dijo.

Esa era la primera vez que Germán había hecho un comentario negativo sobre mi madre. Y me había sorprendido que lo hiciera ese día, en mi corazón sabía que me amaba.

Saqué mi Enciclopedia Británica, que era el equivalente de «*Google* o *Wikipedia*» cuando era pequeña.

—La estoy buscando. Quiero saber exactamente lo que mi madre está poniendo en su cuerpo —dije.

En esencia, esto era lo que decía la enciclopedia sobre la droga: «Methaqualone, Quaalude o Ludes es una droga sedante e hipnótica altamente adictiva. Se utiliza para el tratamiento del insomnio y como relajante muscular».

—Sé lo que es, lo he usado —dijo.

—Germie, es muy peligroso, pensé que iba a morir —dije.

—¡Es superfuerte! —continuó diciendo.

—¿Pero lo sabes y lo haces de todos modos? ¿Por qué consumes tantas drogas? ¿No estás feliz? Eres una gran persona, no puedo imaginarte consumiendo todas esas drogas, simplemente no entiendo por qué estás destruyendo tu vida —dije entonces al darme cuenta de que él tenía conocimiento del daño que causaban.

—Un día entenderás más cosas, sólo puedo decirte que cuando las consumo no siento ningún dolor —dijo con tono cabisbajo.

Cambié de tema, me dolía demasiado pensar que mi mejor y único amigo en todo el mundo estaba sufriendo, no me atreví a preguntar, ¿qué tipo de dolor sentía?, ¿por qué tenía que tomar drogas y no medicinas? Tenía tantas preguntas y ni siquiera estaba segura de que él supiera las respuestas.

—Mi fiesta es en dos meses, ¿eres lo suficientemente valiente para aparecerte? —comenté a Germie.

—Si no me dejan entrar, me colaré a la fiesta —dijo, y preguntó—: ¿Sabes dónde será finalmente?

—Creo que la última palabra es que mamá ha elegido el Miamarina en *Bayside* —respondí—. ¿Conoces el restaurante circular que está hecho de vidrio en la bahía?

—Eso debe haber costado una fortuna —respondió él.

—Lo sé y ni siquiera le agradó mucho —dije—. A menudo me he preguntado por qué no me envió a Europa o a algún lugar agradable —continué diciendo mientras reía—. Conociendo a mi mamá, esta fiesta será probablemente para ella. Probablemente nunca tuvo una fiesta de quince años; toda su familia era superpobre. Me encantaba escuchar a la abuela hablarme de mamá y papá y de toda mi familia. Todos eran como los personajes de una novela. Todavía no puedo creer que esta sea mi familia —decía mientras seguía riendo.

Acordamos que nos veríamos pronto y que ojalá no me pasara nada más que requiriera sus servicios terapéuticos.

—Aunque le prometí a tu mamá que nunca te miraría, haré que Miriam hable con ella, tengo que estar en tu fiesta pase lo que pase. Lo digo en serio. Entraré en el edificio y te vigilaré aunque sea de lejos —dijo—. No has visto mucho a Miriam últimamente, ¿verdad?

—No, sólo deja a mi prima pequeña, Lisa, aquí para que la tía Nena la cuide y a veces no la recoge en días. Es tan linda y mi tía la ama tanto, es como la hija que nunca tuvo —respondí.

—Ella pasa mucho tiempo con Richard —dijo.

—Germie, ¿Richard consume heroína? —pregunté.

—Glo, por favor no me preguntes eso, él es mi amigo y ella es tu prima. Deja que ella te cuente lo que está haciendo —respondió.

—Confío en ti y te cuento toda mi vida, ¿y no puedes responder una pregunta simple? —Le dije.

—Gloria, pregúntale a tu prima —respondió de nuevo.

—Está bien, de ahora en adelante no compartiré nada más contigo —dije.

—Sabes que no quieres decir eso —dijo.

—¡JA! —respondí y colgué.

Pasé el fin de semana en casa de Rosie; sus padres nunca me dieron la espeluznante sensación que tenía con otros adultos. Su familia era normal y disfrutaba mucho estar allí. Tuve que poner una careta, no podía decirle a Rosie lo que estaba pasando en mi vida, sólo compartía cosas sobre Germán. Nos reímos del evento de la ventana cuando puse el pie en la cara de la abuela.

En un momento me puse seria, quería preguntarle algo y no sabía como podría tomarlo ella.

—Rosie, sabes que no tengo novio. ¿Me dejarías tomar prestado tu novio para poder bailar mi vals de quinceañera con Henry? —Mientras ella lo pensaba le dije—: Está el hijo del modisto pero le tengo un poco de miedo, es demasiado intenso y posesivo, no sé cómo explicarlo. Realmente no me sentiría cómoda bailando con él, además, ¿qué implicaciones tendría eso después? No quiero hacer eso, pero no puedo bailar sola, ¿te puedo pedir prestado a Henry?

—Sí —dijo ella.

Comencé a saltar arriba y abajo mientras exclamaba:

—¡Gracias! ¡Gracias! Eres la mejor amiga que una chica puede tener. ¿Quieres hablar con él y hacer que se compadezca un poco de mí para que diga que sí?

El día de la fiesta era un desastre total. Estaba tan nerviosa, había dormido muy mal la noche anterior e intenté tomar una siesta antes de la fiesta pero había sido en vano. No me gustaba ser el centro de atención y mucho menos con tanta gente que me vería bailando, me sentía incómoda.

Mi prima Miriam apareció, traía mi vestido con ella. Era realmente hermoso. Lo destapé una vez más y ella comentó lo bonito que era. Mamá le había pedido a ella que hiciera la mayoría de los arreglos, no quería que me involucrara en ningún detalle, así que podría estar totalmente sorprendida.

—¿Cómo te sientes hoy? —preguntó Miriam.

—No puedo creer que tenga quince años y que mi vida vaya a cambiar —dije.

Tenía muchas expectativas para el futuro y estaba feliz porque mamá estaba actuando de manera diferente conmigo. No sabía por qué, era como si me estuviera mirando por primera vez en su vida, era raro. Tal vez se había dado cuenta que me estaba convirtiendo en una adulta, sabía lo mucho que había tratado hacer de esta fiesta un evento hermoso para mí.

—Quiere que tengas un recuerdo hermoso, uno que ella nunca pudo experimentar, la transición a convertirte en una mujer —intervino Miriam.

—De repente, ella quiere ser mi amiga, pero es difícil, ¿qué hago con todas las veces que ella no estuvo allí para mí y las veces que usó palabras tan duras para hablar conmigo?, ¿olvidarlo? —dije.

Ella bajó la cabeza y de repente se quedó en silencio. Yo no quería pensar en eso en mi día tan especial.

—Realmente, te agradezco por traerme mi vestido. Hoy voy a tener sólo pensamientos alegres. Estoy tan feliz de que vayas a estar ahí, para compartir este día conmigo, sólo quiero decirte que te quiero, eres mi prima favorita —dije—. Miriam, realmente quiero que Germán esté en mi fiesta.

—Sé que sí, pero ¿recuerdas lo que te pregunté? ¿Quieres meterlo en problemas? —dijo ella.

—Él también quiere estar allí, es importante para mí —respondí.

—Déjame ver qué puedo hacer, no te prometo nada, sabes cómo está tu madre con respecto a ese tema y realmente no quiero molestarla —dijo.

—Por cierto, dónde has estado, no te he visto en casi un mes —dije, recordando lo que me había dicho Germán.

—He estado manejando los detalles de tu fiesta y pasando tiempo con Richard —respondió.

—¿Tienes una relación con él? —Le pregunté.

—Nos estamos conociendo —contestó.

—¿Estás consumiendo drogas con Richard? ¿Richard hace lo mismo que hace Germán? Miriam, dime la verdad, ¿estás haciendo eso? —pregunté, y ella miró hacia otro lado—. Dios mío, por favor permite que esto sea una mentira, esto no puede ser real. No puedo vivir con el hecho de que mi prima esté consumiendo drogas ilegales —La tomé de las manos y, mirándola a los ojos, le dije—: Miriam, la heroína no es como un poco de marihuana que fumas de vez en cuando o un poco de vino que bebes cuando vas a un concierto.

—No te preocupes, lo tengo bajo control, sólo la he probado una vez —dijo, y trató de cambiar el tema—. La fiesta empezará pronto, déjame ir a prepararme para pasar a recogerte —exclamó.

Las horas y los minutos pasaron volando, tuve el tiempo justo para darme una ducha y maquillarme. La señora que me peinó tenía su salón de belleza lleno ese día y casi llego tarde a casa antes de prepararme a la fiesta.

La tía Nena estaba vistiendo a mi prima pequeña, Lisa. La pequeña estaba tan emocionada de que fuéramos todos a una fiesta que entraba y salía de mi habitación queriendo ver mi maquillaje, así que tuve que enfadarme un poco.

—Déjame vestirme, mocosa. —Le dije en broma.

Pensaba en voz alta: «Tu madre siempre llega tarde y espero tener un poco más de tiempo». Unos minutos más tarde mi prima Miriam estaba parada en la puerta de mi habitación luciendo totalmente hermosa. Su cabello estaba recogido y llevaba un vestido negro con unas lentejuelas tejidas en dorado muy interesantes y se veía realmente bonita.

—Te ves increíble, tu vestido es digno de una princesa —dijo ella.

—Gracias —respondí—, me siento casi tan hermosa como Grace Kelly.

Mi abuela caminaba hacia nosotros y comentó que la noche era la promesa de una nueva vida.

—Dejaste atrás a la niña y ahora ya eres adulta —vaticinó ella.

Si alguien me hubiera dicho lo que me esperaba, no le habría creído. Llevaba un vestido de ensueño, iba a mi increíble fiesta y setenta y cinco invitados me esperaban para celebrar conmigo. Era un día de cuento de hadas, sin embargo, la vida traía algunas sorpresas en mi camino.

Quería creer que había algo mejor. Soñaba que había alguien cuidándome, creía en Dios. Simplemente no sabía quién era Dios, cómo llegaría a él o cómo él me alcanzaría. Mi ilusión era que me sentía alguien hermosa. Quería hacer las cosas bien y conseguir el verdadero amor de mi vida. Las palabras de Germie llegaron a mi de repente como una pesadilla inquietante, «cuando consumo drogas, se me quita el dolor», esas palabras se quedaron conmigo.

Condujimos hasta el salón de fiestas, era un día claro, era casi de noche y el sol descansaba sobre el horizonte creando una tarde luminosa y naranja. Cuando llegamos a *Biscayne Bay* los tonos del cielo ya habían cambiado, se habían tornado de un rosa azulado. Parecía una exhibición de hermosos colores sólo para mí.

Cuando llegamos al restaurante, mi prima me llevó al baño y me dijo que esperara allí, que debía salir y Henry me estaría esperando. En ese sentido no estaba ansiosa, Henry era un buen bailarín y llevábamos semanas practicando.

—Miriam, ¿puedo tomar algo para calmarme los nervios? Dios mío, tengo una sensación de nerviosismo en medio del estómago —dije a mi prima mientras esperaba en el baño.

—Toma esto —dijo ella y sacó una pequeña pastilla.

—Espera un minuto, ¿qué es eso? Tengo que estar bien, no puedo hacer una escena y caerme de bruces, no quiero empezar a vomitar ni estar mareada, por favor no me des nada que me vaya a poner rara —dije alarmada.

—¡Silencio! ¡Cálmate! Es sólo un Valium, es algo para tus nervios y estarás bien. Sólo te calmará y te aliviará. Comenzarás a sentirte bien en unos diez minutos —dijo ella tratando de tranquilizarme.

—Está bien, pero si actúo de manera extraña, será tu culpa —dije.

Me entregó una pastillita azul y ahuecó sus manos debajo de la pila de agua.

—Adelante, toma un sorbo —dijo.

Mi prima salió del baño para atender afuera.

Empecé a caminar por el baño y sentí que tocaban la puerta, cuando abrí estaba allí.

—¡Germie! —exclamé.

—Te ves increíble, ya no luces como una niña —dijo, mientras me miraba de arriba abajo, me daba un cálido abrazo y tomaba mi cara entre sus manos para darme un gran beso en la boca.

—Me estás arruinando el maquillaje. —Le dije riéndome.

—Siempre serás esa niña que tiene miedo y busca a alguien que la ame y la comprenda. No importa la edad que tengas, siempre serás esa niña para mí —dijo.

—¿Cómo lograste que mi madre aceptara que asistieras a mi fiesta? —pregunté.

—Ella no estuvo de acuerdo, Miriam me dijo cómo entrar —dijo él.

—Estoy tan feliz de verte aquí. Este día no hubiera sido el mismo sin ti, eres una parte muy importante de mi vida —dije.

—No me perdería esto por nada del mundo, quería tanto verte bailar el vals tradicional, deberíamos haber sido nosotros bailando juntos. Quería verte en todo tu esplendor disfrutando de tu fiesta de quince años —respondió él con entusiasmo, me abrazó y me dio otro beso—. ¿Te tomaste algo? —Me preguntó.

—Sí, un Valium —respondí.

—No bebas licor, ¿me lo prometes? La pastilla que tomaste y el licor no deben mezclarse —explicó.

—Está bien, sabes que no me gusta beber —dije.

—¿Dónde está tu bolso? —preguntó.

—Está aquí en la esquina —contesté.

—Ponte maquillaje, niña, tienes una fiesta a la que ir —dijo entusiasmado—. Esta fiesta se parece más a un espectáculo de *Broadway*. Tendrás que parecer que eres la hija perfecta en una familia perfecta, mostrarás al mundo lo amada que eres y la gran y cariñosa madre que tienes —continuó.

—No sé cómo voy a lograr eso —dije.

—Estás arrastrando un poco las palabras. —Me dijo muy observador.

—Estoy bien. Vete, antes de que mi madre entre aquí. No la he visto desde ayer y no quiero enfadarla —dije. Se despidió y quedamos en vernos al comenzar la fiesta.

Miriam entró de nuevo al baño y me entregó alrededor de quince mil dólares en joyas.

—Es mejor que no pierdas esto o me matan —dijo ella mientras me ayudaba a ponerme todo.

—Sabes que soy muy simple, realmente no me gustan todas estas cosas —dije.

—Lo sé, es sólo por hoy, tu mamá quiere que te veas muy bien y con ese vestido, sólo este tipo de joyas combina —dijo ella. La música comenzó a sonar muy fuerte y podía escuchar muchas voces, Miriam tomó mi mano—. ¡Es hora de tener una noche increíble! ¡Que te diviertas!

Ella me llevó hasta mi padrino o así lo llamaba mamá, era hermano de un expresidente de Cuba y representaba una figura paterna para toda mi familia. Estábamos bailando un vals y yo miraba alrededor de la habitación. Empecé a sonreír al ver a mi profesora de historia y a muchos de mis amigos de la escuela secundaria. Incluso habían jóvenes de la secundaria que no conocía. No podía creer lo que estaba mirando, habían algunos amigos de mi padre y los amigos de mi madre también estaban allí. Mi hermosa tía, la hermana de mi padre también estaba allí junto con toda mi familia por parte de mi madre. Era una gran fiesta, desde lejos podía ver una gran guirnalda de rosas blancas y rosadas con mi nombre, estaba encima de una mesa con uno de los pasteles más hermosos que había visto, tenía tres niveles diferentes. Oh, qué lindo resultaba todo. Me sentía tan especial y amada por primera vez.

Estaba fascinada por lo que veían mis ojos, mi madre estaba de pie alrededor de un círculo mirándome bailar con mi padrino, aplaudía junto a todos los demás invitados. La música se detuvo y mi padrino me entregó a Henry. Me eché a reír cuando sonó la música, era una canción más contemporánea, todos estaban contentos de vernos bailar tan bien juntos. Pude ver a Germie de pie junto a mi profesor de historia charlando.

El vestido de mi madre era precioso; era un brocado verde claro con pequeñas cuentas plateadas bordadas al vestido. Sus joyas eran impresionantes, llevaba una cruz de oro blanco con incrustaciones de diamantes y una gran esmeralda en el medio, también tenía el reloj que le hacía juego, un anillo de cóctel y pendientes de diamantes. Probablemente tenía alrededor de veinte mil dólares en joyas sobre su cuerpo. Mamá se había asegurado de que usara el anillo de zafiro de mi padre.

Mientras bailábamos Henry y yo tuvimos un minuto para hablar.

—¿Puedes creer toda la gente que apareció? —dije emocionada.

—Rosie y yo nos aseguramos de regar la voz, repartimos invitaciones para mucha gente que probablemente ni siquiera habías visto en mucho tiempo —dijo, y luego me preguntó—: ¿Estás bien?

—Estoy muy nerviosa, acabo de tomar un Valium y la habitación está dándome vueltas —dije.

—No te preocupes, yo te sostengo. Tu mamá hizo todo lo posible para darte esta fiesta increíble. ¿Te gusta como quedó todo? —Me preguntó.

—Absolutamente, es totalmente hermosa —dije.

Cuando terminó el baile comencé a relacionarme, había que tomar fotos y un fotógrafo profesional lo estaba haciendo. Todos querían hacerse una foto con la «bella del baile». Las hermanas de mi padre estaban allí para compartir conmigo la celebración de mi conversión a mujer. Era una noche fabulosa, hermosa y mágica. Era la mejor fiesta de mi vida, estaba compensando todas las otras fiestas que no había tenido nunca. La falta de regalos, muñecas o juguetes que nunca tuve. Compensó muchas cosas pero nada podría resarcir el amor que no había recibido. Todavía no podía perdonarla. Había tantas cosas que necesitaba perdonar y no tenía idea de cómo hacerlo. Mi ira era mi escudo. No bajaría la guardia. Había cometido ese error muchas veces y siempre me consumía, siempre terminaba gravemente herida.

Germán estaba ahí, viéndome tomar fotos con mamá. Nos hicimos una foto juntas en la que yo le estaba dando un pedazo de pastel. Había otra foto en la que fui a abrazarla y ella me cubrió las manos con las suyas, el fotógrafo estaba tomando la foto y de repente sentí el frasco de pastillas amarillo en su busto, supe que había llevado cocaína a la fiesta. Juntas llevábamos miles de dólares en joyas, sin embargo, éramos tan miserables en nuestra condición humana.

Hice que mi madre se luciera esa noche. No me caí de bruces ni hice nada para que se avergonzara de mí, por el contrario, todos me miraban y se preguntaban cómo podía ser tan sensata, en ocasiones, incluso, me miraban como si quisieran ser como yo. Sólo veían que era la hija de alguien con mucho dinero, que podía tener todo lo que quería, toda la ropa, las fiestas y una buena vida.

Pero el ser como yo representaba un alto costo que se debía pagar. Nunca veía a mi madre y a mi padre lo habían matado como a un perro. Nadie me preguntaba nunca si estaba bien o feliz. Nunca me interesó el dinero o ser popular, pero a mamá sí. Le encantaba dar la impresión de que era alguien poderosa.

A lo largo de los años mamá había tenido una gran cantidad de relaciones. Todas se habían basado en sus propios intereses. Vivía sola bajo sus propios términos y los hombres que elegía eran sólo para que la protegieran o para que la representaran en el negocio de las drogas.

Habría cambiado todas las cosas materiales por tener un poco del amor de mi madre. Los pechos cariñosos de mi madre nunca estuvieron ahí para nutrirme de ningún modo y eso me perjudicó mucho. Tener una conversación genuina con mi madre había sido imposible y eso me hacía sentir aún más frustrada, insatisfecha y avergonzada.

La vida volvió a la normalidad, todavía vivía con mi abuela y mi familia cuando mamá comenzó a tener relaciones con un hombre llamado Sr. R., una vez más me pedía que lo llamara papá. Por supuesto, siempre me negué.

Peleábamos por eso, ese era uno de sus caprichos al que nunca accedí. Estaba creciendo y comprendía más mi sexualidad. Era más consciente de las necesidades sexuales masculinas y femeninas. No me gustaba llamar la atención sobre mí. No confiaba en que los hombres tuvieran buenas intenciones conmigo. El Sr. R. era agradable pero mi instinto siempre me decía «cuidado». Operaba en mí un sistema de alerta interno, pero con él era diferente. Nunca me sentía asustada o incómoda cuando estaba cerca.

El señor R. era cubano y hablaba mucho del Centro de Inteligencia Americano o la CIA. Según él, su padre había trabajado en un barco de la marina y había conocido a una cubana de la que se enamoró y así había sido concebido. Cuando bebía, el dolor de su corazón salía por su boca y decía que su madre era una prostituta. Su padre nunca había estado cerca y veía cuando su madre llevaba a los hombres a su habitación. Había crecido en La Habana y había trabajado para el gobierno. De alguna manera se había probado a sí mismo en habilidades que eran demasiado turbias, incluido el asesinato de alguien en una pelea. Afirmaba que había sido en defensa propia. Cuando llegó a los Estados Unidos, todo lo que había aprendido en Cuba se convirtió en habilidades para ser contratado como asesino a sueldo al mejor postor, sus trabajos eran muy turbios.

Sabía que había algunas cosas que no estaban bien, pero él protegía a mamá y ella se sentía segura con él. Se drogaban juntos, su personalidad volátil estaba latente y unida a la depresión de mamá y sus ilusiones de grandeza, todo en una habitación, eran los ingredientes necesarios para una catástrofe que podía suceder en cualquier momento.

Tenían peleas incontrolables cuando él no estaba de acuerdo con las costumbres de mamá y le decía que ella no respetaba su posición. Él le gritaba y le decía que ella estaba tratando de castrarlo, que para qué lo necesitaba si él de igual modo estaba haciendo su trabajo. En el fondo mi madre no confiaba en nadie y no quería darle el puesto de marido u hombre en su vida por temor a que le robara clientes, drogas o dinero. Su miedo era sobre todo que él estuviera haciendo negocios a sus espaldas, cerrando tratos con sus clientes y hablando más de lo que debía. Sabía que el Sr. R. era una bomba por explotar.

Lo necesitaba como fachada, como protector, pero involucrarlo demasiado en el negocio era un paso en falso y ella lo sabía. Había tantas cosas que estaban fuera del control de mi madre, su ira era la demostración de sus tormentos que eran cada vez más evidentes. Sus miedos aumentaban cada día más, las personas a su alrededor podían ser informantes o yo podría ser secuestrada, el hombre con el que compartía su cama podría estar robándole o delatándola con las autoridades a sus espaldas.

Pasaba los fines de semana con mamá cuando el Sr. R. estaba haciendo negocios fuera de la casa. La cuidaba, le cocinaba, los platillos de mi menú se podían contar con los dedos de una mano. Había aprendido algunas cosas viendo cocinar a mi abuela y a mi tía Nena durante todos esos años. Me convertí en la protectora de una madre adicta a las drogas y enferma mental.

Cuando mamá dormía, me encantaba mirar todas sus fotos que guardaba en una caja. Tenía fotografías con cantantes, políticos y actores. Mamá usaba un hermoso abrigo de *mink* blanco con el pelo recogido en un moño y se veía deslumbrante.

La vida inestable que estaba llevando la estaba alcanzando y vivía aterrorizada. Me sentía muy triste y estaba tan preocupada a pesar de estar resentida con ella. Sentía una profunda lástima por ella. Me enojaba tanto cuando me invalidaba. No podía entender esos sentimientos tan intensos, era demasiado joven para comprenderlos. No podía procesar los confusos sentimientos de amor, odio, amargura, frustración e impotencia que sentía y eso me hacían sentir desesperanzada.

Mis sentimientos por ella eran extremos, a veces la amaba y otras la odiaba, ella me enojaba tanto que en ocasiones llegaba a un punto en que quería golpearla, ¡incluso matarla! Quería gritar, llorar y otras veces quería abrazarla, apretarla fuertemente contra mí y decirle, «Todo va a estar bien mamá, estás a salvo».

Nunca lo hice, mi indiferencia era mi venganza.

Seis meses después de la fiesta, un sábado por la mañana estaba en su casa y me pidió que fuera al mercado a comprarle un paquete de cigarrillos. Mientras caminaba por la calle y me acercaba al mercado un automóvil dobló la esquina, eso me hizo girar la cabeza. Cuando llegué, compré los cigarrillos y comencé a regresar. Estaba cerca ya de llegar cuando vi que cuatro hombres blancos estaban dando vuelta a mi calle, eso era Allapatah, era un barrio mixto pero no de blancos.

Me estaba acercando a mi casa y se me encendieron las alarmas en mi mente. ¡ERA LA POLICÍA! Empecé a correr, sabía en mi corazón que mamá estaba siendo arrestada.

Cuando llegué la puerta estaba abierta de par en par y mi madre gritaba. Los hombres estaban arrancando todas las cortinas, abriendo agujeros en las costuras y en los colchones.

—¿Qué está pasando? Mamá, ¿estás bien, te lastimaron? —preguntaba angustiada.

—Ellos son de la policía, cálmate, está bien —dijo ella.

De repente ¡pensé en las bolsas! Empecé a asustarme tanto que mi corazón comenzó a latir tan rápido que creí que se saldría de mi pecho. Ni siquiera podía respirar.

—¿Dónde está? —comenzó a gritar uno de los hombres.

—¡Aquí no hay nada! —gritó mi madre.

—¿Qué están buscando? ¡Digannos que están buscando! —gritaba en este momento y estaba llorando histéricamente—. Aquí no hay nada —grité—, deja a mi madre en paz. ¿Quiénes son ustedes? Muéstrenme sus credenciales —solicité a gritos.

—Somos la policía, esta es nuestra placa y estamos aquí para arrestar a tu madre —respondieron dos de los hombres.

No podía hablar ni caminar, estaba congelada parada en medio de la sala mientras veía a mi madre asustada e indefensa como nunca la había visto antes. La policía estaba destrozando la casa y todo lo que había en ella. Abrían los cajones de los muebles en el dormitorio, buscaban debajo de los colchones, abrían agujeros en las paredes, levantaban las alfombras, buscaban dentro del refrigerador y en el congelador.

Destruyeron los papeles de aluminio que envolvían la carne congelada. Mi peor pesadilla se había hecho realidad. Estaba perdiendo mi protección parental a manos de la policía una vez más.

Un sábado por la mañana esposaron a mi madre y la metieron en un coche de policía. Podía escuchar su desesperación y su voz aguda mientras me decía:

—El nombre de mi abogado está en mi mesa de noche, llámalo y dile lo que está pasando, ¡todo estará bien!

El policía me preguntó mi edad y si tenía un lugar adonde ir, le respondí que tenía dieciséis años y que mi abuela vivía a pocas cuadras. Estaba angustiada, no podía dejar de llorar. Mamá seguía gritando instrucciones.

—Cierra la puerta, lleva todo a la casa de mamá —decía.

La puerta de un futuro para mi madre se cerró frente a mi cara, los barrotes de la prisión eran más una realidad que una pesadilla. Tomé todo lo que pude que tuviera algún valor, encontré sólo algunas piezas de joyería pero sabía que mamá tenía muchas más. La policía confiscó diez mil dólares y lo etiquetaron como dinero proveniente del negocio de las drogas y como pruebas. Puse todo en una bolsa y caminé de la casa de mamá a casa de la abuela con todos los objetos de valor dentro de una maleta. Caminé cinco cuadras que me parecieron cinco kilómetros en un estado de desolación.

Todo fue un caos después de eso, todo había sido destrozado. No entendía qué había pasado con mis expectativas, con las ilusiones que había construido el día de mi cumpleaños. Mi vida parecía ser de color rosa, tenía toda una vida por delante, aunque siempre temí que eso pasara, no pensaba visitar a mi madre en la cárcel a los dieciséis años.

Lloraba sin poder parar. No podía quitarme de la cabeza la visión de mi madre en la parte trasera del auto de policía. Ella no había escuchado a nadie. No le había importado que me dejaría desamparada. Le conté a mi abuela todo lo que había pasado, ella lloraba y estaba muy alterada. Llamé al abogado y había un servicio de contestador al cliente.

—Por favor, devuelva la llamada. Mi madre ha sido detenida, no sé dónde está ni qué hacer —dije sin saber si había sido escuchada.

Unas horas después llamaron de su oficina y dijeron que mamá tendría que pasar el fin de semana en la cárcel.

Llamé a Miriam y le conté lo que había pasado. Vino enseguida y tomó las riendas. Ella tomó el control de toda la situación, llamó al abogado y supo qué preguntar. No tenía ni idea de las finanzas de mi mamá. No tenía idea de las facturas, lo que tenía que pagar o dónde estaba el dinero. No sabía nada de los detalles. Miriam lo sabía todo, mamá le había confiado su vida.

Germán me llamó esa tarde y le conté todo. No podía creer cómo la policía había saqueado nuestra casa y cómo habían abierto hasta la carne congelada del congelador.

—Debes mantener la calma, irte a dormir temprano e ir a la escuela. Deja que Miriam se encargue de todo, tú tienes que hacer tu parte y eso es terminar el bachillerato, concentrarte en tu vida. —Me dijo.

Gracias a Dios, la policía no había encontrado drogas en la casa de mi madre. Sólo quería desaparecer. Seguía pensando en huir, eso era demasiado y acababa de empezar. Sabía que lo que se avecinaba iba a ser horrible. El futuro no se veía bien, más bien se veía muy oscuro.

—¡No tengo idea de lo que haré con mi vida si mi madre va a la cárcel! —exclamé y empecé a llorar de nuevo—. ¡No tengo habilidades! Ni siquiera he terminado el bachillerato.

—Es por eso que tienes que ser fuerte y estar concentrada en terminar la escuela. No dejes de estudiar. Eres muy inteligente y has pasado por muchas cosas en tu vida a muy temprana edad —dijo aconsejándome.

El lunes por la mañana llegó y yo era un desastre. No quería ir a la escuela. No podía enfrentar a nadie y mucho menos el juicio de mis compañeros. No podía concentrarme, lo único en lo que podía pensar era tener que pasar por la misma humillación una vez más, cuando mis compañeros y todas sus familias se enteraran de que mi madre había sido arrestada. Al final del día, mamá había sido procesada y se había fijado una fianza de un millón de dólares.

Pasaron las semanas y mi vida consistía en ir a la escuela guardando el secreto del arresto de mi madre mientras seguía actuando como si nada hubiera pasado. Pero en el fondo me sentía totalmente avergonzada de que la gente se enterara de todo después de mi hermosa fiesta.

Un día comenzaron los murmullos. Todos ya lo sabían.

—La princesita ahora será huérfana, tu madre va a la cárcel —decían los chicos del colegio.

Sentía una punzada en mi corazón cuando las acusaciones y los pensamientos críticos hacia mí misma, así como los juicios implacables hacia mi madre me consumían.

La foto de mamá había salido en el periódico. Los titulares rezaban: «Una mujer cubana fue detenida pues presuntamente conspiraba para vender heroína». Tener que vivir esa experiencia una vez en la vida era perjudicial, pero dos veces era totalmente devastador. Sentir vergüenza y miedo, sentirme huérfana se había convertido en parte de mi identidad.

No podía ir a la escuela y perdí muchos días de clase. Sólo tenía esa tristeza que no me dejaba. A veces me iba a mi habitación el viernes y no salía hasta el lunes por la mañana cuando tenía que volver a la escuela. Lloraba mientras leía mis novelas románticas. Soñaba despierta con el amor, era un escape para mí. Preocuparme por mamá se había convertido en una forma de vida.

# CAPÍTULO VIII. FALSAS EXPECTATIVAS

La primera vez que fui a la oficina del abogado fue un día en el que mi madre le había llevado su abrigo de *mink* blanco para su esposa en una hermosa caja. Se mostraba tan agradecido pero en mi mente podía oírme a mí misma diciendo: «Eres un hipócrita». No me agradaba en absoluto. Lo podía ver en su rostro, pensaba que ella era culpable y poco le importaba que fuera una mujer que tenía una hija pequeña. Sólo le importaba cuánto dinero iba a ganar con el caso.

El abogado dijo que me interrogarían. Miré a mi madre completamente aterrorizada.

—¡No! No puedo hacerlo, no aguantaré la presión, no soy buena en esto, me pongo demasiado nerviosa y tengo miedo de decir algo incorrecto.

El abogado tenía un intérprete en la oficina.

—¿No hablaste con tu hija sobre esto? —preguntó el abogado a mi mamá.

—Mi hija hace lo que digo. Ella lo hará, no hay problema —hablaba mi madre directamente con el intérprete mientras yo negaba con la cabeza. Cuando sus últimas palabras fluían de su boca, me estaba mirando a los ojos.

—¡Mamá! —Fue mi única respuesta.

No podía creer lo que escuchaba. Mi madre me estaba llevando de nuevo al matadero. Se suponía que debía protegerme y me estaba arrojando a los lobos, ¡de nuevo!

Me quedé sentada en obediencia mientras escuchaba mi destino. El abogado procedió a describir lo que vendría.

—El fiscal usará un tono acusador para asustarla, mentirá para tratar de quebrarla, pero no importa lo que diga, usted se mantiene firme, aboga por la Quinta Enmienda. No importa lo que le pregunten o lo que le digan, cuando responda dirá: «Abogo por la Quinta Enmienda porque podría incriminarme». Eso es todo lo que tienes que decir, no dices nada menos ni nada más, no explicas, no respondes, ¡sí o no! ¡Abogas por la Quinta Enmienda! —explicó el abogado.

—Está bien, lo haré —respondí.

Fui a la oficina del abogado unas siete u ocho veces y cada vez que íbamos mi madre le llevaba bolsas de dinero al abogado. Me preguntaba a mí misma, «entonces, ¿cuánto dinero tiene realmente mi madre?».

Iba a casa después de nuestras sesiones en la oficina del abogado e investigaba el sistema penal en la enciclopedia. Llegué a la conclusión de que mamá estaba pagando todo ese dinero y no había garantía de que no fuera a la cárcel. El miedo se apoderaba de mi corazón, era una frialdad horrible que se colaba en mis huesos y se me hacía un nudo en la boca del estómago.

En realidad nunca había estado sola, nunca había tenido mucho amor pero tenía un hogar seguro en la casa de mi abuela y nunca había experimentado lo que era no tener comida en la mesa. Como premio de consuelo iba a *Sears* y *Burdines* a comprar ropa, mamá me compraba todo lo que necesitaba. No tenía armarios llenos de ropa porque usaba uniforme en la escuela y realmente no salía mucho, así que mamá no veía la necesidad de comprarme tanta ropa. Pero sabía que lo que necesitara mi madre lo compraría. El miedo a la pobreza y la escasez se apoderaba de mi corazón como nunca antes cuando veía a mi madre pagando por su libertad.

Unos meses más tarde comenzó el juicio, había llegado el día en que debía testificar en defensa de mi madre y estaba muy nerviosa y ansiosa. Tal como me había advertido el abogado, el fiscal me acusó de vender drogas en la escuela como parte del negocio de mi madre. Dijo que yo transportaba drogas y me acusó de ser una mula[1]. Declaró que era una consumada traficante de drogas y me acusó de conocer todos los detalles del negocio de narcotráfico de mi madre y de mi padre.

Por supuesto la defensa intervino, pero la semilla de la duda se había plantado en la mente del jurado. El daño estaba hecho, el trauma ya estaba incrustado en mi cabeza, las preguntas sobre los negocios de mi madre y sus conocidos, las veces que había ido a Chicago, lo sabían todo. La última pregunta fue:

—¿Es tu madre una buena madre?

Casi me quiebro en ese momento para defender a mi mamá, pero por la fidelidad a la mujer que me había dado la vida, sólo por eso estuve lista para responder:

---

[1] Mula: Persona que transporta drogas. *Wikipedia*

¡Es una excelente mamá! —hubiera querido decir.

¡Pero supliqué la Quinta Enmienda! y ella nunca supo lo que le habría dicho al fiscal en ese momento.

Acusaban a mi madre de conspiración. Nunca encontraron ninguna droga en su poder, sin embargo, la acusación por conspiración para cometer un delito se había basado en una conversación en la que ella estaba presente con otros tres hombres y uno de ellos era un policía encubierto. La policía había estado construyendo un caso contra ella durante mucho tiempo. De todo lo que había escuchado en la sala del tribunal pude deducir que desde que habían arrestado a mi padre, estuvieron tratando de asociarlos a ambos en la misma red de narcotráfico, corroborando si tenían la misma red de clientes y compradores. Recordé el día en que había sido intérprete en uno de los tratos de drogas de mi padre.

—Están tratando de hacer de usted un ejemplo, especialmente con todos los problemas que han ocurrido con Richard Nixon y todo el escándalo de Watergate —dijo el abogado—. La conspiración de la que te acusan es la misma ley con la que acusaron a Nixon, no les importa si eres una minoría o si eres una mujer con una hija menor de edad. El estado quiere hacerte pagar. Quieren ejecutar una venganza contra ti porque no encontraron drogas en tu poder; sienten que te burlaste de ellos —Nos dijo un día el abogado.

Las cosas no pintaban bien para mamá.

—Quieren que entregue las pruebas al estado. —Me decía constantemente—. Me están pidiendo que delate a mis amigos y no lo haré. Mi integridad es mi honor.

Un día mamá me invitó a cenar.

—Creo que voy a ir a la cárcel —dijo.

—¡Mamá, no digas eso! —exclamé.

—Tengo que ser realista, el juicio no va bien. Gloria, te graduarás de la secundaria en un mes más o menos. Sé que piensas que aún eres joven pero en realidad eres una mujer, sé que lo vas a pasar mal sin mí. Todavía no estás preparada para estar sola en el mundo, así que tengo un plan y su nombre es Félix —dijo, mientras mi mandíbula caía y ella continuaba—. Sólo conócelo. Tiene veintinueve años y es muy guapo. Es un amigo mío...

—Es un comerciante amigo tuyo, ¿no? mamá, ¿cuándo me voy a separar de esta vida? No quiero cargar con este dolor, el miedo, ir a visitarte a la cárcel, ver morir a mi padre. ¿Cuándo terminará esta locura? —interrumpí mientras ella alzaba la voz y yo bajaba la mía.

—Quiero dejarte al cuidado de alguien en quien confíe —dijo. Yo no lo podía creer y me negaba. Continuaremos esta conversación otro día dijo mamá.

Mi escape había sido hablar con Germie, era un gran amigo. Me dijo que estaba saliendo con alguien. Empecé a morir lentamente mientras lo escuchaba, tenía que dejarlo ir.

—Fue hermoso mientras duró. Te agradezco por estar ahí para mí. —Le dije.

—Llámame a la hora que me necesites, dejaré todo lo que estoy haciendo para ir a rescatarte. Eres mi primer amor, eres una persona muy hermosa, el tiempo en el que te he conocido ha sido el más especial para mí. Nunca pensé en ir a rehabilitación pero quería cambiar mi vida por lo que siento por ti —dijo.

—Si mamá va a la cárcel, podemos estar juntos —contesté.

—Miriam me contó todo sobre el plan que tiene tu madre para dejarte casada. Gloria, me envió un mensaje. Dijo que preferiría morir antes que verte conmigo. Dijo que si no me mataba ella misma, ordenaría que me mataran —Me contó.

—No quiero hacerte daño Germie, te quiero demasiado —dije llorando.

—Prométeme que me llamarás si me necesitas —añadió.

Y lo prometí.

Unas semanas después mamá anunció que vendería su casa en unos días, dijo que ya tenía comprador.

—Los beneficios se utilizarán para comprarte una casa y pagar tu boda —dijo sin más—. Viviré en la casa de mamá hasta que sepa lo que va a pasar con mi vida.

—Así que ya decidiste mi vida por mí —dije. No podía creer lo que estaba escuchando.

—Chica estúpida, ¿qué quieres hacer, ir a hacer hamburguesas por el resto de tu vida? Esta es una salida para ti —dijo ella.

—¿Qué hay de continuar la escuela? —pregunté.

—Sabes que no eres la mejor estudiante. Estoy segura de que puedes hacer más con tu vida —dijo.

—¿Sabes por qué soy una estudiante horrible?, porque no podía dormir por las noches preocupándome por ti y por papá. Porque llegabas a casa cuando me iba a la escuela y siempre supe lo que hacías y me estaba muriendo lentamente —grité.

Mi madre concertó una cita con Félix y salimos. En nuestra primera cita fuimos al cine. Hablamos y parecía bastante agradable. Mamá tenía razón, era muy guapo, pero era un adulto y no teníamos nada en común. Seguía pensando, «saldré con él varias veces y le diré a mamá que no me gusta, no me casaré con él y eso es definitivo». Lo escuchaba hablar de cosas que no me interesaban y pensaba en Germán, lo extrañaba mucho. ¿Por qué este tipo estaría de acuerdo en hacer esto? Me pregunté ¿qué habría para él?, ¿cuál era su precio? Aún no me quedaba claro.

Unos días después, fuimos a la oficina de los abogados y había otro hombre además de los que comúnmente siempre estaban en nuestras reuniones. Sentí que algo no estaba bien. Estaba ansiosa y no noté que lo habían presentado por su nombre, no por su título. No escuché si nuestro abogado lo había presentado como otro abogado pero instintivamente supe que estaban mintiendo. Lo pude ver en su rostro. Resultó que era del Servicio de Impuestos Internos, nuestro abogado estaba trabajando con ellos para implicar a mi madre con cargos de lavado de dinero y evasión de impuestos.

Unos días después, mi madre, Miriam y yo fuimos a la oficina del abogado. Nos dio la noticia, dijo que había intentado una declaración de culpabilidad y la sentencia más baja cuando el Servicio de Impuestos Internos lo había interpuesto. Mamá fue acusada de conspiración para distribuir drogas, casi seis kilos de heroína por un total de más de 117 000 dólares. Un hombre que estaba presente en la conversación se había convertido en la evidencia del estado y había entregado a todos sus contactos. También la acusaron por evasión de impuestos por un monto de 11 687 dólares.

Mamá estaba devastada, no podía creerlo.

—Podría haber ido con un abogado público —le dijo mi madre a su abogado.

—Lo intenté, pero el caso en tu contra estaba demasiado cerrado, están haciendo de ti un ejemplo —dijo.

—¿Qué sigue? —Le preguntó Miriam al abogado.

—En dos semanas regresaremos a la corte para una audiencia final. Se considerará el día en que la Sra. Brezot será sentenciada —dijo.

Sentía que estaba en una pesadilla o en una película de terror. Salimos de la oficina ese día, desesperadas y desesperanzadas. Mamá era muy valiente. Nunca la había visto llorar ni una vez. Era fuerte como la fortaleza de un castillo, esa mujer parecía estar hecha de acero. Y yo me odiaba por ser tan débil. Odiaba ser tan sensible, sentir todas esas emociones y sufrir por mí y por todos los demás. Mis emociones eran más grandes que yo. A menudo me hacía muchas preguntas y, finalmente, un día concluí, nadie en mi familia es como yo.

Unas semanas después comencé a prepararme para mi graduación de secundaria. Estaba aterrorizada de que el director de la escuela me avergonzara en público, tenía pesadillas en las que me decía que me bajara del escenario por todas las inasistencias a clase que tenía y que no podía graduarme.

Mamá llegó a casa de la abuela con un vestido largo blanco y al lado tenía una flor roja.

—No lo llevaré puesto, es muy escotado, todas las demás chicas llevarán algo más discreto, adecuado para una graduación no para un bar —dije tan pronto como lo vi.

—Félix me acompañará a tu graduación. Quiero que te veas bien, además, ¿qué hay de malo en mostrar un poco de tus atributos? El vestido es hermoso y quiero que lo uses. Sé que se enamorará cuando te vea en él. —Me dijo ella.

Todo lo que pensaba era en complacer sus deseos. No era gran cosa, era una noche y haría feliz a mi madre. Pronto iría a la cárcel y no la vería en mucho tiempo. Así que acepté de mala gana.

Salí con Félix un par de veces más y comencé a sentirme un poco más a gusto. No me sentía cómoda cuando hablaba de mis sueños de viajar a Europa nuevamente. Le dije que quería seguir yendo a la escuela para tener una carrera. No había habido un gesto de aprobación por parte de él y pensé, «¿cómo sería mi vida con este hombre? ¿Por qué sentía que tenía que lucir de cierta manera? ¿Se me pidió que actuara de una manera que se ajustara a Félix?».

—Me gustas mucho y estoy empezando a sentir algo por ti, ¿sientes lo mismo por mí? —Me preguntó.

—Eres agradable —respondí casi congelada.

—¿Puedes imaginarte una vida conmigo, como tu esposo? —preguntó.

—No lo sé, todo esto se está moviendo tan rápido. —Le respondí.

—Cuando llegues a casa habla con tu madre, ya que he aceptado casarme contigo —dijo él.

Así que hice exactamente eso, cuando llegué a casa fui a buscar a mamá, ella ya estaba viviendo con nosotros en la casa de la abuela.

—Mamá, Félix dijo que debería hablar contigo, ¿qué está pasando? —Le pregunté.

—Gloria siéntate —respondió.

Así que me senté. Sabía que iba a ser algo que no me iba a gustar pero no importaba, siempre cedía ante mamá.

—Quiero que sepas que he preparado todos mis asuntos, sé que iré a la cárcel, la última vez que vi al abogado me dijo que mi sentencia podría ser de diez años. No quiero que estés sola, que tengas que luchar y quiero que te cuiden bien. Félix aceptó hacerse cargo de mi negocio, también acordó casarse contigo y mantenerte a salvo. Si te gusta o no, no es el problema, pensar con la cabeza es lo importante ahora —dijo ella.

—Mamá, me estás pidiendo que me case con alguien a quien no amo —respondí.

—No sabes nada sobre el amor, el amor en la pobreza no es amor en absoluto. El amor no te llevará muy lejos. Es definitivo y te casarás con Félix. Hay una condición; tienes que ser de su misma religión —agregó, hablando con severidad—. Tendrás que ser iniciada en la religión de la santería sino no puede casarse contigo.

—Sabes que eso no me gusta. —Le respondí.

—No importa lo que te guste —dijo ella.

Pensé que podría ser peor, pudo haber sido viejo, gordo y feo.

—¿Entonces, lo harás? —preguntó.

—¿Tengo alguna otra opción? —respondí. No tenía idea de lo que me esperaba.

—No, no la hay, entonces está hecho —dijo ella.

Unas semanas después mamá me pagó clases de manejo y luego me dio un auto. No era nuevo pero lo parecía. Tenía los asientos de tela de cuadros y el exterior era azul marino. Pasé el examen de conducir, parecía que había conducido toda mi vida.

Sentía la urgencia que tenía mamá de que me convirtiera en una adulta funcional antes de que ella fuera a la cárcel. Yo estaba loca de miedo, todo estaba pasando tan rápido, sentía como si alguien me estuviera arrastrando a través del tiempo y las páginas del calendario cayeran rápidamente. En cierto modo, todo eso era un poco traumático para mí, había vivido en mi habitación, en la casa de la abuela, casi toda mi vida, siempre escuchando los murmullos de mamá a su madre temiendo que me pudieran secuestrar. Era extraño que cada vez que salía me pasaba algo caótico.

# Capítulo IX. Robo de Identidad

La mayoría de las personas se preocupan por ser admiradas en un momento u otro de sus vidas, es parte del proceso de madurez y es más frecuente en la etapa infantil hasta la adolescencia. Los adultos que llevan consigo el deseo de agradar, probablemente guarden algún trauma o sentimientos muy arraigados que no fueron canalizados oportuna y correctamente. Es como estar atrapado en arenas movedizas. Los comentarios dichos por un amigo, un maestro o un padre pueden perforar la identidad de las personas.

Es parte del proceso evolutivo sentir la necesidad de pertenecer, ser parte de una comunidad o tribu que comparte una cultura común. Ser expulsado o rechazado de nuestro grupo, nuestros círculos de amigos o incluso de nuestra familia es muy doloroso. Estos sentimientos de no pertenecer o de ser excluidos crean una profunda soledad emocional.

Tenía un sentimiento de miedo intenso el día de mi graduación, recordaba las palabras que había escuchado de los maestros diciéndome que tenía que aplicarme o que nunca sería buena en matemáticas. Se estaba reproduciendo en mi cabeza la película del día que cursaba cuarto grado, había dado una respuesta incorrecta en clase y todos habían comenzado a reírse de mí. ¿Por qué esos eventos me causaban tanto dolor? ¿Por qué no podía recuperarme, estudiar y demostrarles que estaban equivocados conmigo?

¿Cómo lo hacían otros niños? Algunos niños habían sido abusados, otros se habían despertado con la violencia de las pandillas y el sonido de las balas, sin embargo, se convertían en médicos y abogados. ¿Eran minoría? El día que se había entregado ese tipo de genes, ¿estuve yo ausente? Supongo que yo era parte de la mayoría entonces, ¿qué nos pasaba?

¿Podía la falta de amor cambiar el curso de la vida de alguien? ¿Era el amor el ingrediente secreto para que un bebé creciera sano y fuerte? ¿Era el amor importante para un niño, para que este se convierta en un adulto seguro y confiado?

Sabía que tenía que ir a la graduación y enfrentar mis miedos. El hombre que mi madre había elegido para ser mi esposo estaría en la audiencia. ¿Por qué no estaba feliz de poder liberarme de los grilletes de mi madre? Ahora sería la dueña y mujer de mi propia casa, tomaría las decisiones adecuadas y haría todo lo que estuviera a mi alcance para que este hombre se enamorara de mí. Pero, ¿tenía alguna herramienta para lograr eso? Era una niña asustada que necesitaba a alguien tierno y amable, anhelaba un amigo y un amante gentil que me mostrara cómo ser mujer; después de todo, todavía era virgen.

Había llegado el momento de ponerme el vestido que mi madre me había dado, era obvio que ella quería que hiciera alarde de mi feminidad ante ese hombre. Realmente no sabía cómo hacer lo que ella quería, me sentía incómoda, me sentía como una patita fea.

Todo el tiempo ella esperaba que yo fuera sexy, tentadora. Sentía que me vendían, que iba a una subasta y no a mi graduación.

Me maquillé y me dejé el cabello suelto, estaba lacio como me gustaba. Me puse mis sandalias de tacón alto, esperaba no caerme con esos tacones. Estaba muy nerviosa y mi madre lo veía en mi cara. Ella me dijo que tratara de relajarme y disfrutar de la noche.

—Este vestido no es de mi estilo, no es para mí y me siento extraña usándolo —comenté.

Salimos de la casa de mi abuela en paz. Si ella comenzaba a actuar como loca iba a perder mi cordura, pero estaba actuando normalmente, no estaba bajo los efectos de la cocaína. La conocía más de lo que me conocía a mí misma. Sabía cuándo estaba drogada y cuando estaba bien. También pensaba que ella era una mujer valiente, se mantenía fuerte aún en la situación por la que estaba pasando.

Llegamos a mi escuela secundaria y el estacionamiento estaba lleno de jóvenes que esperaban mientras sus padres intentaban estacionar sus autos. Los muchachos se arreglaban la corbata y las muchachas se aseguraban de que su maquillaje y cabello fueran perfectos. Los padres se preocupaban por sus hijos, se aseguraban de que no olvidaran sus togas y sus birretes. Abrí la puerta trasera de nuestro auto y busqué los míos.

Un terror repentino se apoderó de mí, ¿qué pasaba si era expuesta, un fraude tan estúpido como no poder graduarme de la escuela secundaria por mis muchas ausencias? ¿Qué pasaba si mi calificación se anunciaba en público y me avergonzaban frente a todos? El miedo estaba profundamente arraigado en mí.

Dije hola a varios compañeros que me saludaron y le mostré a mamá dónde tenía que ir. Uno de los organizadores se acercó hacia nosotras y llevó a mamá a su asiento. Mientras caminaba hacia el fondo del escenario encontré a mi amiga Rosie, nos abrazamos y nos saludamos con un beso.

—¿Puedes creer que nos graduamos hoy? —comentó ella.

Una vez más no le conté de mis miedos. Miré a lo lejos y encontré mi clase y mi maestra. Llevaba puesto un abrigo ligero porque los nervios me daban frío y seguía escondiendo el vestido. Durante la ceremonia tendríamos que caminar sobre el escenario, las chicas con sus vestidos y los chicos con sus trajes. Una vez que el director diera su discurso y otros maestros hablaran sobre los logros del año en curso, saldríamos con nuestras togas y birretes y recibiríamos nuestros diplomas una vez que nos llamaran.

Me quité el abrigo y me sentí expuesta. El vestido escotado me hacía lucir sexy y muy atractiva para el sexo opuesto. Todos los chicos miraron en mi dirección y las chicas empezaron a reír y a murmurar. Nunca antes había experimentado la mirada de deseo por parte del sexo opuesto; sólo había sentido a Germán con ese tipo de atracción. Pero la suya había sido una tierna experiencia amorosa, esa era diferente.

Era como si me hubieran inyectado una droga y pensaba, «no soy una chica fea, nadie mira a las chicas feas así». Levanté la barbilla y me sentí diferente, me sentía poderosa, me sentía hermosa y atractiva. No me importaba lo que dijeran las chicas; me importaba las miradas de los chicos.

Mientras subía al escenario con mi clase yo era la chica del vestido escotado. Veía a mi madre hablando con Félix, él miró hacia arriba y sonrió. El miedo se apoderó de la boca de mi estómago de nuevo. Era miedo a ser rechazada, ¿y si no le gustaba mi vestido o yo? Dejé de lado esos pensamientos y mantuve la cabeza en alto, mi paso había adquirido una confianza que no tenía antes, estaba segura de que era bonita por la forma en que los chicos reaccionaban cuando me veían con mi vestido.

Eso significó mucho para mí, nunca me había sentido así antes, creo que, en el fondo, hice el compromiso conmigo misma de recrear esa experiencia y poder sentirme así de nuevo.

Había llegado la hora de ponernos la toga y el birrete. Había llegado la hora de enfrentar el monstruo de mis miedos, de pensar que no estaba a la altura. Había emoción en el aire, todos los graduados estaban charlando y mi fiel amiga, Rosie, estaba a mi lado. Ella y yo nos mirábamos y sonreíamos, ambas sabíamos lo que estábamos pensando, ¡ahora éramos adultas!

Mi corazón estaba latiendo con fuerza, podía escuchar los golpes en mis oídos y en mi cerebro. Escuché que me llamaban y experimenté una muerte lenta. Cuando el director me dijo «Felicidades» y me entregó mi diploma, lo miré asustada. Caminé de regreso a mi grupo y cuando nadie estaba mirando abrí el diploma y había una carta adjunta en la contraportada.

Mi nombre estaba escrito, pero sin fecha, estaba casi todo en blanco. Tenía tanta curiosidad por leer lo que estaba escrito en la carta. Me tranquilicé y le di gracias a Dios por no haber sido avergonzada.

La noche terminó y mientras me despedía de todos abracé a mi querida amiga Rosie. Nunca imaginé que no la vería de nuevo en mucho tiempo. Caminé hacia mamá y Félix mientras me felicitaban.

—Estoy orgulloso de ti —dijo Félix.

—Todavía no. Creo que tengo que volver a la escuela por todas mis ausencias —dije.

Cuando leí la carta decía exactamente eso. Tenía que completar algunas clases durante el verano para recibir el diploma real.

—No te preocupes, terminarás a tiempo para la ceremonia —dijeron ambos.

Había dos ceremonias en mi futuro cercano, una era la iniciación a la religión de la santería y la otra mi matrimonio.

Unos días después Félix me llevó a conocer a su Madrina, ella era una anciana y su papel era de mentora Parecía agradable, pero tenía mis reservas sobre ella. Podía sentir en mi estómago el nudo que había sentido toda mi vida cuando algo no andaba bien. Lo descarté de mi mente e hice todo lo posible para que me cayera bien, rápidamente supe que esa señora ejercía una gran influencia sobre Félix y que también se estaba imponiendo en mi vida.

Se estaban haciendo todos los arreglos para la ceremonia de santería. Sería al día siguiente que recogiera mi diploma, el tiempo era esencial, todos los eventos debían completarse antes de que mi madre se entregara a la cárcel de mujeres del condado de Miami Dade.

Pasaron dos meses rápidamente y fui a la escuela el día que iba a recoger mi diploma, me entregaron una carta, estaba cuidadosamente metida dentro de la portada. Había hecho lo mejor que había podido para obtener una buena calificación final, pero nunca imaginé que sería tan mala. La carta decía que me estaba graduando de la escuela secundaria con una D. El descontento y la impotencia se establecieron en mí y llegaron a cada fibra y cada hueso de mi cuerpo.

*Me sentía: Descalificada, Derrotada, Decepcionada, Disgustada, Desesperada, Deprimida y Desilusionada.*

En el momento en que vi esa D confirmé que era un fracaso y que no valía mucho. Casi había reprobado el año escolar; había sido un milagro que me permitieran graduarme.

La semana siguiente tuvimos que ir a la corte para la sentencia de mi madre. No pude desayunar, no podía pensar. Mi abuela no dejaba de decirme que llamara tan pronto como supiera el resultado. Me senté con ella y mi tía Nena asegurándoles que las llamaría tan pronto como saliéramos de la audiencia.

Mi abuela esperaba junto al teléfono orando a los dioses en los que ella creía, pedía misericordia en nombre de su hija. Era ya vieja y comenzaba a debilitarse, la preocupación acababa con ella cada día más.

Miriam y yo entramos a la sala del tribunal con mi madre. Mamá estaba haciendo una fachada, se veía muy valiente, pero estaba nerviosa, lo sabía porque me había contestado mal cuando salimos de la casa, pero entendía que era normal, no era el momento más adecuado para mostrar sus mejores estados de ánimo. Mi madre era un poco manejable cuando no estaba drogada. Su ira y su estado de ánimo volátil estallaban en cualquier momento cuando menos se esperaba, el efecto de ese comportamiento en mi era devastador. Me hacía sentir muy insegura, nunca se sabía qué la haría enojar.

El jurado, el abogado defensor y el fiscal estaban todos de pie cuando el juez entró. Había expectación en la sala y me sentía muy mal por mi madre. Su futuro se veía muy sombrío como confirmó el juez minutos después.

—Sra. Maritza Brezot, el jurado la ha declarado culpable de conspiración, narcotráfico, lavado de dinero y evasión de impuestos. Por los presentes delitos se le condena a diez años en la penitenciaría federal.

Se formó un gran revuelo en la audiencia cuando el abogado defensor intervino.

—Su señoría, la señora Brezot es una mujer cubana amputada, es cabeza de familia y madre de una hija adolescente, estamos pidiendo una pena menor —apeló el abogado.

Los consejeros se acercaron al banco. Hablaban entre ellos pero no podía oírlos, luego volvieron a sus sillas.

—Sra. Brezot, tendrá que entregarse a la cárcel de mujeres del condado de Miami Dade en un mes —dijo el juez. El traductor estaba hablando con mi madre en un tono muy bajo y el juez le preguntó—: ¿Entiende?

—Sí —respondió mi madre.

—Su fianza de un millón de dólares se mantendrá hasta el día que ingrese a la cárcel —Procedió a decir el juez.

Salimos de la sala en estado de *shock*, lo que más había temido se había hecho realidad y no podía hacer ni decir nada para cambiar las circunstancias. Era una sensación de impotencia y esa era una sensación desconocida para mi madre, sabía que su bolsa de trucos estaba vacía, sabía que era el final de la línea. Miriam conducía el Cadillac de mi madre, ella se lo había regalado unos días antes. Estuve en silencio durante todo el viaje. No podía hablar, las sílabas y consonantes estaban silenciadas dentro de mí. Sabía que serían varios años, pero diez años era mucho tiempo.

—Ese abogado me vendió. —Escuché a mi madre decir y pensaba que tenía razón.

Todos los eventos que me esperaban para comenzar mi vida sin mi madre tuvieron que acelerarse. Había soñado durante tantos años con ser adulta y ahora sentía pavor ante la idea de estar lejos de la seguridad y el cuidado de mi abuela y mi tía Nena. Sentía que la vida me empujaba sola a la jungla.

Al día siguiente tuve que ir a casa de la madrina de Félix muy temprano por la mañana; me llevaron al río para la ceremonia de bautismo en la religión yoruba. Era un día caluroso de agosto, sin embargo, estaba temblando de pies a cabeza cuando me echaron agua por encima, mi vestido blanco se convirtió en una segunda piel.

Comenzó un cántico, todos los ancianos santeros cantaban y tenían unas plantas verdes que rasgaban con sus manos usando el agua del río, estaban haciendo un líquido verde llamado humiero. Vertieron miel y ron en la jícara, que era una cáscara de coco que se usaba como recipiente, me la entregaron e hicieron un gesto para que me bebiera el brebaje. Me retorcí.

Me llevaron de regreso a la casa de la madrina con una toalla blanca alrededor de mi cabeza y mis ojos. Cuando me sacaron del auto y entré a la casa había cantos y aplausos, sentía entusiasmo en las voces, pero yo estaba asustada. Entré en otra habitación, me quitaron los zapatos y caminé sobre una superficie dura parecida a una paja llamada «Estera». Me sentaron encima de algún tipo de madera y empezaron a cantar a mi alrededor. De repente escuché una máquina de afeitar eléctrica, se acercaban a mi cabeza, sentía la máquina eléctrica corriendo sobre una parte de mi cabeza y comenzaron a afeitarme todo el cabello. Me ordenaron que no abriera los ojos pero miré y vi mi hermoso cabello caer al suelo.

Una vez que me quitaron todo el cabello y había quedado calva, frotaron algo en el centro de mi cabeza y comenzaron a cantar canciones en lengua yoruba.

Me llevaron a estar bajo el trono ceremonial. Todo ese tiempo había estado en silencio; no se nos permitía hablar. El cántico se reanudó y todos los santeros aplaudían, cantaban fuera del salón ceremonial y lo hacían en otro idioma, una lengua desconocida, por lo menos para mí. Podía escuchar sonidos de animales cerca, rezaban por ellos en ese mismo idioma extraño que me sonaba a africano cuando era pequeña.

Estaba tan triste que pensaba para mí misma: «Gloria, ¿qué has hecho? ¿Por qué permitiste esto?» Era algo surrealista y totalmente arcaico. Ese era mi camino ahora, acepté mis circunstancias y a mí misma. Un grupo de hombres y mujeres entraron a la habitación con un collar de cuentas gruesas con múltiples hebras y me lo pusieron. Un hombre con la cabeza cubierta con un sombrero blanco entró al cuarto y trajo una cabra que estaba luchando por su vida, la mataron justo enfrente de mí. Me echaron un poco de sangre del animal y me dieron la cabeza para que pudiera besarla. Era repugnante, sentía la sangre caliente en mis labios mientras me atragantaba y casi vomitaba. La sangre me cubrió la cabeza y goteaba sobre el pesado collar, sobre mi ropa y mis pies.

Limpiaron un poco mi cara, pero se suponía que la sangre se debía quedar en mí, era la expiación por mis pecados, el pago con sangre de un animal inocente por todas mis transgresiones. La matanza duró horas.

Había palomas, gallinas, cabras y toda su sangre había llenado recipientes de vidrio que tenían algunas cosas dentro que no podía identificar. Estaba aterrorizada de que alguien me pidiera que bebiera esa sangre; decidí que allí trazaría la línea. ¡Absolutamente no! Afortunadamente no tuve que beber sangre porque su olor era el olor más nauseabundo para mí. Pobres animales, pensaba.

Félix vino a verme con mi madre y no me alegré de verlo. Esbocé una sonrisa forzada, era su culpa que eso me estuviera pasando. Y mi madre había sido su cómplice. Vivía en una cárcel que era la casa de mi abuela sólo para ir a otra cárcel con mi futuro esposo. ¡Nunca me dijo nada dulce, un te ves bien o eres hermosa, nada! Eso habría sido muy bueno especialmente desde que ¡me habían dejado calva! Tenía tanto frío, ese día supe que no me amaba, no le importaba lo que me pasara. Instintivamente sabía que había algo que no estaba bien con él.

Eran aproximadamente las dos de la mañana cuando me fui a dormir. Me sentía tan rara y asustada como nunca antes. La casa estaba llena de gente, pero me sentía totalmente sola, una soledad que no podría describir. Era como estar desconectada de cualquier cosa buena, limpia o sagrada. Los escuché invocar el nombre de Dios mientras realizaban los rituales y antes de matar al animal mencionaron a Olofi que luego descubrí que era el nombre yoruba de Dios. Entonces pensé, «Dios debe aprobar esto, no puede ser tan malo».

El nuevo creyente se mantenía bajo el trono durante siete días y cada día se planeaba un evento diferente. El segundo día se realizaba la lectura del futuro por parte de un Babalao que leía las conchas por la forma en que caían, boca arriba o hacia abajo, cada concha era sostenida por otra formando un total de ocho. Me senté en el borde del piso de paja y el Babalao se sentó en el otro extremo.

Movió las conchas hacia arriba y hacia abajo.

—¿Qué evento ocurrió cuando naciste? —preguntó. Me quedé callada, mi tío Macho estaba allí. Él acababa de ser iniciado en la religión unos meses antes.

—Hubo un accidente y su madre fue atropellada por un camión —respondió mi tío por mí.

Los Orishas, los espíritus, están diciendo que viniste a este mundo maldita desde el vientre de tu madre —respondió el Babalao que estaba leyendo mi futuro.

Cuando escuché esas palabras las creí, pensaba que no era de extrañar entonces que me hubiera sentido maldecida. Todos los meses cuando me llegaba la menstruación sentía que estaba dando a luz o, peor aún, que me estaba muriendo por dentro. Dijeron que sería una gran anciana y que tenía que recibir un cuchillo especial ya que tendría una gran posición de poder dentro de la religión y podría ver y comunicarme con los espíritus, como una espiritista.

Los siguientes días fueron todo un embrollo, el tercer día y todos los días siguientes después de aquel en el que se había predicho ese horrible destino sobre mí. Hubo fiestas con todo tipo de carnes extrañas y altares de comida colocados como ofrendas a los dioses.

Mi madre venía a verme y me hacía las preguntas más superficiales, estaba evitando mi realidad como si fuera una peste. Tenía suficiente con su vida para estar preocupada por algo tan trivial como mis sentimientos. Félix venía y hablábamos de la ceremonia, parecía emocionado. Supongo que quería tener algo en común conmigo, para poder sentir algún tipo de cercanía. Pero no había ninguna.

Me dieron varios jarrones de vidrio, uno para cada deidad. Se les había vertido sangre para darles poder, estos recipientes tenían que acompañarme donde quiera que viviera. Entonces los llevé a la casa de mi abuela y los puse en el piso. Ninguno de mi familia se sentía incómodo con los santos u Orishas allí, después de todo, eso era parte de su cultura. Toda mi familia creía en esa religión, los santos eran parte de la decoración en sus hogares. Pero esos eran santos yoruba que eran una mezcla entre el catolicismo y la santería.

Una semana después Félix y yo nos casamos. Mi madre alquiló un salón en un Holiday Inn y sólo se invitó a la familia inmediata y amigos cercanos. Un notario ofició la ceremonia. Mi madre tenía que entregarse a las autoridades en sólo dos días.

El día de mi boda me despedí de mi madre antes de partir hacia el aeropuerto. Me entristeció pensar que no la vería durante mucho tiempo.

—Mami, te iré a visitar lo antes posible —Le dije.

—Te llamaré y te diré a qué cárcel federal me llevarán, podría ser Texas o Virginia —respondió ella.

Tuvimos que apresurarnos para tomar el avión; íbamos a San Francisco en nuestra luna de miel. Mientras nuestro taxi se alejaba, me sentía como una niña llevada hacia lo desconocido. Debía tranquilizarme, dejaría de ser una bebé. Me estaba regañando a mí misma, «ahora eres una adulta, tienes que dejar a tu madre y hacer tu propia vida. Este es el hombre que ella eligió para ti, debes conocerlo y confiar en él».

Pero no podía confiar en él, especialmente después de la horrible experiencia de la noche de mi luna de miel. Ese no era el hombre gentil con el que había soñado, el que sería mi amigo como Germie, el que me llevaría al acto sexual de una manera paciente y amorosa. Todo me dolía, la estocada me estaba destrozando y no lo detuve, dejé que me destruyera el alma y me abriera. Ese era mi deber de esposa, no tenía a nadie a quien recurrir ni ningún lugar adonde ir, excepto caer en un abismo. Me lo merecía, pensaba. «Eres débil y cobarde», me decía a mí misma.

Caminamos por las calles de San Francisco; hacía mucho frío en el mes de agosto. La frialdad que nos dividía era mayor que la frialdad en el aire. Tuve que parar y comprarme un abrigo. Estaba vestida toda de blanco, con un turbante blanco en la cabeza para cubrir mi calvicie como era la costumbre después de los rituales de santería. No me había mirado al espejo desde antes de la ceremonia de la santería, no estaba permitido. Mientras estaba en la tienda buscando un abrigo me miré en el espejo, lo que vi me aterrorizó, parecía una muerta viviente.

Mis ojos estaban hundidos, los círculos oscuros alrededor de ellos eran una sombra que reflejaba una terrible tristeza y abuso, era además el presagio de lo que vendría en el futuro. Había llorado en la ducha y sentía ese fuerte grito en mi mente igual al que se siente cuando alguien es amordazado. No podía permitir que nadie me escuchara, pero yo escuchaba los gritos en mi mente todo el tiempo. Debía estar volviéndome loca como mi madre.

Mi madre y Félix habían comprado una casa para que viviéramos allí. Yo no la había visto mientras la reparaban, acordaron que la vería una vez que volviéramos de la luna de miel. Había sido una luna amarga, no una luna de miel. Tenía casi diecisiete años y mi vida estaba llena de pesar. Tenía tanta amargura y resentimiento contra mi madre y mi padre, todos los días de mi vida los culpaba por la forma en que habían resultado las cosas. Mi vida recién comenzaba, pero yo sentía más bien que estaba terminando.

Llegamos a la casa ubicada en una comunidad llamada Westchester en mi ciudad de Miami, Florida. Cuando llegamos no me gustó para nada, estaba oscura y me parecía húmeda. Fui en busca de nuestra habitación; era grande con una bonita puerta corrediza de vidrio que daba a la piscina. Abrí la puerta y me arrodillé para sentir la temperatura del agua. Hacía muchísimo frío. Me levanté y entré, quería ver las otras habitaciones de la casa.

Encontré la habitación con todas las soperas, los jarrones de vidrio estaban todos allí, el suyo y el mío estaban en un gabinete. Sus cuentas eran todas rojas y blancas y las mías eran todas blancas. Los colores eran el indicativo del santo que nos reclamaba, estaban destinados a guiarme y protegerme y dos veces al año se suponía que debía alimentarlos con sangre de animales para que permanecieran empoderados.

Escuché pasos y Félix estaba detrás de mí, me preguntó si estaba satisfecha con la casa.

—Está bien —respondí. Noté que todos los espejos de la casa estaban cubiertos con sábanas blancas, excepto un baño que usaba Félix, su espejo estaba descubierto. No pude verme a mí misma durante los primeros tres meses.

—Necesito llamar a mi abuela —dije disculpándome y salí a la cocina para hacer la llamada. Estaba caminando por la cocina

149

y Félix entró de nuevo. La abuela estaba interesada en conocer todos los detalles.

—Abuela estuvo bien, no hagas tantas preguntas, no hay nada que contar —dije.

—No suenas muy feliz —dijo ella.

—Hablaremos cuando nos veamos. Te traje un regalito y otro para la tía Nena —respondí, ella aceptó mi respuesta de mala gana y colgamos.

Félix tenía una hija de su primer matrimonio, compartían la custodia de la niña y la veía cada dos fines de semana. La había visto de paso un día; había sido una reunión breve donde sólo tuvieron lugar las presentaciones. Mientras colocaba el teléfono en la base, enderecé el cable que colgaba de la pared.

—Mañana vendrá Mónica para quedarse el fin de semana, sería genial si pudieras hacer algo de cena y tal vez hacer un pastel para ella —me dijo Félix.

—¿Es su cumpleaños? —Le pregunté.

—No, será un gesto de amistad hacia ella —dijo él.

—De acuerdo, haré lo mejor que pueda, no sé cocinar muy bien, pero lo intentaré. —Le dije.

—Tu madre me dijo que cocinas muy bien —añadió.

—Te mintió, sólo quería dejarme en la puerta de tu casa —respondí y él sonrió.

—No estás bromeando —dijo y ambos sonreímos.

Busqué en una revista una receta que no fuera demasiado difícil, decidí hacer un plato de pollo que había visto hacer a mi abuela y era uno de mis favoritos. Tendría alitas de pollo como respaldo en caso de que a Mónica no le gustara mi cocina. A la mañana siguiente Félix se estaba preparando para ir a trabajar en uno de sus negocios y tuve que pedirle dinero. Necesitaba dinero para la compra, me dio cien dólares y me dijo que comprara todo lo que necesitara para la semana.

—¿Qué te gusta comer? —Le pregunté. Quería una explicación sencilla en caso de que tuviera prisa.

—Me comeré todo lo que hagas, no soy quisquilloso. —Me respondió.

La niña llegó a las cinco de la tarde de la mano de Félix. Mónica tenía cuatro años, era una niña rubia muy bonita. Fui a saludarla y darle un beso pero ella se retorció y me empujó.

—Está bien, te hice un pastel y me lo comeré yo sola. —Le dije. Estaba en los brazos de su padre y se dio la vuelta para ver si estaba diciendo la verdad. Mientras caminábamos por la casa, olía el aroma de la comida como cuando llegaba a la casa de la abuela después de la escuela.

—Algo huele bien —dijo él.

—Espero que no encuentres rocas —dije y se rio.

—¿Por qué rocas? —preguntó.

—Mi prima Miriam un día cocinó frijoles negros y no sabía que tenía que limpiarlos y lavarlos antes de remojarlos. Casi pierdo un diente.

Se rio entre dientes y se alejó para entretener a su hija. Si alguien hubiera estado de pie afuera de nuestra casa y miraba a través de una ventana, vería que parecíamos ser una familia normal. La disfunción estaba dentro de nosotros, todos los engaños y las mentiras, la agenda oculta que había sido la razón de ese horrible matrimonio. No se me había informado de todos los detalles, yo era una víctima y quería llegar al fondo de toda la verdad para poder tener motivos para el divorcio. Una vez que pudiera demostrar que mi esposo era una farsa, mi madre aprobaría mi decisión.

Nunca había visto el lado tierno y cariñoso de Félix y ahí estaba justo frente a mí, su hija había sacado a relucir su lado humano. La trataba con mucho amor y comencé a sentir celos. Yo era invisible cuando estaban juntos. Intentaba jugar con ellos y en lugar de hacerme sentir bienvenida, me sentía como una extraña.

Era el mismo sentimiento que experimentaba cuando mamá establecía conversaciones con su sobrina Miriam, mi prima, y yo siempre me sentía excluida. La niña era tímida, no se abría a los extraños con mucha facilidad. Parecía adorar a su padre y yo no le agradaba mucho. La disculpaba deduciendo que todos los niños de su edad eran así. Probablemente estaba asustada de que yo tuviera un turbante. Pasaron los meses y finalmente pude mirarme en el espejo. Mi cabello había crecido un poco, pero tenía un aspecto horrible. No me gustaba lo que veía en el espejo.

No debía extrañarme, Félix me miraba como si yo fuera un gusano, probablemente los perros lo pasaban mejor que nosotros cuando teníamos sexo. Quería ser amada y aceptada por ese hombre, esperaba que una vez que terminara el año pudiera volver a usar mis pantalones ajustados y le agradaría más. Pero en el fondo de mi corazón sabía que no iba a funcionar. Hubiera sido bueno que saliera bien, pero era poco probable pues algo que había comenzado torcido era muy difícil que se enderezara alguna vez.

Mi madre llamaba una vez a la semana, decía que estaba bien. Su destino final aún no estaba determinado, todavía estaba en Miami.

—¿Te están tratando bien, mamá? —Le pregunté.

—Sí, todo está bien, he hablado con varios internos que me aseguran que puedo apelar y por buena conducta podría salir de aquí en cinco años. —Me contestó.

Un día Félix me llevó al armario de nuestro dormitorio y levantó una alfombra, debajo estaba la cubierta redonda de una caja fuerte escondida dentro del piso.

—¿Qué es eso? —Le pregunté.

—En caso de que tu madre necesite algo, sácalo de aquí —respondió él. Me mostró la combinación y cómo abrirla—. Hay diez mil dólares aquí —dijo.

—Hoy me pidió que le depositara dinero en la comisaría para poder comprar cigarrillos —dije.

—Toma unos cientos, compra un giro postal y envíaselo a ella —dijo él.

La siguiente vez que mamá llamó le informé que su dinero estaba en camino sin darle ningún detalle. Le dije que debía llegarle pronto.

—¿Tu esposo está siendo amable contigo? —Me preguntaba siempre.

—Todo está bien mamá —respondía.

Estaba planeando una visita para ir a ver a mi madre, pero no podía encontrar el valor para hacerlo. No quería que ella supiera lo miserable que era. Sabía que Félix estaba planeando una visita pronto, tenían que hablar de negocios.

Félix empezó a llegar tarde a casa. Siempre que le preguntaba dónde estaba me respondía lo mismo: «Estaba trabajando». Había comenzado a ver sombras en la casa y odiaba estar sola allí. Nunca le dije cómo me sentía porque no quería parecer una niña asustada. Sentía una presencia a mi alrededor y no era amorosa ni pacífica, era oscura. Pensaba que estaba imaginando cosas; tal vez ese viejo miedo del hombre que miraba por nuestra ventana estaba regresando. Era una locura, ¿cómo podía tener miedo en mi propia casa?

Me molestaba mucho que cuatro días a la semana Félix saliera de casa con el aspecto y el olor del hombre del millón de dólares. Discutíamos todo el tiempo y ya no teníamos sexo después de la noche en la que le dije que me había lastimado y me había puesto a llorar. Nunca volvió a tocarme y comenzó a ser abusivo. Decía que no servía para nada. «¿Por qué no sales y empiezas a ganar algo de dinero en lugar de destrozarme con acusaciones todo el tiempo?», solía decir o «!estoy trabajando, déjame en paz!», sabía que no me decía la verdad.

Un día tuvimos una pelea horrible.

—Eres tan ingenua. ¿De verdad pensaste que me enamoraría de ti? —dijo.

—¿Entonces por qué accediste a casarte conmigo? —Le grité.

—Es obvio, no puedes ser tan estúpida. Tu madre prácticamente me suplicó que me casara contigo. —Me dijo y me puse furiosa; había sido un golpe horrible para mi orgullo, lo poco que me quedaba. Estaba muy herida y destrozada, mi corazón había sido apuñalado una vez más.

Unos días después me sentía mal con síntomas de gripe. Sabía que se estaría preparando pronto para salir de nuevo y escondí mi ropa en uno de los dormitorios. Cuando escuché la ducha correr, comencé a prepararme también. Me cubrí la ropa con una bata. Busqué mis llaves y preparé mi bolso para salir de casa y seguirlo. Ya no aguantaba más sus mentiras así que iba a confirmar la verdad, me decía a mí misma: «Estuvimos casados durante diez meses, hoy la farsa terminará, lo juro». Quería salir de casa e ir a la casa de mi abuela. Lo dejaría, pero pensaba ¿qué pasaría con mi lado de la casa? No la iba a perder. Decidí quedarme y observarlo todo. Podía vivir libremente aún estando con él. Podía dormir en otro dormitorio y él podía hacer lo que quisiera. Un millón de cosas pasaban por mi mente.

No tenía a nadie con quien hablar, estaba tan acostumbrada a guardar secretos y a tener miedo de la gente que no tenía amigos. Me habían entrenado para la sumisión, para no llamar la atención sobre mí de ninguna manera, había vivido con traficantes de drogas toda mi vida y Félix no era diferente.

Salió de la ducha y yo estaba en la cama viendo la televisión. Dijo algo sobre el césped y yo sólo asentí. Estaba haciendo todos sus rituales, lo último era la colonia, sus llaves y el habitual beso en la mejilla. Cuando escuché la puerta cerrarse ya tenía mis zapatos puestos y mi bata de casa estaba encima del sofá. Oí cuando puso en funcionamiento el auto y se marchó. Salí corriendo de la casa y comencé a ir detrás conservando la distancia. Dobló la calle y tomó la avenida hacia Coral Way, lo vi entrar en un centro comercial que tenía un restaurante llamado Lila's, había un Kmart y un bar al lado. Entró en el bar y esperé unos minutos para que se acomodara. Seguía vestida de blanco y sobresalía como un pulgar adolorido, pero no me importaba. Estaba allí en una misión.

Se suponía que no debía salir por la noche y mucho menos entrar en un bar. No me importaban esas reglas. En ese momento tenía que saber qué estaba haciendo Félix. Quería tener el placer de llamarlo mentiroso a la cara. Necesitaba construir un caso contra él para poder liberarme de sus garras. Entré al bar cautelosamente. Debía haberme visto muy extraña porque mucha gente que estaba sentada al lado de la puerta se volvieron para mirarme.

Me paré detrás de una persona de modo de poder esconderme detrás de su cuerpo. Saqué la cabeza hacia un lado tratando de tener un mejor ángulo de todos los que estaban sentados en la barra sin que pudieran verme. Cuando volví a enfocar mis ojos lo vi desde lejos sentado en la barra besando a una mujer rubia.

Ahí está pensé, «ahora tengo la prueba de que es infiel, es un mentiroso y un farsante. Le prometió a mi madre que me cuidaría y esto es lo que hace».

Me di la vuelta y me fui a casa. Lo esperé hasta que llegó. Eran alrededor de las tres de la mañana cuando escuché que se abría la puerta. Estaba un poco borracho. Definitivamente estaba drogado y lo confronté.

Le dije que era un mentiroso y que ahora sabía la verdad.

—Mira, no soy la niñita que crees que soy, te seguí hasta el bar, no eres tan inteligente como crees que eres, me subestimaste. Te vi besando a una mujer rubia al otro lado de la barra. ¿Por qué te casaste conmigo, para robarle a mi madre todos sus clientes y las propiedades de mi familia? —Lo acusé.

De repente vi su brazo levantándose y su puño vino hacia mi cara. Me golpeó como si fuera un hombre; me golpeó como un cobarde. Caí al suelo y todo se puso negro.

La herida y el dolor en mi cara me despertaron. Traté de levantarme, pero mis emociones seguían derribándome. Escuchaba los gritos en mi cabeza, la tensión y una soga alrededor de mi garganta que estaba siendo apretada con fuerza, sentía que la vida se estaba escapando de mí. «¿Son visiones en mi cabeza? ¿Así será mi vida? ¿Seré una mujer maltratada? Esta no soy yo», pensaba. «Conseguiré mi venganza de alguna manera». Reuní un poco de valor y me acosté en el sofá. A la mañana siguiente se levantó antes que yo. No sabía a qué hora se había ido, había llorado hasta quedarme dormida. Ya era tarde cuando realmente logré descansar un poco.

Estaba tan enojada, tenía tanta amargura en mi corazón y sentía tanto desprecio hacia ese hombre que no quería mirarlo ni hablar con él. Él hubiera podido morir y no me hubiera importado. Podía haber manejado la situación de otra manera. Podía haberme dicho: «Mira, no me casé contigo porque te amaba, tu madre y yo teníamos un acuerdo». Lo habría entendido, pero me había pegado en la cara y eso había sido un golpe bajo. Con mucha ira en mi corazón, fui a la habitación de los Orishas, me paré frente a todos los santos y les dije que si de verdad existían quería que me dieran mi venganza. «¡Quiero que pague por lo que ha hecho!», pedí.

Mi madre me llamó y le conté lo que había pasado, ella comenzó a levantar la voz reprendiéndome por haberme enfrentado a Félix.

—Gloria, ¿por qué te enfrentaste a él?

—No soy tú, mamá. —Le dije y colgué el teléfono.

Un día Félix me dijo:

—No te metas en el garaje, te prohíbo que dejes entrar a alguien allí.

—No guardes ninguna droga aquí porque no lo permitiré en mi casa. —Le respondí.

—Esta es mi casa —respondió.

—¡Oh!, veo que este es uno de tus planes para robarme esta casa y el dinero que mi madre dio como pago inicial para que tuviera un lugar donde vivir —respondí enojada.

—Veremos si esta es tu casa —dijo mientras salía por la puerta.

Esperé un poco e hice exactamente lo que me había dicho que no debía hacer. Abrí la puerta del garaje y comencé mi búsqueda, me paré en medio del garage y lo escaneé todo, recordaba a la policía cuando habían registrado la casa de mi madre.

Ellos habían roto y abierto los lugares más discretos donde nadie buscaría drogas. Abrí todos los armarios, miré debajo de una mesa de trabajo, pasé la mano por encima y encontré rastros de un polvo blanco. Sabía que tenía que haber droga y estaba en el garaje. Tenía la sensación de que estaba escondida en unos neumáticos del suelo. Me di la vuelta y salí. No confiaba en mí misma, ¿qué haría si encontraba la droga? Con tanta ira dentro de mí no podía arriesgarme.

Habían pasado once meses desde que había dicho ese estúpido «sí, quiero» cuando me casé con Félix. Se había ido esa mañana con el habitual beso en la mejilla antes de salir por la puerta. Tenía una sensación extraña, sentía que algo iba a suceder, pero no sabía qué era. Había estado durmiendo con el enemigo durante un mes desde el día en que me había golpeado, la imagen del anillo en su dedo meñique estaba incrustada en mi mejilla. Estaba muy triste, pero mi ira era mayor. Ya no quería sentir más tristeza ni depresión. Esos sentimientos me hacían sentir débil.

Escuché un golpe en la puerta. Uno de sus generales, o su compinche, estaba en mi puerta. Eran las seis de la tarde y tenía una mirada perdida en su ojos.

—Gloria, Félix ha recibido un disparo —dijo.

—¿Está muerto? —pregunté.

—Debes ir al hospital de inmediato. Está entre la vida y la muerte —respondió.

Llegué al hospital más cercano unos minutos después y me acompañaron a la sala de emergencias. Lo estaban preparando para una cirugía. Estaba todo lleno de sangre de la cabeza a los pies.

Alguien lo había baleado mientras él se escondía detrás del auto protegiéndose de los disparos provenientes de otro auto que hacía un recorrido para emboscarlo. Las balas estaban alojadas en sus órganos y alrededor de su corazón, otra le había rozado la cabeza. Me acerqué a él y vi que estaba angustiado. Trató de hablar pero no podía, vi una mirada de miedo en sus ojos. A las 7:30 de esa noche, el hombre con el que me había casado once meses antes falleció. Empecé a llorar de tristeza y remordimiento. Su amigo me llevó fuera de la habitación donde Félix acababa de morir y nos sentamos.

Le pregunté qué había pasado. Me explicó que Félix había cortado diez kilos de cocaína con Inositol y se había robado una parte para él. Había vuelto a empaquetar la droga y cuando la tomó para venderla habían probado la parte superior y estaba pura pero todo el fondo estaba lleno de cocaína falsa. Se había hecho enemigos serios, me comentó su amigo. La droga no se podía vender como pura en el mercado.

—Gloria, necesito ir a tu garaje. —Me dijo su amigo.

—Bien, por favor saca todo de mi casa. —Le pedí. No dije nada sobre los neumáticos pero sabía que la droga estaba escondida allí.

—Vámonos ahora mismo, no me quedaré aquí sola, voy a la casa de mi abuela —dije—. ¿Se comunicó con su familia? —pregunté.

—La policía está haciendo eso —respondió—. Tengo algunas cosas muy importantes que hacer —dijo—. Tengo que devolver algunas cosas, si no nos van a matar a todos.

Abrí la puerta del garaje y estacionó su camioneta adentro. Sacó todos los neumáticos de su camioneta y los que estaban en el piso de mi garaje los puso en su camioneta. Le dije que iba a entrar a la casa, cuanto menos supiera mejor.

—Por favor Gloria, ni una palabra a nadie —pidió.

—No te preocupes, me han entrenado bien —respondí.

Cuando se fue corrí a mi habitación, levanté la alfombra y abrí la caja fuerte. Los mismos diez mil dólares estaban allí. Me di cuenta de que Félix había seguido reponiendo el dinero como parte del acuerdo con mi madre. Había sido destinado tanto para sus gastos como para los míos. Saqué el dinero y lo puse en mi bolso. Tomé algo de ropa y la metí en una bolsa, cerré la puerta de mi casa, me monté en mi auto y me fui.

Llegué a la casa de mi abuela y al entrar a la casa ella me miró desde la cocina.

—Gloria, ¿qué te pasa? —exclamó, la abracé y comencé a llorar.

—Félix está muerto —dije. La sentí desmadejada en mis brazos y la llevé a una silla, mi tía se paró junto a ella cuidándola, esa era su única misión en la vida.

—Madre, ¿estás bien? —Le preguntó mi tía a mi abuela y ella asintió. Ella me pidió que le contara todo y lo hice.

—Mi querida niña, tienes que tener mucho cuidado, ya que intentarán venir por ti. —Fue su única respuesta.

—No te preocupes, todo estará bien —respondí. La abracé con fuerza mientras le explicaba que necesitaba descansar, que estaba increíblemente cansada. Me di la vuelta y fui a una de las habitaciones de su casa.

Conocía todos los rincones de esa casa, tomé unos cientos de dólares y escondí el resto del dinero. Me di una ducha larga; sentía olor a muerte, a animales y a sangre a mi alrededor. Había algunas cosas que nunca podría limpiar con jabón.

Un rato después mi abuela llamó muy levemente a la puerta y abrí. Me preguntó si quería té de manzanilla para relajarme. Le dije que sí con un gesto de mis ojos. Trajo el té y se sentó al borde de la cama. Acordamos que me quedaría unos días hasta después del funeral.

—No sé qué voy a hacer —dije.

—El mañana se arreglará solo. Hoy descansa —respondió mi abuela. Ella me miraba con ternura en sus ojos.

—La vida es tan extraña, me desperté esta mañana como una mujer casada y esta noche me voy a acostar como una viuda —dije.

# Capítulo X. Corriendo Desnuda

Mi cuñada y sus padres hicieron todos los arreglos para el funeral y el entierro. La madrina tuvo que hacer un ritual con el cuerpo antes de que se les permitieran verlo, además, él tenía que usar la misma ropa que había usado cuando se había iniciado en la religión. Todas las cuentas tenían que ser colocadas en el ataúd además de otros artículos que también fueron colocados dentro junto con él en su viaje dondequiera que fuera, al cielo o al infierno.

Nunca imaginé que terminaría de esa manera. Nunca planeé que tendría que elegir un vestido negro para ir al funeral de mi esposo a mi tan corta edad. Me quitaba las vestiduras blancas de santería y me vestía de negro para llorar a un hombre al que ni siquiera conocía. «El Babalao tenía razón, estoy maldita», pensaba.

Estaba aturdida, me encontraba viviendo un mal sueño, eso no podía ser real, pensaba. El funeral había comenzado y había gente que no conocía. La exesposa de mi esposo estaba allí y era una linda dama. La escuché decir que había dejado a su pequeña en casa. No creía que ese hubiera sido un lugar apropiado para ella ya que adoraba a su padre y verlo acostado allí en el ataúd hubiera sido muy traumático para ella. Pensaba para mis adentros que todavía no era madre, pero así era como los padres deberían proteger a sus hijos.

Cuando miré hacia arriba mi madre entró esposada y escoltada por dos policías. Sentía que moría lentamente de vergüenza y pena. Me levanté y caminé hacia ella, parecía extraña, como una estatua sin sentimientos ni dolor. A nadie se le permitió acercarse a ella sólo a mí y desde lejos, me preguntó si estaba bien y asentí. La acompañaron hasta donde estaba Félix y se hizo la señal de la cruz.

Su abogado había hecho los arreglos para que ella pudiera presentar sus respetos y despedirse antes de que la trasladaran fuera de Florida. No se le permitía estar parada y hablar con la gente por lo que tenía que entrar y salir constantemente de la habitación. Poco después, fue escoltada en silencio de regreso a la prisión.

Mientras se cubría de tierra el ataúd, recordé el día en que había pedido venganza. ¿Era mi culpa que Félix estuviera muerto? Mi madre tenía razón. Era una persona horrible, pensaba. Ahora sabía lo que era tener un corazón negro.

Esa noche dormí en la casa de mis suegros, había una habitación con dos camas dobles, la hermana de Félix y yo caímos exhaustas por haber estado toda la noche en el funeral y luego haber ido al entierro. Estaba muy agotada emocionalmente de tanto llorar, todos mis pensamientos de culpa y condena tomaban como rehén a mi mente, pensaba que si su familia supiera quién era yo me echarían de su casa.

Mientras caía en el abismo del sueño mi cuerpo tuvo una reacción de sobresalto. Me despertó de repente el sonido de un pájaro o una paloma que volaba dentro de la habitación.

—Terry, ¿escuchas eso? —exclamé.

—Sí, suena como un pájaro —dijo ella.

Yo estaba paralizada en la cama, la paloma voló sobre mí durante un minuto aproximadamente y luego desapareció de repente, después hubo un silencio total. «Qué extraño», pensé. «¿De dónde vino ese pájaro?» La habitación estaba cerrada, la puerta y las ventanas estaban cerradas, no había una explicación lógica que aclarara lo que había ocurrido, pero tenía un testigo, mi cuñada también lo había escuchado. Me rendí, el cansancio me dominó y caí en un sueño profundo.

A la mañana siguiente me desperté y toda su familia estaba en un trance. Los ojos de todos estaban hinchados, podía ver la forma en que me miraban. Sabía en mi corazón que me culpaban. Unas horas más tarde salí de su casa y no volví a verlos.

Me fui a vivir a casa de mi tío durante unos meses. Escondí el dinero que había sacado de la caja fuerte. Lo puse dentro de un espacio entre el concreto exterior y la ventana. No sé qué pasó, pero un día lo conté y faltaban mil dólares. No culpé a nadie ni mencioné una palabra, simplemente me fui.

—Alquilé un departamento, necesito vivir sola. —Fue la única explicación que les di.

Mi madre había hecho algunas cosas bien, había comprado un seguro de protección hipotecaria. Había protegido al cónyuge sobreviviente en caso de que uno de ellos muriera, dejando la hipoteca cancelada.

No tenía ni idea de lo importante que sería eso para mi futuro, sin embargo, me perseguía el miedo de estar en esa casa, especialmente después de la muerte de Félix. No me gustaba la forma en que me sentí cuando había vivido allí. Alquilé la casa y cobraba el alquiler todos los meses, eso era lo único importante para mí pues me permitía sobrevivir en ese momento.

El costo promedio de una casa en Miami en 1976 era de 43 000 dólares aproximadamente. El alquiler de un dormitorio costaba unos 650 dólares mensuales. Era muy fácil alquilar sin que fuera necesario ninguna verificación de empleo o ingresos. Tenía algunas de las joyas de mi madre y comencé a venderlas pieza por pieza. Ella había comenzado a pedirme dinero y ropa. Los reclusos de la cárcel a la que la habían llevado no tenían que llevar uniforme.

La penitenciaría federal, donde estaba recluida mi madre, estaba en Fort Worth, Texas. Ella estaba allí con todo el grupo de Richard Nixon; eran los culpables de la ley de conspiración. Se sentía importante al estar rodeada de criminales tan distinguidos. Su insignia de honor era que nunca había entregado a nadie, por lo tanto, se había ganado el respeto de sus nuevos amigos en la cárcel.

Empecé a salir con uno de los amigos de mi abuela. Se llamaba Tony y había ido a la casa de ella desde que yo era niña, me había visto crecer. Estaba en el negocio del juego y también le gustaba la santería. Tenía veinte años más que yo y me trataba como a una princesa. Mi tanque de amor estaba vacío, necesitaba lo que aparentaba amor aunque sólo fuera sexo y eso lo mantenía en mi cama durante horas.

Yo estaba enamorada de Germán o del sueño de un hombre como él. El recuerdo de su gentileza siempre me acompañaba.

Me negaba a quedar viuda. Entonces, unos meses después de la muerte de Félix, Tony me pidió que me casara con él y acepté. Él también tenía que casarse con alguien de su misma religión. De modo que unimos nuestras soperas, los jarrones con las piedras adentro, el lugar de descanso de los santos. Los pusimos juntos en un área de la casa y comenzó una nueva vida para mí. Era muy agradable. Me gustaba y confiaba en él más que en Félix.

Salía todas las mañanas para atender sus asuntos y me dejaba durmiendo. Respetaba el hecho de que necesitaba descansar. Me quedaba en casa planeando lo que cocinaría para la cena. Yo me ocupaba del apartamento y de nuestra ropa. Podía contribuir con dinero para los gastos del hogar con los ingresos de la casa. Tenía mucha suerte ya que Tony era generoso conmigo.

Me interesé en aprender sobre la santería. Estudié la numerología, que se usaba para decirle a la gente su fortuna, y cómo según la posición que adoptaban los caparazones cuando se agitaban juntos, se podía contar la historia de una persona. Cuando Tony llegaba a casa al final del día practicaba con él. Estaba muy orgulloso de mí y decía que me convertiría en una bruja con mucho conocimiento, pero no me gustaba esa comparación.

Íbamos a los rituales de santería en los que otras personas eran iniciadas en esa la religión y veía todo lo que pasaba en la trastienda de los rituales. Era asqueroso, pero seguía por ese camino sin pensar mucho en ello. Todavía sentía una presencia a mi alrededor, pero la ignoraba.

Un día fuimos a una fiesta en la que había santeros y también paleros. Los santeros son los que practican los rituales de la santería y los paleros practican el Palo Mayombe. Es un ritual oscuro que involucra restos humanos y de animales. Una señora se me acercó, me escogió entre la multitud y dijo que tenía que ser «rayada en palo», lo que significaba que tenía que cortarme la piel en varias partes de mi cuerpo e insertar en las heridas cenizas del caldero, la olla de hierro donde estaban los espíritus que se comunicaban a través de la persona que los llamaba, es decir, ella. Me explicó que tenía un gran futuro como médium espiritual y que iba a ganar mucho dinero, pero lo único malo era que mucha gente me envidiaría y tendría muchos enemigos.

Tony estaba escuchando la conversación y me dijo que debía hacerlo para estar completamente protegida por los Orishas, es decir, deidades y también espíritus. Acordamos que lo haría la semana siguiente.

Cuando el día del ritual llegó estaba nerviosa y asustada. Mi esposo dijo que estaba siendo una tonta, que él estaría allí conmigo y que era sólo un pequeño mordisco en la piel y que no sangraría. Llegamos a la casa de los paleros y estaban todos los invitados de la fiesta anterior; Tony se había encargado de pagar todo.

La música comenzó a sonar, esa gran olla de hierro estaba en el medio de la habitación y todos comenzaron a cantar. La olla empezó a moverse; era la cosa más increíble que había visto en toda mi vida. Algunas personas comenzaron a contorsionarse y empezaron a hablar en otro idioma que sonaba africano o swahili, no estaba segura, pero era un idioma que nunca había escuchado.

Luego me escoltaron al centro de la habitación donde estaba la olla y recibí el primer corte, me dolió y comencé a sangrar, una gota de mi sangre entró en la olla.

Luego se sacaron las cenizas de la olla de hierro y se colocaron encima del corte, eso se hizo en mis piernas y en mis dos manos. Según el sumo sacerdote palero, ese día me había empoderado para comunicarme con los muertos y poder hacer algo que ellos llamaban «pasar muertos», se trataba de hacer que un espíritu tomara posesión de mi cuerpo y hablara a través de mí. Dijo que iba a ser famosa. «La gente vendrá a ti y les contarás su pasado, presente y futuro».

Salimos de allí ese día y yo estaba asustada. No pude dormir durante una semana. Tony estaba feliz, decía que nos convertiríamos en un equipo y ganaríamos mucho dinero con el negocio, además podríamos ayudar a las personas con sus matrimonios, sus finanzas, sus negocios, sus enemigos e incluso a las personas que estaban involucradas en el negocio de las drogas.

Ahora teníamos el poder de controlar el resultado de las vidas de las personas. La gente pagaría mucho dinero por sacarlos de la cárcel o evitar que un esposo dejara a su esposa. Pero algo me estaba pasando y no sabía qué era, sentía miedo y decidí que no quería hacer ninguna de las cosas que él decía que podíamos hacer.

Casi dos años después de habernos casado comencé a temerle a Tony, lo que había sentido al principio, la amistad y la confianza ya no existían. De repente desarrollé una aversión por la sangre y los animales muertos. Olía eso en él cuando estábamos juntos en la cama, incluso después de que acababa de ducharse.

Empecé a ver sombras a diario. Cuando me cepillaba los dientes en el baño y me inclinaba hacia el lavabo, en el momento en que volvía a la posición vertical veía una sombra moverse detrás de mí. Eso pasaba todo el tiempo y me asustaba mucho.

Nuestra relación comenzó a desintegrarse gradualmente. No sabía qué había pasado o por qué, sólo sabía que ya no podía estar con él. Un día, finalmente, le dije cómo me sentía y en un día recogió todas sus cosas y se mudó.

Una noche tuve un sueño. Escuché una voz que me decía: «Tira todo eso, tengo algo mejor para ti». Era una voz llena de amor. Me vi a mí misma tirando todos los santos en el océano. En mi sueño estaba segura de lo que hacía.

Me impactó mucho lo que había pasado en ese sueño y pensaba en ello todo el tiempo. Un día me desperté a las dos de la mañana y empecé a dar vueltas en la cama, no podía volver a dormirme. Y ahí estaba de nuevo; el pensamiento de ese sueño volvía a inundar mi mente. No podía escapar del recuerdo de esa voz que me había hablado. Así que salté de la cama y me vestí. No tenía idea de qué océano sería ni a dónde iría, comencé a pensar en todo lo que decían en la religión de la santería, no podía tirar a los santos o sería maldecida. Pensé, «estoy maldita de todos modos, así qué no importa». No sentía ningún miedo. Era superextraño; sabía que tenía que deshacerme de todos los santos y todo lo que pertenecía a esos rituales y creencias.

Tomé el Elegua del suelo que estaba detrás de la puerta y lo puse en mi auto. Agarré el jarrón blanco y azul que contenía el espíritu de Yemaya y Olokun adentro, también tomé los otros jarrones de Obatala y Oshun y el de Changó y los coloqué en mi auto. Procedí a reunir a todos los ídolos restantes de Argayu y al que llamaban el cuchillo sagrado. Busqué todas las conchas y todas las rocas que olían a sangre y las metí en una bolsa. Una vez que todo estuvo cargado en mi automóvil, tuve una visión en mi mente en la que conducía hacia el puente de la calle 79th Causeway. Y ahí fue donde fui.

Eran las tres de la mañana y la gente aún podría verme si tiraba cosas al agua desde el puente, así que conduje y afortunadamente encontré una entrada para pasar por debajo del puente. Paré mi auto muy cerca del agua, arrojé a todos esos falsos dioses a la bahía y me di la vuelta.

—Dios, ahora somos tú y yo —dije.

Trancurrido algún tiempo me divorcié de Tony y necesitaba encontrar un trabajo, necesitaba dinero. Empecé a buscar en el periódico. El miedo se apoderaba de mi corazón, estaba estresada pensando en todas las cosas que no podía hacer. Escuchaba voces que me decían que no era suficiente, la voz del rechazo y el abandono, la voz del fracaso, palabras que me anunciaban que no llegaría a nada, comenzaron a gritar en mi cabeza más fuerte que nunca.

Había comenzado a beber vino y lo encontraba muy agradable. Me ayudaba a relajarme y suavizar todas mis asperezas. En mi soledad bebía todos los días. Tomé el periódico una noche y vi un anuncio de un trabajo que me llamó la atención. En el anuncio solicitaban a alguien que fuera bilingüe, una persona servicial y amigable con la gente que pudiera trabajar los fines de semana. En el anuncio ponían un número para poder dejar un mensaje. Tomé el teléfono, llamé y dejé mi nombre y número. Al día siguiente, recibí una llamada telefónica de un hombre llamado Marty Frender. Era cordial, me hizo algunas preguntas y yo le expliqué que tenía muy poca experiencia en cualquier tipo de trabajo. Le conté que había perdido a mi esposo y todavía estaba buscando mi camino. Me pidió que me reuniera con él en un restaurante llamado *The Eggery* a la mañana siguiente. Me pregunté por qué la reunión no era en una oficina, pero lo justifiqué en mi mente asumiendo que probablemente el trabajo era en un restaurante como camarera o anfitriona.

A la mañana siguiente me vestí y conduje hasta North Miami Beach. Entré al restaurante y un hombre me saludó con la mano y me pidió que me sentara.

Me preguntó mi nombre asegurándose de que estaba hablando con la persona adecuada. Sacamos todas las sutilezas del camino. Estaba muy nerviosa y en vez de hacer preguntas hablé más de mí.

—Veo que no tienes ningún problema en expresarte. —Me dijo en forma bromista.

—Está bien, ahora me quedaré callada. Háblame del trabajo —dije. Y me explicó que era un puesto de operadora telefónica para un servicio de acompañantes.

—¿Qué tipo de servicio es ese? —pregunté.

—Hombres y mujeres llaman cuando necesitan un acompañante para un evento —respondió con una sonrisa en su cara.

—¿Pero se conocen y tienen sexo? —dije mientras él hacía otra pregunta trivial a la que asentí con la cabeza.

—No, eso está en contra de la ley —respondió.

—Creo que puedo hacer eso. —Me escuché decir, pensando en voz alta, así que pregunté—: ¿Cuánto puedo ganar en una semana?

—Puedes ganar cien dólares al día —respondió él. ¡Yo no lo podía creer! Y él continuó pescando su pez, es decir, a mí—. Puedes trabajar tanto como quieras. Tendrás que ser muy puntual y constante, no tengo muchas operadoras, así que si faltas al trabajo tendré que contestar el teléfono y tengo que atender otras responsabilidades del negocio. ¿Crees que puedes hacer este trabajo? —preguntó—. Te lo enseñaría todo para que lo hagas eficazmente.

—Mientras no tenga que hacer nada ilegal, estoy bien —respondí rápidamente.

—Ven a mi casa mañana a las 10:00 a. m. y comenzaremos el entrenamiento —dijo y antes de despedirse me estrechó la mano y continuó—: Felicidades, el trabajo es tuyo.

No sentí ningúna señal de alerta en la boca del estómago.

No lo pensé dos veces, nunca se me pasó por la cabeza que podía estar cayendo en una trampa, ser violada o asesinada. No pensé en el peligro, el dinero me había enganchado, podía haber sido una mentira, pero no lo pensé. Lo había mirado directamente a los ojos y no había visto nada a lo que debiera temer.

Llegué a la casa de Marty a tiempo para el primer día en mi nuevo trabajo. Vivía en un amplio canal que conducía a la bahía. Los barcos pasaban todo el tiempo y si se quedaba afuera un rato mucha gente lo saludaba.

—Ves a ese hombre, es capitán de barco. Recomienda mi servicio de acompañantes todo el tiempo —dijo. Me contaba que conocía a mucha gente en la ciudad y que su nombre siempre había estado asociado a alguien con buena reputación.

Que nunca le había robado a nadie y las personas que trabajaban para él tenían que ser profesionales. Dijo que tenía estándares muy altos en la calidad del servicio que ofrecía.

Mi primer día consistió principalmente en que Marty me hablara sobre aspectos del trabajo que tenían que ver con el servicio al cliente. Respondió algunas llamadas mientras yo escuchaba.

Dijo que ser un buen oyente era una parte esencial del trabajo, escuchar con atención y hacer las preguntas correctas me haría sobresalir del resto. También dijo que otra cualidad importante que se debía tener en ese trabajo era la discreción.

—Oh, no tengo problemas para ser discreta, sé cuándo estar en silencio, he tenido mucho entrenamiento en ese particular —dije mientras me eché a reír.

—¿Por tu madre, quieres decir? —preguntó.

—Sí —dije.

Estuve entrenando durante dos semanas y todos los días Marty me pagó cien dólares en efectivo. Poco a poco fui conociendo más y más sobre el negocio, conocí a las señoritas que hacían de acompañantes en los eventos, tal como él lo había descrito el día que me había entrevistado. La realidad era que se trataba de un servicio de prostitutas bien remuneradas y sofisticadas para personas poderosas e influyentes de la ciudad. Después de dos semanas eso no me importó, sólo debía responder el teléfono y no tenía que acostarme con nadie, así que eso bastó para justificarlo en mi mente.

Pasaba la mayor parte del tiempo en el trabajo. Una noche, Stacy, una de las chicas, acababa de llegar de una de sus citas, parecían chicas que iban a una fiesta. No parecían baratas ni rameras. Marty estaba revisando su libro negro.

—El Sr. B. no ha llamado en mucho tiempo, me pregunto ¿qué está pasando con él? —Le preguntó a Stacy.

—Oh, la última vez que lo vi, mencionó que se iba a Europa con su esposa, por eso me había llamado para tener un poco de acción antes de irse —respondió ella.

Eran las dos de la mañana y bostecé. Trabajaba más noches desde que Marty había entrenado bien mi oído para deshacerme de la policía.

—¿Quieres una línea? Te ayudará a mantenerte despierta. —Me preguntó Stacy—. Estás explotando a esta chica hasta los huesos y necesita un poco de ayuda, tirano —dijo ella volviéndose hacia Marty.

Todas las chicas bromeaban con Marty, él era respetuoso, pero también amistoso. Siempre me decía, «nunca cagues donde comes», lo que significaba que las chicas eran su pan de cada día y acostarse con ellas le causaría más problemas. Miré a Marty y no dije nada. Mientras tanto Stacy estaba enrollando un billete de un dólar. Se quitó la cadena del cuello y abrió un relicario. Vertió un poco del polvo blanco sobre la mesa de café. En ese momento ya había tomado mi decisión, haría una línea de cocaína para mantenerme despierta.

Tomó el billete de un dólar en la mano y de un solo golpe inhaló el polvo de la mesa. Me pasó el billete de un dólar, miré a Marty para ver si lo desaprobaba y sólo me dijo que tuviera cuidado con eso. Inhalé la línea que Stacy me había trazado. Me quedé despierta toda la noche y me fui a casa cuando el sol empezaba a salir de las sombras de la noche.

Estaba ganando mucho dinero, pero también consumía cocaína todas las noches. No gastaba dinero en eso; las chicas siempre me la daban como propina por darles los mejores clientes. Había una gran ola con el negocio de la marihuana. Miami, Colombia, Bahamas y Cuba estaban sacando provecho de los ingresos. Marty también y tenerme en el teléfono le traía muchos negocios porque los clientes que hablaban en español sólo se entendían conmigo. Las chicas regresaban contándome historias emocionantes de sus clientes y cómo sacaban bolsas de dinero de debajo de las camas cuando llegaba el momento de pagarles. El oro colombiano (marihuana) estaba en todas partes y los clientes llamaban cuando estaban de fiesta y solicitaban la compañía de una a diez chicas a la vez. Siempre debíamos asignar a las mejores chicas que teníamos a cargo cuando había una fiesta, para que todo saliera bien.

Pasé dos años contestando teléfonos y aprendiendo el negocio de Marty. Él me enseñó sobre los anuncios de páginas amarillas que hacía y la oficina que alquilaba como fachada con una licencia comercial legítima. Me llevó a su oficina y me mostró cómo transferir los teléfonos a la casa. Me confió todos los detalles del negocio. Yo escuchaba con atención, estaba aprendiendo todo lo que él estaba dispuesto a enseñarme. Lo más importante que me dijo, era que debía aprender a reconocer cuando las chicas estaban robando, decían que se iban a casa y se quedaban con el cliente en su tiempo libre, excluyendo a la agencia. El método que él usaba era que mientras hablaba con los clientes llamaba a sus localizadores electrónicos. Una vez que sorprendía a la muchacha mintiendo ya no podía trabajar más para él.

Después de aproximadamente un año trabajando para él, me mostró cómo colocar los anuncios en el periódico para localizar las chicas de más alta calidad.

Necesitábamos chicas que hablaran español y él me llevaba con él para traducir las conversaciones durante las entrevistas de chicas nuevas. Siempre me preguntaba qué pensaba y empezó a confiar más en mí cada día que pasaba.

Lo que había empezado como una sola línea de cocaína más tarde se convirtió en un consumo recreativo de drogas y luego una vez más había perdido el control. Era adicta a las sustancias químicas. Mi mayor temor era que alguien me viera perder el control. En el trabajo estaba tomando decisiones, de modo que debía ejercer un tremendo control cuando estuviera con Marty, no quería que me viera como un riesgo.

Un amigo de Marty, llamado Manny, venía a la agencia con regularidad. Habían sido amigos durante muchos años. Él era de Panamá así que teníamos el idioma en común y poco a poco nos hicimos amigos.

Estaba atento cuando hablaba con los clientes en español y un día se me acercó con una propuesta comercial.

—Un amigo mío está vendiendo una agencia, ¿quieres comprarla? —preguntó.

—No haré nada sin hablar primero con Marty. Déjame pensarlo —respondí.

Eso era algo que se me había pasado por la cabeza, siempre había pensado que algún día tendría mi propia agencia y trabajaría para mí misma. Pero estaba tan agradecida por todo lo que Marty había hecho por mí que nunca lo traicionaría.

Al día siguiente llegué temprano, quería tener toda la atención de mi jefe.

—¿Sabes algo sobre la agencia que venden? —Le pregunté.

—¿Cómo te enteraste? —respondió él.

—Manny me lo dijo —respondí.

—Mira, Manny es mi amigo, pero ten cuidado de que tenga algunas chicas trabajando para él, odiaría verte caer en la trampa de ser tu chulo. —Me dijo.

—De ninguna manera Marty, no estoy hecha para eso. —Le respondí—. Me preguntó si quería comprarlo y le dije que quería hablar contigo —continué.

—¿Crees que estás lista para asumir tal responsabilidad? —preguntó.

—No sé qué pensar —dije.

—Has estado lista durante mucho tiempo, si tienes el dinero adelante, cómpralo —respondió.

—Me preocupa que interfiera con tu negocio, nunca haré nada para destruir nuestra amistad. —Le dije. Se puso de pie, me abrazó y me besó en los labios mientras me decía que eso nunca sucedería.

En las siguientes semanas hice todo el papeleo. Alquilé la oficina, ordené que me transfirieran el teléfono y puse el anuncio de las primeras chicas. El nombre de la agencia era «Mi hermana y yo». Sólo pagué por el nombre y el anuncio en las páginas amarillas, ya que los dueños anteriores tenían una tarifa especial por varios años. Alquilé una oficina nueva; era muy pequeña pero era perfecta para lo que necesitaba.

Marty tenía una línea telefónica adicional y dijo que podía transferir el teléfono a su casa y trabajaríamos juntos en el negocio. Durante casi ocho meses lo hicimos así a la perfección hasta que un día me acusó de haberle robado a uno de sus clientes. Era totalmente inocente de lo que me acusaba. Traté de hablar con él, tenía la prueba y él no quería escucharla. Así que recogí mi bolso y salí de allí.

Tenía tres chicas trabajando para mí, la mejor era Millie. Mimi, como la llamaban todos, era una chica dulce, muy guapa y con mucha inteligencia callejera. Trabajé con ella durante un año; había dejado su trabajo con Marty y había venido a trabajar conmigo.

Me mudé a un departamento en la playa, transferí el teléfono y las chicas veían a los clientes. Dormía durante el día y trabajaba de noche.

Un día las chicas estaban en una fiesta y fueron contratadas para estar en un hotel en Cocunut Grove. durante dos días. El cliente principal era el amigo de otro cliente al que había atendido en la agencia de Marty. El sujeto le había dicho a Millie que quería conocerme pues tenía una propuesta de negocios, hablaría conmigo si aceptaba ir a cenar con él. También le dijo que me llamaría al día siguiente por la tarde. Él había preguntado mi nombre y Millie le había dado el nombre que usaba por teléfono en el negocio. «Su nombre es Sicily», le había dicho.

Durante dos días todos estuvieron drogados con cocaína, jugando al *gin rummy*, al *strip* póquer (juegos de cartas con tono sexual) y bebiendo licor. Todos los hombres se conocían, acababan de coronar, habían metido un barco cargado de marihuana en los cayos. Celebraban su victoria antes de regresar a casa el lunes siguiente. Cuando llegó el momento de pagar la factura había sido muy alta, las chicas se habían marchado con tres mil dólares cada una y tres mil para mi agencia. No habían pedido descuento, así que pensé que esos tipos debían estar forrados de dinero.

Al día siguiente me desperté tarde. Odiaba estar sola; la sensación de despertarme y no tener a nadie a quien decir buenos días era algo a lo que todavía no me acostumbraba. Hice un desayuno tardío mientras comencé a hacer llamadas, repasar las fechas que estaban en la agenda y revisar los libros y las facturas. Cuando me di cuenta, el tiempo había pasado volando y ya era tarde.

El teléfono sonó y me tomó desprevenida, era la línea de la agencia pero era demasiado temprano para cualquier acción, aunque estaba disponible las veinticuatro horas del día.

—Gracias por llamar a «Mi hermana y yo». ¿Cómo puedo ayudarle? —respondí.

—Hola, ¿puedo hablar con Sicily? —dijo la voz al otro lado del teléfono.

—Hola, soy Sicily, con quién estoy hablando —respondí mientras me sentaba.

—Soy el cliente que pidió hablar contigo sobre una propuesta comercial —respondió el hombre.

—¿Ese cliente tiene un nombre? —pregunté y se echó a reír.

—Te diré mi nombre si sales a cenar conmigo —respondió.

—Puede que hoy no sea un buen momento, tengo algunas reservas y no tendré mucho tiempo para escuchar tu propuesta. —Le respondí.

—¿Qué tal un almuerzo tardío? Podemos ir a un lugar agradable, será relajante antes de que empieces a trabajar —propuso y acordamos encontrarnos en dos horas.

Nos encontramos en un restaurante en la isla de Key Biscayne. Los dos llegamos juntos, había sido una coincidencia y casi chocamos, no tenía ni idea de cómo se veía sólo sabía que era un joven latino de cabello oscuro. Me preguntó si yo era Sicily y le dije que sí. Sabía un poco sobre él ya que Millie me había informado de algunos detalles personales.

Entramos al restaurante; era uno de mis favoritos pues tenía una hermosa vista de la bahía. Los barcos pasaban y algunos anclaban mientras cenaban. Nos guiaron hasta nuestra mesa y finalmente nos sentamos para comenzar la conversación. Necesitaba escuchar rápidamente su propuesta y salir. Tenía muy poco tiempo que perder, había dinero que ganar y estar sentada allí no iba a hacer que sucediera.

El camarero vino a preguntar por nuestra orden de bebidas, yo pedí vodka de arándanos y mi compañero pidió un Martini. Sabía lo que pediría ya que había estado allí con Félix cuando me había estado cortejando. Ordené una increíble ensalada y unos camarones fritos, mi acompañante pidió pescado con salsa de frutas, arroz salvaje y verduras. Mientras él hacía su pedido yo analizaba cada detalle. Tenía unos treinta y pocos años, hablaba en voz baja, pero de manera asertiva, era guapo, tenía un pequeño rastro de acné, probablemente cuando era más joven había tenido algunos brotes. Vestía una camisa blanca con botones que llevaba metida dentro de sus pantalones color caqui con una chaqueta de gamuza azul marino y mocasines azul marino también. Era muy sensual.

Comenzó la conversación agradeciéndome por haberme tomado un tiempo de mi apretada agenda para ir a almorzar con un completo extraño.

—Estoy seguro de que sabes que no soy policía y no tienes nada que temer —dijo.

—Sí, podrías serlo y estar completamente torcido —dije y se rio.

—No, todo lo contrario, estoy del otro lado —dijo. Decidí dejar así como había entendido lo que había dicho, pedirle que me aclarara hubiera sido indiscreto. Me estaba poniendo a prueba y quería ver mi reacción. Me miraba con atención.

—Estoy cenando contigo y no sé tu nombre —dije tomando a la ligera la conversación.

—Mi verdadero nomdre o el falso —dijo él.

—¿Tú también tienes uno de esos? —respondí y ambos nos reímos.

—Mi nombre es Carlos, ese es mi nombre real —dijo.

Hablamos un rato y él hizo su propuesta. Dijo que quería usar mi agencia exclusivamente cuando sus amigos tuvieran fiestas. Quería tratar con una sola persona.

—Sé de ti porque mi amigo John, llamó a la agencia de Marty y él siempre hablaba contigo. Estoy en desventaja aquí. Estoy seguro de que sabes mucho de mí y yo no sé nada de ti —dijo.

—Oh —dije—, mi vida no es tan interesante como la tuya —respondí restando importancia. No quería parecer arrogante, pero no estaba dispuesta a revelarme ante ese hombre que no conocía.

Estaba distante y cambié el tema con mucha delicadeza. Volví a la comida y lo hermosa que era la vista. Él se quedó pensando, en ese momento estábamos hablando un poco más libremente.

—Todo salió bien la otra noche. Me gustaría recibir comentarios —dije.

—Por eso estoy aquí, me gustó la forma en que entrenaste a tus chicas —dijo y le agradecí el cumplido.

—¿Sales con clientes? —preguntó directamente.

—No, no tengo la necesidad, tengo un negocio que dirigir —respondí.

Cortésmente me disculpé y le dije que odiaba realmente tener que apurarme, pero como había dicho antes, tenía que atender el negocio y además tenía que ser ejemplo de puntualidad con las chicas. Dijo que lo entendía y me preguntó:

—¿Quieres cenar conmigo la semana que viene?

—Sí, has sido un perfecto caballero y creo que estaría bien. Tendrá que ser en un día laborable, los fines de semana para mí son muy ajetreados —respondí.

—Haré los arreglos —dijo. Entendía lo que quería decir, haría los arreglos con su esposa ya que sabía que estaba casado—. ¿Qué tal si te llamo a finales de la próxima semana? ¿Te parece bien el jueves? —preguntó.

—Sí, eso suena bien —dije. Pagó la cuenta y nos fuimos.

La semana siguiente fuimos a cenar y me habló bastante de sí mismo. Dijo que había estado casado durante quince años y tenía un hijo pequeño. Me dijo que tenía una hermana que había sido semifinalista en un concurso de belleza en Cuba. Tomamos unas copas y yo estaba muy relajada. Me hizo un cumplido y tocó mi mano desde el otro lado de la mesa. Era astuto y quería verme bebiendo, necesitaba saber que mi conversación era disciplinada porque quería estar con un tipo específico de mujer, me estaba midiendo para ver si encajaba en su estándar.

Me preguntó por mí y le dije muy poco, que no tenía hijos, no estaba casada ni tenía una relación en ese momento.

—¿Qué te hizo entrar en este negocio? —preguntó.

—Por accidente, atendí teléfonos durante unos años para Marty y surgió la oportunidad y la aproveché, era el momento perfecto —respondí.

—Me preguntaba por el nombre, pensé que tenías una hermana —comentó.

—No, acabo de comprar el nombre porque era sugerente, el dueño anterior también era mujer y no tenía hermana. —Le dije y se rió, comentó que incluso los servicios de acompañantes tenían su mercadeo único. Me comentó que sus amigos querían tener una fiesta la semana siguiente y me preguntó si podía proporcionar a las chicas.

—Sí —dije—. ¿Tú también irás? —pregunté.

—No, me gustaría ir a bailar contigo —dijo él.

—Oh, ¿Tan seguro estás de ti mismo? —dije.

—Sólo expresé un deseo, dejé espacio para una negación de tu parte —respondió él. Me reí y él me halagó una vez más haciendo un comentario sobre mi sonrisa y cómo le gustaba.

—Eres muy auténtica y es muy fácil hablar contigo, sin embargo, sé que no eres lo que pareces. Sé que hay mucho más sobre ti, me gustaría pasar tiempo contigo y conocerte mejor, si me lo permites —dijo. Me quedé en silencio y sólo sonreí, esa también era una forma de decir que sí, aunque no lo dijera abiertamente.

Para la siguiente cita fuimos a un maravilloso restaurante en Miami Beach, su inventario de vinos valía millones. El restaurante localizado en Bay Harbour Island era un restaurante muy caro y muy íntimo. Carlos pidió vino con la cena y luego pidió mi postre favorito, *crêpes suzettes*. Más tarde tomamos champán. Una vez terminada la cena, fuimos a bailar al salón adyacente dentro del restaurante. Me preguntó si quería un toque de cocaína y me pasó un billete de un dólar doblado como un sobre diminuto. Me disculpé y fui al baño de mujeres.

Regresé completamente despierta y habladora, hablamos de muchas cosas esa noche excepto detalles íntimos de mi vida. Después de un rato estábamos bailando y rozó sus labios junto a mi cara y me besó. Bailábamos boleros cubanos y no podía dejar de pensar en cómo ese momento era muy parecido a otro, en otro tiempo y espacio. Estaba reviviendo lo que habían experimentado mis padres cuando se enamoraron.

—¿Quieres irte? Alquilé una *suite* por unos días, ¿te gustaría relajarte e ir a un lugar más privado? —preguntó.

—Si —dije. Sabía que estaba observando cada detalle, cómo actuaba mientras estaba drogada y bebiendo toda la noche. Había un código de ética entre los comerciantes y los ladrones. También había una cultura alcohólica. Analizaba cómo actuaba, si hablaba demasiado, si hacía preguntas inapropiadas, si hablaba libremente de otras personas o si las llamaba por su nombre.

Nos fuimos a un hotel en la avenida Collins, estaba cerca y no tuve que conducir muy lejos. Una vez que llegamos, un joven tomó mis llaves para aparcar el auto y subimos las escaleras. Cuando abrió la puerta de su *suite* pude ver que era hermosa. Había flores y la habitación estaba rodeada de cristales. Me senté y me quité los tacones, abrí la puerta y salí al balcón. Me trajo una bebida y me preguntó si quería más cocaína, tomé otro toque.

Hablamos durante horas, me contó lo que dicen todos los hombres casados: «Mi esposa y yo estamos separados, ya no tenemos nada en común, ella no me entiende». Yo escuchaba con atención, también estaba haciendo mi propia evaluación. Creía que su negocio lo mantenía alejado de casa y que tenía la libertad de estar con otras mujeres.

Después de toda la cocaína que había consumido y todas las bebidas que había tomado, estaban empezando a hacer efecto como un suero de la verdad. Finalmente me abrí y compartí detalles íntimos de mi vida, le conté sobre mi mamá y mi papá. Se sintió aliviado de que mis antecedentes y mi formación lo mantuvieran a salvo. Esa noche me di cuenta de que lo que quería era una amante.

Me gustaba, era cortés y era un caballero, era generoso y estaba casado. Pero eso no me importó ni un poco. Mi vida era mi negocio y no podía tener a alguien que me dijera qué hacer o que estuviera celoso cuando hablara con los clientes por teléfono. No podía estar con cualquier hombre. El destino estaba tomando las decisiones y yo estaba a su disposición.

Pasamos la noche juntos y me sorprendió que él pudiera funcionar tan bien. Había escuchado de las chicas que los hombres tenían problemas en ese departamento cuando consumían cocaína, pero definitivamente él no lo tenía, se desempeñaba muy bien. Nunca había estado con nadie como él y me trataba como a una reina. Yo estaba enganchada y parecía que él también.

Mi vida se convirtió en un torbellino, todo estaba pasando muy rápido. Veía a Carlos casi todos los días y sus amigos me enviaban muchos negocios. Todos eran un grupo decente, a ellos no les gustaban los problemas, el caos o el drama y a mi tampoco. Hicimos muy buenos negocios juntos.

Entrené a las chicas, tenían que trabajar con la máxima discreción. No podían hacer preguntas, estaban ahí para escuchar.

No podían hacer nada deshonesto, no tenían que hacerlo. Siempre les había dicho que las protegería si protegían a la agencia, en última instancia me estaba protegiendo a mí misma.

A veces yo también iba a las fiestas, iba con Carlos, así supervisábamos el negocio, él nunca actuó como un chulo. Lo que sí noté era que le exitaba haberse ganado el afecto de la *madame*. Lo único que me había dicho era que debía tener una garantía en caso de que atraparan a una de las chicas, me comentó que era sólo un delito menor, pero si no las sacaba de la cárcel, ellas me entregarían. Unos días después me consiguió una cita con su abogado y usé mi casa como garantía.

Pasábamos mucho tiempo en la cama, consumíamos demasiada cocaína y nos quedábamos despiertos jugando, charlando y esperando a que las chicas acabaran sus citas y pasaran a pagar la comisión de la agencia. Nunca me faltó el respeto, siempre conoció su lugar y nunca se involucró en el negocio de mi agencia.

Seis meses después de estar juntos, me llevó a Nueva York por mi cumpleaños, nos quedamos en un hotel en Midtown. El hotel en *Madison Avenue* era superextravagante, cerca de las mejores tiendas que Manhattan tenía para ofrecer. Carlos salió a encontrarse con un amigo porque necesitaba hacer negocios, yo me quedé relajada en el hotel. Dijo que estuviera lista a las 8:00 p. m. cuando saldríamos a celebrar.

Fuimos a cenar y luego hicimos un hermoso paseo en carruaje por *Central Park*, era realmente una noche especial. Sentía que lo amaba, me gustaba estar con él, sabía que nunca sería mío porque ya me había anunciado que nunca se divorciaría. Sus padres se habían divorciado cuando él era un niño y no quería que su hijo pasara por la separación y la pérdida de no tener a su padre. Sabía que eso era sólo una excusa.

A la mañana siguiente había comprado unas cosas, como pago por haberme quedado con él. Me di la vuelta en la cama y sentí que alguien me estaba mirando, cuando abrí los ojos lo vi sentado en el borde de la cama.

—¿Cuánto tiempo llevas mirándome? —Le pregunté.

—Sólo unos minutos —dijo y me besó—. Ven, desayunemos.

El carrito del servicio de habitaciones estaba lleno de todo lo que me gustaba, frutas, *croissants*, tortillas, mermeladas de diferentes sabores e incluso tostadas francesas.

—Pedí todo en el menú, no sabía qué te gustaría comer la mañana de tu cumpleaños —dijo.

Una vez que terminamos de comer puso una vela sobre la tostada francesa y me cantó el feliz cumpleaños. Dejó sobre mis piernas una gran caja envuelta en papel de regalo con un hermoso lazo.

—Eres muy astuto, ¿cuándo compraste esto? ¿Y dónde lo escondiste que no lo vi? —pregunté riendo emocionada. Él también se rió, estaba orgulloso de sí mismo ya que había logrado sorprenderme. En mi línea de trabajo había desarrollado un agudo sentido para preveer las cosas, desde que trabajaba por teléfono me percataba de las más mínimas sensaciones, pero él había sido capaz de que no me diera cuenta de lo que estaba planeando.

En la caja había la más hermosa chaqueta de *mink*, tenía el pelaje blanco, beige y marrón. Me puse muy feliz y disfruté totalmente de mi regalo. Me pidió que me lo pusiera en privado para él. Oficialmente estaba siendo tratada como a una amante y estaba pagando el precio. Había otra mujer que llevaba su apellido y tenía a su hijo. Ninguna de la dos cosas las tendría nunca.

Nunca estaba conmigo en vacaciones y en ocasiones tenía que cancelar nuestras citas a último momento. Siempre estaba justificando lo que no tenía diciéndome a mí misma: «Al menos él paga mi alquiler y tengo todo lo que quiero». Sabía que todo en la vida tenía un precio. Más no conocía el precio real, el costo que tendría la vida que estaba viviendo con ese hombre. La consecuencia sería grande y costosa. Cuando vendes tu alma, siempre lo es.

Regresamos a casa después de unos días, había tenido el cumpleaños más hermoso y estaba enamorada. Me trataba muy bien. Mi amante no me maltrataba, no me faltaba el respeto, sin embargo, tenía una sensación que no podía superar. A veces lo escuchaba hablar con sus socios comerciales y cuando había problemas era muy severo. Era despiadado y ese lado de él me asustaba.

Hablaba con mi madre semanalmente y le enviaba dinero con regularidad para cubrir sus necesidades. Siempre quise que tuviera dinero para sus refrigerios y sus cigarrillos. Pensaba en mí, en cómo estaba fumando más cada día, especialmente me preocupaba el consumo de cocaína y el hecho de estar bebiendo tanto. Conducía a cualquier hora para comprar cigarrillos, no quería que a mi madre le faltara nada. Ella sabía de Carlos y la situación que vivía con él, las dos coincidimos en que la vida tenía una forma peculiar de recrearse. Le conté todo sobre nuestro viaje y ella se alegró por mí.

Carlos alquiló una casa ubicada en un área de Miami llamada Kendall y compró todos los muebles nuevos. Me pidió que me mudara allí ya que estaría más cerca, él vivía en esa zona de la ciudad. Todavía estaba en la playa y era un largo viaje para él, especialmente si se iba a su casa en medio de la noche. Acepté y unas semanas después era completamente accesible para él las veinticuatro horas del día.

Invitó a su hermana a cenar con su novio. Ella desconfiaba de mí, como cualquier miembro de una familia que teme por el bienestar de la persona que ama. Sabía que tomaría tiempo ganarme su confianza pero tenía paciencia para esperar. No tenía idea de cómo sería mi futuro ya que vivía con Carlos un día a la vez. Por supuesto, ella era fiel a su hermano y, probablemente, muy poco a su cuñada.

Ella siempre estaría del lado de Carlos, tenía un vínculo especial con él, además también consumía cocaína por lo que era mejor para ella estar de acuerdo con él y cubrirlo.

Una vez que me mudé al otro lado de la ciudad caí completamente en sus garras. Se volvió demasiado posesivo, me llamaba, usaba el *beeper* cuando no estaba en casa. Si estaba resolviendo alguna cosa y él me llamaba tenía que encontrar un teléfono público pues si no respondía de inmediato, tenía un ataque. Comenzaba a mostrar sus colores gradualmente.

El consumo de cocaína aumentó y mi negocio disminuyó. Creo que ese era su objetivo final, que dejara el negocio y estuviera a su disposición exclusivamente. En el sexo era obsesivo; él era un adicto de muchas maneras. Era adicto al control sutil, abierta y peligrosamente. Yo era de su propiedad y lo dejó ver muy claro, incluso cuando estábamos en la cama, me lo decía. Cuando estábamos drogados no pensaba demasiado en eso, yo sólo quería más y más pero cuando estaba más clara, me sentía usada y abusada. Empezaba a sentirme resentida con él, en secreto.

Un día Carlos tuvo un gran problema con un dinero que había escondido bajo tierra, se había mojado y los billetes prácticamente se estaban descomponiendo. El monto era de 250 000 dólares y había que llevarlo como pago a los colombianos, pero el estado en el que se encontaban era muy precario y no aceptarían el dinero así. Le pidió a su hermana que fuera y nos ayudara a secarlo, colgamos tendederas en la casa y pusimos varios ventiladores para que soplaran los billetes que finalmente tuvimos que planchar uno por uno.

Pasamos el fin de semana drogados con cocaína y rodeados de facturas. Había dinero por todas partes. Cuando terminamos estábamos agotados. Su mejor amigo y socio vino a recoger el dinero, estaban en uno de los dormitorios cuando escuché una conversación que me asustó.

—Si habla, deshazte de ese pedazo de basura, haz lo que tengas que hacer. —Le decía Carlos a su compañero.

Las instrucciones eran claras y yo no quería tener nada que ver con su negocio. Era plenamente consciente de las consecuencias, sin embargo, había un impulso que me mantenía con él y lo más triste era que hacía lo que él quería. Mientras estuviera con él, no tenía ninguna posibilidad.

Dos años después, su hermana y yo nos hicimos amigas. De acuerdo con sus estándares, había demostrado mi lealtad. Ella sabía que yo me preocupaba por su hermano, pero no sabía cuánto tiempo soportaría la situación de que él estuviera casado.

—¿Qué tipo de mujer mira para otro lado, como lo hace su esposa? ¿Por qué nunca pregunta por qué él está fuera de casa o si está con otra mujer? —Le comenté un día.

—Su relación está completamente rota ya que ella es asexual y las necesidades de él son todo lo contrario —respondió su hermana.

—Pero, incluso si eres asexual, todavía queda sangre corriendo por tus venas —respondí y ella se rió, estuvo de acuerdo.

Tenía una chica nueva en la agencia, se llamaba Laura. Era una bonita rubia, alta y con una personalidad extrovertida. La entrené como lo había hecho con las otras chicas, sin embargo, había algo en ella en lo que no confiaba. Varias veces me decía que se iba y cuando llamaba a la habitación y en otro teléfono le localizaba, ella todavía estaba allí y me decía: «Oh, ya me estaba yendo».

Estaba violando mis propios límites, en mi corazón sabía que ella era deshonesta y aún así la mantuve trabajando para mí. En mi opinión, ella se cuidaba a sí misma y haría lo que fuera necesario para llegar a donde quería ir. Pude ver que ella era del tipo de persona que dejaba un rastro de gente que había pisado con tal de llegar a su destino.

Yo le había comentado a Carlos cómo me sentía con respecto a esa situación y él lo había minimizado. Ella había venido a la casa para pagar los honorarios de la agencia y lo vi mirándola por el rabillo del ojo. Una noche habíamos estado en una fiesta y ella pasó. Había estado con un cliente durante cuatro horas y sabíamos que también había estado de fiesta. Cuando estaba a punto de irse, Carlos me llamó a la cocina y me susurró:

—¿Por qué no le pides que se quede?

—Yo no cago donde como —dije—. Si quieres estar con ella, vete a un hotel.

—Cariño, te amo, sólo quiero que ella baile para nosotros, no voy a estar con ella, eres la única mujer para mí, ¿no te lo he probado ya? —dijo y empezó a besarme.

—Sí, pero ya sabes lo que siento por ella, un baile y ella se va de aquí —dije aceptando su propuesta.

Le pedí a Laura que se quedara, ella se sorprendió y él también. No quería imponer la ley porque pensaba que ese tipo de comportamiento me haría parecer celosa y ridícula. Así que permití que la noche se desarrollara ante mí, debí haberme mantenido firme, me había justificado una vez más. Era mejor que lo que fuera a hacer, lo hiciera frente a mí. En secreto, quería saber qué tan lejos iba a llegar con eso.

Le ofrecimos a la chica una bebida y una línea de coca. Ella comenzó a bailar y al instante lamenté mi decisión. Nos pidió a los dos que bailáramos para ella y lo hicimos. Se acercó a mí como si fuera a besarme y yo volteé la cara, estaba cediendo a su fantasía. Sabía lo que quería y me negué, ella lo aceptó de todos modos. Me decepcionó mucho cuando los vi juntos.

Cuando estas en negación piensas que puedes manejarlo, pero cuando lo ves con tus propios ojos es completamente diferente. No los detuve, sólo salí de la habitación, me fui a la ducha y me puse a llorar.

Sentía esos familiares sentimientos que se escondían en mi alma; ya no era suficiente para él. Me llamé estúpida repetidamente. Había hecho todo lo posible para que siempre estuviera interesado en mí. Quería ser la única, después de todo, era su amante y me negaba a que me dejara por otra persona. Pensaba en mi madre y sentía lástima por las dos.

Estaba tan enojada con él por haber destruido lo que teníamos, me había mentido y cedido al placer, ahora él era el único en quien no se podía confiar. Se convirtió en mi enemigo en un momento. El odio había entrado en mi corazón y la venganza no estaría lejos.

Más tarde entró al baño y se dio una ducha, Laura se había ido. No le mencioné una palabra, ya que no tenía sentido. Estaba completamente fuera de mi corazón. Sabía cómo sería el futuro, lo más probable es que hubieran intercambiado números de teléfono, ese sería el comienzo de *Shangri-La*[2] para él. Marqué un límite y no lo estaba traspasando. Tenía que esperar la situación adecuada, el momento preciso y encontraría mi estrategia de salida.

Al día siguiente me llevó a comprar un auto, me regaló un Audi nuevo. Yo estaba actuando como si todo estuviera bien, no me lastimaba, era la dueña de un servicio de acompañantes y tener sentimientos era un lastre, me debilitaban y tenía que ser inteligente.

Laura vino unas cuantas veces más pero la última vez me había quedado en la habitación para lastimarme, quería ser masoquista conmigo misma. Tenía que dejar de sentirme herida. No podía permitir que eso me cambiara y me pusiera en desventaja, estaba planeando mi escape y no podía dejar de pensar en ello. Dos días después puso una cajita encima de la mesa en la que había servido la cena. Contenía un diamante de dos quilates. Estaba feliz, me gustaba mucho pero yo continué con la mejor actuación de mi vida.

Financieramente me encontraba casi sin entradas de dinero, mi negocio no iba bien, había terminado dependiendo de Carlos para cubrir todas mis necesidades económicas.

Todavía tenía gastos con el negocio, pero como estaba drogada todo el tiempo, no podía manejar los teléfonos como solía hacerlo, había perdido el entusiasmo, había perdido la agudeza y me había perdido a mí misma. Estaba paranoica todo el tiempo, varias

---

[2] *Shangri-La*: Un lugar místico de fantasía con connotación de perfección.

veces había salido y sentía que alguien me seguía. No sabía si era la policía o si Carlos había contratado a alguien que me siguiera.

Pasaron tres meses y una noche estuvimos drogados casi durante veinticuatro horas. Había tomado una sopa, pero Carlos no había comido nada. Necesitaba nutrir mi cuerpo, había bajado mucho de peso, la balanza sólo marcaba cincuenta y dos kilos, mi rostro estaba delgado y mis ojos hundidos. No me sentía bien; las drogas habían tomado el control en todos los aspectos de mi vida. Esa noche yo había tomado un segundo aire, pero Carlos estaba bajando rápidamente. Estábamos jugando *gyn rummy* encima de la cama y empezó a hablar de su esposa y de cómo ya no confiaba en ella. Dijo que tenía cincuenta mil dólares en el armario y que estaba pensando en dárselos y separarse de ella. Yo escuchaba cada palabra, estaba haciendo mi propia evaluación. Nunca antes había querido divorciarse de su esposa y ahora lo estaba considerando. «¿Por qué?» Me preguntaba, ¿veía el futuro que pensaba que podía tener conmigo o tal vez era con Laura? Él nunca la tendría como amante, pues ella tenía citas.

«Gloria, eres tan ingenua. Él la sacaría del negocio, la instalaría en un apartamento en alguna parte, después de todo eso era lo que ella quería», pensé. Me dijo que su esposa se había ido a quedar con su madre durante una semana y que él se quedaría conmigo, que también estaríamos de vacaciones.

Comenzó a quedarse dormido cuando pronunció la última palabra de la oración. Esperé como un animal que espera cazar a su presa. Me quedé en silencio, mi corazón latía muy rápido y luego palpitaba con fuerza. Apagué la luz y me acosté con mis pantalones cortos y una camiseta sin mangas. No me moví ni un centímetro. Quería estar segura de que estaba totalmente dormido. No permití que el miedo me hiciera desistir porque estaba en una misión.

Tomé las llaves del auto, agarré mi bolso y salí de la casa. Eran las tres de la mañana y su casa estaba cerca, no había guardias ni alarma. Había estado en su casa una vez y había memorizado su dirección. Me acerqué lentamente, el lugar de estacionamiento frente a su puerta estaba vacío y el auto de su esposa no estaba allí.

Abrí la puerta, todo estaba oscuro, subí las escaleras y la puerta del armario estaba entreabierta. La abrí con miedo, busqué el dinero y al cabo de unos minutos encontré la bolsa. Había billetes de cien dólares en paquetes de mil dólares. Tomé diez paquetes, los tiré en mi bolso y bajé las escaleras volando, cerré la puerta, me metí en el auto y me fui.

Paré en un comercio nocturno y compré un paquete de cigarrillos. Abrí el paquete y saqué uno, tomé un chicle de Wrigley y me lo metí en la boca. Nunca había estado tan nerviosa en toda mi vida, estaba temblando y mis manos estaban frías como el hielo. Llegué a casa y vi que todo estaba como lo había dejado. Fui a mi auto, abrí el maletero y levanté la tapa donde estaba la llanta de refacción, metí el dinero dentro de la bolsa que había conseguido en la tienda y lo coloqué en el compartimiento de llantas. Abrí la puerta y entré a la casa, Carlos aún dormía. Me serví un trago fuerte, tomé una pastilla para dormir, me acosté a su lado y me quedé dormida.

A la mañana siguiente me desperté primero, sólo había dormido unas horas y mi corazón seguía latiendo fuerte. Tenía que enfrentarlo y eso sería difícil. Puse una falsa sonrisa mientras me acercaba a la habitación, escuché a Carlos ir al baño.

—Buenos días, ¿te gustaría tu café ahora o te vas a volver a dormir? —Le pregunté.

—Vuelve a la cama conmigo —respondió él.

Le dije que estaba preparando el desayuno porque me estaba muriendo de hambre. Quería que se fuera, necesitaba un descanso de él, con suerte atendería algunos asuntos y podría quedarme sola por un tiempo.

—Tomaré tostadas y café con leche, debo salir corriendo, tengo una reunión con los chicos —dijo y casi me puse a bailar en la cocina cuando lo oí que entraba después a la ducha.

Regresó esa noche y anunció que tenía que salir de la ciudad con los chicos por negocios. Probablemente se la llevaría con él y les mostraría su nuevo juguete a sus amigos.

—Está bien, cariño, me quedaré y esperaré por ti —dije.

Al día siguiente me pidió que lo llevara al aeropuerto, pensé que estaba bien, sabía que él era inteligente, era muy astuto y probablemente le había dicho que se encontraran en el lugar al que irían. Los chicos nunca viajaban juntos por razones de seguridad. Me aseguré de que entrara y supe que sería la última vez que lo vería.

Me fui a casa, abrí el maletero y me aseguré de que todo el dinero estuviera allí. Fui al dormitorio, empaque toda la ropa que había en los cajones dentro de las maletas y las puse en el auto. Tomé todos mis objetos personales, recogí las fotografías y todas mis cosas que estuvieran alrededor de la casa. Tomé un poco de cocaína que teníamos en el armario. Subí a mi coche y me fui. Me dije a mí misma, «ahora puedes agregar un crimen más a la lista, ladrona».

Conduje hasta Ft. Lauderdale y me alojé en un hotel por unos días. Nunca le había dicho a Carlos dónde estaba mi oficina, así que no tendría que cambiar de ubicación. Siempre había sentido que debía ocultar esa información y ahora mi instinto resultaba ser correcto. Descansé, dormí y comí. Dos días después sentía un ansia horrible por cocaína. Mientras pensaba en recibir un golpe de droga, se me empezaba a hacer agua la boca y mis manos temblaban, yo temblaba.

Tan pronto como la cocaína golpeó mi cerebro la paranoia se apoderó de mí, sentía que un león me perseguía. Ahora yo era la presa.

# Capítulo XI. La Furia del Pecado

Algunas personas se convierten en payasos para ser aceptadas. Otros se vuelven obscenos y exageradamente sexuales como un medio para conseguir ser geniales, para reírse u obtener una etiqueta de aceptación. Algunos sienten la soledad del rechazo y acumulan ese dolor, en lugar de actuar se autodestruyen silenciosamente sin llamar la atención.

Alquilé un apartamento en la playa unos días después y tuve que empezar de nuevo. Rápidamente coloqué un anuncio para localizar algunas chicas nuevas. No podía correr el riesgo de tener una manzana podrida o una conexión con Carlos de ninguna manera. Fui a entrevistas y pude contratar chicas agradables. Llamé a Mimi y la invité a cenar, me contó que había tenido un susto con un cliente y que se había retirado del negocio. Cenamos mientras le contaba fragmentos de lo sucedido y luego nos despedimos. Veía a todos como un peligro potencial, no sabía si Carlos vendría por mí así que era extremadamente cuidadosa.

Aproximadamente, dos semanas después recibí una llamada en mi localizador electrónico, era de un número desconocido, respondí y era Carmen, su hermana. Sabía que era muy posible que ambos estuvieran juntos. Lo que le dije surgió de la nada, fue como una sabiduría que se manifestó de manera muy extraña y en realidad era muy inteligente. Le dije que amaba mucho a su hermano pero que no me encontraba bien, que necesitaba recuperarme de las drogas.

Que no quería hacerle daño de ninguna manera, pero necesitaba escapar porque la vida que estábamos viviendo era un callejón sin salida para los dos.

—Te estoy hablando de mujer a mujer —dije—. Sé cuán fiel eres a tu hermano. Por favor, te ruego que no le digas que has hablado conmigo. Por favor convéncelo de que no me busque. —Le pedí y ella dijo algo inesperado para mí, me juró por la tumba de su madre que no le diría nada. Yo le agradecí de todo corazón.

Mi prima Miriam estaba de regreso en la ciudad, fui a la casa de mi abuela y la vi allí. Habíamos hablado por teléfono varias veces; ella había estado en Ohio y Nueva York. Tenía una relación con el Sr. R., uno de los amantes anteriores de mi madre. No podía creerlo cuando me lo había dicho, eran la pareja más inverosímil que había conocido. Le conté todo lo que me había pasado.

Hablamos de mamá y le dije que estaba pidiendo dinero todo el tiempo. Le ofrecí un toque de cocaína y me dijo:

—Mírate, hecha toda una mujer y con tu propio negocio.

El servicio de acompañantes estaba creciendo de nuevo. Tenía algunas chicas más, una vez que había comenzado a regarse por las calles mi búsqueda, empecé a recibir llamadas de chicas que se referían unas a otras. Les gustaba cómo trabajaba y mi actitud con ellas siempre era comunicativa.

Una noche recibí una llamada de un cliente al que había atendido mientras trabajaba para Marty. Pidió a cinco chicas para que bailaran en una despedida de soltero. Además, solicitó que se vistieran con diferentes disfraces. No habría sexo en absoluto, sería sólo una noche de fantasía.

—Si los chicos quieren estar con las chicas tendrán que hacerlo en su propio tiempo, nadie quiere ensuciarse unos a otros, todos están casados y tienen dinero. Estos tipos son abogados y directores ejecutivos —dijo el cliente.

Pensaba que sería divertido así que decidí participar. Como no habría sexo, mi disculpa estaba más que justificada. Elegí ser la de la máscara y la capa, quería ir de incógnito. Necesitaba ganar dinero como una de las chicas y también mi parte por la agencia. Tenía que compensar la pérdida de ingresos mientras estuve perdida con Carlos.

Llamé a las chicas a una reunión. Les comuniqué todo lo que quería el cliente y les proporcioné todos los detalles e instrucciones sobre el vestuario. Acordamos encontrarnos en una tienda para alquilar nuestra ropa para la fiesta. Todas estaban emocionadas por el hecho de que yo fuera a participar; me preguntaron si estaba nerviosa y les dije que absolutamente. Acordamos ir todas en la camioneta de una de las chicas nuevas. Les dije que quería causar un gran impacto de modo que logramos que nos refirieran a nosotras entre sus otros amigos y que si éramos excelentes podríamos brindar un servicio especializado que podría anunciarse en las páginas amarillas.

Era viernes por la noche y había llegado el momento de vestirnos y ponernos en marcha. Llegamos todas juntas y causamos una gran sensación entre los clientes. Eramos juguetonas y al mismo tiempo evasivas. No permitíamos ningún toque o beso; estábamos allí por negocios.

Cada una de nosotras tenía un papel que desempeñar y lo hacíamos de manera excelente. Cada una bailó con su traje correspondiente y luego al final actuamos como si estuviéramos coqueteando la una con la otra.

Era toda una actuación, algunas chicas eran bisexuales y otras no, pero sabían cómo montar un espectáculo. Observé y aprendí como una buena estudiante. Más tarde todas nos mezclamos y me quité la máscara. Ninguno de los muchachos sabía quién era hasta que llegó el momento de pagar. Una vez que se enteraron todos se mostraron muy entusiamados, divertidos e interesados por tener una conversación conmigo. Todos querían meterse en mi cabeza y descubrir qué hacía la *madame*.

El cliente que había llamado a la agencia era abogado y estaba pagando la fiesta del joven que se casaba, acababa de hacerse socio de su bufete de abogados. Me preguntó si aceptaba tarjetas de crédito y le respondí que no lo hacía cuando se trataba de grandes fiestas. Llevábamos el respaldo de la tarjeta de crédito, con un bolígrafo hacíamos una impresión de los números a través de un papel de copia en el medio. Tenían que firmar y darle a la chica una copia de su licencia, pero esa forma de pago sólo era aceptada para los mejores clientes. Buscó el dinero en efectivo en una bolsa que tenía, lo contó y me lo entregó feliz por un trabajo bien hecho. Nos felicitó a todas ampliamente satisfecho. Había sido una noche lucrativa, pero lo más importante es que los clientes que llamarían en el futuro estarían prácticamente garantizados. Mi vida dio otro giro después de esa noche.

Días después empecé a tener muchos calambres y un sangrado disfuncional. Fui al médico y me programó una ecografía para el día siguiente. Me hizo algunos análisis de sangre y dijo que necesitaba un chequeo completo que incluyera un panel hormonal. Yo no había ido al médico desde que había sido una adolescente cuando uno me había diagnosticado erróneamente con fiebre reumática, en ese entonces tenía dolores en las piernas y pensaron que podría sufrir una enfermedad grave que me dejaría paralizada. Resultaron ser dolores de crecimiento, la pierna que había sido enyesada cuando nací era la que me dolía más.

Los análisis de sangre volvieron a arrojar resultados fuera de lo normal. Según una lectura de mis hormonas tenía un envejecimiento avanzado. El médico me preguntó si alguna vez había tenido hijos y le dije que no. Dijo que debía ser muy honesto conmigo, pero que no le parecía que fuera muy fértil.

—Sólo tengo veintitrés años, ¿qué está diciendo? ¿Nunca tendré hijos? —Le pregunté al médico.

Respondió que el resultado de la ecografía indicaba un caso avanzado de endometriosis. Explicó que todos los meses una mujer elimina tejido y algunos se endurecen. Eran bandas elásticas que se adherían a las trompas de falopio y los ovarios obstruyéndolos e impidiendo la concepción. Yo estaba totalmente devastada y empecé a llorar como si alguien hubiera muerto. Y definitivamente algo estaba muriendo, mi sueño de ser madre y con ello, un pedacito de mi alma. El médico me programó una dilatación y un legrado denomidado «D&C». Me explicó que el cirujano raspaba la pared uterina y que además, realizarían un procedimiento de investigación ginecológica para ver qué más podían encontrar.

Una semana después estaba en el quirófano, mi prima Miriam estaba conmigo esperándome afuera. Ella trataba de tranquilizarme y me aseguraba que todo estaría bien, que entraría y saldría del quirófano sin problemas.

—Te estoy esperando, será mejor que vuelvas pronto —dijo mi hermosa prima.

Le había dado autorización al médico para que eliminara cualquier cosa que viera anormal. Me tomó dos horas salir del quirófano y entrar en la sala de recuperación. Primero habló con Miriam mientras yo salía de la anestesia. Mientras abría los ojos, miré hacia abajo, sentía un peso sobre mí, luego miré a los ojos a mi médico que estaba junto a la camilla.

—Tienes una manta caliente encima para normalizar tu presión arterial, me diste un susto. Tu presión arterial bajó a niveles peligrosos, pudimos estabilizarte, pero por un minuto pensé que te perdería. Si alguna vez es necesario realizarte algún otro procedimiento quirúrgico en el futuro, debes informarle a tu médico que la anestesia provoca en ti una caída significativa de tu presión arterial. —Me dijo.

—Dios mío, no tenía ni idea —respondí.

Me explicó que había tenido que quitar una de las trompas ya que estaba dañada y obstruida por todo el tejido endometrial. Además, me explicó que tendría dolor durante aproximadamente una semana y que permanecería en el hospital unos días pues había tenido que hacer una incisión en mi abdomen.

Hice una pregunta que nunca debí haber hecho:

—Doctor, ¿cree que todos los dolores que me daban siempre durante mi período se debían a la endometriosis?

—Absolutamente. Todo esto se pudo haber evitado si hubieras ido al médico cuando eras una adolecente. El caso avanzado que vi en la ecografía me dio la impresión de que padeces esta condición desde que eras muy joven —dijo.

Después de escuchar sus palabras odié a mi madre más que nunca. Todo había sido culpa suya. Ella decía que estaba actuando cuando me veía acostada en la cama en posición fetal y en dolorosa agonía. Una vez más sentía que estaba maldita, lo que me había dicho el brujo se estaba confirmando. Estaba muerta por dentro y no sería capaz de producir vida, nunca sería mamá.

La recuperación era dolorosa, pero el dolor de esa noticia había sido aún más devastador para mí y caía en una profunda depresión. Mi prima se quedó conmigo unos días, dijo que no me dejaría así, hablábamos y llorábamos, nos emborrachábamos y nos drogábamos. Ella también estaba viviendo la tristeza de mi realidad.

—La vida debe continuar, tienes que levantarte de esa cama, además, tienes un negocio que manejar —Me dijo después de dos días.

Ella se compadecía de mí, pero también me dijo que tenía que ser fuerte, que esa noticia no podía destruirme, había muchas mujeres que quedaban embarazadas teniendo una sola trompa de falopio. Mi cuerpo mejoró, se curó, pero yo estaba enferma, estaba rota. No entendía mi condición. Sólo sabía que me sentía mal todo el tiempo.

Siempre había postergado mi felicidad, pensaba «si sólo sucediera esto o pasara aquello, sería feliz». Culpaba a todos y a todo por mi desgracia. Vivía en un constante estado de descontento conmigo misma, muy poca gente conocía la vida que estaba viviendo.

Mi agencia se hizo muy conocida por ser la mejor en presentar *shows*, amenizar despedidas de solteros y hacer espectáculos bisexuales. Poco a poco comencé a participar y también comencé a tener citas. Mientras más espectáculos hacía más se grababan en mi mente y en mi psíquico las imágenes sexuales.

Mi autodestrucción se convirtió en mi forma de vida. Bebía licor a diario y mi adicción a las drogas era de trescientos dólares por día. Entré en un ciclo interminable en el que debía trabajar para ganar dinero y después gastarlo para poder seguir el ritmo de mi compulsivo consumo, finalmente caí en el pozo de una enorme y obsesiva adicción.

Un día conocí a Ray, un hombre muy apuesto adicto también a las drogas, pero además con una adicción al sexo más seria aún. Le gustaban los clubes de *voyeur* en el que las personas se deleitaban viendo a otras teniendo sexo. En una ocasión era yo la que estaba en el escenario. Había caído en las profundidades de la desesperación, la tristeza, la soledad, la baja autoestima, la culpa, la vergüenza y la condena.

El sexo se había convertido en una forma en la que podía ser amada. Tenía muchas adicciones y finalmente el sexo y los hombres emocionalmente no disponibles se habían agregado a la lista. Los hombres celosos eran los que ratificaban mi validez.

Ser bella, delgada y atractiva era muy importante para mí, usaba mi cuerpo como arma para obtener lo que necesitaba.

Un día hice un negocio de drogas con Ray, había puesto mi casa como garantía y me robaron la droga, el trato salió mal y perdí mi casa. Ni siquiera luché por ella, mi enfermedad y mi dependencia por las drogas y los hombres me habían dejado sin fuerzas y sin armas para luchar.

Me sentía totalmente fracasada, era como si tuviera un sistema de guía interna que siempre me conducía por caminos de destrucción, podía dar vuelta a la derecha o a la izquierda, pero siempre terminaba en el lado equivocado de la ciudad. Caía cada vez más profundamente en una vida miserable, tomando decisiones equivocadas y cometiendo muchos errores.

Para ese entonces Miriam tenía dos hijos con el Sr. R. y ella estaba en el mismo camino de adicción que yo. La veía muy a menudo, hacía su vida con su esposo y yo sabía que consumían drogas todos los días. Se decía que el Sr. R. era un asesino a sueldo. Realmente no sé si él era valiente o cobarde. Sólo sabía que era una mala opción para mi prima y no sabía cómo salvarla.

Eventualmente se separaron y conoció a otro hombre que era peor que el Sr. R. Veía a mi prima delgada, estaba envejeciendo, no sabía qué tipo de drogas estaba consumiendo que la hacían lucir tan acabada. Ella nunca confió en mí y yo tampoco.

Ambas íbamos cuesta abajo y sin frenos, pero éramos demasiado orgullosas para pedir ayuda. Despreciábamos a cualquiera que nos diera algún consejo, incluyendo la una a la otra.

Un día fui a la casa de mi abuela pues no se encontraba bien. Encontré a Miriam allí y noté que estaba drogada. En un momento ella se alejó de donde estábamos yo me quedé hablando con la abuela y la tía Nena. Estaban haciendo café cubano y de repente escuché un ruido muy fuerte. Corrí al baño e intenté abrir la puerta pero no podía. La pierna de mi prima estaba bloqueando la puerta así que tuve que empujar con todo mi peso.

Mi prima estaba en el suelo con una aguja en el brazo. Salí corriendo del baño y fui a ver a mi abuela, le dije que no entrara al baño.

—Miriam está bien, está un poco descompuesta. —Le dije, volví al baño, cerré la puerta y me arrodillé en el suelo frente a mi prima.

—Por favor, no hagas esto, te amo. Por favor, mamá saldrá pronto de la cárcel y si te pasa algo moriré. —Le dije.

Tenía la cabeza hacia atrás y los ojos en blanco, comencé a echarle agua en la cara. No tenía idea de qué hacer, empezó a hablar en voz alta y se enojó conmigo por entrometerme en sus asuntos. Pude controlar la situación; la levanté y la metí en la ducha. Abrí el agua fría y las dos nos quedamos allí hasta que pasó el episodio. Yo estaba llorando muy nerviosa y asustada. En ese momento supe mucho sobre mi prima.

Salimos de ese baño como animales heridos. Su adicción había quedado expuesta, la mía todavía estaba oculta, pensaba que nunca podría hacer eso con la aversión que le tenía a las agujas. En mi delirio pensaba que tenía el control. Nunca admitiría ante nadie que era una esclava. Le sequé el pelo y nos fuimos a una habitación, la abuela llamó a la puerta, sabía que pasaba algo grave, pero no me atrevía a decirle nada que seguramente acabaría con su vida. Con todo el estrés y las molestias por las que habíamos hecho pasar a mi abuela y a mi tía, era un milagro que todavía estuvieran con vida.

Mi vida continuó y también la de mi prima; nos estábamos destruyendo silenciosamente, sin llamar la atención. Ambas pensábamos de la misma manera, nadie se enteraría de lo malo que era si me aislaba y no se enteraban, así sólo me estaría lastimando a mí misma y a nadie más.

Mamá salió de la cárcel después de cinco años de haber estado encerrada; le habían otorgado libertad condicional por buen comportamiento. Estaba más egocéntrica que nunca. Lo único que hacía era hablar sobre sí misma y las historias de sus amigos criminales. Mi madre sabía de mi negocio y me felicitó por haberme mantenido fuerte. ¿Pero a qué precio? Ella no tenía idea de lo serias que se habían vuelto mis adicciones, ¿cómo podía tener una conversación con alguien que hablaba a cien kilómetros por minuto y sólo hablaba de sí misma?

Culpaba a mi madre por buena parte de lo que le estaba pasando a mi prima. Sabía que habían hecho negocios juntas; mi prima era la confidente de ella. La única diferencia era que estaban en posiciones diferentes, mi madre estaba libre de drogas y mi prima era adicta y estaba mal.

Yo sabía que Miriam se había sentido avergonzada cuando mamá se había enterado de que había estado con el Sr. R. y, por supuesto, mi madre estaba en posición de juzgar pues no había consumido drogas mientras estuvo en la cárcel. En los círculos de las drogas mi prima se había convertido en una persona muy peligrosa, y yo también.

Íbamos camino a celebrar mi cumpleaños; las chicas me habían preparado una fiesta sorpresa. Ese día mi prima me trajo un regalo de cumpleaños. Vi a Miriam salir y unos minutos después entró con Germán. Corrí hacia él mientras lo abrazaba y lo besaba.

—¿Así que lo has estado viendo? —Me preguntó mi madre cuando lo vio.

—No mamá, Germán y yo no nos hemos visto en más de cinco años. Estamos aquí para celebrar tu libertad y mi cumpleaños, la última vez que lo vi fue en mi fiesta de quince años. —Le respondí.

La pasamos muy bien esa noche, unas amigas de las chicas asistieron también a la fiesta, bailamos, reímos y nos divertimos mucho. Hacia el final de la noche, Miriam dijo que llevaría a mamá a casa y yo estuve de acuerdo. Germie estaba bailando con una de las chicas. Fui con mamá y mi prima y les di un beso de despedida.

Cuando todos comenzaron a irse, recogimos parte del desorden que habíamos hecho. El lugar donde se había realizado la fiesta era agradable. Era en el piso inferior de un hotel en Coral Gables. Había alquilado una *suite* de un dormitorio arriba porque quería ir a bailar y las chicas me acompañarían.

—¿Te vas o quieres divertirte? —Le pregunté a Germán cuando se acercó y respondió que no se iría a ninguna parte.

Subimos las escaleras, Germán, otras dos chicas y yo y celebré mi cumpleaños número veinticuatro en alto como una cometa.

Tres meses después mi querida prima Miriam, con un gran dolor en su corazón y las heridas por no tener padre, cedió a la oscuridad. La encontraron sola en la habitación de un hotel en Miami Beach, había muerto por una sobredosis de cocaína y heroína. El *speedball* le había quitado la vida. Una profunda tristeza dominaba mi vida y las sombras estaban a mi alrededor. La muerte de mi prima me había dejado en un estado de desesperanza. No podía creer que se hubiera ido. La extrañaba terriblemente; sobre todo porque era mi mejor amiga. Podía decirle cualquier cosa y aunque había estado celosa de ella por la relación que tenía con mi madre, me había convertido en su mayor admiradora.

Me hacía reír con tanta facilidad y eso no era fácil en mi mundo tan oscuro y sombrío. Ella había traído un rayo de luz a mi vida. Aunque no nos viéramos todos los días, sabía que no estaba muy lejos, sólo tenía que levantar el teléfono. Me condenaba seriamente a mí misma por no haber hecho más por ella. Había pensado que tenía sentido común y había aprendido la lección, pero no había sido así, me había equivocado y caí más profundo en mis adicciones. Las drogas se volvían como un animal hambriento deseoso de más sangre.

Lo único que estaba cambiando era el negocio. La policía estaba llamando a los servicios de acompañantes solicitando citas y eran policías encubiertos, así que comenzaron a cerrarnos. Había tanto negocio con los traficantes de drogas que una de las formas de cerrarles las puertas era cerrándonos a nosotras. La policía sabía que las chicas podían identificarlos, las interrogaban durante horas y les mostraban fotografías para que se convirtieran en testigos estatales. Al final, algunas mujeres hablaban y eso era perjudicial para todos.

Un mes después cerré mi negocio. Clausuré la oficina y no seguí publicitando en las páginas amarillas. Tenía todos mis contactos en un libro negro con todos sus gustos y disgustos y todos bajo nombres ficticios. Eso también lo había aprendido de Marty y funcionó. Cada cliente tenía un número, pero sus nombres estaban en otra lista maestra.

Mi tristeza me hacía compañía y había aumentado con la pérdida de mi dulce abuela, unos meses después mi tía Nena la acompañó al cielo.

Cuando me sentía dolida me retiraba dentro de mi caparazón y no me comunicaba con nadie. Simplemente me ocultaba mientras bebía y me drogaba. La marihuana me hacía reír, la cocaína en cambio me hacía sentir poderosa. Me daba valor para continuar con la vida que estaba viviendo.

Las pastillas me derribaban y me ayudaban a dormir; estaba constantemente subiendo y bajando. Tenía puesta una máscara que mostraba que tenía el control y estaba en la cima del mundo, pero no era genuina, era falsa pues en mi centro me estaba pudriendo de tristeza y desolación.

No podía ayudarme a mí misma así que tomaba más drogas, bebía licor y tragaba pastillas hasta que el dolor se adormecía y lograba no pensar en la persona enferma que me habitaba. Estaba avergonzada por ser tan débil y triste, por no tener ningún autocontrol o poder para tomar decisiones adecuadas y vivir de acuerdo con ellas.

Hacía tratos conmigo misma para mantenerme sin drogas durante una semana y el jueves estaba llamando a mi distribuidor, así que el ciclo de dolor comenzaba de nuevo a girar fuera de control, quería morir para terminar con todo.

Un día estaba en una fiesta y alguien pasó una pipa con algún tipo de cocaína en su interior. Pregunté qué era lo que estábamos fumando y alguien dijo: «Se llama *crack*». Esa noche encontré a mi nuevo amante, mi cura todo, mi ídolo. Tocar el fondo era todavía un lugar demasiado alto para mí. Caia a las profundidades del infierno y bailaba con el diablo.

Cuando estaba deprimida, que era casi todo el tiempo, sufría con una espantosa tristeza de la que no podía deshacerme. Muy a menudo pensaba en mi padre, todavía estaba de luto por su muerte. A veces iba al mausoleo de *Woodlawn Park* y me paraba frente a su placa. La ira y la rabia me consumían cuando veía los nombres de mis hermanastras escritos en la piedra y no el mío. El hacer eso realmente me afectaba y me hacía sufrir, iba allí para abusar de mí misma. Un día tomé un marcador negro, me subí a una escalera y escribí mi nombre en la placa. Salí de allí llorando desesperadamente y me fui a casa, mientras me duchaba me froté la piel muy fuertemente hasta que sangré, no sentía nada; mi exterior estaba entumecido.

Pensamientos neuróticos que me decían lo inútil que era invadían mi mente. Cuando estaba drogada escuchaba voces que me decían que me suicidara. Cocinaba cocaína y hacía *crack*, me drogaba sola en mi apartamento. Bebía licor y fumaba *crack*. Cuando se me acababa el alijo se desataba la paranoia, entonces me arrastraba por el suelo buscando las piedras que ya me había fumado pensando que se me habían caído. La obsesión aumentaba y se volvía cada vez más fuerte, las voces en mi cabeza decían: «Estás sola, nadie se preocupa por ti, ¿por qué no acabas con tu vida? Eres un desperdicio, un pedazo de basura, mírate, no tienes nada, no vales nada».

La situación con la agencia había desestabilizado mis finanzas y tuve una premonición; sabía que tenía que conseguir un trabajo. A través de uno de mis contactos pude conseguir uno. Me contrataron para el departamento de ventas de un hotel de suites en Miami Beach. Me convertí en una muy buena vendedora y finalmente, empecé a ganar buen dinero.

Seguía viendo clientes y haciendo espectáculos cuando surgía la oportunidad. Ninguna cantidad de dinero era suficiente para suplir mi adicción a las drogas.

Era una adicta funcional, el fin de semana era tiempo de juego e ir a trabajar el lunes por la mañana se estaba volviendo cada vez más difícil. Tenía relaciones personales con la cuales salía a bailar y la vida continuaba siendo una fiesta, pero en el fondo de mi corazón seguía escuchando música de muertos. Comenzaba a escuchar voces que me decían: «¿Por qué no te mueres? A nadie le importará».

Entonces un día hice caso a esas voces. Tomé treinta pastillas de Equanil, un tranquilizante que tomaba para dormir después de que bajaba de mis viajes con la cocaína. Conduje hasta la casa de mi abuela porque no quería morir sola como mi prima Miriam. Entré y mi tía Celia estaba allí.

—¿Estás bien? —Me preguntó ella.

—Sí, estoy bien —respondí. Estaba arrastrando las palabras y ella me tomó de la mano.

—Ven, sobrina mía, dime qué está pasando —dijo.

Le dije que mi vida no tenía sentido, no tenía ningún significado verdadero y que me sentía totalmente muerta por dentro. Le abrí mi corazón como nunca lo había hecho con nadie y le dije que quería morir. Unos minutos después, me fui a dormir.

Cuando me desperté estaba en el hospital, apenas podía tragar y mi garganta ardía en llamas. Estaba conectada a diferentes máquinas y miré a mi alrededor.

—¿Qué pasó? ¿Por qué me duele tanto la garganta? —pregunté a una enfermera.

—Tuvimos que realizar un lavado de estómago para salvar tu vida. El Dr. Miles vendrá en breve para hablar con usted. Intente descansar, sé que es difícil mientras todos estén entrando a su habitación —dijo ella.

Entró el médico y me cerré como una almeja, era lo que siempre hacía cuando sentía que estaba en peligro. Me explicó que tenía que darle algo con lo cual pudiera empezar a trabajar; necesitaba entender por qué había tratado de suicidarme. Dijo que su trabajo sería ingresarme en la sala de psiquiatría si no le hablaba. Me asusté y comencé a hablar. Le expliqué que era hija única, que mi papá había muerto cuando tenía once años y mi mamá siempre había estado enojada, errática y volátil, eso era lo que había visto mientras crecía. Le dije que consumía cocaína de forma recreativa y bebía un poco, me la pasaba triste todo el tiempo. No me atrevía a contarle sobre las voces en mi cabeza o que era una adicta a las drogas. Sólo dije lo suficiente para sacármelo de encima; lo único que quería era irme a casa.

—Necesita estar en terapia y probablemente tomar medicamentos para la depresión. Ud. suena como si necesitara ayuda, una vez que tome la medicación adecuada las cosas se estabilizarán. Permítame recomendarle un muy buen psiquiatra, he trabajado con él durante muchos años. Lo llamaré ahora y concertaré una cita por usted, ¿cuándo sería un buen momento esta semana, el lunes? —Me dijo el doctor. Yo simplemente asentí con la cabeza y él se fue.

Más tarde esa misma tarde el Dr. Miles regresó con mis papeles para darme de alta y con toda la información de mi cita con el psiquiatra.

Mi tía había encontrado un vecino que la había llevado al hospital y me trasladarían de regreso a la casa de mi abuela donde estaba mi auto. Me encontraba ya lista cuando ella entró, me abrazó y me hizo prometer que nunca volvería a hacer eso.

—Gloria, el médico dijo que podrías haber entrado en coma, afortunadamente, cuando llegó la ambulancia no era demasiado tarde. La doctora me dijo que tienes una cita —dijo y me preguntó—: ¿Vas bien?

—Sí —dije y le pedí que no le dijera a mamá nada de lo sucedido.

Un día fui a bailar con una amiga y vi a Carmen con su nuevo novio en un club en la playa. Yo estaba drogada y me volví totalmente paranoica pensando que Carlos también estuviera allí. Ella estaba feliz de verme y dijo que no me preocupara que él no había ido. Me propuse no hablar de Carlos. A través de una amiga de Carmen conocí a Ania, ella era una chica lesbiana que también vivía en la playa. Nos hicimos amigas, ella había estado en una relación durante muchos años y también consumía cocaína. Se convirtió en mi nueva operadora, llamé a todos mis clientes y les dije que estábamos de vuelta en el negocio.

Mantuve mi trabajo y luego me mudé a un hermoso apartamento junto al mar. Tenía que ganar mucho dinero para vivir allí y seguir viviendo con el estilo de vida al que estaba acostumbrada. El consumo de drogas se intensificaba porque había aprendido a cocinar la cocaína.

Una noche estaba con un cliente y nos estábamos drogando. Era un completo engaño el pensar que había intimidad con las personas con las que estaba consumiendo drogas. Me engañaba creyendo que me conocían.

Finalmente nos quedamos dormidos y por la mañana cuando me desperté, el darme cuenta que había dormido junto a un extraño, fue peor que la luz que me pegaba en la cara después de una noche de juerga y de consumo de drogas. Me sentía sucia, miserable, asqueada y sola.

Me di la vuelta y abrí el cajón de la mesita de noche, no sabía lo que estaba buscando. Tomé el libro titulado La Santa Biblia. Tumbada en la cama y desnuda, la abrí y empecé a leer la Biblia por primera vez en mi vida. El libro comenzaba con el Salmo 139. Leía las más hermosas palabras de amor y afirmación de alguien que decía que realmente me conocía incluso en el humilde estado en el que me encontraba, así fue como conocí a Dios.

*1 Oh Señor, has examinado mi corazón y
sabes todo acerca de mí.*

*2 Sabes cuándo me siento y cuándo me levanto; conoces mis
pensamientos aun cuando me encuentro lejos.*

*3 Me ves cuando viajo y cuando
descanso en casa. Sabes todo lo
que hago.*

*4 Sabes lo que voy a decir incluso antes
de que lo diga, Señor.*

*5 Vas delante y detrás de mí. Pones tu mano
de bendición sobre mi cabeza.*

*6 Semejante conocimiento es demasiado maravilloso para mí, ¡es
tan elevado que no puedo entenderlo!*

*7 ¡Jamás podría escaparme de tu Espíritu! ¡Jamás
podría huir de tu presencia!*

*8 Si subo al cielo, allí estás tú; si
desciendo a la tumba, allí estás tú.*

*9 Si cabalgo sobre las alas de la mañana, si
habito junto a los océanos más lejanos,*

*10 aun allí me guiará tu mano y me
sostendrá tu fuerza.*

*11 Podría pedirle a la oscuridad que me ocultara, y a la luz
que me rodea, que se convierta en noche;*

*12 pero ni siquiera en la oscuridad puedo esconderme de ti. Para
ti, la noche es tan brillante como el día. La oscuridad y la luz son
lo mismo para ti.*

*13 Tú creaste las delicadas partes internas de mi cuerpo y
me entretejiste en el vientre de mi madre.*

*14 ¡Gracias por hacerme tan maravillosamente
complejo! Tu fino trabajo es maravilloso, lo sé muy
bien.*

*15 Tú me observabas mientras iba cobrando forma en secreto,
mientras se entretejían mis partes en la oscuridad de la matriz.*

*16 Me viste antes de que naciera. Cada día de mi vida estaba registrado en tu libro. Cada momento fue diseñado antes de que un solo día pasara.*

*17 Qué preciosos son tus pensamientos acerca de mí, oh Dios. ¡No se pueden enumerar!*

*18 Ni siquiera puedo contarlos; ¡suman más que los granos de la arena! Y cuando despierto, ¡todavía estás conmigo!*

*19 ¡Oh Dios, si tan sólo destruyeras a los perversos! ¡Lárguense de mi vida, ustedes asesinos!*

*20 Blasfeman contra ti; tus enemigos hacen mal uso de tu nombre.*

*21 Oh Señor, ¿no debería odiar a los que te odian? ¿No debería despreciar a los que se te oponen?*

*22 Sí, los odio con todas mis fuerzas, porque tus enemigos son mis enemigos.*

*23 Examíname, oh Dios, y conoce mi corazón; pruébame y conoce los pensamientos que me inquietan.*

*24 Señálame cualquier cosa en mí que te ofenda y guíame por el camino de la vida eterna.*

*Salmo 139*
*(NTV)*

Sentía un calor que me arropaba como una manta a mi alrededor, y dije: «Dios ayúdame, ya no quiero hacer esto. Estoy tan avergonzada». Me levanté, me di una ducha, me vestí y me fui. Las palabras que había leído en la Biblia se habían quedado en mí, gradualmente la esperanza empezó a llenar mi corazón y muy lentamente comencé a creer en los milagros.

Nuevamente mis problemas ginecológicos reclamaron mi atención y una vez más tuvieron que intervenirme para extirpar otro de mis órganos reproductores. Tenía un ovario estrangulado por los tejidos adheridos en él y eso me producía un gran dolor. Una vez más tuve que enfrentarme a un procedimiento con anestesia y mi presión arterial bajó a niveles peligrosos, pero el médico había sido alertado antes de la cirugía.

Mi amistad con Ania se hizo más fuerte cada día y salía con ella y sus amigos. A veces íbamos a Key West a divertirnos. Una vez habíamos consumido mucha cocaína, yo estaba bailando en un club con una bebida en la mano y un extraño pasó una botellita de *poppers*, yo inhalé y mi corazón empezó a latir tan violentamente que sentí que tendría un infarto. El nitrato de amilo u oro líquido daba una sensación de euforia, se usaba como un potenciador del sexo y creaba comportamientos sexuales de riesgo. Era muy utilizado en las discotecas mezclándolo con alcohol y otras drogas.

Ania era mucho más fuerte, yo estaba muy débil y me hice demasiado dependiente de ella. Después de haber vivido un año en un edificio junto al mar, el gasto había sido demasiado grande y me mudé al edificio de Ania.

Seguí trabajando y mi amiga dirigía el negocio mientras yo gastaba todo el dinero que entraba en mi adicción a las drogas. Poco después, me mudé a otro apartamento en otro lugar de la playa, la presencia vigilante de Ania me incomodaba. Finalmente, cerré el negocio y me quedé con mis clientes personales que trabajaba yo misma. Mi relación con Ania se vio muy afectada por mi decisión y decidimos separarnos sin discusiones ni desacuerdos.

Seguía consumiendo drogas y cada día iba cayendo más y más. Había aprendido a cocinar cocaína y a hacer *crack*. Tenía gente que me daba todo lo que quería por un precio y no tenía que pagarlo con dinero. Pero eventualmente, tenía que regresar a casa y enfrentar mi realidad, los demonios bailaban alrededor de mi cama y no podía dormir. Para poder descansar unas horas tenía que tomar Xanax y me despertaba agotada. Vivía diariamente en un constante terror. El miedo siempre me tomaba de la mano. Sabía que estaba haciendo cosas malas que tenía que ocultar, mi miedo era que me descubrieran, me desenmascararan y todos supieran que era una gran farsante.

Seguía trabajando en el hotel y a los clientes les gustaba cómo los trataba y el buen servicio que les brindaba. Me resultaba natural tratar a las personas como si fueran importantes. Nuestra clientela estaba formada mayormente por judíos procedentes de Nueva York que huían de los meses de invierno y pasaban de dos a tres meses en nuestros apartamentos. Estaba ganando grandes comisiones.

Sabía lo que significaba ser adicta, no era nada bonito, era toda una locura. Representa perder el control totalmente y encontrarse en un lugar por debajo de mediocre. Se puede ver en la mujer sin hogar que muere lentamente por el rechazo y el desamor que ha experimentado toda su vida. Se observan durmiendo en las calles, peleando con alguien y diciendo que una vez habían estado comprometidas, que se iban a casar, «¡no sabes quién soy!», dicen. Es también el alcohólico que bebe hasta el olvido o esa persona que consume tanta cocaína que se le detiene el corazón. Es alguien con un dolor tan profundo dentro de su corazón que nunca ha visto la luz del día y mucho menos se ha expuesto a los ojos de otro ser humano por miedo a ser juzgado, parecer débil o ser considerado menos de lo que ya era.

Tenía un nuevo distribuidor, él vivía en el lado sur de Miami y mi casa quedaba en Miami Beach que estaba en el lado este. A veces pasaba el fin de semana fumando *crack* y el domingo tenía que irme a casa y prepararme para ir a trabajar al día siguiente.

Un día estuve fumando *crack* por más de setenta y dos horas y se me acabó el material que me había regalado mi amigo, de modo que decidí que al regreso a casa pasaría a comprar más *crack* para saciar mi antojo de seguir fumando. Eran alrededor de las cinco de la tarde y me detuve en *Liberty City*. Era una parte de la ciudad conocida por la venta de drogas. Nunca antes había visitado ese sitio, pero la destrucción en mi interior me había llevado allí para bajar unos escalones más hacia el infierno.

Conducía lentamente asegurándome de no ver policías. Me detuve y hablé con un hombre afroamericano que me indicó con la mano que entrara a un callejón. Cuando se acercó, le dije que quería comprar cocaína.

—Claro, sal del auto. —Me dijo—. Necesito asegurarme de que no eres policía.

Cuando lo hice, me saltó encima y me tiró dentro del auto golpeándome la cabeza con la palanca de cambios.

—Niña ingenua, ¿no sabes que es peligroso estar en estas partes de la ciudad? —dijo.

Comencé a gritar y él me mordió y me dijo que me callara, me quitó la cadena de oro que llevaba en el cuello y escapó. Salí de allí como una bala disparada por un arma. Estaba aterrorizada pensando en lo que pudo haberme pasado. Llegué a casa, fumé un cigarrillo de marihuana, tomé unas pastillas y un trago para calmarme. Me di una ducha y mientras lo hacía me frotaba más y más fuerte, como queriendo limpiar aquello que no podía lavarse, finalmente a las dos de la madrugada me quedé dormida.

Unos meses más tarde en una ocasión fui a recoger algo de comida italiana que había pedido a un restaurante cercano a mi apartamento. El *maître* coqueteó conmigo. JC era de Argentina y se parecía mucho a mi padre.

Un día me invitó a tomar una copa y acepté. Tuvimos una agradable conversación en la que me contó sobre sus hijos y cómo se había convertido en chef, su pasión por Italia y que le gustaba cocinar todo tipo de comidas. Hablaba italiano perfectamente. Me habló de su esposa y de la relación inexistente que tenían.

Acordamos que el fin de semana siguiente me cocinaría uno de sus platos especiales de pasta. Esa noche nos despedimos y fui a visitar a mi distribuidor para comprar más cocaína. Durante la semana me llamó y confirmamos nuestra cena.

Consumía drogas casi todos los días y sospechaba que JC era un hombre correcto, lo que significaba que era muy poco probable que consumiera drogas. Eso me iba a poner en un apuro. Las relaciones absorben a las personas y toman gran parte de su tiempo, por otro lado, pensaba que los hombres eran celosos y posesivos, querían saber todo sobre la mujer que cortejaban y cada paso que daban.

Me seguía preguntando a mí misma, «¿estás lista para dar este paso?» Sabía que le gustaba, podía verlo en sus ojos. Él estaba en modo conquista pero no sabía en qué modo estaba yo. Quería enamorarme, necesitaba a alguien que me salvara de mí misma. «¿Y si fuera él?», pensaba. Era alto como mi padre, tenía cuarenta y tantos años y tenía el pelo salpimentado.

Me cocinó una pasta con langostas fabulosa y la salsa más divina que hubiera probado.

—¿Entonces realmente sabes cocinar? —dije bromeando.

Se quedó esa noche y comenzamos una relación. Poco a poco empezó a traer sus cosas, primero una camiseta que dejó en el armario, luego su cepillo de dientes que puso al otro lado del mío. Me compró un televisor grande y mirábamos películas mientras comíamos. Me estaba cuidando y me sentía amada. Yo lo cuidaba a él y permitía que él me cuidara a mi. Cuando estábamos juntos buscaba la ocasión para ir al baño y tomar un poco de cocaína. El no me confrontó nunca pensando que podría cambiarme y que mi consumo de drogas no era un problema.

Cuando conocí a la mamá de JC fue muy amable y cariñosa. Su dulzura y ternura suplían un poco la carencia de amor de madre que había en mí. Me cocinaba las verduras que me gustaban y me hacía un plato de antipasto que era uno de mis favoritos.

Para mí ella cocinaba la mejor salsa marinara, era una receta que hacían en Argentina con zanahorias ralladas, disfrutaba mucho su cocina. Siempre quería complacerme y me llamaba petisa, un apodo cariñoso que provenía de la palabra francesa *petite*.

Nos habíamos estado viendo durante unos seis meses, pero un día tuvimos una discusión. JC estaba molesto conmigo porque no había podido encontrarme y sabía que probablemente me estaba drogando.

—¿Qué derecho tienes sobre mí? Eres un hombre casado —Le arrojé finalmente a la cara cuando hablamos.

—Me voy a divorciar y quiero mudarme contigo —dijo él.

—¿Me estás preguntando o diciéndomelo? —pregunté.

—Ambas, te estoy preguntando así como deciéndotelo.

Hicimos el amor esa noche y cuando se durmió me di una ducha, me vestí, me monté en mi coche y fui a la casa de mi distribuidor al otro lado de la ciudad. Desaparecí totalmente durante cuarenta y ocho horas. Lo estaba ayudando a cocinar una gran cantidad de cocaína ya que su negocio estaba en auge. Fumamos *crack*, bebimos y festejamos.

Apenas comí durante esos dos días. Llegó el domingo y volver a casa se hacía realidad de nuevo. Mi corazón se aceleraba, mis manos temblaban y los recuerdos de lo que le había hecho me atormentaban. Y me decía a mi misma que realmente era una mierda.

Empecé a prepararme para irme a casa, estaba aterrorizada de enfrentarme a JC y de que él me llamara lo que le diera la real gana, lo que habría sido muy merecido. Fumé un cigarro de marihuana, tomé un Xanax y un trago de vodka de arándanos para tranquilizarme.

El tiempo corría y yo lo acompañaba asustada cada segundo. Subí a mi coche y conduje del Sur al Este en el estado mental y emocional realmente descompuesto en el que me encontraba en ese momento. «¿Qué has hecho? Este hombre es una buena persona. ¿Qué le vas a decir?; no hay justificación», pensaba mientras conducía.

Cuando llegué estaba llorando angustiada, me sentía acabada. Tuve fuerzas suficientes para quitarme la ropa y meterme en la ducha, pero sentía que tenía un edificio de diez pisos encima de mí. El peso de mis adicciones, de mis pecados me aplastaba. El armario estaba vacío y su cepillo de dientes no estaba. Pensé que nunca volvería.

Me puse histérica en la ducha y comencé a gritarle a Dios: «No quiero ser así, quiero morir, no puedo dejar de consumir drogas y estoy destrozando mi vida. Dios ayúdame, no lo volveré a hacer, pero necesito ayuda». Tomé una esponja que tenía en la ducha y comencé a frotarme muy fuerte, me sentía sucia, desnuda, miserable, culpable y condenada. Mi piel empezó a sangrar, estaba en carne viva. Cuando salí de la ducha y me puse el pijama, me ardía toda la piel, me quemaba.

No podía imaginarme seguir viviendo esa vida indefinidamente, cuando bajaba de mis alturas clamaba a Dios cuando sentía bichos caminar en mi piel. «Dios, por favor ayúdame, ya no quiero hacer esto», pero al día siguiente estaba fuera de control nuevamente. Siempre pensaba que me salvaría, pero no sabía cómo ni cuándo. En el fondo de mi alma creía en un Dios.

Creía en ese Dios que un día me había dicho en un sueño que tirara todos esos falsos ídolos que no eran para mí, pues tenía algo mejor dispuesto para mi vida. Siempre esperaba a un príncipe de brillante armadura, pero era a Dios a quien realmente necesité todo el tiempo.

Unos minutos más tarde alguien llamó a la puerta. Miré por la ventana y era JC. Abrí la puerta y entró enojado, sin embargo, había dolor en sus ojos.

—¿Dónde has estado? Te he buscado por todas partes, llamé a los hospitales y a la policía, llamé a tu madre y todos están desesperados por ti —Me preguntó y me abrazó con tanta fuerza que no pude contener mi llanto, luego me separó de él, sostuvo mis hombros en sus manos y me miró directamente a los ojos—. Te estás destruyendo a ti misma y no me quedaré tranquilo viendo cómo terminas tirada en una zanja de alguna parte. Me niego a verte en un ataúd, escúchame, si no consigues ayuda vas a morir y morirás sola porque yo no estaré ahí —dijo mientras me daba la vuelta abruptamente y me ponía frente al espejo—. MÍRATE A TI MISMA, ERES SÓLO PIEL Y HUESOS. MIRA TUS OJOS, ESTÁN MUERTOS. TE AMO, QUIERO CASARME CONTIGO, PERO DESDE QUE TE CONOCÍ NO HE TENIDO UN MOMENTO DE PAZ, PREOCUPÁNDOME POR TI. QUIERO AYUDARTE, DÉJAME AYUDARTE.

Yo no podía dejar de llorar ni responder, pero cuando pude hacerlo le dije:

—No tienes idea de las cosas que he hecho, ¿por qué quieres ayudarme?, vete, sería mejor para ti.

—NO IRÉ A NINGUNA PARTE, NO TE DEJARÉ, ENTIENDE ESTO Y MÉTELO EN TU CABEZA. NECESITAS IR A UN MÉDICO, A UN HOSPITAL O A UN PASTOR, ¡NECESITAS AYUDA! ¿.DEJA QUE TE AYUDE! —dijo y ambos comenzamos a llorar.

—Si —dije y dio un paso hacia atrás.

—¿Dijiste que sí? —preguntó y yo asentí.

Me besó en la frente y me acostó. Esa día me abrazó durante toda la noche. Él apenas pudo dormir, tenía miedo de que me levantara y me fuera de nuevo. Dos días después estaba cruzando las puertas de Alcohólicos Anónimos.

# TERCERA PARTE

# Capítulo XII. Conocida por Dios

*«¡Jamás! ¿Puede una madre olvidar a su niño de*
*pecho? ¿Puede no sentir amor por el niño al que dio*
*a luz? Pero aun si eso fuera posible, yo no los*
*olvidaría a ustedes».*

*Isaías, 49:15*
(NTV)

El amor de Dios no comienza el día en que nacemos, comienza el día mismo en que se hizo la creación. Su amor siempre nos llevará a la salvación y al camino infinito de la eternidad. Siempre tiene preparado un plan de escape para aquellos hijos que quieran cambiar sus vidas. Él dividió los mares para los israelitas y lo hará también para nosotros. Incluso si conservamos un pequeño rayo de esperanza, Dios puede hacer grandes cosas para nosotros.

JC cumplió su promesa, me tomó de la mano y entramos juntos en Alcohólicos Anónimos. Sentados allí, en silencio, escuchamos un sin fín de historias de destrucción, divorcios, muerte, pérdidas, pobreza, rechazo, abandono, arrepentimiento y enfermedad. Una cosa me dijeron desde el primer día, no te compares porque la historia de cada persona es diferente y había tantas distintas como había personas en el mundo. Tocar fondo o llegar al final del camino, era cuando ya no había más ayuda, no había más gente sintiendo pena por ti ni creyendo tus mentiras. Era ese momento en el que ya habías derribado tantos puentes que sólo había consecuencias y ya no había más asistencia.

Después de la primera semana del programa me había dado cuenta y admitido públicamente, levantando la mano, que era alcohólica y adicta a las drogas. Había escuchado suficientes historias sobre las duras lecciones a las que se enfrentaba la gente, algunas de ellas estaban casi al borde de la destrucción y debían darse cuenta de que eran impotentes frente a sus adicciones, ya sus vidas se habían vuelto ingobernables.

Se trataba de un programa de doce pasos y el primero de ellos era la base para el proceso de recuperación. Este implicaba admitir que tenía un problema y rendirme, debía dejar de decir «tengo esto, puedo hacer aquello o debo controlar esto». Era el paso en el que debía darme cuenta de que esas sustancias y el comportamiento adictivo me estaban controlando. Eso era lo que causaba la impotencia. Ya no teníamos ningún poder sobre la adicción y admitíamos que no podíamos curarnos a nosotros mismos.

Ingobernable significaba darme cuenta realmente de que en mi impotencia me había obsesionado y en ese estado se desataba el infierno, cuando mi cuerpo quería más y comenzaba a conspirar para obtener la sustancia. Era el cómo y dónde me enfrentaba a la obsesión y mi vida se volvía ingobernable. En ese punto era cuando se rompían todos los códigos morales mintiendo, engañando, robando e incluso usando el cuerpo como una forma de comerciar para financiar la adicción.

Seguía escuchando cómo otras personas habían destruido sus vidas y pensaba en mi propia existencia y las cosas que yo había hecho, los errores que había cometido y las profundidades del infierno en el que había caminado para satisfacer mi adicción. Explicaban que necesitaríamos un tiempo para que el primer paso realmente fuera asimilado.

Un día estaba sentada en la cama abrazando una Biblia, le pedía a Dios ayuda y asistencia divina para que no me permitiera levantarme, vestirme y salir por la puerta. Usamos comúnmente el lema de un día a la vez incluso para describir un mal día. Para mí era un minuto a la vez y me volví dependiente de Dios en cada segundo de mi vida. Sabía que era débil, sabía que era impotente y que lo había intentado por mí misma y había fallado. Sabía que modificar mi comportamiento utilizando mi propia fuerza era una fantasía de mi mente, alimentada por el orgullo y el ego de una adicta.

Permití que el programa me hablara, que me enseñara y me enfrentara a la realidad de quién era yo, de las cosas que había hecho y en quién me había convertido. Los recuerdos, las conversaciones, las visiones, los antojos y las fantasías sexuales se convirtieron en un gran enredo en mi cerebro. Realmente era una gran confusión lo que había en mi mente.

Era una temporada en la que tuve que aprender a someterme a la autoridad, había reglas que se debían seguir dentro de los grupos de apoyo y además, tenía que asimilar el hecho de que debía rendirme ante el hombre que había renunciado a todo para ayudarme a estar sobria y sana.

Él estableció que no saldría sola, él iría a trabajar y yo me quedaría en casa trabajando el programa, meditando, descansando y permitiendo que mi cuerpo pasara por el proceso de desintoxicación. Invirtió mucho en mí; me decía que si le fallaba sólo estaría fallándome a mí misma. Empleaba sus recursos ya que yo no trabajaba y él se estaba ocupando de todos los gastos. Además, destinaba parte de su tiempo para ir conmigo al grupo de doce pasos todos los días.

Pero Dios también estaba obrando en JC, pues al ir conmigo y escucharme también meditaba acerca de su vida. Un día, sin previo aviso, levantó la mano y admitió públicamente que era alcohólico. Y la abstinencia se había convertido en una forma de vida para los dos.

Los grupos anónimos basados en el programa de doce pasos eran para todos y participaban personas de todas las religiones. Ese poder superior en el que confiaríamos para pasar de un minuto de abstinencia al siguiente, lo definiríamos cada uno como el Dios con el cual nos sentíamos más a gusto y que fuera de nuestro entendimiento.

Yo era católica, de niña había ido a una escuela cristiana y había asistido al catecismo. Me había bautizado y había hecho mi primera comunión. Más tarde no sé qué pasó, pero todo se había distorsionado. Por lo tanto ese era el Dios de mi entendimiento y con el cual me sentía a gusto. Le rezaba a él y no a ningún santo, de alguna manera esa práctica de rezar a los santos no me atraía, sobre todo porque provenia de la santería. No me sentía impulsada a rezarle a un santo, nunca tomé esa decisión de manera consciente; simplemente nunca sucedió así. El día que había decidido darle la espalda a las deidades de la santería, las había dejado en la bahía para que se ahogaran.

Mis palabras habían sido: «Dios, ahora somos tú y yo». De quien necesitaba ayuda era de Dios, sabía que él era todopoderoso y poco a poco establecimos una relación. Cada día que permanecía libre de drogas él me demostraba su amor y fidelidad. Sólo Dios y yo sabíamos las cosas que había hecho durante mi descenso a la oscuridad, sin embargo, él nunca me olvidó ni me abandonó.

Me tomaba mi proceso de recuperación muy en serio, la verdad de la historia de cada una de esas personas estaba también dentro de mí y el deseo de cambiar mi vida se hacía más fuerte cada día. Seguía trabajando cada paso, ya había pasado por el proceso de admitir, de creer en un poder más grande que yo y había entregado mi vida al cuidado de Dios. Cuando llegué al cuarto escalón, las cosas se empezaron a poner realmente interesantes. En ese paso era donde debía hacer un inventario moral, intrépido y profundo de mí misma.

Allí fue donde empecé a ver mi desorden. Trabajaba con un mentor que me hacía responsable y comencé mi proceso de búsqueda. Me enfrentaba a mis demonios, estar incómoda se convitió en un requisito previo para mi curación. Estaba aterrorizada de abrir esa caja de pandora pues sabía que no encontraría nada bueno.

Efectivamente lo que encontré fueron todas las cosas que le había hecho a los demás y a mí misma. El rastro de gente que había dejado adicta a las drogas. Los hombres con los que había estado y un día los había dejado, me di cuenta de que eso se había convertido en un patrón de control. Me iba antes de que ellos me dejaran.

Encontré amargura, ira, manipulación, culpa, falta de perdón, adicciones y promiscuidad sexual. Me di cuenta de que mi personalidad era adictiva, que tenía una multitud de adicciones y todas eran alimentadas por la necesidad de ser vista, escuchada y amada. El odio hacia mi madre, el culparla a ella y a otros por la vida que estaba viviendo y el odio que sentía por mí misma me golpeaban en la cara. El responder una serie de preguntas me había permitido conocerme verdaderamente, no me reconocía a mi misma porque nunca me había conocido antes realmente. Simplemente conocía esa persona que otros me decían que era.

Sabía que permanecería en mi relación actual, esta vez no me iría. Estaba en deuda con ese hombre que había sido mi compañero durante mi recuperación y le agradecía a Dios todos los días por su vida. Apreciaba el hecho de que su adicción fuera al alcohol y no a la cocaína o el *crack*. Las historias y los consejos de otros miembros del grupo era que no me involucrara con nadie mientras estuviera en recuperación pues era muy probable que hubiera una recaída de uno o ambos, los oía decir. Luego supe que durante nuestras adicciones, también nos convertíamos en adictos a las relaciones y al sexo.

JC y yo nos casamos, era lo más lógico. En agradecimiento, solicité la entrada a los Estados Unidos para su hija ya que yo era ciudadana estadounidense. Una vez que llegó, ella empezó a vivir con nosotros y éramos como una familia. Mi madre ahora formaba parte también de nuestras vidas y se había vuelto cada vez más difícil.

Después de salir de la penitenciaría, había vivido en casa de mi abuela hasta que pudo moverse por su cuenta y volver a ser independiente. Nuestra relación sólo se limitaba a una comunicación continua a través de visitas semanales y llamadas telefónicas diarias para asegurarnos de que ella estuviera bien.

Yo ahora no tenía muletas y no podía depender de las drogas, el alcohol o medicamentos para adormecer mi dolor. Tenía discusiones y desacuerdos serios con mi madre, pero nunca le faltaba el respeto ni la culpaba por mi caída. Estaba aterrorizada de que algo le sucediera a mi madre por mi culpa. Era realmente difícil trabajar el programa con la agresora que había estado en mi vida todo el tiempo. Sin embargo, aprendía a tolerarla sabiendo en mi corazón que ella no estaba bien, siempre estaba diciendo que se quería morir. De ese modo ella me había controlado hasta la sumisión y el silencio.

Asistía a varias reuniones de Alanon para familias de alcohólicos y drogadictos y allí aprendí sobre poner límites, establecer cuáles serían mis fronteras y cómo funcionaba la codependencia. Me di cuenta de que me había perdido al querer complacer a otras personas, especialmente a mi madre, para recibir su reconocimiento y su aceptación por mí.

Me enojaba mucho con mi madre cuando hablaba mal de mí con JC y su madre. Me molestaba que mi propia madre no pudiera estar feliz por mí. Pero un día me percaté que con su actitud sólo estaba tratando de encubrir su propia culpa. Ella se hacía pasar por víctima descargando todas sus faltas en mí para parecer una madre ejemplar. Ella sólo proyectaba sus culpas; amenazaba y era sarcástica todo en una frase.

Mi madre también estaba pasando por su proceso de recuperación, pero yo nunca me detuve a pensar en ella. Se encontraba muy nerviosa y ansiosa todo el tiempo. Estaba deprimida, enojada, feliz, preocupada y estresada. La llamaba y ella no me dejaba hablar, hablaba sobre Medicare y Medicaid y el presidente de los Estados Unidos. A veces sólo me reía y en broma le decía:

—Mamá, toma un respiro, si no respiras necesitarás terapia respiratoria.

Entonces ella se enojaba conmigo. Mi madre nunca me preguntó, «Gloria ¿cómo estás?, ¿cómo estuvo tu día? ¿cómo están tus sentimientos?», nunca. Algunos días me enojaba mucho, cuando nuevamente me minimizaba, invalidaba o despersonalizaba. Ella siguió menospreciando mi necesidad de los grupos de doce pasos y afirmaba que el uso que yo hacía de las drogas no era tan malo.

—No tienes idea de lo que estás diciendo, tengo que ir allí todos los días para mantenerme cuerda. —Le respondí en una ocasión.

Mi madre no entendía, nunca escuchó realmente nada de lo que tenía que decirle ni reconocía mi sentido de ser pues eso significaba que ella hubiera tenido que aceptar que había sido responsable de muchos de mis fracasos. Me di cuenta de que necesitaba erradicar completamente algunas cosas dentro de mí, si quería tener una vida que valiera la pena vivir.

Comencé a leer algunos libros de autoayuda que aperturaron mi mente y me aportaban consejos y herramientas para mejorar cada área de mi vida. El primero que leí fue *Notes to Myself* (Conversaciones Conmigo Mismo) de Hugh Prather y el otro fue *Something More: Excavating Your Authentic Self* (Algo más: Excavando tu yo Auténtico) de Sarah Breatnach.

Esos libros abrieron un área de mi alma que desconocía y la posibilidad de desenterrar errores, heridas y traumas, todo eso se había vuelto muy interesante para mí. Supe que, en lo profundo de mí, existía una cerradura que bloqueba las puertas de mi ser y detrás de esas puertas había falta de perdón, dolor y arrepentimiento.

En uno de esos libros conocí una historia Cherokee que trataba el tema de dejar morir de hambre a algunas cosas en nuestra vida para poder alimentar aquellas cosas buenas. «Un viejo Cherokee le contaba a su nieto una historia y le decía: "Hijo mío, hay una batalla entre dos lobos llevándose a cabo dentro de todos nosotros. Uno es malvado. Representa la ira, los celos, la codicia, el resentimiento, las mentiras y el ego. El otro es bueno. Lo vemos en la alegría, la paz, el amor, la esperanza, la humildad, la bondad, la empatía y la verdad". El niño lo pensó y preguntó: "Abuelo, ¿cuál de los dos lobos gana?" El anciano respondió en voz baja: "Aquel que alimentes" Autor desconocido».

Continuaba en el programa e iba a las reuniones, seguía los pasos y me mantenía limpia de drogras y alcohol. Por desgracia, nunca leía la Biblia y no sabía quién decía Dios que yo era. Así que aún había un gran vacio en mi alma que no importaba cuántos pasos completara, todavía no había gozo ni satisfacción pues no tenía una identidad arraigada en Dios. Entonces, había abierto la caja de pandora y ¿ahora qué? Sé lo que he hecho y la persona horrible que he sido, pero en realidad, ¿quién soy? Una crisis existencial me sofocaba como un volcán.

Hice una lista e hice las paces con muchas personas y conmigo misma, pero nunca di los pasos para perdonar realmente a mi madre. Seguía haciendo inventarios, pero faltaba algo y no sabía qué era. Permitía que JC me amara y me cuidara, pero en mi egoísmo y mi egocentrismo, nunca trabajé para hacer un inventario de todos sus rasgos positivos y sólo veía las cosas negativas en él. Llevábamos casi cuatro años en el programa y JC seguía alerta y poniéndome restricciones, eso no me gustaba ni un poco. Mi argumento era que nunca había recaído y nunca le había mentido, «me estás asfixiando y no puedo respirar», le decía.

Un día, el director del programa nos convocó a una reunión. Nos explicó que existía un subsidio educativo del gobierno para hombres y mujeres latinos con doble adicción que hubieran hecho el programa sin falta y sin recaídas. El director mencionó que se les había otorgado una subvención de 40 000 dólares para dos personas y nos la estaba ofreciendo. No podía creer lo que escuchaba y pregunté cuáles eran los requisitos para calificar para esta subvención.

—Hay que tener cierto cociente de inteligencia, nunca haber recaído y tener más de cuatro años de sobriedad. Cualquiera que sea el programa de estudio que elijas, debes obtener una B o más para que puedan continuar financiando tus estudios y tus gastos de manutención —respondió el director.

—No me entiendes, fui una pésima estudiante, casi no me gradué de la secundaria, todos los problemas que tenía en mi casa me obligaban a faltar y perdí buena parte de esas enseñanzas —respondí.

—Déjame encargarme de eso, presenta la prueba de coeficiente intelectual y espera los resultados, tengo la sensación de que te estás subestimando. Vete a casa y piensa en lo que quieres estudiar. No puede ser una carrera larga y costosa, sin embargo, puedes ir a cualquiera de los colegios técnicos y estoy seguro de que encontrarás algo que te interese —respondió él.

Además, nos dijo que una vez que estuviera programada la prueba de coeficiente intelectual para JC y para mí nos llamaría para informarnos la fecha y hora de la cita.

Estaba preocupada y ansiosa, ¿qué pasaría si fallaba, y si descubrían que era una estúpida? ¿Qué pasaría entonces? No podría soportar más dolor y más derrota. Entonces me dispuse a rezarle a Dios sin abrir la Biblia. Una vez que la recuperación era una realidad y la sobriedad una forma de vida, abrí la mesa de noche y puse mi Biblia allí de forma segura, pero permanecía ignorada. Dios conocía mi corazón; él era el creador de todo lo que existía y tenía el manual del propietario.

A la semana siguiente ambos entramos al centro donde hicimos nuestra prueba de CI, después de dos días de espera por los resultados, recibimos la muy ansiada y también temida llamada. Se nos informó que habíamos pasado con gran éxito. Hicimos una fiesta con pizza y coca cola, estábamos superfelices.

JC había elegido estudios para ser mecánico y operador de camiones y yo para asistente médico y flebotomista, ambos certificados serian con exámenes adicionales para certificarme con el estado de la Florida. Mi programa tomaría nueve meses y el de JC seis meses. Era el momento perfecto para mi de poder conseguir un trabajo antes de terminar la escuela.

Estábamos agradecidos, muy agradecidos, pero nunca interiorizamos profundamente lo bendecidos que éramos y aún no reconocíamos que todo lo que recibíamos venía de Dios. Seguíamos siendo increíblemente egoístas, pero aún así Dios continuaba bendiciéndonos. Oré y le pedí a Dios que abriera mi mente, que me sanara para poder estudiar y sacar buenas calificaciones. Después de todas las drogas que había tomado, sentía y sabía que mi cerebro podía estar afectado. Planeaba sumergirme con todo lo que tenía, sabía que si quería sacar una B o más tendría que trabajar más duro que la mayoría de la gente, además yo realmente creía que tenía una discapacidad para el aprendizaje.

Estudiaba muy duro, respiraba y soñaba con anatomía, fisiología y toda la terminología médica. Para mi asombro me gradué en el programa con una A y JC también se graduó con una buena nota. ¡Lo había logrado! Esa fue la primera prueba que Dios usó para prepararme y para demostrarme que no era la persona estúpida que había creído que era. Dios sabía que necesitaba esa victoria, sabía que precisaba de una carrera y él estaba siempre presente en momentos de necesidad. Tuve que hacer un internado en alguna práctica médica y trabajar sin recibir ningún pago como parte del programa. Tener experiencia práctica era un requisito para graduarme, simultáneamente estaba estudiando para la certificación nacional como asistente médica y flebotomista.

Pensaba seguir una carrera de enfermería, pero poco después de estar en la práctica médica descubrí que no podía ver heridas abiertas ni mucha sangre, cuando lo hacía experimentaba algo denominado dolor por simpatía que se manifestaba en mi caso como algo que recorría por mi pierna. Es un término que se refiere a sentir síntomas físicos o psicológicos, por ejemplo, dolor o una sensación de frío que baja por las piernas o por la columna como resultado de presenciar el malestar de otra persona.

Me percaté de que el lado clínico del campo médico no era para mí, así que después de obtener mi certificación, pedí cambiar mis estudios y continuar cursando administración de oficina médica. Entonces hice un turno de unos meses y luego me gradué. Estaba lista para un trabajo en un consultorio médico.

Todas las facturas de la escuela y los gastos de manutención de JC y mías estaban totalmente pagados. Se nos había dado una gran oportunidad.

Empecé a trabajar para un médico general en Miami Lakes. Me encantaba el aspecto administrativo de la práctica médica. Disfrutaba hablar con los pacientes, hacer sus citas y operar una computadora. Tenía toda la teoría clínica que me ayudaba a ser eficaz en mis deberes administrativos, por ejemplo, solicitar las prescripciones y obtener los resultados del paciente, leerlos y descifrar lo que el médico necesitaba ver y aprobar.

JC y yo comenzamos a reflexionar sobre la idea de dejar Miami y mudarnos a Nueva York. Él siempre había creído que con sus conexiones allí podría abrir un restaurante, tal vez una pizzería con un pequeño menú y algunas mesas. Podía empezar poco a poco, él estaba seguro de que podía hacerlo. Primero quería probar suerte en un restaurante porque la cocina era su pasión, su otra pasión eran los camiones.

Fuimos invitados a la boda de mi prima Lisa; era la hija mayor de mi difunta prima Miriam. Allí la conocí a ella, también a Robert y a Bryan. Después de años de distanciamiento por falta de comunicación debido a que otros miembros de la familia habían echado leña al fuego y nos habían mantenido separados pues yo era la oveja negra de la familia.

Así que viajamos a Nueva York, JC y yo la pasamos muy bien, mi tía Yolanda era superentretenida y era muy fácil entablar una conversación con ella. Era la hermana de mi madre, la que había ayudado a mi abuela con los niños pequeños y había asumido la responsabilidad de criar a mi madre. La había visto varias veces a lo largo de los años y me había llevado muy bien con ella. Nuestras manos y pies eran iguales y siempre bromeaba conmigo al respecto. Cada vez que estábamos juntas, le hacía un interrogatorio para conocer más sobre la vida de mamá y papá y conocer más detalles sobre esa época en la que habían vivido en Cuba. Todas las historias que me contaba siempre coincidían con las de la abuela y la tía Nena.

Pude vincularme con todos mis primos y me asaltaba la nostalgia al pensar que era muy triste todos los años que habíamos desperdiciado por haber estado separados. Habían vivido su vida, habían recorrido su propio camino y yo también.

Yo estaba luchando mi propia batalla para mantenerme libre de drogas, para ser una mejor persona que la que había sido. Anhelaba una vida mejor. Había muchas cosas que sabía que no quería, así que era relativamente más fácil descifrar lo que sí quería. Sin embargo, la confusión me estaba cegando, había tantas cosas que aún necesitaba resolver, pero una cosa de la que sí estaba segura era que extrañaba tener una familia, una que fuera cercana, vulnerable y real. ¿Podría lograr eso alguna vez? Iba a intentarlo y averiguarlo.

Antes de irnos, hablamos con mi tía lo que estábamos planeando, le dijimos que queríamos mudarnos a Nueva Jersey. Se emocionó mucho al escucharlo, pero también noté cierta inquietud en su voz.

—¿Qué vas a hacer con tu madre? —dijo.

—Bueno, tía Yolanda, ahora estoy casada y si vamos a salir de Miami, es mejor que lo hagamos ahora antes de que ella envejezca más —respondí rapidamente.

—Sabes que ella nunca podrá vivir aquí, hace demasiado frío para ella —contestó.

—Mira tía, necesito poner un poco de distancia entre mamá y yo. Necesito resolver algunas cosas, siempre he querido vivir en otro lugar, he vivido en Miami toda mi vida y necesito un cambio de escenario ahora mismo. —Le dije.

—Es tu decisión, ella todavía es muy independiente y puede arreglárselas sola, todavía está conduciendo y puede moverse, así que ahora puede ser un buen momento, todavía tienes algunos años antes de que necesites tomar algunas decisiones serias. —Me dijo.

—Lo sé, por favor no me recuerdes lo que está por venir con respecto a ese tema. Puedo decirles con toda sinceridad que no estoy preparada para cuidar de mi madre en su vejez. Si resulta ser una vieja loca no sé qué voy a hacer. —Le respondí.

Regresamos a Miami y comenzamos a planificar nuestro traslado a la ciudad de Nueva York. Cuando mi madre se enteró, actuó como si eso no la perturbara, como si no le importara, sin embargo, hizo varios comentarios en los que argumentaba que la estaba abandonando, rápidamente le aclaré diciéndole la verdad, ya no era la niña a la que lograba aterrorizar y hacer sentir culpable, ahora era una mujer adulta y podía expresar mi opinión. Le recordé que tenía esposo y que él estaba pensando en abrir un negocio pues tenía amigos allí.

En esa época JC y yo empezamos a discutir mucho, creo que era el estrés por todos los cambios que estábamos emprendiendo, además, nuestros mentores nos habían advertido que tuviéramos cuidado de que no estuviéramos haciendo un escape geográfico como los que planteaban irse de la ciudad huyendo por no tener la fuerza de voluntad para trabajar el programa. Nuestro mentor nos explicó individualmente que a veces el adicto quería huir y lo justificaba en su mente argumentado que tenía el control sobre la situación, o que un cambio de escenario aliviaría su obsesión y los antojos. Pero al igual que cualquier comportamiento o dependencia de las sustancias que sean, la causa raíz de la adicción debía abordarse conscientemente para no recaer en una nueva ciudad.

Creo que JC experimentaba el síndrome del borracho seco. Una definición creada por Alcohólicos Anónimos que describía a una persona que realmente no trabajaba el programa en profundidad, se mantenía sobria, sin embargo, mostraba características de una persona que estuviera bebiendo.

Estos incluían cambios de humor, irritabilidad, frustración, inquietud y muchos otros síntomas, como distracción y aburrimiento. En las reuniones había escuchado historias en las que la esposa le decía a su pareja: «No te soporto, por favor sal y bebe». Pero yo no estaba dispuesta a cometer ese error. A veces, era yo misma la que quería salir y tomar algo. Después de tantos años todavía recordaba esos tiempos. ¿Qué tenían la bebida y las drogas que me gustaban tanto, que tenían que me incitaban recordarlas? ¿Estaba fantaseando con algo que no era real? ¿Qué sentía? Cuando el humo o la droga golpeaban mi cerebro me convertía en todo aquello que fantaseaba, pero eso era todo lo opuesto a lo que era en la vida real. Creía que las drogas me hacían inteligente, poderosa, hermosa, valiente, autosuficiente y libre. Eso era lo que pensaba, pero en realidad era más esclava de lo que jamás me había dado cuenta. Además, aún existía un aspecto sexual del cual no estaba completamente curada y todavía esas imágenes inundaban mi mente.

Estoy segura que también era difícil para JC, probablemente estuviera cansado de que yo hablara acerca de todos mis problemas con mamá, seguro algo estaba cambiando y no sabía qué era. Pensaba que era un problema sexual, pero él funcionaba bien. Era yo, era mi incapacidad de sentirme feliz o gozosa. No tenía idea de lo que era estar agradecida ni practicaba la empatía. Siempre se trataba todo de mi.

De modo que dediqué parte de mi tiempo a investigar un poco sobre las funciones del cerebro y cómo lo afectaban las drogas. Aprendí que producimos sustancias químicas que activan el placer y que las drogas y el alcohol alteraban la liberación de estas. Estas sustancias químicas se denominan: dopamina, oxitocina, serotonina y endorfinas. Son neurotransmisores que están asociados con la felicidad. En circunstancias normales se liberan cuando comes chocolate, haces ejercicio, te ríes, cuando tienes sexo o cuando te estás enamorando. Sin embargo, en una persona que consume drogas, estos químicos se están liberando constantemente y afectan el área de recompensa y gratificación del cerebro. Entonces, cuando la persona no siente placer busca más drogas, sustancias o cae en comportamientos que puedan inyectarle satisfacción o incrementar su nivel de placer. Yo era adicta a la gratificación y a las experiencias placenteras. ¿Podía tener un desequilibrio de adrenalina?, pensaba.

Mi investigación me llevó a la conclusión de que pasaría un tiempo antes de que mi cerebro y todas sus neuronas volvieran a su estado normal. Sin embargo, algunas personas no esperan y esa es una de las razones por las que recaen o vuelven a su adicción.

Recuerdo cuando fumaba marihuana; una tarea un tanto tediosa era motivo de celebración. Todo era divertido, fiestas y risas, pero ahora no era así. Casi nunca me divertía y padecía mi propio síndrome de borrachera seca; en mí se manifestaba como una tristeza de la que no podía deshacerme. Veía la vida en blanco y negro, ya no la vivía en colores alegres y vivos, era horrible.

Solemos pensar que un cambio de casa, muebles, novio, un viaje, un trabajo, un divorcio harán las cosas diferentes. Aprendí que llevamos nuestra disfunción donde quiera que vayamos, no es algo externo, sino que es interno.

Les aseguramos a nuestros mentores que estábamos bien, que habíamos permanecido en el programa durante cinco años y nos habíamos ganado las fichas de la sobriedad pero también el derecho a volar lejos del nido de Alcohólicos Anónimos, AA. Nos dijeron que estaba bien, pero «asegúrate de seguir asistiendo a las reuniones, esta es una batalla de por vida».

Antes de salir de Miami visitamos una iglesia cristiana pentecostal. Nunca había escuchado música de alabanza y adoración antes de ese día; era absolutamente asombrosa. Al final del servicio, se hizo un llamado al altar y JC y yo entregamos nuestra vida a Dios. Luego de ese día pasó un mes antes de partir hacia Nueva Jersey.

Notifiqué en mi trabajo que me relocalizaba a Nueva Jersey, ya me habían nombrado gerente de oficina y había disfrutado mucho trabajando para ese médico. Era muy agradable; nunca lo vi enojado y tuvo mucha paciencia conmigo. Le gustaba mi desempeño y siempre me estaba enseñando cosas nuevas. Me dio mi primera carta de recomendación para que pudiera conseguir un trabajo en Nueva York. Me sentía muy orgullosa de haber terminado la escuela, me había certificado y estaba segura que con la carta de los médicos, obtendría un buen trabajo. Cargamos nuestro automóvil con nuestras pertenencias y con un camión *U Haul* en la parte trasera de este, emprendimos nuestra nueva aventura en 1995. Poco sabía que esta sería una jornada que cambiaría mi vida, una que nunca debí haber hecho.

## La trampa

¡Una trampa para atrapar a un pájaro! Es una soga, un alambre, un cordón. Es algo que te tienta, que te atrae como carnada. ¿Mentiras cubiertas de verdades y dices: «Espera»?

Me pides que acepte el soborno de una buena alimentación. Esparciendo grano, así que lo seguiré y en el engaño me falla mi inocencia.

Todos dicen: «Vuela lejos, pajarito, no te quedes atrapado en la trampa, la trampa es la mentira; la esclavitud es fácil de soportar».

Todas las cosas brillantes distraen fácilmente mi atención; mis ojos están atrapados en el atractivo, en la lujuria de todas las cosas bellas.

Soy un pájaro joven, ¿qué sé yo? ¡Sólo voy a donde va la promesa! Pero, ¿a quién eliges para ser tu hacedor de promesas? ¿Es el que se ve o el único poderoso, el que no podemos ver?

¡Una trampa para atrapar a un pájaro! Es una soga, un alambre y un cordón. Es algo que te tienta, que te atrae como cebo. ¿Mentiras cubiertas de verdades y dices: «espera»?

Y dices que no hay tiempo que perder, debo cortar este cordón, debo hacerlo, ¿quién más? Pero en tu fuerza no hay poder, cuanto más lo intentas, más débil es la lucha.

¿Cuándo te darás cuenta de que él es el único refugio en tu tormenta? Él tiene la llave de tu libertad; él es el que abre la jaula, el que suelta la soga, el alambre y el cordón.

Ahora conoces al que cumple tus promesas, vuela hacia el sol, pajarito, ¡la única promesa que debes creer es que puedes volar!

¡Vuela libre, pajarito, con alas destinadas a alabar!

# Capítulo XIII. Asilo del Alma

Nunca había sabido que tenía una identidad, yo era lo que mi madre me había dicho que era, creía que tenía un corazón negro y pensaba que era inherentemente mala. Me había criado una abuela anciana que no practicaba el hablar de sí misma. Cuando cerraba la puerta de mi habitación ella no tenía idea de lo que pensaba o hacía. Vivía en un mundo en el que expresar quién era estaba silenciosamente prohibido. No me entendía a mi misma y mucho menos a la mujer que me había traído al mundo. Si esa mujer era tan violenta y abusiva conmigo, entonces debía tener cuidado con todas las demás mujeres, pensaba. Entender la palabra identidad no era algo común en mi cultura y mucho menos en mi mundo.

JC y yo llegamos a Nueva Jersey con todas nuestras pertenencias y nos mudamos a un apartamento en el sótano de la casa de mi tía Yolanda. Sería un nuevo comienzo para los dos y una prueba de nuestra sobriedad. Salimos de Miami con suficiente dinero para mantener un techo y alimentarnos durante unos meses.

JC y yo comenzabamos a adaptarnos, especialmente a mí se me dificultaba un poco después de haber vivido en Miami toda mi vida. Me era difícil pues me perdía muy a menudo, aunque tenía varios mapas en mi auto, todavía tenía problemas para encontrar las direcciones. No estaba acostumbrada a los nombres de las calles.

En Miami la distribución de las calles se basaba en números y *Flagler St* dividía el norte y el sur de la ciudad. Para JC no era difícil ya que había estado en el área de los tres estados de Nueva York, Nueva Jersey y Pensilvania en varias ocasiones.

JC estaba tratando de armar su plan de negocios, pero yo no estaba de acuerdo con él con respecto a iniciar esta empresa tan rápido, en mi opinión podía comenzar primero a trabajar para ahorrar algo de dinero y luego abrir el negocio. Él no estaba de acuerdo conmigo y ese fue un motivo de discusión. No nos llevábamos bien en muchos aspectos. Además, no podía evitar el pensar que tenía que haber algo más en esta vida. «He experimentado muchas cosas en mi vida», pensaba. «Entonces, ¿qué más hay?»

Nunca regresamos a la iglesia, no continuamos con nuestro camino espiritual y mucho menos con la renovación de nuestras mentes, es decir, no leíamos la palabra ni permitíamos que Dios reemplazara las mentiras por verdades. Ambos recorríamos por una ruta haciendo círculos y ni siquiera lo sabíamos. Me hice el hábito de orar todas las noches a ese Dios que había conocido en el programa de doce pasos.

Había solicitado varios trabajos, pero con la cercanía de las vacaciones, pensaba que sería más difícil para un empleador el contratarme. Era noviembre y estábamos cerca del Día de Acción de Gracias, pero un día recibí la llamada de un médico de atención primaria que tenía una oficina en la parte latina de Nueva Jersey, llamada *Bergenline Ave*. Me dieron una cita para una entrevista y conseguí el trabajo.

El fin de semana antes de empezar a trabajar hubo una tormenta de nieve horrible, aún así el lunes me desperté lista para ir a trabajar y me vestí. No era competente para quitar la nieve, especialmente ese día en que se suponía que debía empezar a trabajar. Bajé las escaleras y comencé a buscar mi auto, pero no podía encontrarlo y me asusté pensando que había sido robado.

Miré hacia arriba y vi a mi primo Bryan bebiendo un café y riendo a carcajadas. Era un manojo de nervios llorando porque no podría llegar al trabajo. Bryan bajó las escaleras mientras se reía de mí.

—Mujer, tu coche está cubierto de nieve, por eso no lo puedes encontrar —dijo.

—Bryan —exclamé—, ¡voy a llegar tarde en mi primer día de trabajo! ¡No puedo creer esto!

Entró a la casa, tomó una pala y salió a sacar mi auto de la nieve con una pala, yo me quedé allí sin poder creer lo que veía. Eso era lo más dulce que alguien había hecho por mí. Palear era un trabajo duro y JC ni siquiera había salido a ver si necesitaba ayuda.

Cuando llegué al trabajo había mucha nieve y estaba completamente fuera de mi elemento. Allí todo era difícil o simplemente era un pez fuera del agua. No tenía habilidades para tratar con personas difíciles en un trabajo. No me agradaba mi jefe; era totalmente diferente a aquel con el que había trabajado en Miami. Su esposa también trabajaba en la oficina y era una mujer muy complicada. Su hija era otra clase de ser humano; ella acababa de terminar su carrera y estaba trabajando en la oficina temporalmente.

Ella era el pegamento que mantenía unida a la oficina, era decente, justa y no tenía problemas para hablar con la gente. Su comprensión, paciencia y amabilidad hicían que quisiera sobresalir en mi trabajo. Ella siempre citaba a Eleonor Roosevelt: «La gente no se preocupa por cuánto sabes, hasta que saben cuánto te importa». En repetidas ocasiones usaba esta frase para ejemplificar cómo debía ser nuestra actitud con los pacientes y yo pensaba para mi misma, «por favor escriba esto en letras grandes para que su papá y su madrastra lo vean».

Le comentaba a JC que tenía ganas de dejar mi trabajo pues no me sentía feliz allí y que estaba enviando más currículos para ubicar un nuevo empleo. Le pedía que, por favor, consiguiera un trabajo hasta que lograra instalarme en otro, pero se negaba. Así que no estábamos de acuerdo en la cama y tampoco estábamos coincidiendo fuera de esta. Hasta que un día tuvimos una discusión muy fuerte en la que le dije en su cara que él siempre había querido comenzar desde arriba y nunca se había planteado la posibilidad de comenzar desde abajo. Además, le dije que la gente tenía razón acerca de lo que opinaban de los argentinos, ellos pensaban que eran mejores que otras personas. Le grité que a veces se necesitaba hacer un pequeño sacrificio para llegar donde se quería.

—Me voy y no vuelvo —dijo dirigiéndose a la puerta.

—Si te vas, no te molestes en volver. —Le respondí, y nunca lo hizo.

Al día siguiente me desperté como una mujer separada de su marido. Había estado con JC seis años, era la relación más larga que había tenido. Comencé a justificar en mi cabeza todas las razones por las cuales no había funcionado y los porqués de no poder estar juntos.

Instantáneamente comencé a extrañarlo, había sido una parte muy importante de mi vida. ¿Cómo podían terminar las cosas de esta manera?

Nunca fui a otra reunión de doce pasos y varios meses después de que JC dejara mi vida, sucedió lo que me habían dicho mis mentores. Recaí. Fumé marihuana y tomé un poco de vino con mi prima Lisa, desde ese momento volví a engancharme al instante. Me justificaba a mi misma diciéndome: «Mientras no consuma cocaína y *crack*, no tendré recaídas».

Había muchos aspectos de mí con los cuales todavía estaba luchando. Las voces de mi madre seguían retumbando en mi cabeza, sus palabras de desaprobación y rechazo me atormentaban constantemente. La vergüenza que sentía por no ser amada.

Nunca había descansado sobre el pecho de mi madre, ella me había alejado desde el mismo momento en que había nacido diciéndole a la enfermera que me llevara porque chupaba demasiado fuerte y le dolía.

¿Puede un bebé sentir el rechazo de su madre desde que está en su vientre? Los expertos dicen que sí. En un artículo escrito en la revista de la *Association for Psychological Science* (*APS*) titulado en español «El cambio en el estado mental de la madre puede influir en el desarrollo de su bebé antes y después del nacimiento [ii]», se establece que el bebé puede sentir la tristeza de su madre, su depresión y su dolor. Mientras el feto crece, recibe mensajes de su madre. El bebé escucha los latidos del corazón de ella y también recibe señales químicas a través de la placenta. Esto incluye el estado mental en el que se encuentre la madre.

La identidad de una persona incluye muchos aspectos de su yo. Se compone de sus creencias, actitudes, habilidades, historia y formas de comportarse, personalidad, temperamento, conocimientos, opiniones y roles. La identidad es muy importante porque ayuda a poder decir no a aquellas cosas que van en contra de los valores y códigos morales de una persona. Una identidad fuerte provee un ancla cuando el mundo alrededor de un individuo está cambiando o se encuentra fuera de su zona de confort. El tener una identidad fuerte le ayudará a mantenerse firme.

Para mamá, mentir estaba bien, ser prostituta no era gran cosa, para ella no había nada de malo en cortar cocaína con tu mamá a una temprana edad. Mi identidad estaba ligada a la de ella de una manera profunda y sutil. No sabía dónde terminaba su identidad y dónde comenzaba la mía. Siempre había dejado a un lado mis necesidades para satisfacer las de ella. Lo había logrado, había conseguido valerme por mi misma y le había demostrado que ahora ya no podía manipularme. Era mi momento de vivir. Todo lo que había hecho había sido para glorificarme a mí misma. Alcanzar un estatus, buscar placer y adormecer mi dolor. No podía encontrar ninguna satisfacción y ahora vivía con el pesar de haber recaído, pero ni siquiera me importaba. Me prometí que viviría mi vida y la disfrutaría, no habría más dolor, sólo diversión y risas, sería feliz y afortunada.

Las necesidades insatisfechas de amor, emoción y atención dentro de una relación, probablemente terminarán en la tentación de ser infiel. Es muy probable que un comportamiento placentero se inicie y si es lo sufientemente repetitivo, se convertirá en una adicción.

La fruta prohibida y los pecados secretos, eventualmente, conducirán a un comportamiento rutinario que, a menudo, culminarán en una adicción sexual. Todavía había en mi mente imágenes de ciertos comportamientos sexuales, esa parte de mis adicciones no había sido tratada. Eso era para mi una habitación oscura cuyas cortinas estaban corridas y la puerta estaba cerrada.

Durante muchos años voces acusatorias en mi cabeza me había dicho que mi sexualidad era enfermiza, que no debía estar con un hombre sino con una mujer. Pensaba que eso no podía ser correcto, nunca había estado con una mujer de esa forma. Entonces empecé a justificarlo y comencé a estudiar sobre sexualidad, estaba tratando de entenderme a mí misma a través de la ciencia, no a través del espíritu. Aprendí que una mujer tiene muchos más ciclos hormonales en un mes en comparación con los hombres. Entonces me preguntaba, «¿estoy en una menopausia precoz?» Estaba muy confundida. ¿Por qué no me sentía feliz con un hombre? ¿Estaba inhibida o era frígida? ¿O simplemente estaba con el hombre equivocado?

Un día conducía sola hasta la ciudad de Manhattan. Caminaba y visitaba algunos lugares de interés mientras hacía algunas compras. Caminando por una avenida vi un bar y me paré a tomar algo. Eran alrededor de las cinco de la tarde y había poca gente allí. Así que me senté e inmediatamente me sentí cómoda, la chica detrás de la barra era sociable y yo me sentía a gusto.

Sólo había mujeres allí, lo sabía por su comportamiento, había entrado en una barra de mujeres lesbianas.

Me quedé y tomé mi vino. Al otro lado de la barra había una joven que parecía estadounidense y me estaba mirando. La música comenzó a sonar, era un *jazz* ligero muy agradable. Todas nos estábamos conociendo y siendo amigables, comenzamos a hablar de música y luego de nacionalidades, así como de comida y otros temas de los cuales suele hablar la gente cuando bebe socialmente.

Una vez que comencé a beber mi segunda copa de vino, la chica se acercó y se presentó como Jay. Yo hice lo mismo y seguimos conversando. La chica era italoamericana y acababa de salir del trabajo, era contadora en una compañía de títulos y estaban cerrando algunos tratos por lo que tenía que ir también el sábado a trabajar. Me explicó que había estado estresada todo el día y ese bar era un lugar de reunión para ella y sus compañeras de trabajo después de haber terminado sus jornadas.

Estuvimos conversando allí durante horas y alrededor de las diez de la noche le dije que tenía que irme a casa. Intercambiamos números de teléfono y nos fuimos.

Mientras conducía a casa pensaba, «¿qué estás haciendo? ¿Por qué estás haciendo esto?» Y me dije: «Esto es lo único que no he hecho, tal vez esto sea lo que soy».

Unos días después Jay me llamó y me invitó a un concierto, me preguntó si quería ir con ella. Era de Tony Bennett.

—No puedo rechazar un concierto de uno de mis cantantes favoritos. Por supuesto que iré, gracias por la invitación —dije.

Salimos varias veces y unos meses después nos reunimos con sus amigos y mi familia, nos llevamos bien y comenzó una relación. Ella se movía muy rápido y me di cuenta de que su examante formaba parte de su vida, ahora eran mejores amigas y se trataban como si fueran familia. Jay había sido abandonada por una mujer puertorriqueña y quería iniciar una relación nuevamente. Probablemente nuestra relación la había incitado algún tipo de comportamiento como, «mírame yo también puedo conseguir a alguien».

Poco a poco me percaté de que existía mucha infidelidad en la cultura gay, sobre todo en los chicos. A las mujeres les gustaba más tener una familia, pero también eran infieles.

Mis primos aceptaron mi cambio de sexualidad, eso no era raro en nuestra familia. Habían varios homosexuales en nuestro clan, pero yo era la primera mujer que había decidido cambiar de dirección. Mientra ellos creían que estaba explorando, yo pensaba que no tenía ni idea de lo que estaba haciendo, pero iba a averiguar si era allí donde pertenecía.

Mi vida se convirtió en un torbellino de eventos entre los que abundaban las fiestas y conciertos bebiendo licor y fumando marihuana. Me sentía segura de que mientras no tocara la droga que me había hecho arrodillar, estaría bien. Pero también me sentía inquieta, indefinida y aún insatisfecha.

El humo en mi garganta nublaba mi mente, las risas y los buenos momentos sólo prolongaban lo inevitable. Jay y yo nos mudamos juntas y dejé mi trabajo en *Bergenline Ave*. Conseguí un nuevo empleo con una ginecóloga en el condado de Westchester y me encantaba mi trabajo.

Un día mi jefa me preguntó si podía llamar a algunos de sus pacientes que le debían dinero, ella me pagaría por hacerlo después de mi horario laboral como un trabajo de tiempo y medio. Realicé muchas cobranzas para ella y recuperé mucho de su dinero, por lo que me refirió a otros médicos y entonces tenía tres trabajos a la vez. Estaba ahorrando dinero y un día le dije a Jay que quería comprar una propiedad porque los impuestos municipales y estatales estaban consumiendo una gran parte de mi dinero.

Fuimos juntas a buscar casa y encontramos una muy linda en Hawthorne, Nueva York. Teníamos una relación que llevaba ya unos siete meses y ella me preguntó si podíamos comprar la casa entre las dos y le dije que sí.

Nos mudamos juntas y la fantasía de una familia se hizo realidad. La cultura gay es muy unida y son ferozmente leales. La exnovia de Jay y la relación que ellas mantenían era parte de nuestras vidas, al principio era difícil pues me hacían sentir que debía demostrar mi validez, todas sabían que nunca había tenido una relación homosexual y eran muy protectoras de Jay.

Era un torbellino de eventos, compromisos y personas en nuestras vidas. Parecía que Jay no quería que tuviera demasiado tiempo extra para pensar y darme cuenta de que la vida que estaba llevando no era para mí.

Un día tuve una idea que no sabía de donde surgió, sentí una necesidad de estudiar codificación y facturación médica, pero mi mente se oponía al proceso de estudio y la disciplina que este requeriría, pues eso significaba que tendría que reducir significativamente las fiestas.

En mi corazón sabía que tenía que hacerlo. Entonces me inscribí en *Norwalk Community College*, decidí que invertiría un año de mi vida para aprender otra carrera dentro del campo de la medicina. Disfrutaba trabajar con la gente, sabía que era extrovertida y la gente respondía bien a mi trato. Pensaba que probablemente podría entrar en administración en algún momento de mi vida. Definitivamente el lado administrativo era mi nicho, en un entorno como ese me sentía cómoda y era el empleo adecuado para mí.

Terminé mi curso de estudio con un promedio alto. Una vez más Dios me estaba demostrando que mi cerebro funcionaba bien, no tenía problemas de aprendizaje y podía memorizar y aplicar perfectamente los conceptos aprendidos en clase.

Después de dos años de estar con Jay y de hablar con ella acerca de cómo me sentía por el hecho de no tener hijos, un trabajo cayó del cielo para mí. Me lo había mencionado uno de los médicos para los que trabajaba. Se trataba de un puesto como gerente de facturación en una clínica de infertilidad en Rye, New York.

Fui a la entrevista y conseguí el puesto. Empecé con mi nuevo empleo de inmediato y era un placer ir a trabajar todos los días. Realmente disfrutaba de mi trabajo, mi jefe era increíble y todos mis colegas eran muy amables. El lado negativo de ese empleo era que la cicatriz de mi infertilidad era removida y recordada a diario.

Era una situación que estallaba en mi cara todo el tiempo. Realmente eso no lo había procesado, cuando una mujer se acercaba a la ventana de facturación y me decía: «¡Gloria, estoy embarazada!». Mostraba una sonrisa forzada y decía: «Felicitaciones».

Después de seis meses de estar trabajando allí, fue cuando finalmente pude felicitarles de corazón, mientras tanto debía enfrentarme a mi dolor diariamente. Era como una intervención divina el que me hubieran puesto en esa oficina en la que podría resolver emocionalmente mi mayor pesar.

La infertilidad es como un proceso de duelo en el que la persona a menudo se siente sola, desconectada y alejada. Hay tanta vergüenza que se evita hablar de ello. Entonces yo no lo había hecho, sólo me había drogado para olvidar y si todavía sentía dolor tomaba vodka de arándanos que tampoco aliviaba ese sufrimiento.

En Navidad, nuestro jefe hizo reservaciones en un hermoso restaurante en Mt. Kisco, Nueva York. Había pedido una cena de cinco platos, comenzamos con un cóctel para amenizar los bocadillos entrantes, luego vino para acompañar el plato principal y seguidamente una copa para después de la cena. Bebí demasiado esa noche. Aguanté bien el licor y no hice ningún ridículo.

Mis compañeros de trabajo iban a un club y me invitaron, pero les dije que mejor me iba a casa temprano pues estaba cansada ya que había sido una semana larga. Caminé hasta el baño antes de irme, me sentía mareada. Mientras entraba, me apresuré a vomitar. Quería salir pronto de allí, no quería que nadie me viera en esa condición. Me acerqué al lavabo y bebí agua del grifo. Lavé mis dientes, me puse lápiz labial y salí corriendo.

Entré en una carretera y había comenzado a nevar, además, había obras de construcción en el lado por el que conducía y el precipicio de mi lado tenía unos veinticuatro metros de profundidad. Conducía un vehículo Toyota automático y, de repente, empezó a patinar sobre el hielo, mi auto estaba dando vueltas y no podía detenerlo. Recordé lo que todo el mundo me había dicho: «Si eso te sucediera deja que el auto siga andando y cuando se detenga entonces pones el freno». Finalmente, levanté el freno y choqué contra un poco de tierra que había al costado de la carretera. Salí del auto y fui a comprobar si había algún daño, fue entonces cuando me percaté de donde se había detenido el auto, estaba justo al borde de una caída libre de setenta y seis metros. Esa noche comprobé que sí existía asistencia providencial, me fui a casa con toda mi anatomía, sin que nada me faltara y sin ningún daño, me encontraba perfectamente bien.

Ese incidente me hizo reflexionar acerca de pedir ayuda a Dios, pues aún no podía dejar de pensar en mi infertilidad. El no ser capaz de producir vida, provocaba un dolor muy profundo en mi estómago, era como un dolor profundo y sordo. Ser infértil me colocaba en un lugar de dolor. Mi corazón lloraba ansiando tener en mis brazos a un bebé, alguien que me perteneciera y del cual yo formara parte primordial para el sustento y bienestar de esa criatura.

¿Por qué, Dios? ¿Por qué yo? ¿Se me está castigando por consumir drogas? ¿Me estás castigando por no haber podido perdonar a mi madre? Oh Dios, ¿dañé tanto mi cuerpo como para aniquilar la capacidad de producir vida o me robaron la posibilidad de tener a mis propios hijos? Dios, ¿me ves? ¿Soy lo suficientemente importante para ti como para hacer un milagro con mi útero?

Después de meditar en esa idea por un tiempo, decidí hablar con mi jefe, era uno de los endocrinólogos reproductivos más famosos de Nueva York. Había sido entrevistado en el programa «*Today Show*» en varias ocasiones y era muy respetado en su campo. Era muy accesible y un día me atreví a entablar con él la temida charla.

Le hablé sobre mi deseo de ser madre, le dije que antes de pensar en la adopción quería probar la fertilización *in vitro*. Mi seguro cubriría una parte y yo pagaría el resto. Dijo que estaba bien, que debíamos comenzar primero con las pruebas, la ecografía y todos los análisis de sangre antes de poder considerar cualquier procedimiento.

Emprendimos todo el proceso y los resultados de la ecografía arrojaron que tenía un quiste y más endometriosis. Mi jefe dijo que debía entrar para poder extraer el quiste y hacer una cirugía exploratoria. Un mes después ya me habían realizado todos los análisis de sangre, pero mi médico no me había dado los resultados hasta después de la cirugía. Necesitaba poner todas las piezas en su lugar y armar un cuadro completo para poder decirme si era posible la FIV.

Fui a mi tercera cirugía ginecológica, mi jefe y mi médico tuvo que hacer otra incisión por cesárea y extraer otra parte de mí. De nuevo mi presión arterial volvió a bajar a niveles peligrosos y el doctor tuvo que extirpar la trompa de falopio restante y la mitad de un ovario. Fue necesario restablecerme de esta nueva cirugía que ameritó algunas semanas de recuperación.

Jay estaba emocionada ante la perspectiva de que tuviera un bebé, la fantasía de ser madres fuera de los límites de una relación heterosexual era muy atractiva para los homosexuales, a veces pensaba que se trataba de algún tipo de rebelión. Era como decirle a Dios, «mira, podemos ser fructíferos y multiplicarnos creando nuestro camino, no el tuyo».

Íbamos a desfiles gay en Manhattan y luego a los clubes. Bailábamos, bebíamos y nos divertíamos, pero yo siempre estaba analizando internamente su cultura y escuchando atentamente sus conversaciones. Había mucho rechazo hacia ellos por parte de sus padres, también humillaciones hirientes y en muchos casos persecuciones por ser gay. Realmente creían que habían nacido así, proclamaban que el amor era amor incluso en una relación homosexual.

Jay era una católica devota e íbamos a la iglesia con su ex y algunas de nuestras amigas. Había muchos homosexuales que iban a la iglesia que los aceptaban por lo que eran. Había una fe genuina en Dios, pero ningún deseo de leer la Biblia, para muchos era un libro obsoleto, lleno de reglas y disposiciones que no se aplicaban en el mundo actual. Muchos de ellos pensaban que siempre que fueran buenas personas, amables y cariñosas, Dios los aceptaría incluso si eran homosexuales.

Nunca compartí sus creencias. En el fondo siempre pensé que estaba haciendo algo mal, sin embargo, seguía con mi vida dentro de los muros de la vida gay porque en ese momento me sentía amada y cuidada. Sentía que era importante para alguien y mi anhelo y el vacío materno se estaban satisfaciendo. No puedo mentir, me atraían las mujeres de forma emocional, no de forma vulgar, era más un sentimiento de compañerismo que algo sexual. No estaba segura de poder calificarme todavía como una mujer homosexual. Había algo que no me gustaba y no pararía de buscar hasta llegar dónde necesitaba estar.

Unas semanas más tarde recibí la terrible noticia de mi médico, no era una buena candidata para realizar una fertilización *in vitro*, el resultado que arrojaba la lectura de mis óvulos era como si tuviera una edad avanzada, eso significaba que no había una buena calidad en ellos para llevar acabo una fertilización exitosa. Mi jefe me propuso un donante de esperma y de vientre pero dije que no. No iría tan lejos para tener un hijo. Necesitaba llegar hasta el límite de las pruebas *in vitro* y asegurarme de haber hecho todo lo posible por quedar embarazada con mi propio cuerpo.

—No estaba destinada a ser madre. En este momento no estoy segura de estar dispuesta a adoptar. —Le comenté a mi jefe.

La conversación terminó con esas palabras, sentía un alivio en mi corazón y finalmente aceptación. En mi mente subconsciente estaba procesando mi realidad, no estaba destinada a ser madre en esta tierra. Pero eso tampoco significaba que me lanzaría a una vida gay.

Algunas mujeres que conocía habían hecho eso, habían descubierto que no podían tener hijos y por desprecio a si mismas y frustración habían cedido a una vida de homosexualidad pensando que no serían buenas para ningún hombre. Había muchas situaciones e historias diferentes que había escuchado, estaba tratando de encontrar el denominador común conmigo. En esencia todos buscábamos el amor y para muchos, la crisis de identidad había comenzado con la falta de mamá o de papá o de ambos. El vacío ocurría cuando los padres estaban ausentes y no se hacían disponibles para sus hijos, de ese modo se les hacía pensar que no tenían ningún valor pues sólo la basura se desecha.

Hicimos un viaje a Cozumel, México y eso me alegró un poco porque estaba inmersa en una depresión silenciosa. Había aceptación en mi corazón pues no tenía otra opción, pero en el fondo todavía sentía todas esos emociones familiares que me hacían sentir que no era digna de amor. Mi infertilidad era sólo la prueba y el sello que me confirmaba ese hecho.

Un día, Jay me pidió que fuéramos a la Catedral de San Patricio, ella quería hablar con un sacerdote allí porque estaba pensando hacer su confirmación. Habría una reunión para hablar sobre dicha ceremonia. Cuatro mujeres homosexuales que querían acercarse a Dios entraron a una iglesia y dos semanas después todas estábamos recibiendo la confirmación. Ese día recibí una oración que había escrito San Patricio y la leí todos los días durante años, cuando la leía me sentía cerca de Jesús. No le estaba rezando a un santo, estaba invocando el poder de Cristo sobre mi vida.

*Oración de San Patricio*

*Me levanto hoy por la fuerza del cielo; luz del sol, resplandor del fuego, velocidad del rayo, rapidez del viento, profundidad del mar, estabilidad de la tierra y firmeza de la roca.*

*Me levanto hoy gracias a la fuerza de Dios para conducirme y la sabiduría de Dios para guiarme. El oído de Dios para escucharme y la palabra de Dios para hablar por mí. La mano de Dios para protegerme y el sendero de Dios tendido frente a mí. El escudo de Dios para protegerme y los ejércitos de Dios para salvarme de las trampas del diablo.*

*De la tentación de los vicios, de todo el que me desea mal. Lejos y cerca, solo o en multitud.*

*Convoco a Dios todopoderoso para que me proteja contra todo mal, contra todo poder cruel y despiadado que pueda oponerse a mi cuerpo y a mi alma y a todo conocimiento que corrompe al hombre.*

*Cristo para protegerme contra el veneno, contra las quemaduras, contra el ahogamiento, contra las heridas.*

*Cristo conmigo, Cristo delante de mí, Cristo detrás de mí, Cristo en mí, Cristo debajo de mí, Cristo encima de mí, Cristo a mi derecha, Cristo a mi izquierda, Cristo cuando me acuesto, Cristo cuando me siento, Cristo en el corazón de todo el que piensa en mí, Cristo en la boca de todo el que habla de mí, Cristo en el ojo que me ve y Cristo en el oído que me oye.*

*Me levanto hoy gracias a la poderosa fuerza del Señor de la creación.*

*Amén.*

Mi fe se estaba activando con esa oración y hablaba con el Señor como si estuviera a mi lado. Le decía que admitía que necesitaba su ayuda y que no tenía ni idea de qué hacer.

Disfrutaba mucho de mi familia, mi tía y yo nos llevábamos muy bien. Tuvimos la oportunidad de tener largas conversaciones sobre mamá, papá, nuestra familia y hechos históricos sobre Cuba. Ella era mi fuente de información, finalmente tenía a alguien que me hablara sobre la historia de cómo se habían conocido mis padres. Todos los niños quieren escuchar esa historia y durante mi frustrada infancia nunca experimenté el placer y la alegría de conocer esos detalles.

Me enamoré de los hijos de Miriam. Eran adultos, sin embargo, no podía tener una conversación con ellos sobre su madre. Mencionaba algunos comentarios sutiles sobre mi prima Miriam, pero nunca quise decirles lo que sentía por su mamá o contarles las experiencias que ambas habíamos tenido antes de que ella dejara esta tierra. Podía ver lo mucho que les había afectado su fallecimiento y el hecho de no tener un padre. Lisa, Bryan y Robert eran los hijos de mi prima Miriam y cuando ella murió, su abuela se había convertido en mamá y papá para ellos. Los había criado a todos ella sola, en medio del dolor de haber perdido a su hija, se había convertido en madre una vez más.

Unas semanas después recibí la noticia de que mi prima Lisa estaba embarazada. Una vez que a mi prima se le empezó a notar su vientre materno se puso muy hermosa. En secreto quería que ella me pidiera que fuera la madrina de su hijo y hasta me atreví a insinuarlo. Finalmente ella me dijo que sí, sería la madrina de su bebé. Yo estaba extasiada.

Cuando el pequeño Richard nació era muy blanco con las mejillas rojizas, como su padre. Se notaba su ascendencia irlandesa. Me sentía en el cielo cada vez que sostenía su cuerpecito en mis brazos. Estaba muy feliz de poder compartir con mi familia un momento tan especial.

Unos meses después recibí una visita sorpresa de mi madre. Pensé que debía ser importante pues había dejado de viajar después de salir de la cárcel y regresar a casa. Para mi mamá subir a un avión ya no era tan fácil, a medida que iba envejeciendo las cosas se hacían más complicadas para ella.

Me alegré de verla, estaba bien y se veía saludable. Unos días después de su llegada nos sentamos y hablamos. Me preguntó cuándo me había vuelto gay.

—No sé mamá, simplemente sucedió. Estoy bien aquí, tengo un buen trabajo y buenos amigos —dije.

No entraba en conversaciones profundas con ella pues siempre me arrepentía de ser vulnerable con mamá, le dije sólo lo suficiente, no conté demasiados detalles, de todos modos, ella no los entendería.

Me contó que no se encontraba bien, su salud no era la misma de antes y tenía problemas para caminar con su prótesis, por lo que estaba pensando en vender su auto, quitarse la pierna y sentarse en una silla de ruedas.

—No mamá, en el momento en que lo hagas te convertirás en una verdadera inválida y sé que has luchado toda tu vida para no serlo, todavía eres joven. —Le dije sorprendida.

—Tal vez tengas razón, pero a veces me siento como si tuviera cien años. —me dijo ella. Llevaba cuatro años fuera de casa y casi llegaba ya el momento que tanto temía.

—¿Volverías a casa si te necesito? —Me preguntó.

—Tenemos que cruzar ese puente cuando lleguemos a él, por ahora aquí tengo una vida y un hogar. No estoy diciendo que no —respondí.

Le aseguré que iba a estar bien, que la artritis era algo que afectaba a muchas personas, incluso a algunos jóvenes. Traté de calmarla, no quería hacerla sentir mal, pero tampoco iba a subirme al primer avión de regreso a Miami.

Se quedó con mi tía Yolanda unos días y nos vimos algunas veces. Era cordial con Jay y no la juzgaba. Cuando llegó el momento de que volviera a casa le dije que lo pensaría, pero que quería que fuera al médico y se hiciera un examen físico completo.

El día que se fue sentí mucha pena por ella. Sabía que estaba sola, podía verlo en sus ojos. Mi madre no era de las que tenía muchos amigos o que fuera muy comunicativa, no tenía pasatiempos y no le interesaba nada más que ganar dinero. La abracé y le di un beso. Me sentía muy mal porque ella no sabía dar un beso genuino a nadie, ni siquiera a mí. Siempre volteaba la cara.

Rezaba todos los días, Dios, por favor, busca a alguien más para que cuide de mi madre. Estaba aterrorizada por su abuso y la violencia de la que sabía que era capaz. ¿Qué pasaba si sufría demencia senil o se volvía totalmente loca? Dios, ¿qué haría entonces? Rezaba para que Dios me enviara una respuesta. Por las noches abría mi corazón a Dios y le contaba todos mis sentimientos, mis miedos y las preocupaciones que tenía con respecto a mi vida.

Seis meses después recibí la llamada que temía. Mamá estaba al otro lado de la línea diciéndome que estaba enferma, que se había resfriado y no era uno leve que desaparecería pronto. Dijo que era una bronquitis y que estaba empeorando.

—Gloria, estoy vendiendo el dúplex de tu abuela y las ganancias son tu herencia, necesito que regreses a Miami —dijo ella.

Jay y yo conversamos acerca de la situación, pero no había otra salida. Ella tuvo que comprarme mi parte de la propiedad de la casa. Las dos estábamos molestas porque debía irme. Me gustaba vivir en Nueva York. Y lo que más me gustaba era lo mucho que me había acercado a mis primos y a mi tía.

Comencé a enviar mi currículo a hospitales y consultorios médicos en Miami. Aproximadamente un mes después me contactó un hospital de medicina deportiva en Coral Gables, Florida. Se había creado un puesto dentro de un grupo grande y estaban solicitando una entrevista. Había hecho una carpeta con todas mis cartas de recomendación y mis diplomas, tenía todo organizado y listo para enviarlo.

Unos días después recibí una llamada del gerente de la oficina e hicimos un clic, hubo una conexión especial. Semanas después obtuve el trabajo. Había recibido una carta de oferta de trabajo y estaba muy emocionada y aliviada de llegar a Miami habiendo ya obtenido un nuevo empleo. Era una cosa menos por la que tenía que preocuparme. Dejé de fumar marihuana inmediatamente, sabía que tendría que hacerme una prueba de drogas. Sólo lo haría hasta que obtuviera el trabajo, me dije.

Hice todos los arreglos para alquilar un transporte en *U Haul* con un enganche para poder llevar mi auto a Miami. Estaba muy nerviosa por tener que hacer el viaje yo sola así que mi primo Bryan dijo que viajaría conmigo para acompañarme. Era increíble que él hiciera eso, lo había visto ser desinteresado y era hermoso ver gestos como esos en mi familia pues era muy poco común. Llegamos a Miami en cuarenta y ocho horas. Bryan tomó un vuelo de regreso a casa. La vida nos esperaba a los dos. No teníamos idea de los desafíos que encontraríamos, él en su viaje y yo en el mío.

Y oraba en silencio.

*No puedo soportar esto sola, vivir sin amor, misericordia o sabiduría es como la muerte. El dolor es mayor de lo que puedo imaginar. Estoy cansada de correr, mi carne se está muriendo. Mi piel está reseca. Necesito beber, tengo sed. Tú, Dios, eres Agua Viva, nada más servirá.*

# Capítulo XIV. El Proceso de Morir

*«Honra a tu padre y a tu madre. Entonces*
*tendrás una vida larga y plena en la tierra*
*que el Señor tu Dios te da».*

*Éxodo, 20:12*
(NTV)

Fui invitada a la casa de una buena amiga durante unos meses mientras me instalaba y la prueba de drogas y la verificación de antecedentes se aprobaban. Estaba fuera de mí control, me encontraba muy preocupada de que apareciera la marihuana y no pasara las pruebas preliminares antes de comenzar mi nuevo trabajo. Había bebido té clarificador desde que había salido de Nueva York, pero cuando eres culpable entra el miedo y organiza una fiesta.

Mary y su novia me abrieron las puertas de su casa y les estaría eternamente agradecida. Las había conocido cuando tenía el servicio de acompañantes, ella y Ania habían tenido una relación y nos habíamos hecho amigas en el tiempo en que Ania contestaba el teléfono por mí. Me había puesto en contacto con ambas unos años antes sin imaginar que volvería a Florida.

Finalmente llegaron los resultados y revelaron que era apta para comenzar mi nuevo trabajo. Estaba más que emocionada. Llevaba ya casi dos meses viviendo con mis amigas y ahora estaba lista para empezar a trabajar. Me aseguré de ayudar con la cocina y contribuir con algunos gastos de comida. Pronto buscaría mi propio espacio, después de aprender muchas lecciones había tenido mucho cuidado de nunca quemar ningún puente detrás de mí. Siempre estaba consciente de quedar bien con todo el mundo para que nadie pudiera decir que era basura.

Cuando comencé a trabajar encontré muchos desafíos. Yo era subdirectora y tenía que tratar con quince personajes. Uno de ellos era una secretaria que estaba teniendo una aventura con uno de los doctores y se había propuesto que todos lo supieran de una forma manipuladora y controladora. Comenzaba a adaptarme y pronto me mudé a un pequeño apartamento, era muy lindo.

Necesitaba diversión, algo que me ayudara a enfrentar la realidad del pronto envejecimiento de mi madre. Nos estabamos conociendo la una a la otra ahora de adultas, yo ya la conocía, no dejaba de hablar pero nunca me hacía preguntas, así que jamás llegó a conocerme realmente.

Aproximadamente, cuatro meses después de mi llegada a Miami, mi madre se quitó la prótesis y se sentó en una silla de ruedas. Dos semanas después vendió su auto a un vecino. Un día me llamó y me dijo que estaba cansada, se había hecho dependiente de mí para todo. Se había quitado el atuendo de supermujer y eso me aterrorizó.

Me presentó a todos sus vecinos, mi madre estaba muy orgullosa de que me hubiera mudado a Miami para cuidarla. Mientras yo estaba en Nueva York ella había solicitado una discapacidad y también había sido aprobada para una vivienda para personas mayores. El pago era muy poco por un apartamento de una habitación.

Empecé a fumar marihuana de nuevo, pensaba que eso me ayudaba a calmarme. Un día salí a bailar con unos amigos y conocí a una chica. Nos hicimos amigas y unos meses después iniciamos una relación. Alana era una chica con la cual era muy fácil entablar una conversación, su madre había muerto cuando ella era muy pequeña, había tenido una relación con un hombre en Cuba con el cual había concebido una hija. Hablaba con mi nueva amiga sobre mi vida y ella me ayudaba de muchas maneras. Ella no estaba interesada en Dios; decía de sí misma que era atea. Se había criado en Cuba sin un Dios y estaba enojada y resentida con el Dios que había permitido que su madre muriera de cáncer cuando era una niña. Pudo mantener un cierto grado de comprensión mientras le describía mi infancia. Ella sabía lo que sentía por mi madre y que, a pesar de mis sentimientos, la compadecía. Alana era cariñosa y trataba de llenar los espacios vacíos que había en mí, pero no le correspondía a ella llenarlos.

Mi madre y yo tuvimos que pasar por un proceso. Había escapado de ella bastante tiempo, pero ahora le había dicho «sí», me había comprometido e iba a ser una buena hija hasta el final. Necesitaba hacerlo, necesitaba demostrarle a mi madre y a mí misma que lo que ella me había dicho hacía tantos años no era cierto. Yo no tenía un corazón negro.

Nunca me había percatado de la dificultad que atraviesa una persona que está en silla de ruedas para levantarse e ir al baño. Para mamá era más difícil porque no tenía tono muscular en sus brazos, por lo que tenía que cargar con el peso de la parte superior de su cuerpo, era realmente una ardua tarea, pero lo hacía. Poco a poco mi corazón comenzó a ablandarse y hacerse flexible. Yo acepté que mi yo egoísta debía morir para que pudiera renacer la nueva Gloria y, durante este proceso, mientras mi madre se preparaba gradualmente para dejar esta tierra, también yo estaba muriendo.

Estaba bajando el escudo de mi derecho a tener la razón, que alimentaba el resentimiento hacia mi madre y la incapacidad para poder perdonarla. Había construido una defensa pensando que yo era la abusada y ella estaba equivocada. Moría a mis derechos, mis opiniones y mis convicciones juzgándola. Sin embargo, estaba abandonando el rechazo hacia ella, el que había cultivado para protegerme a mí misma y seguir viviendo mi vida al margen de ella, la mujer que Dios había elegido para traerme al mundo. Había pasado los últimos años de mi vida sin sentir ningún respeto por ella. Sin saber y sin haber entendido nunca quién era ella y por qué había hecho las cosas que me hizo.

Dios me estuvo preparando todo el tiempo para lo que vendría. Fue en 2001 cuando Dios finalmente intervino en mi vida, fui invitada a Emaús para Mujeres, un retiro patrocinado por la Iglesia Católica St. Brendan en Miami. El retiro se basaba en el pasaje de las escrituras de Lucas: 24 13-35 en el que Jesús se le apareció a dos discípulos que iban camino a Emaús después de su resurrección.

*«Y se dijeron el uno al otro:¿No ardía nuestro corazón dentro de nosotros mientras nos hablaba en el camino, cuando nos abría las escrituras?».*

*Lucas, 24:32*
(LBLA)

El tema principal del retiro era descubrir o redescubrir a Jesús en nuestras vidas. Era un momento para renovar y profundizar mi relación con el Señor. También era una forma de conocer a otras mujeres que amaban a Jesús y buscaban su amistad. Era un momento especial para deshacerme de las distracciones y concentrar todos mis sentidos en el Señor.

Era un tiempo de tranquilidad y reflexión, para escuchar y recibir confirmación e instrucción del Hijo de Dios.

No tenía ni idea de qué esperar. No quiero compartir demasiados detalles porque existe cierto grado de confidencialidad para que la maravilla de la experiencia siga siendo una sorpresa. Protegeré los valores y las reglas de ese ministerio, porque fui cambiada para siempre después de lo que experimenté allí.

El Señor se encontró conmigo allí ese día y me desperté espiritualmente de un profundo sueño. El viaje de mi camino a Emaús, es decir el retiro, me ayudó a concentrarme realmente en mi vida y percatarme de cómo había vivido separada del Señor.

Nos guiaron a través de una serie de reflexiones y testimonios de otras personas que nos habían precedido. El despertar cubre todos los aspectos de la vida, espiritual, emocional y el de las relaciones personales en general.

Experimenté al Señor de una manera muy especial, amorosa y compasiva. Su convicción no vino con una vara sobre mi cabeza o azotándome en el trasero. ¿Alguna vez has sido convencido por amor? Fue una experiencia más que asombrosa, cómo jamás había vivido o a nada que hubiera sentido nunca antes. Estaba siendo amada, me encontraba recibiendo palabras de amor, pero al mismo tiempo estaba recibiendo convicción y me mostraban que mi vida no era de su agrado. Pero no me rebelaba, sólo me derretía mientras recibía amor y me convertía en amor.

El Señor le habló a mi corazón, me dijo que quería que perdonara a mi madre y que la forma en que vivía no era santa.

—Señor, tú me conoces, tú me creaste, no sé cómo cambiar. —Le dije—. Tengo tanto dolor Padre. Señor, sabes que estoy aterrorizada por lo que vendrá, ¿mi madre abusará de mí más de lo que ya lo ha hecho, ahora en su vejez, se volverá violenta e implacable?

El Señor me dijo que mi madre también sufría.

—Padre, no creo que sea lo suficientemente fuerte para hacer lo que me estás pidiendo. Estoy tan asustada que sólo quiero volver a huir —dije.

—Te ayudaré. Ella te necesita, no tiene a nadie más que a ti. —Escuché en lo profundo de mi espíritu y pensaba que moriría ese día mientras lloraba con el corazón.

Al final del retiro acepté a Dios y le dije que lo haría. Iba a dejar a un lado mis miedos, confiaría en que él me ayudaría a hacer lo que más temía en mi vida, enfrentar mi monstruo gigante y tratarla con amor, uno que no tenía. Mi pozo de amor estaba seco para mi madre, no tenía de dónde sacar agua. Le pedí al Señor que compartiera conmigo un poco de su inagotable amor, y pusiera en mi corazón compasión y misericordia para mi madre.

Una de las damas se me acercó y me preguntó si podía orar por mí y le dije que sí. Me preguntó si quería compartir algo con ella o pedirle al Señor que me perdonara por algo antes de dejar el retiro. Yo estaba ahogada y casi no podía hablar, le conté que estaba viviendo en una relación gay y no era feliz.

Además, le dije que iba a un psiquiatra y tomaba medicamentos para la depresión, que no sabía quién era ni qué quería de la vida y que me sentía fatal por odiar tanto a mi madre.

La oración que ella oró por mí fue muy hermosa; era tierna y llena de gracia. No hubo juicio, sólo bondad. Ella dijo que debía orar y preguntarle al Señor qué quería él para mi vida, que le pidiera que cambiara mi corazón con respecto a mi estilo de vida y mis sentimientos hacia mi madre.

Una de las cosas que se nos indicó que hiciéramos era escribirnos una carta sobre lo que esperábamos del retiro y cómo el Señor Jesús había tocado nuestro corazón. Una vez finalizado el retiro, recibirías la carta unas semanas después. He guardado esta carta para este momento, ahora quiero compartirla aquí y dejar testimonio de cómo Jesús comenzó su obra para cambiar mi vida y finalmente a mí.

Salí del retiro con un increíble amor por Dios. Nunca había sentido que nadie me quisiera de esa manera, nunca. Me amaba como madre, como padre, como hermano y hermana. Desde ese día Jesús se convirtió en mi mejor amigo.

Retiro de Emaús

Junio de 2011

Amado Señor Jesús,

Estoy feliz porque me has traído al retiro de Emaús para limpiarme y derramar mi angustia y mi dolor sobre ti. Tú Señor, eres hermoso y misericordioso, tu amor hacia mí es infinito.

Me has dado la oportunidad de encontrarme en ti y para ti. La renovación que he sentido ha sido muy intensa. Creo que esto es lo que necesitaba para afrontar la tarea de cuidar a mi madre. Hoy he decidido hacerlo. Gracias Señor por darme la vida y gracias por mi madre que me trajo al mundo.

Sabes, Señor, que todavía hay cosas inciertas con las que debo batallar, pero sé que con tu ayuda triunfaré. Gracias Señor, por tu amor hacia mí y por responder a mis oraciones. Gracias por escuchar a esta pequeña hija que tanto te quiere.

Con todo mi cariño,

Gloria

Regresé a casa y volví a mi vida gay. Mis amigas de tantos años no podían entender por qué había ido allí. Habían estado de acuerdo y no se opusieron a mi decisión, pero en el fondo pensaban que estaba loca. Cuando les conté un poco de mi experiencia mi amiga Ania me dijo que me admiraba por haberme acercado a Dios.

Todavía fumaba marihuana y bebía licor, buscaba refugio especialmente después de haber tenido un mal día con mamá. Fumar me ayudaba a sobrellevar la situación ya que traía risa y diversión a mi vida. Poco después olvidé las palabras del Señor con respecto a la vida impía que estaba llevando. Alana y yo decidimos mudarnos juntas. Nos habíamos hecho buenas amigas, ella era una buena compañera y yo me sentía segura con ella. No quería estar sola.

Compré un apartamento en *North Miami Beach*. Era un hermoso edificio ubicado en la bahía. La vista era preciosa y había conseguido un buen precio. Disfrutaba totalmente el vivir allí, pero el mantenimiento era muy costoso y el viaje diario que suponía ir a mi trabajo era terrible. Entonces, después de un año, decidí venderlo y acercarme a donde trabajaba.

Encontré una compradora que se enamoró del departamento, la señora me dijo que quería quedarse con todos los muebles, sólo quería mudarse y colgar su ropa. Empezamos a buscar un lugar hacia Miami y encontramos un condominio que era realmente lindo. Tenía tres habitaciones muy espaciosas. Alana tenía un buen trabajo ya que era ingeniera. Así que decidimos utilizar nuestros recursos.

Compramos el apartamento a nuestro nombre. Hicimos algunas remodelaciones y decoraciones y quedamos satisfechas con los resultados. *Se puede decorar una celda todo lo que quieras, pero todavía seguirá siendo la celda de una cárcel.*

Mamá tenía días buenos y días malos. Y yo tenía días buenos y malos también. Mamá se deprimía y yo me deprimía. Ella se enojaba y yo me enojaba. De modo que me decidí y empecé a ver a un psiquiatra.

—¿Ves un patrón en el comportamiento de tu madre y tus sentimientos? —Me dijo un día.

—Doctor, no creo que la medicación esté funcionando. —Le dije.

—Gloria, estás bebiendo alcohol y fumando marihuana y no le estás dando a tu cuerpo la oportunidad de desintoxicarse ni de que la medicación haga lo que se supone que debe de hacer. Los antidepresivos se oponen a la marihuana y al licor —respondió.

—Dame algo con lo que pueda trabajar con respecto a mi madre —dije, haciendo oídos sordos a lo que me había dicho.

—Está bien, te daré algo para que practiques, será difícil, pero es necesario para que puedas recobrar tu cordura y eventualmente lograr tu curación —dijo—. ¿Alguna vez has oído hablar de límites y fronteras? —preguntó.

—Sí en Alanon —respondí.

—Debes aplicarlos a tu madre. Necesitas crear una separación emocional y mental cuando la cuidas. En ese momento eres su cuidadora y nada de lo que ella diga debe lastimarte porque no debes estar involucrada emocionalmente con ella —dijo.

—¿Y cómo esperas que haga eso? —pregunté.

—Vete a casa y piénsalo, analízalo y la semana que viene quiero saber cómo lo has puesto en práctica. —Me respondió.

Se trataba de un complejo de inseguridad, sentía ira y rabia, tenía miedo al amor pues eso significaba perder el control. Mi madre había perdido el control una vez y no permitiría que nadie se le acercara. No quería invertir emocionalmente, no entendía sus emociones y las presiones que sentía, simplemente reaccionaba a lo que estaba sintiendo. Ella estaba aterrorizada y su orgullo no le permitía ser vulnerable.

Así que comencé a tratar de entender a mi madre y un dia, de manera inesperada, sentí compasión y me puse en su lugar. Me descubrí pensando en la violación de la que ella había sido objeto en Cuba. El sujeto que lo había hecho era muy prominente y un respetado hombre de familia. Cuando una víctima conoce a su perpetrador agrega otra capa de dificultad a su mente, ella se había mantenido callada por temor de que nadie le creyera que un ciudadano tan extraordinario de la comunidad fuera capaz de hacer algo tan horrible. Así de a poco me fui poniendo en su posición.

La violación había sido una experiencia traumática para ella, había sido un acto que, más que sexual, se había tratado de poder y control. Entonces, ¿qué siente una víctima? Frustraciones, ira, odio, impotencia, inutilidad y una profunda vergüenza. Sienten que tienen culpa, especialmente si el violador lo dice mientras está cometiendo su crimen.

El estigma de la violación ha existido desde que se cometió la primera. Se manifiesta en el silencio y en la desesperación de tener que callarlo por miedo al rechazo y al juicio.

Es no permitir que salga a la luz una injusticia y esto rompe el espíritu de la víctima. Era 1945 y en ese entonces nadie hablaba de nada y mucho menos de violaciones.

Las mujeres en Cuba miraban para otro lado cuando sus maridos les eran infieles. Mucho menos se reconoció nunca que pudieran ocurrir violaciones.

De modo que el silencio, el trauma y la condición de trastorno de estrés postraumático desarrolla síntomas que incluyen pensamientos, sueños o sentimientos relacionados con el evento. Además de una alteración en la forma en que la persona piensa y siente. Sin un adecuado asesoramiento ni medicación, nadie sabe realmente cuánto tiempo puede durar esta afección, pero las conductas limitantes y el rechazo aunado a una baja autoestima se prolongarán con el tiempo hasta que se produzca una curación.

Investigué acerca de estos eventos de violación y sus consecuencias como un medio para comprenderla. Mostré misericordia hacia ella pero también apliqué límites y fronteras. Si me gritaba o si se mostraba conflictiva, le decía: «Si continúas actuando de esta manera, me iré. No permitiré que me insultes ni me faltes el respeto». Y de hecho lo cumplía, si ella no me escuchaba o si exigía algo de mí que no era razonable, me daba la vuelta y me iba. Al día siguiente la llamaba como si nunca hubiera sucedido nada y le mostraba misericordia.

Traté de entender su trauma, había sido un evento psicológico profundo que le había causado un daño cerebral y probablemente desde ese momento había empezado a sufrir un desequilibrio químico e incluso una enfermedad mental ocasionado por el *shock* que había experimentado.

Siempre recordaba cuando el Señor había hablado conmigo en Emaús, sabía que lo que hacía por el más desvalido, lo hacía por Jesús. Me volví desinteresada y sin prejuicios, escuchaba su parloteo interminable y su necesidad insaciable de ser escuchada. La oía sin intervenir y nunca la confronté con mis opiniones o mis argumentos para pellizcarle los nervios ya que no debía pelear con ella. Todo en lo que me estaba convirtiendo era para el Señor y cada acto de sacrificio y de amor hacia mi madre era para Él.

Un día, Alana y yo estábamos fumando un cigarrillo en el balcón de nuestro nuevo apartamento. Llevábamos viviendo allí alrededor de un año y unos meses cuando ella me dijo algo muy interesante.

Era una pregunta que me hizo reflexionar y que cambió el curso de mi vida.

—¿Has notado que estás fumando marihuana más que nunca? —Me preguntó y continuó diciendo—: No sé si te das cuenta, pero cuando fumas marihuana eres el alma de la fiesta, pero cuando no lo haces estás callada e incluso deprimida. En mi opinión, experimentas una felicidad que no es real, es sintética, una farsa.

Nunca me había dado cuenta de que una persona que estaba bajo la influencia de la marihuana o cualquier otra droga estaba sólo actuando, sus comportamientos eran una farsa.

Lo sabía en mi mente, pero ese día, con esa pregunta y con la verdad con la que fluyó la conversación, esa comprensión había entrado en mi corazón y ocurrió una explosión. Era casi el final de 2004, esas palabras realmente me afectaron y ese día dejé de fumar marihuana. No tenía idea de las batallas que me esperaban.

Aprendí a vivir sin drogarme, una vez más. Pero esta vez era diferente, esta vez yo era una adulta que enfrentaba el momento más difícil de mi vida, la vejez de mi madre, mi sexualidad y vivir la vida sin muletas. Tenía la costumbre de anestesiar el dolor y hacer todo bajo la influencia de las drogas. Además me enfrentaba a otro monstruo, sufría una profunda depresión.

Era lo que me había dicho mi psiquiatra, estaba viviendo en una colisión frontal. Me había dicho que los antidepresivos se oponían a la marihuana y al licor. Ahora era el momento de crecer, era el momento de ver mi vida y a mí misma desde otra óptica. Ya había estado allí antes, pero esta vez sentía que había un desequilibrio químico y estaba librando una batalla en aguas desconocidas para mí. Rezaba y le pedía a Dios que me ayudara. Mis pensamientos estaban fuera de control. Vivía con una voz en mi cabeza que era cruel e implacable.

Necesitaba entusiasmo constantemente, organizaba salidas, viajes y eventos. Siempre estaba corriendo, parecía que tenía un animal feroz detrás de mí. Y cada vez que me detenía a pensar, me enfrentaba a una persona que no me agradaba. Había sido una cobarde toda mi vida, me aterrorizaba el sufrimiento y no tenía la determinación para tomar decisiones de calidad ya que había vivido toda mi vida en un microondas, obteniendo gratificación instantánea, buscando siempre el placer y evitando el dolor.

Disfrutaba leyendo sobre astrología. Me hice una extensa carta astrológica y estaba enganchada con eso, quería aprender a hacer lo mismo. Pensaba que eso no era santería ni espiritualismo, así que lo intentaría pues eso era algo que realmente disfrutaba. Compré un programa de posiciones planetarias y comencé a hacer los gráficos. Estaba muy interesada en mi signo y reconstruí una imagen completa. Podría decirse que estaba obsesionada por descubrir quién era yo. Hice una carta de mis padres también. Me volví realmente buena, al principio hacía cartas gratis, pero luego la gente me pagaba mucho dinero, dependiendo de la extensión de la carta cobraba varios cientos de dólares.

Le contaba cosas a la gente y no tenía ni idea de cómo lo hacía, era extraño. A veces tenía visiones en mi mente y cuando le preguntaba a mi cliente la visión era verdadera. Así que ahora mi droga era la astrología. Tenía mucho potencial, a veces, incluso, adoptaba una actitud pretenciosa cuando me decían que era realmente buena para hacer cartas astrológicas.

También tenía las monedas del *I Ching*, que se basan en un antiguo sistema de numerología, dependiendo de la forma en que caigan, se puede leer el futuro de una persona. Además, estaba en proceso de comprar un juego de cartas del Tarot; las que leen los gitanos cuando predicen el futuro de alguien.

Ania me llamó un día y me dijo que había una casa en venta a dos minutos de su casa y que realmente era una buena inversión. Me comentó que era una casa que quedaba en una esquina, que había ido a verla y la luz que entraba por las ventanas era increíble.

Ella la describía como aireada y espaciosa, con un hermoso patio trasero y también había sitio para una piscina.

—Deberías verla y tal vez, incluso, comprarla —dijo ella.

—¿Estás loca? Acabamos de comprar este apartamento y es espacioso, ¿por qué debería comprar una casa? —Le respondí, pero ella insistió tanto que cedí y le dije—: Sí, iré a verla.

¿Por qué le decía que sí a la gente cuando realmente quería decir que no? ¿Por qué cedía para evitar conflictos? ¿Por qué me dejaba llevar para evitar que la gente me dejara o se disgustara? ¿Por qué ponía mis prioridades de último lugar para dar prioridad a los demás?

Alana y yo entramos a la casa un sábado por la mañana. La luz que entraba por las ventanas era de un blanco puro. Se respiraba una paz y una energía que no podía explicar. Me gustaba, había algunas cosas que necesitaría cambiar, pero no era nada importante.

La casa tenía una buena estructura, había sido construida en 1954 y la madera que habían usado en ese entonces era de buena calidad. El propietario actual explicaba que el ático de la casa era muy fuerte debido a la calidad de los materiales utilizados en la década de 1950.

Ese día, mientras regresaba, supe que tenía que comprar esa casa. Traté de explicárselo a Alana y ella decía que estaba loca. Hicimos planes para alquilar el apartamento y poco después comenzamos el proceso de compra de la casa.

Durante ese tiempo recibí una llamada telefónica de un abogado en Ocala, me mencionaba que tenía un cliente que estaba interesado en comprar un terreno que yo había comprado allí un año antes. Su cliente me estaba ofreciendo el doble de lo que había pagado. Tomé aquella oportunidad como un presagio y procedí a hacer los arreglos con el abogado. Hablé con un abogado amigo mío y él revisó los papeles, todo estaba en orden y dos semanas después recibí mi dinero.

La compra de la casa se acercaba rápidamente y estaba realmente emocionada. Planeaba construir una piscina en el futuro. Estaba complacida porque la venta del terreno cubriría el costo total para cerrar el negocio de la casa.

Un día visitamos la casa y tuvimos una reunión con los propietarios. Nos habían invitado a comer algunos bocadillos y durante la reunión llamaron a la puerta y entró un hombre, tenía un comportamiento amistoso, parecía cubano y lo presentaron como Albert. El dueño comentó que era un muy buen amigo de él, era una amistad de muchos años que se remontaba a sus días de infancia; vivían en el mismo barrio.

Varias veces pillé al hombre mirándome, pero no le di importancia. Pensaba que sólo estaba siendo amigable, eso era todo. El dueño y yo acordamos que nos veríamos de nuevo el día del cierre.

—Ah, por cierto, la casa viene con su propio jardinero privado, mi amigo te dará un buen precio si puede seguir haciendo el jardín —dijo el propietario.

—Claro, ¿por qué no?, mientras sea bueno, no me gustaría despedirlo —dije mientras nos mirábamos y todos nos reíamos.

—Ni siquiera he empezado y ya estás pensando en despedirme —dijo él bromeando.

Nos mudamos a la casa y me encontraba feliz, me gustaba la zona y estaba muy cerca de donde trabajaba en ese momento. Por supuesto que era una excitación momentánea, comprar la casa me daba más oportunidades para tener siempre algo que hacer, cosas que planificar o tener algo que arreglar.

Comprar cosas nuevas, reorganizar muebles, remodelar y decorar era genial mientras intentaba escapar de la realidad, de mi verdadero yo, no quería pensar, por eso siempre corría tras una falsa ilusión de felicidad.

Alana y yo no éramos hábiles en lo más mínimo así que buscamos a alguien que supiera cambiar pisos, arreglar baños y hacer un mostrador afuera. Mi lista de cosas para hacer no era tan larga, así que comenzamos a preguntar quien podría hacerlas. Albert pasó a recoger su primer cheque correspondiente al trabajo que él y sus hombres habían hecho en el patio, le pregunté si conocía a alguien que pudiera hacer todas las cosas de mi lista. Me dijo que sabía construir casas así que no debíamos preocuparnos pues él era capaz de hacerlo todo.

De modo que se convirtió en nuestro arregla-todo y jardinero oficial. Tuvimos la oportunidad de hacernos amigos y noté que comenzaba a sentirme rara cuando estaba cerca de él. Me sentía nerviosa y ansiosa, me sudaban las palmas de las manos y se me hacía un nudo en la boca del estómago.

Una vez terminados los arreglos de la lista inicial, estaba lista para construir la piscina. Comencé a investigar los precios y el costo que supondría obtener los permisos además de derribar un cobertizo que estaba fuera de servicio y conocer los requisitos para el panel eléctrico. Entonces debí consultar con Albert una vez más.

—No me digas que tú también puedes construir piscinas. —Le dije mientras nos reíamos.

—No, para eso tendrás que llamar a una empresa de piscinas —dijo él.

Primero tuvimos que quitar un camino de entrada y también derribar un techo de modo de acondicionar el espacio para la construcción de la piscina. Había que romper una parte del piso de hormigón por lo que volví a consultar a Albert. Le pregunté si podía reorganizar su horario para ayudar a supervisar la construcción y me dijo que sí. Necesitaba a alguien que supiera de construcción para dirigir todo el proceso, ya que tenía que contratar camiones de volteo con arena y también contenedores de basura para retirar el concreto.

Nos veíamos todos los días y cuando hablábamos por teléfono tenía la sensación de que quería vomitar. Yo me seguía preguntando, ¿qué me pasaba? Alana notó algo un día y me hizo un comentario.

—¿Por qué te pones nerviosa cada vez que estás cerca de Albert? ¿Te ha hecho alguna pasada, se te ha insinuado? —dijo.

—¿Estás loca?, ¡para nada!, es superrespetuoso, ¿por qué me preguntas eso? —Le respondí.

—Te conozco. Eres diferente estando cerca de él, pones esa mirada en tus ojos característica de cuando estás feliz —dijo.

—Estás imaginando cosas, totalmente —respondí.

Fui a mi psiquiatra al día siguiente para mi sesión regular y me preguntó cómo me sentía.

—Doctor, creo que necesito una dosis mayor de Effexor, tengo unas sensaciones extrañas y podría ser que necesito otro antidepresivo. —Le respondí.

—¿Qué estás sintiendo? —preguntó.

—Mis manos sudan y me pongo nerviosa y mareada, mi estómago se siente como si tuviera que vomitar —respondí.

—¿Cuándo sucede eso, por la mañana o cuando te estresas? ¿Puedes identificar cuándo tienes esos síntomas? —preguntaba—. ¿Hay alguien nuevo en tu vida?

—Bueno, lo único diferente es el jardinero —contesté.

—¿Qué? Ya me lo imaginaba. Esos son sentimientos intensos de atracción, me pregunto si alguna vez has estado enamorada. —Me dijo.

—¿Enamorada? Doctor, ¿qué está diciendo? No, tiene que ser la medicación —respondí rápidamente.

—¿Alguna vez has estado enamorada? —preguntó él.

—¡No así! —dije, mientras me reía sin poder parar—. Ahora estoy realmente en problemas.

—¿Qué vas a hacer? —Me preguntó.

—Olvidarlo —respondí, y sali corriendo del consultorio del doctor.

Y lo intenté, pero era algo más fuerte que yo. Era una sensación de euforia que nunca había sentido. Era como estar en el techo de un edificio y contemplar la vista más hermosa, con una increíble puesta de sol de fondo. Entonces pensaba, «he estado muerta toda mi vida, si esto es el amor». Trataba de hacer que desapareciera.

Un día le pedí a Albert que construyera una rampa para mi madre en la parte trasera de la casa para poder llevarla con la silla de ruedas. Construyó una que era increíble. Se había esmerado, había hecho un trabajo perfecto y con excelencia.

De modo que invité a mamá a almorzar y Albert pasó a ver si le había gustado la rampa a ella. Se llevaron muy bien, como si fueran viejos amigos. Alana miraba toda la escena desde lejos y no participaba; estaba casi teniendo una experiencia fuera del cuerpo, quería leer las caras de todos a la vez.

Sabía en mi interior que era correspondida, pero ninguno de los dos hizo el menor gesto ni abrimos la puerta a una conversación que fuera inapropiada. Mi experiencia en el servicio de acompañantes siempre me hacía pensar de cierta manera. Tal vez él lo que quería era ser parte de un trío. Lo descarté rápidamente de mi mente porque él no tenía las mismas reacciones con Alana.

Saqué una línea de crédito con una garantía hipotecaria sobre la casa. Mi pensamiento era mantenerlo durante unos años y luego darle la vuelta y vender la casa. Me había excedido financieramente y necesitaba consolidar toda mi deuda con una tasa de interés más baja.

Yo esperaba ansiosa sus visitas y me decía a mí misma que estaba loca. «Acabas de entrar en una hipoteca de treinta años ahora y tienes una línea de crédito con una mujer que, si la dejas ¿quién sabe lo qué haría? y entonces, ¿ahora sientes esto por un hombre? Estás absolutamente loca. ¿Esto es inaudito, dejar una relación gay por un hombre? Qué van a decir tus amigas, todas se pondrán de su lado. Será escandaloso, ¿qué pasaría con las finanzas y la casa?» Y continuaban reproduciéndose las preguntas en mi mente. «¿Qué pasa si él no siente lo mismo, entonces qué?».

Sabía que no era un tipo de amor platónico, lo veía mirándome como lo hacía un hombre cuando le gusta mucho una mujer. Desde el primer momento en que nos habíamos mirado cupido había lanzado su dardo.

Éramos discretos en la forma en que nos mirábamos o nos comportábamos mientras Alana estaba presente. Conocíamos la gravedad de las consecuencias, lastimaríamos mucho a alguien más y además por cómo se veían las cosas, cualquier circunstancia podía suceder. Lo cierto es que yo no podía soportar que ella me tocara; experimentaba una intensa sensación de culpa por algo. Estaba sintiendo un rechazo profundo por la persona que compartía mi vida. Sentía que estaba haciendo algo mal y me encontraba muy incómoda en esa situación.

Entonces, decidí sentarme con Alana y explicarle lo que me estaba pasando.

—Lamento no ser la persona que necesitas y decepcionarte, pero no soy gay. Estoy sintiendo una atracción por Albert que es muy fuerte. Sé que lo has notado y la forma cómo me siento es más fuerte que mi propio sentido común. No sé si él siente lo mismo, pero incluso si no lo hace, no es justo para ti estar con alguien que no está completamente comprometida en una relación contigo. —Le dije, siendo totalmente sincera con ella.

Alana me preguntó si estaba dispuesta a tirar todo lo que habíamos construido juntas sólo por un hombre. Y le expliqué que al quedarme con ella en esas circunstancias estaba siendo hipócrita e infiel incluso sin haber consumado el acto sexual con otra persona.

Decidí lo que haríamos, había sido mi dinero lo que habíamos invertido pero también estaba invertido su crédito y su trabajo. No era justo para ella irse sin nada. Mi culpa estaba poniendo precio a algo que ella probablemente no podría pagar.

Lo pensé bien y llegué a la conclusión de que había sido mi error, por lo tanto, debía ser yo quien asumiera el costo y no ella. Decidí darle el apartamento y yo me quedaría con la casa. Pagaría sus tarjetas de crédito y nos separaríamos. Ella no estaba contenta, pero finalmente accedió después de mucho hablar, hubo palabras de enfado y mucha culpa de mi parte, pero finalmente tomamos caminos diferentes. Todas nuestras amigas mutuas estuvieron involucradas, todas sabían lo que estaba pasando y, por supuesto, llegaron a la conclusión de que yo era la infiel y ella era la pobre chica que había sido abandonada. Era comprensible, siempre pasaba en las relaciones homosexuales y heterosexuales.

Alana había encontrado partes de mí que ni yo misma sabía que existían, su amistad había sido una mano que me había apoyado cuando estaba atravesando un camino muy difícil. La había lastimado mucho y yo lo lamentaba profundamente. Sabía que mi vida me estaba llevando por caminos y senderos que no había recorrido antes pero era un viaje necesario. Estaba muriendo la vieja Gloria y venía en camino una nueva. Estaba obstinada por las mentiras y pronto me enfrentaría a la verdad.

# Capítulo XV. Entró la Gracia

*«Cuando volví a pasar, vi que ya tenías edad para el amor. Entonces te envolví con mi manto para cubrir tu desnudez y te pronuncié mis votos matrimoniales. Hice un pacto contigo, dice el Señor Soberano, y pasaste a ser mía».*

*Ezequiel, 16:8*
(NTV)

Sentí el milagro, cuando Dios me mostró que no era gay, sentí como si fuera el abrazo de un padre. Él restauró mi sexualidad y recuperé mi feminidad. Había permitido que sucedieran algunas cosas para que pudiera comprender mejor quién era y cómo me relacionaba con los demás. Dios había estado en camino pero yo simplemente no lo sabía.

Unos días después de que Alana se hubiera mudado, Albert y yo hablamos, él estaba en estado de *shock* total. Acordamos reunirnos para cenar y poder conversar más sobre lo que había sucedido y qué me había llevado a tomar la decisión de separarme de ella. Ya había pasado un año desde que nos habíamos mudado a la nueva casa y había conocido a Albert. Hacía mucho tiempo que había sido necesario; esa decisión debí haberla tomado antes.

Fuimos a un restaurante mexicano en nuestra primera cita. Bebimos margaritas y no podíamos quitarnos los ojos de encima. Me dijo que no estaba soñando, ni había hecho una suposición errónea al pensar que yo le agradaba. Me manifestó que soñaba conmigo, pero que nunca imaginó qué pasaría, que yo tendría el valor de alejarme de esa vida.

Se sorprendió de que nunca le hubiera dicho nada que le diera una indicación de lo que estaba sintiendo y mientras estaba sentado frente a mí me dijo que estaba contento de que nos hubiéramos comportado correctamente.

Salimos durante unos meses y nuestra relación pasó al siguiente nivel. Cuando estaba con él en la cama quería inhalarlo, se volvió como una droga que necesitaba para existir. Rápidamente se metió debajo de mi piel. Quería estar con él en cada momento de mi existencia.

Albert me pidió que me mudara con él a su casa y le dije que sí. Debía buscar un inquilino para mi casa y se lo mencioné a mi amiga Ania. Al cabo de unos días me dijo que había hablado con una amiga suya que vivía en Las Vegas, una muchacha que conocía desde que era niña pues habían crecido juntas en el mismo barrio.

Ania me explicó que su amiga acababa de recibir una oferta de empleo en Miami para trabajar en una galería de arte de un artista conocido y que necesitaba un lugar para vivir. Ella mencionó lo maravilloso que sería si su amiga pudiera mudarse a mi casa, así estaría a tres minutos de ella.

Hablé con la amiga de Ania, su nombre era Yona y parecía muy simpática. Ella me explicó que tenía que estar en Miami en una fecha determinada y me preguntó si me habría ya mudado de la casa para entonces. Acordamos las fechas, el depósito y el costo del alquiler. Un mes después me mudé a casa de Albert y Yona se mudó a la mía. Me agradaba mucho mi nueva inquilina, era extrovertida y muy artística.

Ella estaba interesada en el área en la que estaba ubicada la casa porque su hijo iría a una escuela cristiana muy cerca y el padre de su hijo también vivía cerca.

No mucho tiempo después me di cuenta de que debí haber dicho que no. Debí haber corrido hacia el otro lado, no sospeché en el peligro en el que me estaba metiendo al vivir en la casa de Albert. En el momento en que abrió la puerta de su habitación secreta, debí haberme dado la vuelta y alejarme. Nunca me pidió mi opinión y nunca confió en mí, ahora ya era demasiado tarde.

¿Lo habría rechazado? ¿Habría visto el peligro y realmente me hubiera importado lo que me sucediera si me hubiera dado una opción? Lo más probable es que no me hubiera importado que tuviera un laboratorio hidropónico en su casa. Tenía un garaje lleno de plantas de marihuana. Mi adicción a él no me permitía tener ningún respeto por mi vida. Él tenía el control, no yo, y cada día dependía más de él. Se convirtió en el interruptor que controlaba mi felicidad y mi paz o mi caos.

Nuestra relación era puramente sexual; no había intimidad ni vulnerabilidad, que es lo que realmente une a las personas en el espíritu. El amor que sentíamos no era amor real, era sólo lujuria. Mostraba egoísmo hasta la médula. Todo debía hacerse cómo él quería y cuando lo quería. Su hora de la siesta era sagrada y su tiempo para comer era de suma importancia. Su tiempo era sólo para él y yo tenía que dejar todo y amoldarme para atenderlo. Todo giraba en torno a él.

Albert era celoso, egoísta y controlador, pero me atraía totalmente. Yo era de esas mujeres que amaban demasiado. A pesar de sus fallas, lo justificaba y las pasaba por alto, hasta que un día me llamó más de cinco veces mientras estaba comprando comestibles, eso me puso ansiosa y nerviosa. No tenía paz con él, sin embargo, lo amaba. Sabía que era una relación tóxica, pero estaba perdida. No le gustaba que fuera a la casa de mis amigas o que saliera sola. Y en mi obsesión enfermiza pensaba, «él me ama, soy importante para él. Cuando un hombre está celoso es porque ama a una mujer, un hombre al que no le importas es indiferente».

Pronto me di cuenta de que él no buscaba amor sino obediencia. Y lo empecé a ver como realmente era, un tirano conmigo y encantador y dulce con los demás. Mientras él estuviera complacido y yo le proporcionara sexo y validación, él estaba completamente contento. En mi debilidad él se sentía poderoso y cuando yo lloraba entonces él subía a la cima del mundo.

Albert odiaba los cigarrillos y esperaba que dejara de fumar de un día para otro. Fumaba desde que tenía quince años, de modo que aprovechaba para hacerlo cuando estaba de camino a casa y en momentos en los que podía escapar y siempre temiendo de que me atrapara porque entonces, no habría piedad para mí. Y cuanto más cuestionaba mi hábito de fumar, más quería hacerlo. En época de vacaciones nos invitaron a la fiesta de Navidad de mi oficina y mi jefe cometió un gran error, dijo que «yo hacia el mejor café cubano en Miami». Albert fingió una sonrisa, pero yo conocía esa mirada y de inmediato supe que había peligro por delante.

Cuando salimos de la fiesta y estábamos en el auto Albert empezó a hablar calmadamente pero su tono poco a poco fue tornándose ofensivo, me dijo que sabía lo que estaba haciendo, que mi jefe era mi amante y por eso salía por las mañanas luciendo como una chica de un millón de dólares. Me enfurecí, no podía creer lo que estaba escuchando. ¿El hombre que amaba realmente pensaba tan mal de mí?, ¿de verdad pensaba que yo sería tan cínica como para llevarlo a una fiesta y que comiéramos junto con mi amante secreto? Mi pasado se hacía cargo de todo. Mi vida en el servicio de acompañantes y todo lo que había vivido antes de ese momento se apoderó de mí, me inundó la culpa, el disgusto y la vergüenza, abrí la puerta y estaba lista para tirarme del auto. Mi enojada pasión me cegaba, no me importaba mi vida, ya no podía escuchar más acusaciones hacia mí y crucé la línea de la cordura. Me dejé arrastrar al reino de la locura, estaba entrando en otra dimensión cuando sentí su mano agarrarme con mucha fuerza y me haló de regreso al auto.

Ese día supe que estaba en peligro, mis palabras estaban siendo usadas en mi contra y esas acusaciones, que ahora eran mentiras, eran culpa mía.

No estaba contenta con la relación, pero al mismo tiempo temía perderla. Todo era difícil y complejo, trataba de no decir o hacer nada que a sus ojos pareciera ofensivo y hacía todo lo posible para no complicar las cosas. Me sentía aislada, todas mis amigas me iban a tirar en la cara un, «te lo dijimos».

Un año después, le dije que me mudaría. Ya no podía vivir con él, estaba cansada de ser perseguida, sus celos me asfixiaban y simplemente no podía soportar vivir con miedo un día más.

Él confiaba que no iba a seguir adelante, pero cuando me vio hacer las maletas, supo que me había perdido. Ya no seguiría siendo el dueño de la mujer que bebía vodka de arándanos como si fuera agua, una que hacía cualquier cosa para mantenerlo feliz. Lo lamentaba mucho, pero necesitaba mi casa de regreso, así que hablé con Yona y le di las malas noticias. Era terrible tener que perjudicar a otra persona debido a mis erradas decisiones y mi loca vida, pero no tenía otra opción, tenía que volver a casa.

Me mudé de regreso y trataba de ser fuerte para no extrañarlo, pero perdía la batalla todos los días. Me juré a mí misma que no lo llamaría, pero él me llamó a mí. Vino un día a mi casa y conversamos acerca de cómo iban mis cosas y las de él. Mencioné que quería tener un perro pues la casa era muy grande para mí sola. Dijo que lo buscara y que cuando fuera le gustaría acompañarme.

Empecé a pensar que era posible que él cambiara, tal vez me extrañaba y quizás se había dado cuenta de que yo no era todas esas cosas de las que me había acusado injustamente. Ahora que estaba sola en la casa, probablemente él había pasado a diferentes horas y se habría dado cuenta de que no estaba con otro hombre o con otra mujer. Podía pensar lo que quisiera en ese momento, pero sus celos o su culpa estaban haciéndolo lucir como loco.. Tal vez él era el que había sido infiel y lo encubría actuando celoso. No tenía ni idea, pero su comportamiento no tenía ningún sentido para mí.

Cuando me habló de ir conmigo a buscar al perro, alimentó la ilusión de la posibilidad de volver a estar juntos, que se mudara a mi casa y nos convirtiéramos en una familia. Eso era lo que siempre había soñado y cuando conocí a Albert esos sentimientos simplemente habían crecido. En él veía la posibilidad de ser amada y cuidada como nunca antes lo había sido. La crítica interior, la voz de la derrota, me mantenía con ese parloteo tortuoso, «¿quién te va a amar después de saber todo lo que has hecho?».

Unas semanas más tarde fuimos a buscar un pequeño pastor alemán blanco. Lo trajimos a casa en una caja de zapatos y era muy dulce y hermoso, lo llamé Lucky Star. Albert venía a jugar con el perro y se quedaba a cenar y luego a dormir.

Dejó de ser tan intenso, claro que la situación no era la misma. Ahora tenía la libertad de ir a donde quisiera. Sabía que no era la mujer cobarde que él pudo haber creído que era, por lo que se comportaba de la mejor manera.

Mis planes de vender la casa para recuperar el dinero de las mejoras que le había hecho habían fracasado; estábamos en medio de la peor situación del mercado inmobiliario y los bienes raíces habían perdido valor, la bolsa de valores estaba a la baja y mi casa se había devaluado.

Un día le mencioné a Albert que me declararía en bancarrota y que haría una modificación del préstamo de la casa. Mi hipoteca era muy costosa y a eso debía sumarle todos los demás gastos para mantenerla; se estaba volviendo muy difícil para mis finanzas. Mis ahorros se estaban reduciendo muy rápidamente.

Entonces Albert me propuso la posibilidad de hacer un laboratorio hidropónico en mi casa. Lo analicé durante unos días y pensé que esa sería una buena forma de mantenerlo cerca. Nos daría la oportunidad de intentar arreglar las cosas. Así que unos días después, lo llamé y le dije:

—Sí, sigamos adelante con el plan.

Albert no tenía demasiados amigos y los que tenía estaban todos en el negocio. Nadie venía a la casa tampoco. Entonces tener este secreto no sería un gran inconveniente, era peligroso pero las cosas estaban realmente mal económicamente. La gente estaba perdiendo sus trabajos y sus hogares. Veía en las noticias que tres y cuatro casas en cada cuadra de la ciudad estaban en ejecución hipotecaria. Era una época de incertidumbre y temía mucho por mi casa.

En el fondo siempre había mantenido en mi mente el recuerdo de la casa que había perdido. Y juré luchar por esta hasta mi último aliento. Mi casa era mi legado y mi herencia y gran parte de mi jubilación estaba puesta en ella, eso significaba que debía conservarla y superar la ola de ejecuciones hipotecarias. Albert hizo todo el trabajo de abrir las habitaciones para crear un gran espacio para las plantas. Hizo un tanque de agua en uno de los armarios que estaba al costado de la casa y toda la tubería se construyó debajo de esta.

Me declaré en bancarrota para tener más posibilidades de una aprobación para la modificación del préstamo y después de varios meses y varias cartas, ambas fueron aprobadas.

Tuvimos el negocio de la marihuana durante aproximadamente un año y medio. Vivía bajo un tremendo estrés con todo lo que estaba pasando en el mundo y en mi relación con Albert. Él tenía las llaves de mi casa y también tenía acceso a mí.

Ya no podía traer a mamá a la casa, así que la llevaba a almorzar y pasaba una buena cantidad de tiempo con ella los sábados. Podía ver cómo los años alcanzaban a mi madre. Los nervios, la ansiedad y el miedo que sentía era evidente, sabía que estaba envejeciendo y dependía más de mí. Siempre había sido autosuficiente y necesitar a alguien era muy difícil para ella.

Nada había cambiado con Albert y conmigo, la única diferencia era que él vivía en su casa y yo vivía en la mía. Yo bebía más licor cada día. El miedo, la soledad y no ver resultados en mi vida realmente me deprimían. Nunca volví a consumir drogas, pero el licor realmente me estaba alcanzando, incluso bebía cuando estaba sola, que era la mayor parte del tiempo.

Todavía tenía mis amigas, pero nuestra relación no era la misma. Ya no salíamos como solíamos hacerlo ni pasábamos tiempo juntas como lo habíamos hecho en el pasado. No tenía conversaciones abiertas con ellas ni compartía las cosas por las que estaba pasando con Albert. Era orgullosa y no quería admitir que había cometido un error. Realmente no había sido un error, sólo había sido mi momento de darme cuenta de que yo no era gay y Dios lo había asignado a él para esa tarea.

Me sentía usada. Sentía que le estaba proporcionando a Albert placer, dinero y una salida fácil. Me estaba poniendo en peligro al tener un laboratorio de marihuana en mi casa y él no estaba cambiando ni un poco. Yo estaba haciendo todos los sacrificios y él no estaba invirtiendo nada. Salíamos a veces, pero no había romance y me sentía vacía. Pensaba que tal vez él estuviera resentido conmigo por haber salido de su vida.

Fue a mediados de agosto de 2007 que mi relación con Albert estaba llegando a su fin, había estado tratando de aguantar como si él fuera mi salvavidas. No quería perderlo por completo, soñaba con que cambiara y que se diera cuenta de que yo era inocente de todo lo que me acusaba. Soñaba con que él realmente me amara, que estuviéramos casados y tuviéramos una relación íntima en la que pudiera sentirme segura y dejara definitivamente atrás todo el dolor de mi pasado.

Discutíamos y teníamos sexo después de grandes discusiones, eso se había convertido en la norma, me había vuelto en una mendiga que aceptaba migajas por amor. Pensando siempre que podía cambiarlo, comencé a justificar su mal comportamiento. Después de haber vivido con él y haber experimentado sus celos de manera cercana y personal, supe que no era bueno para mí, sin embargo, seguía el baile apaciguando mi malestar con adicciones, como el alcohol, el sexo, la ira y la depresión, vivía con una sensación de pérdida.

Me sentía muy inadecuada, no amada y sola. Estaba soportando cosas que, en lugar de hacerme sentir bien en la relación, me hacían sentir inútil. ¿Por qué seguía necesitando estar en una relación con alguien que me culpaba de todo y que a veces desaparecía y no contestaba su teléfono? ¿Por qué pensaba que moriría si ese hombre y yo nos separábamos? De todos los hombres del mundo, ¿por qué me enamoré de uno que no estaba emocionalmente disponible?

Una de las cosas que más deseaba en la vida era una familia y cuanto más lo intentaba las cosas empeoraban y el sueño se convertía en una pesadilla. En el fondo de mi corazón sabía que mi relación con Albert no estaba funcionando pero entraba en pánico ante la idea de que rompiéramos. Las voces en mi cabeza decían: «¿quién te va a amar después de saber todas las cosas que has hecho? ¿Vas a vivir aquí sola? Tu no sobrevivirás. Estás sola, no tienes a nadie. Si mueres sola en esta casa, nadie lo sabrá».

Le oraba a Dios y tenía fe, pero me faltaba una relación más íntima con él, sin embargo, con la poca fe que tenía en Dios, aún así, solía mostrarme que estaba escuchando e interesado en mis oraciones. Todas las mañanas, antes del trabajo, iba a la capilla de St. Brendan, donde había ido al retiro de Emaús. Me arrodillaba y oraba pidiendo ayuda divina. Le pedía a Dios que cambiara mi vida y me mostrara quién era Albert porque sabía, en mi corazón, que estaba escondiendo algunas cosas.

Como mi esquema femenino se basaba en mantener a mi hombre cerca, le propuse que nos fuéramos de vacaciones una vez terminada la última poda de las plantas de marihuana. Estaba tratando de mantener la calma y eso era un intento para que él me amara y no quisiera irse.

Habría hecho cualquier cosa por retenerlo. Me corté el cabello y cambié su color, me puse a dieta y perdí algunos kilos. Seguía pensando, «si tan solo fuera más delgada, más alta y más joven». Me atormentaba con los pensamientos que permitía tener en mi cabeza. En mi mente nunca estaba a la altura, siempre me comparaba con otras mujeres y ellas continuamnete ganaban el concurso de belleza que yo perdía miserablemente.

Pensaba que era relativamente feliz pues veía a Albert todos los días, venía a atender nuestra cosecha y ni siquiera me preocupaba que me atraparan. Hacíamos la poda juntos, él me enseñaba todo lo que necesitaba saber sobre la calidad de las plantas, la nutrición y el riego. La pesamos y embolsamos y Albert se encargó de venderla.

Una vez que la carga estuvo lista y Albert se la entregó al comprador, este trajo el dinero y todo estuvo bien. Honestamente, mis finanzas estaban tan deterioradas que el dinero que me traía Albert era sólo una pequeña bandita para una gran herida. Seguía yendo a la capilla en la mañana antes del trabajo y mantenía conversaciones con Dios en las que le suplicaba que me mostrara quién era Albert, le pedía que cambiara mi vida. Le decía: «Dios, tú sabes todo por lo que estoy pasando, conoces cada circunstancia de mi vida y necesito tu ayuda. Por favor, sálvame del peligro».

En ese momento estaba trabajando para el departamento de hematología oncológica en uno de los grandes hospitales de la ciudad donde residía y una señora con la que trabajaba me invitó a una iglesia cristiana a la que ella asistía con regularidad.

Acepté su invitación a pesar de que había sido católica toda mi vida. Decidí probar y el 20 de septiembre de 2007 me encontré con mi compañera de trabajo en la iglesia, había muchos autos allí y apenas podía encontrar estacionamiento. Mientras caminaba por ese recinto sentí algo poderoso, algo que era diferente. Unos minutos más tarde la música comenzó a sonar y las letras de las canciones se apoderaban de mi corazón. No podía dejar de llorar. Las lágrimas que corrían por mi rostro eran de arrepentimiento, culpa, vergüenza y condena por la forma en que me había permitido vivir.

A lo largo de la alabanza y la adoración me sentí completamente abrumada por una presencia muy dulce, llena de mucho amor y misericordia, sentía que estaba sentada a mi lado. Mi corazón estaba muy afligido con tantas cargas y seguía pensando, «Dios soy una pecadora, no soy digna de recibirte. Dios, he hecho tantas cosas de las que me avergüenzo, ¿por qué habrías de quererme? mucho menos amarme, si ni siquiera mi madre me ama, ¿por qué tú lo harías? Dios, tú sabes todas las cosas sucias que he hecho, los lugares en los que he estado, las cosas que he hecho en secreto y las veces que he querido quitarme la vida. Dios, mi relación con mi madre está rota y no quiero cuidar de ella, no sé cómo cambiar mi vida, lo he intentado y las cosas empeoran cada día».

Mis lágrimas seguían corriendo por mis mejillas y me arrepentía de todo lo que había hecho, le pedí a Dios que me perdonara, por la amargura y el hastío que sentía por mi madre y por mí. Me sentía tan avergonzada de mí misma, me encontraba abochornada de la persona en quién me había convertido. La música bajó mientras el pastor subía al escenario, dijo una oración y me tomó por sorpresa cuando nos pidió que abrazáramos a la persona que estuviera a nuestro lado, mi cara estaba hinchada de llorar, no quería que nadie me viera en esa condición tan vulnerable. El abrazo se sintió muy extraño, gracias a Dios la señora que me invitó nunca se apartó de mi lado, en mi paranoia sentía todas las luces brillar sobre mí. Mientras nos sentábamos sólo quería esconderme debajo de las sillas. Hice un esfuerzo consciente por estar quieta mientras el pastor comenzaba su mensaje. Estaba deshecha, nunca había llorado tanto frente a tanta gente. Todos mis pecados estaban ante mí y ese día me di cuenta de que era una esclava de mis adicciones, de mi promiscuidad sexual, mi ira, mi depresión, mi desesperanza, mi desesperación, mi falta de perdón y de la oscuridad que había en mi mente y en mi alma. Mi quebrantamiento era evidente en todo mi rostro.

El pastor era un comunicador increíble, habló de muchas cosas ese día, pero lo que dijo sobre el perdón fue lo que mayormente me impactó. Dijo que la falta de perdón era un pecado y que restringía las bendiciones de Dios sobre tu vida.

Mientras estaba sentada escuchando el mensaje cristiano, tuve el sentimiento más abrumador de querer agradar a Dios, me sentía abierta a lo que él me estaba diciendo, la parte más extraña era que estaba lista para aprender más acerca de este Dios que me había abrazado y me había hecho sentir bienvenida en su casa. Me sentía una vagabunda, sucia y con la ropa llena de agujeros, entrando en la casa de alguien en la que, mientras caminaba, veía que todo estaba impecable.

El mensaje del pastor estaba llegando a su fin cuando preguntó si había alguien en la audiencia que quisiera recibir a Jesús como su Señor y Salvador y animó al que quisiera hacerlo que por favor pasara al frente, sentía que mis rodillas se debilitaban y tenía un nudo en el estómago, los vellos de mis brazos se erizaron y estaba muy asustada. Todo mi espíritu seguía diciendo: «¡SÍ! Ve y recíbelo». Me armé de valor y di un paso hacia el frente, mi amiga me acompañó y el pastor dijo:

—Repite conmigo,

*«Señor Jesús vengo a ti este día de buena gana, quiero recibirte como mi Señor y mi Salvador, por favor perdona todos mis pecados y haz algo hermoso con mi vida, desde este día en adelante prometo buscarte y servirte con todo mi corazón en el Nombre de Jesús».*

Estaba completamente débil, algunas personas oraron por mí y supe que mi vida nunca volvería a ser la misma. Me sentía un poco mareada y no podía explicar que me pasaba, sentía un júbilo inmenso en mi corazón. Regresé a casa ese día y enfrenté mi vida.

Tenía dos cuartos llenos de plantas de marihuana, un novio egoísta, celoso, enojado y que probablemente me estaba siendo infiel, estaba perdiendo mi casa y mis ahorros se iban cuesta abajo. Y todo eso era sólo una pequeña bolsa, porque el resto del equipaje que llevaba conmigo no había sido abierto, ni siquiera una pulgada.

Vi a Albert unos días después, estaba ansiosa por compartir con él mi nueva decisión. Le expliqué lo sucedido y le dije que le había entregado mi corazón a Jesucristo.

—¿Qué significa eso? —preguntó.

—En el ámbito espiritual he pasado de la muerte a la vida, todos mis pecados han sido perdonados y prometí buscarlo y seguirlo—respondí.

Emocionada, le contaba que me sentía diferente, sentía más paz y otros sentimientos que eran todos buenos, pero que aún no podía explicar y que acababa de comenzar a leer la Biblia.

Cometí un gran error al preguntarle si estaba listo para recorrer conmigo el viaje hacia Cristo, me dijo que no estaba listo. Sólo quería que él hiciera un compromiso conmigo y con Dios. Me sentí rechazada y en el fondo de mi corazón, sabía que él no me amaba.

Seguimos adelante con nuestros planes de irnos de vacaciones, pero algo extraño me estaba sucediendo, cuando Albert y yo teníamos intimidad me sentía mal y me metía bajo la ducha a llorar. No quería que me viera de modo que intentaba disimularlo y como siempre tomaba un cóctel para quitarlo de mi cabeza.

Un día estábamos hablando en la cama, bebíamos juntos y de repente perdí segundos de la conversación, me olvidé por completo de lo que acaba de decir, había perdido el ritmo de la conversación y me emborraché muy fácilmente, eso nunca me había sucedido antes. ¡Tenía amnesia alcohólica y ni siquiera lo sabía!

Comencé a ponerme nerviosa y ansiosa, Albert comenzó a notar que a veces actuaba de manera extraña. Empecé a tratar de disimularlo muy bien para que él no lo notara y se olvidara, sin embargo, cada vez que teníamos sexo y bebíamos yo perdía la memoria de una manera muy sutil, pero reconocía las señales.

En noviembre de 2007 Albert y yo tomamos nuestras ansiadas vacaciones. Me sentía bien por la aventura, pero él seguía siendo la misma persona emocionalmente no disponible y yo seguía pasando por alto sus malos comportamientos. Él era muy inmaduro en comparación conmigo, había una diferencia de diez años, pero no debía hacer tanta diferencia, deberíamos poder hablar acerca de los sentimientos sin que él quisiera salir corriendo para otro lado.

Una cosa que notaba era que el hombre que amaba no podía expresar sus emociones y yo pensaba que todos los hombres eran así, él no podía hablar de su pasado con sus padres y hermano excepto de una manera superficial, pasaba por alto esas conversaciones o hablaba sólo de ciertas cosas y aportaba un mínimo detalle sobre ellas, simplemente para que yo pensara que a él le importaban o que era lo suficientemente sensible como para comprender mis sentimientos.

Sabía que Albert y yo teníamos muy pocas cosas en común, éramos del mismo país, pero habíamos nacido en épocas diferentes. Él no hablaba inglés y yo había crecido en los Estados Unidos. Yo veía la televisión estadounidense y él miraba la televisión en español, yo realmente no disfrutaba de la programación en español. Creía que era vulgar en muchos sentidos, las telenovelas españolas estaban llenas de escenas pornográficas, aunque fueran filmadas con ropa. Por alguna razón, las mentiras, las intrigas, las puñaladas por la espalda y el adulterio ya no me entretenían. Yo le decía: «Veamos televisión en inglés, te ayudará a aprender el idioma más rápido», pero él se ofendía y me llamaba quisquillosa y engreída.

Había otro tema que no teníamos en común, Dios y las bellas formas en que se estaba dando a conocer para mí. Me sentía absolutamente frustrada por no poder decir lo que estaba en mi mente, no quería crear situaciones desagradables, evitaba que se enojara y me tratara como a un gusano.

Cuando estaba de buen humor, me hacía sentir como una princesa, pero en el momento en que no quería tener intimidad con él o simplemente quería ir de visita a la casa de una amiga, comenzaba el caos. Gradualmente él me había aislado de todos, la única persona que veía era a mi mamá y tenía que batallar con su actitud y sus fallas como una madre emocionalmente no disponible tampoco.

Nuestras vacaciones fueron maravillosas, pero noté que Albert estaba distante. Yo estaba viviendo una fantasía en la que deseaba que termináramos juntos. Pensaba que él tenía sus defectos, pero no era un mal hombre. Durante el viaje lo sorprendí, varias veces, enviando mensajes de texto y cuando le hablaba o se percataba de que le miraba él me distraía y colgaba el teléfono al instante.

Fuimos a Washington y a Virginia y disfrutamos nuestro tiempo juntos, pero sabía que había algo que no estaba del todo bien. Intencionalmente sacaba esa idea de mi mente y me preguntaba por qué se iría de viaje si tuviera a alguien más. No estaba viviendo conmigo, no estábamos casados, entonces, ¿por qué había estado de acuerdo?

Después de una semana regresamos a casa y las plantas que habíamos dejado en la tierra ya estaban brotando. Pronto estarían listas para ser podadas, mientras tanto Albert continuaba yendo a mi casa para atender nuestro negocio. Se quedaba y simulaba que estábamos teniendo una relación cuando en realidad, no estábamos teniendo nada. Empezamos a discutir mucho, me sentía incómoda con nuestro arreglo, yo quería más y él no estaba dispuesto a dármelo. Nunca se me ocurrió pensar que me estaba usando. Después de todas las cosas que habíamos vivido estaba total y absolutamente enamorada de ese hombre, tenía un lugar muy especial en mi corazón por la forma en la que nos habíamos conocido y sentía que teníamos un destino juntos. Pensaba, ¿qué pasaría si Dios lo trajera a mi vida para que fuera salvado? Podríamos servir al Señor juntos.

A mis amigas homosexuales les había sentado muy mal mi decisión. Mi mejor amiga Ania y yo habíamos sido compañeras durante casi veinte años, ella quería ponerse de mi lado, pero era difícil para ella porque sabía que estaba cometiendo un error, hasta el día de hoy no estoy segura de si ella quería que tuviera éxito o no, sin embargo en una ocasión conversábamos sobre el comportamiento de Albert.

—El machismo de los cubanos, ellos son así y eso es lo que elegiste —decía.

En cierto modo me lo estaba echando en cara y me sentía como una fracasada en mis relaciones. Quería que funcionara para poder mostrarles a todos que había tomado la decisión correcta.

Una noche Albert y yo estábamos podando las plantas, me sentía muy ansiosa y no sabía por qué. Supuse que era porque estábamos teniendo una de esas conversaciones en las que era difícil negar mi opinión y Albert estaba esperando a que yo metiera el pie en ella para tener una excusa y poder irse enojado y no tener que quedarse o simplemente hacer lo que él quisiera. Algo me indicaba que debía ir hacia la ventana de la sala. Traté de apartarlo de mi mente, pero esa necesidad persitía y era muy fuerte. Así que me levanté de mi silla, caminé hacia la sala y abrí levemente la persiana, vi a una mujer salir de su auto y acercarse a la casa tratando de mirar hacia adentro, al no ver nada colgó una bolsa de plástico en la puerta del coche de Albert.

Sentia la rabia acumulándose en mi estómago, mi temperatura se disparó, no podía creer lo estúpida que era confiando mi libertad a Albert.

Instantáneamente, me vino a la mente esta frase: «El infierno no tiene furia como la de una mujer despreciada». Me senté en el borde del sofá para pensar y analizar la situación. Esa mujer quería que supiera que conocía mi dirección y probablemente estaba enterada de lo que estamos haciendo allí. Cuando volví a mirar por la ventana ya ella se había ido. Abrí la puerta de mi casa, me dirigí al auto y tomé la bolsa, dentro había fotos de Albert y esa mujer. En ese momento supe que había recibido mi respuesta, sabía que Dios había escuchado mi oración.

—Dios —dije—, gracias por responder.

Volví a entrar y fui a buscar a Albert.

—Mira lo que encontré, ¿no es muy interesante? Mientras estás sentado aquí, he estado ocupada descubriendo tu vida secreta. ¡Gracias Espíritu Santo por mostrarme el peligro que corro estando al lado de este hombre! —dije, ya había llegado a un punto en el que estaba gritando—. Esta noche destruyes todo esto y todo vuelve a ser como antes, ¡quiero que salgas de mi vida de una vez por todas y no quiero volver a verte nunca más! Te sobrestimé, piensas con tu pene y no con tu cabeza. No puedo creer que hayas hecho esto; nos has puesto en peligro a los dos.

—Ella no sabe lo que estamos haciendo aquí. Relájate, todo está bien, ¡estás tan emocional por todo! ¡Siempre sacas las cosas de contexto! —respondió él.

—Sí, saco de contexto que estás jugando a las casitas conmigo y tienes a una mujerzuela colgando fotos de ustedes dos juntos en la puerta de tu auto. —Le respondí.

Ese es un mensaje y no es difícil de leer. ¡Ella quiere que yo sepa que existe, sabe dónde vivo! Mañana me voy a trabajar y cuando llegue a casa quiero que se levanten los muros y la pila de regadío y quiero todas las plantas fuera de aquí, no quiero rastro de macetas de marihuana en esta casa, cierras la puerta y dejas la llave afuera en los arbustos. No quiero oír ni saber nada de ti.

Mientras se arrodillaba para agarrar una regadera pues estaba organizando algunas cosas para comenzar a empacar, agarré un par de tijeras en mi mano, una multitud de pensamientos pasaban por mi cabeza. Quería matarlo, lastimarlo como él me lastimaba a mí.

Sostuve las tijeras en mi mano derecha y me estaba acercando, quería clavarlas en su yugular y cuando estaba a una pulgada sentí que mi mano se entumecía y las tijeras cayeron al piso.

Albert salió de mi vida esa noche, yo estaba devastada, me sentía engañada, derrotada y desesperada, surgió en mí una ira que no podía contener. Comencé a gritar y lo hacía tan fuerte que mi perro se estaba enojando y comenzó a ladrar incontrolablemente.

Fui a buscar las tijeras una vez más y comencé a cortar dos afiches míos, fotografías en blanco y negro que eran casi de mi estatura que había tomado cuando estaba en el servicio de acompañantes. Representaban una época decadente de mi vida, comportamientos errados, pecados y la persona que había representado un tiempo y que había sido mi identidad durante años. Corté y apuñalé las fotos con la esperanza de que la fantasía fuera destruida.

Tenía la necesidad de derribar y destruir ese ídolo que había creado en mi mente. La *madame* que los hombres no dejaban, ¡yo los dejaba! ¡Me quieren y me desean en la cama! ¡Una falsa personalidad que había creado en mi fantasía llena de orgullo!

Recordé lo que había escuchado en el programa de doce pasos, «nuestro ego nos hace sufrir». Esa persona en la foto era una mentira, ella había sido derrotada y yo también. Me enojé tanto conmigo misma por no ver las señales, estaba caminando de un extremo a otro de la casa gritando insultos dirigidos a mí misma y comencé a golpearme en la cabeza con mucha fuerza.

—Estúpida, estúpida, estúpida, ¡eso es lo que eres! —gritaba.

Lucky fue a acercarse a mí y perdí el equilibrio cuando el intentó pasar por el medio de mis piernas. Me caí y comencé a golpearlo, peleaba con él, tenía tanta ira que iba más allá de lo que jamás había conocido ni experimentado, mientras peleábamos él comenzó a gruñir. Sacó sus dientes y me mordió con fuerza, me dolió mucho y me puse a llorar. Caí de rodillas mientras lloraba histéricamente. Le pedí perdón a Dios y abracé a mi perro.

—Lo siento, perdóname, no te volveré a pegar. —dije.

En ese momento recibí una revelación, la ira que estaba sintiendo era un pecado.

## Negro y azul

*El ardor de tu cuerpo me enfría mientras mi corazón está atrapado en un acertijo.*

*Sólo quiero que me abracen, quiero ser amada por alguien real, alguien verdadero. Quiero bailar con un amor tan apasionado que se entregue libremente a sí mismo, que se convierta en uno conmigo.*

*¡Qué placer, qué dolor! Tu amor me deja en negro y azul.*

*¿Por qué siento tanto frío en el aire? Estoy sola cuando estoy contigo. ¿No debería el amor fluir libremente y sin reservas? Incondicional, ese no eres tú.*

*Quieres mi cuerpo una y otra vez. Quiero darte mi corazón y lo tiras a la basura. ¿Estás aquí para llevarme lejos? Me recoges y luego me tiras. ¿Qué hago para que tu corazón lata por mí?*

*¡El amor no controla! ¡El amor te hace libre para ser! ¡Qué placer, qué dolor! Tu amor me deja en negro y azul.*

*Estoy inquieta, estoy desconcertada mientras tú pisoteas todo lo que aprecio. Sientes un gran placer cuando me empujas de palabra y de obra. Siento tanto odio como amor por lo que me haces.*

*Tus acusaciones me menosprecian. Tus celos son abrumadores. Tus palabras me ahogan mientras me llamas «mi amor».*

*Trabajo duro para ser quien tú quieres, pues me pierdo sin ningún lugar donde estar. ¡Qué placer, qué dolor!*

*Tu amor me deja destrozada.*

*Negro y azul conmigo.*

*Negro y azul sin ti.*

# Capítulo XVI. Abrazo y Entrega

**M**e sentía como si hubiera salido de la oscuridad, del fuego y las cenizas. No tenía cicatrices visibles, me había ido con mi salud, mi cordura y mi vida. Pero mi alma era otra cosa, estaba enferma, estaba destrozada. Mi corazón estaba roto por vivir en un mundo en el que me habían malinterpretado toda mi vida y el que nunca había entendido yo tampoco.

Me preguntaba: «¿Quién es este Dios que me llama? ¿Por qué me quiere entre todas las personas? No soy perfecta, ni santa, ni pura, Dios, ¿no ves quién soy? Soy la prescindible, la rechazada, la intimidada, la que no gustaba a nadie en la escuela, la que siempre escuchaba susurros al pasar. Dios, ¿por qué querrías a una fracasada como yo?

Mi corazón ardía en llamas por él, él había sido la primera persona que había visto más allá de todos mis fracasos, todos mis errores y mis defectos, me amó de manera incondicional y verdadera. Me sentía amada como nunca lo había sentido, no había conocido ese sentimiento en toda mi vida. Nunca había sentido un amor como el suyo, aceptando, validando, afirmando y perdonando el pasado como si nunca hubiera existido.

Vi la cruz y vi mi libertad, mi salvador, el que abrió las puertas de mi cárcel y pagó el precio por mis pecados, por mi salvación, con su propia sangre.

Nadie había nunca sacrificado nada por mí, pero él lo hizo. Su sacrificio me dio una segunda oportunidad en esta vida, que había vivido tan miserablemente.

No tenía valores, no tenía integridad, era deshonesta y quería el crédito y la gloria para mí. Era egoísta y no se me daba bien nada que tuviera que ver con la vida, con el amor o con el trato con otras personas. Siempre sentía que no pertenecía a nada ni a nadie, me sentía como una huérfana, presionando mi nariz contra el vidrio para mirar cómo otros estaban felices y amaban a su familia. Yo era una extranjera, una inmigrante en este mundo en el que había nacido, pero, sin embargo, no pertenecía a él. No tenía ningún propósito y la vida no tenía sentido.

Me sentía desconectada del mundo, de mis padres, de mi familia y de todos. Había caminado con todo ese equipaje, todos los secretos durante décadas, sintiendo culpa, condena e incluso paranoia de ser rechazada una vez más por lo que era y por lo que me había convertido. Me sentía tan sola.

No podía hablar de mis problemas, la gente juzga con tanta facilidad sin conocer las luchas que las personas han tenido que librarse para sobrevivir. Empezaba a llorar incontrolablemente y luego, simplemente, decidía callarme porque verían mi condición real, y no quería que nadie supiera que estaba terriblemente débil. ¿Qué tipo de persona puede abrirse y contar cuánto le desagradaban las personas que le habían traído al mundo? Había culpado a mis padres durante tantos años. Llevaba sobre mis hombros el peso de sus pecados y los míos también.

No podía correr el riesgo de que me juzgaran mal una vez más, así que me quedé en silencio la mayor parte de mi vida y me escondí en mi interior, allí el enemigo de mi alma se regocijó al ver mi perdición.

Pero un día el rey de la gloria entró y dijo: «¡Quita tus manos de su vida, satanás, ella es mía!».

Me salvó, me sanó y me dijo quién era realmente. Sus palabras fueron como beber un vaso de agua después de que has estado en el desierto toda tu vida y todo en ti está deshidratado, cuando bebes quieres más y más y no puedes dejar de beber, y esa agua se convierte en agua viva, del tipo de la que, literalmente, salva tu vida.

Seguía trabajando en el departamento de oncología y hematología de un gran hospital de mi ciudad, mientras mi corazón estaba lleno de pasión por Dios. Quería contarle al mundo entero lo asombroso que era el Salvador. Era enero de 2008 y acababa de recibir una gran promoción y aumento, pero, al parecer, mi mensaje de salvación provocó el enojo de alguien y me despidieron en marzo de ese mismo año.

Estaba viviendo sola con una montaña de cuentas que debía pagar y gastos que afrontar, todavía bebía licor y fumaba cigarrillos. Tomaba mis antidepresivos a diario. No podía permitirme entrar en los lugares oscuros de profunda depresión donde había estado antes. Necesitaba encontrar otro trabajo rápidamente para poder sobrevivir.

Un día llegó una carta a mi casa, estaba dirigida a la inquilina que había vivido allí antes y a la que yo le había pedido tan groseramente que se mudara, después de haber vivido allí tan sólo un año. Llamé a mi amiga Ania y le dije que tenía una carta para Yona. Mi amiga dijo que se pondría en contacto con ella y le diría que me llamara.

Unos días después, Yona llamó y le dije que tenía correo. Empezamos a hablar y descubrí que había sido cristiana durante muchos años. Le mencioné que, unos meses antes, le había entregado mi vida al cuidado del Señor. Entonces ella me contó que iba a una iglesia llamada *Central Bible* y me invitó a ir con ella, yo acepté.

Entramos a la iglesia un día y fue como volver a casa. Me gustaba mucho más escuchar la palabra que el pastor estaba transmitiendo en inglés que, en mi idioma nativo, el español. Estaba tan feliz de estar en esa iglesia, allí me sentía aceptada y tenía un sentido de pertenencia. Era como si tuviera una nueva familia, nunca antes había tenido un tipo de relación como esta y me sentía muy grata y cómoda.

Yona se convirtió en mi amiga y mi confidente. Todo lo que nunca le había contado a nadie, se lo le conté a ella. Había conocido a Ania desde hacía muchos años, pero con Yona era diferente, con ella sentía que estaba hablando con Dios. Me sentía aceptada y valorada, ahora estaba sintiendo el compromiso de algo llamado testimonio. Nunca sentí ni por un momento que fuera juzgada por ella. Fue como si Dios la hubiera elegido a ella exclusivamente para ser mi amiga, tenía la profundidad emocional y el amor de Dios para guiarme y ayudarme a pasar por mi metamorfosis y convertirme de una oruga en una bella mariposa.

Realmente fue un proceso en el que sentí mudarme de piel, y mi amiga estuvo ahí para mí, en cada paso del camino.

Estaba muy agradecida con Dios por permitirme tener una amiga tan increíble como ella. Se convirtió en mi hermana, la que nunca tuve. Admiraba su comportamiento y la forma en que representaba a Dios, era una mujer próspera y sus valores eran intachables. Quería lo que ella tenía, anhelaba conocer al Dios al que ella con tanto amor servía. Íbamos al cine, a cenar y a la iglesia. Dejé de sentirme sola. Ahora era parte de una comunidad, era parte de la familia de Dios.

No tenía idea de cómo ser una buena amiga y le pedía a Dios que me enseñara cómo hacerlo, le decía: «Dios, por favor, no permitas que lo arruine. Quiero ser buena en todos los aspectos de mi vida. Por favor enséñame a ser una buena persona, quiero que sanes mi corazón, estoy cansada de llorar, estoy cansada de estar enferma y abatida. Estoy lista para empezar una nueva vida. ¡Dios ayúdame! No puedo hacerlo sola. Me has traído hasta aquí y sé que no me dejarás ni me abandonarás», al menos eso era lo que había dicho el pastor en la televisión y necesitaba creerlo.

Tenía muchas deudas, por lo que necesitaba un trabajo urgentemente para poder solventarlas y seguir adelante. Fui a varias entrevistas y acepté un puesto como gerente de oficina en un centro infantil para autismo. Mi jefa era una hermosa mujer, pero tenía un problema de ira que debía aprender a controlar, ella tenía un esposo igualmente guapo y un yate estacionado en la parte trasera de su casa. Sin embargo, por alguna razón, no se sentía satisfecha y eso la convertía en una tirana.

Todas las mañanas iba a trabajar llorando, me iba de esa forma y regresaba de la misma manera. Tenía conversaciones profundas con el Señor, él se convirtió en mi psiquiatra, mi médico y mi amigo.

En una ocasión una señora llamada Rosie, estaba dando un seminario en mi iglesia y un pastor de Filadelfia hablaría esa noche. Asistí con muchas expectativas en mi corazón. Su mensaje me cambió la vida en ese momento.

El pastor sacó una caja con un rompecabezas y esparció las piezas en el piso, entonces nos invitó a que tomáramos una pieza que sostenía en sus manos, había una para cada uno de los que allí estábamos, entonces dijo:

—Aquí hay una pieza para ustedes.

Hicimos lo que nos dijo y una vez de vuelta en nuestro asiento dijo:

—Lo que tienes en la mano es una pieza del rompecabezas que es tu vida, donde estás en este momento es donde debes estar, ahí está Dios y te mostrará algunas cosas, Él puede promoverte de la nada a algo grande en un nanosegundo —declaró y mi fe se activó y mi espíritu se disparó.

—«¡Ese mensaje era para mí Señor!» —exclamé emocionada mientras conducía de regreso a casa—. Padre para ti nada es imposible, sé que tú me darás una promoción a otro empleo —dije muy alegre.

Volví a casa esa noche con un renovado sentido de esperanza. Realmente creí que el trabajo que estaba haciendo, y que me estaba haciendo sentir tan miserable, era exactamente donde Dios quería que estuviera. Había salido del seminario con una fe renovada, y con la certeza de que, si cooperaba con Dios y aprendía la lección que se me estaba asignando mientras estuviera allí, él me llevaría a un mejor lugar de trabajo.

El pastor tenía toda la razón. En ese trabajo, teniendo una jefa tirana, tuve que aprender a someterme a la autoridad, pero también aprendí la integridad. Cuando llamaban solicitando a mi jefa ella me pedía que dijera que no estaba. Un día la enfrenté muy amablemente.

—Soy cristiana y no voy a mentir más por ti, lo mejor que puedo hacer es decir que no estás disponible. —Le dije.

—Está bien —dijo ella mirándome con desdén.

Un día estaba en el trabajo cobrando dinero de un cliente, mi jefa estaba pasando por alto todo lo que estaba haciendo y sonó mi teléfono. Cuando concluí con el cliente, me disculpé y fui al baño de mujeres. La persona que llamó se había presentado como Olga, la novia de Albert. «Qué interesante», pensé, «sabía que me llamaría». Entonces ella procedió a aclararme algunas cosas.

—¿Recuerdas el día que Albert te dijo que estaba pescando? Bueno, él estaba conmigo, ¿recuerdas cuando llevó el pescado en una bolsa y lo puso en el fregadero? Pues, ese día no fue a pescar. Te mintió, fue a una pescadería a comprarlo y te dijo que él mismo lo había pescado —dijo ella.

—¿Sabes? Ambos se merecen el uno al otro. Tú sólo tienes a un simple hombre Olga, yo tengo a Dios y le pedí que le quitara la máscara a Albert, así que aquí estamos, teniendo esta conversación. Quédate con él, espero que te vaya bien. ¿Sabes algo Olga? Creo que sentiste la necesidad de llamarme por alguna razón, siempre te estarás preguntando si él está pensando en mí. —Le respondí y colgué el teléfono.

Dios, una vez más, me demostraba que estaba escuchándome. Me lo estaba haciendo saber, estaba interesado en cada detalle de mi vida. Poco a poco fui confiando más en él cada día. Dios se convirtió en maestro de su palabra, con él aprendía valores. Me estaba entrenando para poderme llevar bien con personas difíciles, me estaba enseñando algo, con cada persona que había elegido para formar parte de mi vida. Gradualmente, estaba aprendiendo a recuperar el poder que le había entregado a la gente, durante toda mi vida. Dios me enseñó más que mi propia madre y mi padre. Era realmente sorprendente la manera en la que comencé a pensar y a sentirme diferente.

En una pequeña hoja de papel escribí un mensaje, que coloqué, junto con la pieza del rompecabezas, en mi escritorio a un lado del teléfono, allí decía: «Donde estás en este momento es exactamente donde debes estar, Dios puede promoverte a otro empleo en un nanosegundo». Lo leía en silencio o en voz baja, cada vez que lo veía, y de camino a casa lo decía en voz alta en mi auto. Lo declaraba y decía:

—«!!Dios, sé que puedes hacerlo!!! Eres un experto en imposibilidades y en ello pondré mi fe».

Estaba pasando por un proceso psicoespiritual para resolver todos mis problemas, pero también temía por la cordura de mi madre, cuando entró en esa otra dimensión en la que entran algunos ancianos. Podía ver que estaba muy perdida. Mamá nunca se había sometido a una evaluación psiquiátrica, pero sabía que había algo que no era normal. Reconocía que había sido una cobarde, por no haber insistido en que fuera a hacerse una evaluación adecuada.

Me decía a mí misma, cuando sea el momento adecuado, sucederá. No quería presionarla porque eso hubiera sido peor. Ella veía la vida de una manera muy negativa, su filosofía y sus opiniones eran oscuras, lo que le causaba un dolor terrible. Y yo, como buena hija de mi madre, había heredado sus mismas actitudes. En mí se había repetido lo que mi familia decía de ella, «está loca», a ambas nos consideraban unas incorregibles. Mamá nunca me permitió llevarla a un médico, cuando intentaba ayudarla se hacía impenetrable como una pared de acero, se cerraba y yo me sentía terriblemente enojada y frustrada, para mí eso era una prueba de lo que ella sentía por mí. Lo curioso era que cualquier extraño de la calle sí influía en sus decisiones, pero cuando yo intentaba facilitarle la vida de alguna manera, ella lo descartaba, ni siquiera lo pensaba o lo valoraba.

Creo que mamá pensaba que, en algún momento en el que se sintiera vulnerable, me vengaría de ella, y eso la aterrorizaba. Pienso que, en el fondo, ella sabía cuánto dolor me había causado, pero nunca la confronté. Me mantenía alejada, porque sentía que esa era mi venganza.

Un domingo fui a la iglesia con Yona y el pastor Stocker de la iglesia *Central Bible* estaba patrocinando un programa llamado «Purificando arroyos» o *Cleansing Streams* en inglés. Era un programa de estudio de doce semanas que culminaba con un retiro de un día en diferentes partes del país. Era una serie de clases que preparaban para discipular a los participantes, estaba diseñado para sanar y liberar.

Ocho meses después de haber entregado mi vida al cuidado del Señor, comencé este programa. El primer día de clase fue increíble, Rosie era la maestra y cada palabra que decía, sabía en mi interior que era verdad, que era luz que venía del Señor. Nunca había escuchado la voz de Dios en toda mi vida. Me había conmovido e inspirado el saber que, finalmente, estaba tomando un camino, uno que Dios me estaba indicando.

Ese día escuché una vocecita en mi espíritu, en mi corazón y en mi mente. La palabra del Señor decía: «Deja de tomar tus antidepresivos, no estás deprimida». «El licor no es bueno para ti». En mi mente comencé a refutar lo que él me decía entonces le dije: «Dios, el doctor dijo que no puedo dejar la medicación abruptamente» y Dios respondió: «Yo soy tu Dios, confía en mí». No podía creer que hubiera podido escuchar eso, pero no lo dudé ni por un segundo, no vacilé e hice exactamente lo que Dios me había dicho. Ese día dejé de tomar el medicamento, no bebí más licor y nunca más fumé un cigarrillo.

En mi tiempo a solas con el Señor, durante esas doce semanas, aprendí lo que Dios había hecho por mí en la cruz, me di cuenta de la magnitud de mis pecados, y lo que el Señor había hecho para liberarme. Nada de lo que pudiera hacer, me haría ganar su salvación. Fui salvada por mi fe. Era tan fácil, pero me había pasado toda la vida perdida en el mundo, y le había dado la espalda al único que podía salvarme de mí misma.

Dios seguía llamando a la puerta de mi corazón, me encontraba sintiendo mucha lástima por mamá, sabía que yo era todo lo que ella tenía, de modo que prometí nunca abandonarla. Sólo quería ser feliz mientras la cuidaba, y sabía que eso no era mucho pedir.

Así que un día, mientras mi madre se levantaba de su silla de ruedas para sentarse en el inodoro, algo pasó, pensé que se me arrugaba el corazón. Mi corazón se había vuelto suave y lleno de compasión, la misericordia y la gracia habían entrado en él y ella ya no me desagradaba, comencé a amarla. Pensé en la lucha que debió haber sufrido en su interior cuando estuvo en la cárcel, me imaginaba los momentos en los que tuvo que ducharse en público y estar desnuda frente a otras mujeres, entonces sentí en mi corazón el dolor y la vergüenza que ella debió haber sentido. Sentía como si un láser rasgara mi corazón y el arrepentimiento se coló profundamente en mi espíritu y en mi alma.

Estaba totalmente comprometida con el programa de sanidad y liberación, hacía muy bien mis tareas y me acerqué aún más a ese Dios que me quería, el Dios que pedía mi atención y le hablaba a mi corazón diciéndole: «Quiero ser tu amigo, déjame ayudarte».

Un día, mientras estudiaba la Biblia, me habló de su reino y me dijo que se habían establecido leyes para nuestra protección y nuestro propio bienestar. Recibí la revelación de que los diez mandamientos estaban destinados a darnos libertad y no a esclavizarnos. Si no matas, robas o deseas a la esposa de tu vecino, no tendrás nada que temer. Me confirmó con su palabra que, así como hay bendiciones, hay maldiciones. Y también me dijo que, así como había un Dios bueno, había un enemigo maligno llamado satanás, que no era el personaje de una película, era real. Dios dijo que mientras no cumpliera con sus leyes, le estaba dando a satanás autoridad en mi vida, para traer enfermedad, pobreza y todo tipo de calamidades, incluso la muerte.

Me reveló que yo había violado todas sus leyes, pero debido a lo que Jesús había hecho en la cruz, todos mis pecados habían sido perdonados. La misericordia es que Dios no me castigue como merezco, y la gracia es que él me ame, ya sea buena o mala. Me encontraba en ese momento en un estado de asombro y deleite. Era sábado por la noche y yo estaba allí, sentada hablando con Dios, haciendo un estudio bíblico, sola en mi casa. Y le decía: «Dios, por favor cambia mi vida, no quiero ser más la persona que he sido, hazme nueva, haz algo hermoso con mi vida».

Seguía yendo a trabajar en ese empleo que detestaba, mientras seguía creciendo en mi relación con Dios. Escuchaba las enseñanzas en *YouTube* y leía mi Biblia, tenía tanta necesidad de luz y verdad que al escuchar la palabra de Dios, sentía que era como un lenguaje celestial que me rodeaba de tanto amor. Y seguía volviendo por más mientras que el encanto del mundo se volvía más tenue cada día. Aunque, a veces, me sentía feliz, la mayoría del tiempo tenía miedo de lo que me depararía el futuro después de todos los errores que había cometido, entonces oraba por la misericordia de Dios.

Mi jefa quedó embarazada y, aunque se mostró reacia, dejó la oficina en mis manos. Yo hablaba con los clientes de manera profesional, pero también con un comportamiento amable. Para mí, tener la capacidad de escuchar era algo que se había arraigado desde que era niña. Sólo escuchaba a mi madre, pues nunca me había dado la oportunidad de hablar.

Entonces sabía que la gente necesitaba ser escuchada, Dios me estaba enseñando habilidades cristianas que estaba practicando con los clientes en mi trabajo, e incluso con mi jefa difícil, y en realidad su actitud me demostraba que ¡estaba funcionando! Debe haber visto algo en mí, probablemente había sentido que podía confiar en mí, porque a los cinco meses de embarazo se fue a casa.

Yo manejaba todos los aspectos de la práctica médica y ella era responsable de la nómina. Después de nacer la criatura, a los cuatro meses regresó, los nuevos clientes habían aumentado en un 40%, y todo en su negocio estaba funcionando sin problemas, incluso me atrevería a decir que, mejor que antes de irse.

Sin embargo, en mi vida personal tenía problemas importantes. Sentía lo que yo llamaba un complejo de saltamontes. En mi mente, me sentía tan pequeña como un saltamontes. Aunque por fuera podía dar la impresión de ser una gigante, mi mente estaba llena de pensamientos de derrota y de creencias limitantes, de no tener poder. Dios trabajaba en mí y en mi forma de pensar, con mucho cuidado y precisión, para que no desarrollara la mentalidad de un avestruz, que entierra su cabeza para no enfrentar aquellas cosas a las que le teme y que se esconde de lo que no comprende. Vivía en una profecía auto cumplida de pesimismo y fatalidad, nadie había pensado que fuera capaz, así que nunca lo había intentado.

Me sentía muy insegura, celosa, envidiosa, enojada y me ofendía fácilmente. Siempre estaba comparándome con otras personas. Vivía con miedo, era terrible, además juzgaba a la gente y todas esas emociones negativas me causaban mucho pesar y dolor. Entonces Dios me reveló que mi miedo era a estar sola. Me dijo, que todo lo que había hecho era porque estaba buscando amor.

Dios me enseñó valores, integridad, me reveló mi verdadera identidad y le dio un propósito y significado a mi vida. Él me enseñó cómo vivir una vida santa y sagrada, había sido apartada para realizar su trabajo aquí en la tierra. ¡Qué voz tan cariñosa la de aquel que me llamó, para tan sublime obra como la de servir a su pueblo! Pero primero necesitaba ocuparse de mi alma enferma.

El programa «Purificando arroyos» o *Cleansing Streams* me estaba enseñando lo que significaba caminar en el espíritu.

*«Por eso les digo: dejen que el Espíritu Santo los guíe en la vida. Entonces no se dejarán llevar por los impulsos de la naturaleza pecaminosa. La naturaleza pecaminosa desea hacer el mal, que es precisamente lo contrario de lo que quiere el Espíritu. Y el Espíritu nos da deseos que se oponen a lo que desea la naturaleza pecaminosa. Estas dos fuerzas luchan constantemente entre sí, entonces ustedes no son libres para llevar a cabo sus buenas intenciones, pero cuando el Espíritu los guía, ya no están obligados a cumplir la ley de Moisés.*

*Cuando ustedes siguen los deseos de la naturaleza pecaminosa, los resultados son más que claros: inmoralidad sexual, impureza, pasiones sensuales, idolatría, hechicería, hostilidad, peleas, celos, arrebatos de furia, ambición egoísta, discordias, divisiones, envidia, borracheras, fiestas desenfrenadas y otros pecados parecidos. Permítanme repetirles lo que les dije antes: cualquiera que lleve esa clase de vida no heredará el reino de Dios.*

*En cambio, la clase de fruto que el Espíritu Santo
produce en nuestra vida es: amor, alegría, paz,
paciencia, gentileza, bondad, fidelidad, humildad y
control propio. ¡No existen leyes contra esas cosas!*

*Los que pertenecen a Cristo Jesús han clavado en la cruz
las pasiones y los deseos de la naturaleza pecaminosa y
los han crucificado allí. Ya que vivimos por el Espíritu,
sigamos la guía del Espíritu en cada aspecto de nuestra
vida. No nos hagamos vanidosos ni nos provoquemos
unos a otros ni tengamos envidia unos de otros».*

*Gálatas, 5:16-26*
(NTV)

Decidí que sería y haría lo que dice la Biblia.

*«La Biblia es la palabra inspirada de Dios».*

*II Timoteo, 3:16*
(NTV)

La Biblia me enseñó:

Toda la escritura es inspirada por Dios y es útil para enseñar, reaprender, corregir y entrenar en justicia. Aprendí que la justicia no es una palabra insignificante, significa vivir correctamente bajo el cobijo de Dios.

Llegué a conocer a Jesús como mi abogado defensor. Necesitaba desesperadamente un abogado celestial, oraba y clamaba para obtener grandes milagros. Estaba pidiendo que me perdonaran la segunda hipoteca de mi casa. Así que le decía al Señor: «Eres un Dios misericordioso y los errores que cometí están bajo tu sangre. Te pido perdón por el desastre que hice con mi vida, financieramente y de otras maneras. Necesito que salves mi jubilación y mi casa».

Le pedía a Dios, además, que sanara las imágenes sexuales de mi mente, estas se iban borrando poco a poco y se me hacía más fácil cada día vivir una vida de pureza. En el fondo anhelaba compañía, un alma gemela, pero que fuera cristiano. Sabía que tenía mucho que sanar antes de volver a sentirme cómoda en una relación.

Había mirado todos los aspectos de mi vida, el Señor había puesto una película en mi mente, había podido repasar todos los eventos vergonzosos de mi vida y había pedido perdón por cada uno. Entonces un día el Señor me habló acerca de someter mi mente y mi sexualidad a él.

El me mostró que había sido una coqueta toda mi vida, que me gustaba el poder y cómo me hacía sentir, de modo que, paso a paso, aprendí a someter esos aspectos de mi vida, entonces pude hablar sobre cosas que ya él sabía, pero que mi vergüenza me había mantenido en silencio, dejando mi corazón cerrado.

El Señor me impulsó a buscar su palabra para entender el tema de la homosexualidad, y cuál era su diseño y voluntad con respecto al hombre, la mujer y el matrimonio. Me reveló que hay una jerarquía sagrada en el diseño original en la que Dios es la cabeza de todas las cosas y de todas las personas. Como creador, él hizo al hombre y a la mujer a su imagen y semejanza. No es una imagen física sino más bien una personalidad espiritual y una semejanza moral.

El hombre es la cabeza de la familia y debe buscar a Dios como su Señor. Fue diseñado para dirigir y mantener a su familia. Es por eso que tiene una complexión fuerte y su constitución robusta es diferente a la de una mujer. La mujer fue creada como ayudante del hombre, ella es más dulce, emocional y tiene una mayor capacidad espiritual, ya que su principal propósito es llevar vida dentro de ella y dar a luz la promesa de Dios, otro ser humano.

El sexo y el matrimonio es diseño de Dios, está destinado a ser romántico y placentero y se produce a partir de la unión entre el hombre y la mujer en una unión física, emocional y espiritual que se basa en el amor. Fue creado para propiciar la intimidad, la relación, el compañerismo y la confianza. Este es el diseño de Dios y es el ambiente perfecto para criar a los hijos.

El matrimonio se basa en practicar los principios del amor, debe ser sacrificado y siempre incondicional, debe ser una decisión basada en la convicción y no en los sentimientos. El matrimonio es un símbolo viviente de Cristo y su iglesia.

No es una opción para reescribir las reglas de Dios, las escrituras nos definen y nos cambian, no al revés. La homosexualidad es una autoexaltación que conduce a una rebelión contra Dios.

En mi humilde opinión, la homosexualidad tiene sus raíces en un déficit amoroso que crea una mentalidad huérfana. Equiparamos nuestros primeros modelos a seguir con Dios, si no nos proporcionaron amor y cariño durante nuestro crecimiento, un nivel subconsciente de nuestra mente, nos conducirá a definir a Dios como malo.

Las doce semanas habían pasado y Yona y yo estábamos en el autobús de la iglesia camino a Lakeland, Florida, estábamos hablando de su pasado y del mío, y todo lo que el Señor nos había revelado en las últimas doce semanas. De repente, el evento que había vivido con los enemigos de mi madre, los primos de las gemelas que vivían en la casa que quedaba en frente a la de mi abuela, vinieron a mi mente. Reviví el suceso completamente y recordé cuando me rasgaron la ropa, me ataron de pies y manos y me echaron cocaína en la barriga. ¡Oh mi señor! Estaba trayendo a la superficie un recuerdo que estaba profundamente guardado, pero que él quería que sanara en el retiro al que asistiríamos.

La gracia de Dios es un regalo que no merecemos, sin embargo, él nos da su amor, su palabra y todos sus atributos para que crezcamos en la identidad que él tiene para nosotros, no la que nos impone el mundo. Estaba muy avergonzada por estar tan poco capacitada para ser sensible y empática. Me sentía tan apenada de necesitar amor, pero, sobre todo, me mortificaba el sentir una soledad que no comprendía.

Estaba muy feliz de que Yona hubiera decidido ir al programa «Purificando arroyos» conmigo, después de tantos años siendo cristiana, ella era humilde y caminaba conmigo para ayudarme. Era un acto de solidaridad y fidelidad como hermana en el Señor. Me sentía amada y cuidada, ya no sentía que caminaba sola por esta tierra.

¡El retiro fue absolutamente increíble! Cuando entramos a la iglesia donde se llevó a cabo el evento, fue una experiencia que nunca olvidaré. Había intercesores orando por todos los participantes y cada enseñanza era, cada vez más, una revelación. El Señor conocía el deseo secreto de mi corazón, formar parte algún día de ese asombroso ministerio.

En «Purificando Arroyos» conocí a Cindy y conocí a Bernadette. Dos hermanas en el Señor que Dios había elegido para que estuvieran en mi vida también, y que fueran un modelo del cristianismo para mí. Cada una de ellas tenía una lección que enseñarme. Cuando regresamos a casa la vida nunca fue la misma para mí, tenía una relación con el Dios vivo. Ponía mi alarma una hora antes sólo para pasar tiempo con él, leer su palabra y escribir en mi diario, para soñar con él y hacer declaraciones sobre mi vida.

Él me dijo un día: «Las declaraciones funcionan gracias a:»

> *«Si declaras abiertamente que Jesús es el Señor y crees en tu corazón que Dios lo levantó de los muertos, serás salvo».*

> *Romanos, 10:9*
> (NTV)

Y me dijo a través de la palabra que él nos da a todos una medida de fe, según...

> *«Porque en virtud de la gracia que me ha sido dada, digo a cada uno de vosotros que no piense más alto de sí que lo que debe pensar, sino que piense con buen juicio, según la medida de fe que Dios ha distribuido a cada uno».*

> *Romanos, 12:3*
> (LBLA)

También me enseñó que:

> *«Así que la fe viene del oír, y el oír, por la palabra de Cristo».*

> *Romanos, 10:17*
> (LBLA)

De modo que, si lees la palabra, oras y declaras la palabra, la fe se activa y se hace cada vez más grande. La fe es lo que mueve la mano de Dios.

Seguía en mi trabajo confiando plenamente en el Señor, sabiendo sin ninguna duda que para él, nada era imposible y que si creía cuando oraba, se haría realidad lo que pedía.

> *«Les digo, ustedes pueden orar por cualquier cosa y si creen que la han recibido, será suya».*

> *Marcos, 11:24*
> (NTV)

Sin embargo, sabía que había una condición, no podía estar en pecado, debía estar bajo el cobijo de Dios en todos los sentidos. Y gradualmente fui calificando para sus bendiciones.

En abril de 2009, Yona y yo íbamos a ver la ópera *Madame Butterfly*, ese sería mi regalo de cumpleaños. Por la mañana fui al gimnasio, cuando me acercaba al escritorio para hacer una pregunta sobre mi membresía, me hice a un lado y alguien me tropezó en un costado de las escaleras. Caí diez escalones hacia abajo sobre el lado derecho de mi cuerpo. Estaba tirada allí y apenas podía moverme. Me dijeron que me quedara quieta y que me moviera poco a poco, para comprobar si tenía algún hueso roto. Comencé a moverme y traté de levantarme.

—Estoy bien, tengo que irme. Me voy a la ópera —dije.

—Espera, estamos llamando a la ambulancia —dijo la gerente.

—No, no puedo faltar a mi cita —respondí.

Fui a mi auto cojeando y me dirigí a la casa de Bernadette. Ella era una guerrera de la oración y ungió mi pie con aceite, que es el símbolo del Espíritu Santo. Ella oró por mí y me dio dos Advil, me quedé allí un rato mientras hablamos y luego me fui.

Fuimos a la ópera, Yona y unas amigas. Yona y las otras señoras eran amigas desde hacía mucho tiempo, una de ellas era la madrina del hijo de Yona. La señora Carmen era jefe de radiología en un hospital local.

En medio de la ópera sentía un dolor punzante, cuando miré hacia abajo, mi pie estaba tan inflamado que parecía un jamón. El dolor se hacía más fuerte así que decidí decirle a Yona lo que me estaba pasando, aguanté todo lo que pude, pero ya casi al final nos levantamos para irnos.

Carmen vio mi pie y dijo que iríamos al hospital.

—Te haré una radiografía, creo que tienes el pie fracturado. —Me dijo.

Me hablaba la voz del conocimiento y la experiencia, ella se estaba arriesgando por lo que estaba haciendo. La gracia de Dios es enorme y Él siempre pondrá en tu vida a las personas necesarias, en el momento exacto en el que las necesites. Ella podría haber sido peluquera, pero no, era la jefa de radiología de un hospital que, además, llevaba las llaves del departamento para poder entrar fuera del horario. ¡Sin duda era Dios guiándome en el camino!

Luego tuve que ir a un médico ortopedista y hacer terapias, mi vida se había vuelto patas arriba por una pequeña fractura en uno de mis dedos del pie. Tuve que usar una bota y muletas, no podía conducir ni soportar peso sobre mi pie.

—¿Cómo conduzco? —Le pregunté al médico.

—No lo hagas —dijo el médico, no podía creer lo que me decía.

—¿Qué? Tengo que ir a trabajar, mi jefa me va a matar —respondí.

La amistad de Yona era incondicional, ella me llevaba de comer y un día me ayudó a bañarme pues yo no podía moverme. Me sentaba frente a la televisión y miraba el canal cristiano *Trinity Broadcasting Network o TBN*, y mi compañero fiel a mi lado, mi pastor alemán, él sabía de alguna manera que yo estaba herida. Era muy divertido y odiaba las muletas, un día lo encontré tratando de comerse una de ellas, él también se enfrentaba a sus gigantes...

Sucedía algo gracioso, Dios tenía toda mi atención. No podía moverme, así que no podía ir a ningún lado. Estaba sentada durante horas con el pie elevado y escuchando dosis masivas de su palabra.

Escuchaba a Joyce Meyers, T. D. Jakes y Kenneth Copeland. Ellos fueron mis mentores y me educaron en valores cristianos. Los tenía en mi sala de estar enseñándome cómo convertirme en cristiana con la victoria que mi vida estaría construida sobre la roca de Cristo.

Aprendí a diezmar, mi diez por ciento es para el reino de Dios. El Señor me enseñó que su reino opera mediante un conjunto de leyes. Él dirige el mundo según la ley de la siembra y la cosecha. Eso equivale al dicho, «cosechas lo que siembras». Dios me libró, me había salvado y me estaba sanando. En obediencia y agradecida, estaba devolviendo lo que yo ya había recibido, para que otros pudieran entrar al reino. Mis diezmos o, el diez por ciento de mi salario, le demostraban a Dios que estaba totalmente de acuerdo y que, de todos modos, no le robaría lo que le pertenecía.

Aprendí que:

*«"Mía es la plata y mío es el oro" —declara el Señor de los ejércitos».*

*Hageo, 2:8*
(LBLA)

Dios es dueño de todo y no necesita mi pequeño salario. Entendí que el diezmo, era una condición del corazón, es en obediencia que le das a Dios tu 10%, y él promete proteger tu 90%, de eventos repentinos que pueden agotar las finanzas. Entonces, confiaba en Dios. Tenía que confiar en todo su evangelio, no podía elegir entre lo que me gustaba y lo que no me gustaba. No podía elegir lo que me convenía, había hecho un pacto con Dios de que creería cada palabra de su Biblia, incluso las partes que no entendiera.

Me reconcilié con la idea que tenía del mundo que dice que los pastores son ladrones y que al dar mi dinero sólo los estoy haciendo ricos. Me di cuenta de que Dios estaba ocupándose de mi corazón y estaba preocupado por mí, así que fui obediente y me sometí a su autoridad, su sabiduría y sus designios. Estaba cansada de vivir mi vida a mi manera, de esa forma no había funcionado. Cualquier cosa que los pastores hicieran con su dinero era su problema, yo sólo debía preocuparme por mi obediencia y caminar con el Señor. Dios era lo suficientemente grande, como para tratar con los pecados de otras personas.

Unos meses antes había publicado mi currículum en un sitio de trabajo, y una vez que mi jefa se había ido a su casa antes de dar a luz al bebé, no lo había actualizado. Un ángel, de ascendencia afroamericana, comenzó a trabajar en la oficina y mi casa estaba de camino a la suya. Ella era genial y superdulce e, instantáneamente, hicimos una conexión, luego descubrí que era cristiana, de modo que era una hermana en el Señor, ella aceptó llevarme al trabajo todos los días y dejarme en mi casa de camino a su casa. ¡De nuevo la gracia de Dios en acción!

Dos semanas después de la fractura, el médico me dijo que podía conducir, pero sólo distancias cortas, sin embargo, mi ángel continuó ayudándome. Me dolía todavía mucho el pie y no se curaba correctamente así que ella se ofreció a llevarme donde necesitara.

Un día sonó el teléfono, casi no logro atenderlo, pero respondí, el hombre del otro lado dijo que era un cazatalentos y que tenía un cliente que buscaba personas con experiencia para trabajar, específicamente, para una compañía internacional de seguros médicos.

—Señor, no estoy en condiciones de ir a una entrevista, me fracturé un dedo del pie y estoy en muletas. —Le dije.

—Ellos quieren conocerte, según el currículum que publicaste, están buscando personas con tu experiencia —dijo.

Una semana después fui a la entrevista, no podía creer lo que estaba haciendo Dios. Él me estaba probando su bondad y me decía:

*«Si son fieles en las cosas pequeñas, serán fieles en las grandes; pero si son deshonestos en las cosas pequeñas, no actuarán con honradez en las responsabilidades más grandes».*

*Lucas, 16:10*
(NTV)

Dos semanas después fui a presentar una prueba, fueron cuatro horas de trabajo agotador. Me dije en mi interior: «Espíritu Santo, necesito tu ayuda, si veo números entre paréntesis me va a dar un infarto, pero si esa es tu voluntad que así sea». Parte del examen consistía en dos escenarios en inglés y dos en español, planteaban situaciones que pudieran tener los clientes y se requería una carta profesional para cada situación. Había problemas de palabras y escenarios de servicios al cliente. Yo conocía bien el idioma, sabía escribir cartas y cómo ofrecer un buen servicio al cliente, de modo que la prueba no era un problema para mí y pasé con gran éxito.

El día del examen de ingreso conocí a una mujer muy dulce y amigable, tenía un comportamiento maternal. Creo que ella vio que necesitaba una amiga y algo de apoyo.

Unos días después, recibí una llamada en la que me informaron que había aprobado el examen, y me preguntaron cuándo podía hacer una prueba de drogas. Estaba sobria y libre de drogas. ¡Estaba claro, este era el trabajo por el que estaba orando!, la gracia de Dios había llegado una vez más.

Conseguí el empleo y en seis meses me ascendieron tres veces y recibí dos bonificaciones. Recordaba que Joyce Meyers en uno de sus mensajes dijo: «Un nuevo nivel, un nuevo diablo». El Señor me estaba enseñado a batallar una guerra espiritual usando su palabra. ¡Había momentos en los que tenía que tomar la autoridad y decirle al diablo que quitara sus manos sucias de mis cosas!

La mujer que conocí el día del examen, antes de empezar a trabajar, se convirtió en una muy buena amiga. Nos sentábamos y entrenábamos juntas e hicimos un excelente trabajo, Dios la eligió como una amiga amorosa que me ofreció apoyo y aliento.

Éramos honradas y fuimos promovidas al mismo tiempo, por haber realizado un trabajo con excelencia. Su nombre era Mercy, le agradezco su amistad y todas las fiestas acogedoras que pasé con ella y su hermosa familia.

Allí conocí a Evelyn, mi jefa, y también a Vilma y Niurka que, tiempo después, se convirtió en mi jefa en otro departamento. Dios conocía todas mis luchas, él estaba consciente de que no tenía habilidades para tratar ciertas cosas con las personas. Luchaba para mantener mi sobriedad y con pensamientos neuróticos que me estaban paralizando. El Señor estaba al frente de cada batalla; mi trabajo era sólo ser obediente. Entonces él me entrenó con su palabra y cuando llegó la victoria, me regocijé y le canté canciones de adoración, agradeciéndole. Bailaba por toda la casa proclamando su bondad sobre mi vida. Lo hacía con alegría, incluso cuando las cosas no estaban tan bien.

Un día mis compañeros de trabajo estaban haciendo insinuaciones sexuales, era una conversación obscena y me sentía incómoda. Participé un poco en ella, pero no me quedé hasta el final. Cuando llegué a casa, le pedí al Señor que me dijera por qué me había sentido tan mal en ese momento. Él me dijo que me había liberado de la oscuridad y que quería que fuera pura en todo, en mis pensamientos, en mis palabras y en mis acciones.

Además, me dijo: «Cuando estés rodeada por cosas como esas otra vez, quiero que mires hacia abajo y nunca rías o hagas alianzas con el comportamiento del mundo, tu boca es un contenedor de bendiciones y poder, de modo que no te contamines por los caminos del mundo». Era difícil para mí, ya que quería encajar, pero él me enseñaba a ser diferente a pesar de lo que la gente pensara de mí.

Tenía que mudarme nuevamente de mi casa, pues mis ahorros estaban disminuyendo, así que Yona se mudó de nuevo para mi casa. Me mudé al apartamento de garaje de Bernadette que era superlindo. Era grande, tenía una cocina completa y todo era nuevo. Me encantaba vivir en ese espacio. Allí tenía revelaciones asombrosas del Señor. Estaba aprendiendo a estar sola y permanecer en silencio como medio de ayuno y meditación. Mi vida siempre había estado llena de ruido, gritos, rabia e ira. Me estaba familiarizando con una paz que era sobrenatural.

Cindy y yo nos hicimos amigas, ella era una de las hermanas que había conocido en «Purificando Arroyos» o *Cleansing Streams*. Un día le pregunté a ella y a otra hermana que se llamaba Vivi si podían ir a la casa de mi madre para que pudiéramos orar por ella. Dios me había estado moviendo para ir con mamá y hablarle de la palabra. Ella había visto mi cambio, había visto mi compromiso con ella y su necesidad, me veía encargarme de todo para que ella estuviera bien y confiaba más en mí cada día.

De modo que llegamos un día y oramos antes de entrar a la casa de mi mamá, sentí la presencia del Señor. Todas oramos y Cindy le preguntó a mi mamá si quería recibir a Cristo, ella dijo que ¡sí!, vi su expresión y lo hacía de corazón. Conocía a mi madre como si yo fuera su madre, su afirmación era genuina, ahora sabía que podía descansar, estaba en las manos del Señor. Ese día fue absolutamente glorioso para mí.

Mi madre estaba muy feliz, recibió tanto amor de nosotras tres. Así que decidí aprovechar ese momento hasta el final.

—Mamá, ahora creemos sólo en Cristo, ¿estás dispuesta a renunciar a todos tus ídolos, todas las estatuas y los santos? —Le dije.

—Mi hija tómalos todos, sólo quiero vivir en paz. —Me dijo, entonces fui aún más lejos.

—Mamá, ¿me puedo llevar la foto de la gitana que tienes encima de tu cama? —Le pregunté.

—Sí. —Me dijo en voz baja.

¡Victoria! Mi mamá pertenecía completamente a Cristo, el mismo salvador que me había sanado y transformado, ahora ella estaba bajo el mejor cuidado, estaba en sus manos.

Nos fuimos ese día, pero antes tomamos todas las estatuas y todo lo que mamá había entregado voluntariamente como un acto de fe en Cristo. Pasamos por debajo de un puente y arrojamos todo en el río, como yo lo había hecho un día.

Días después mi mamá me permitió llevarla a una evaluación psiquiátrica. Su diagnóstico casi me rompe el corazón, mi pobre madre sufría de depresión maníaca, trastorno bipolar y trastorno obsesivo compulsivo. Pero, finalmente, iba a lograr que un médico la medicara adecuadamente y ella tendría algo de paz en su vida. El médico me comentó que no entendía cómo había podido sobrevivir a su enfermedad mental, sin tomar medicación.

—Dios la estaba cuidando. —Le respondí. Esa era la única explicación.

Un día planté el jardín más hermoso frente a la casa de mi madre, para que cuando ella saliera a su puerta, viera las más hermosas flores de todos los colores, sólo para ella. Entonces el Señor me regaló este poema como inspiración

.

## Un jardín llamado perdón

*Estuve de rodillas por un tiempo, era la primera vez que trabajaba en un jardín. Limpié la tierra y tú quitaste la dureza de mi corazón.*

*Estuve de rodillas por un tiempo y tú arrancaste la mala hierba y quitaste las mentiras que se habían plantado en mi corazón.*

*La belleza del perdón.*

*Desde el vientre de mi madre me has elegido, me has tejido con tu amor y tu gracia me abrazó y me trajo a este mundo.*

*Mis hermanos y hermanas no lo lograron, ahora están contigo, pero yo me quedé, para extender misericordia a una persona indigna de amor, el recipiente que elegiste, a pesar de las heridas que ella infligió, me dijiste: «Ella es tu madre».*

*Tú estuviste ahí conmigo, en medio del dolor, los gritos, los tratamientos y llegué como querías, pequeña para mi edad, sensible, artística, amante de las palabras, apasionada por la música y el arte, y un corazón que cultivaste y llamaste tuyo propio.*

*Y viste a la mujer afligida, la que lloraba en la oscuridad cuando nadie la veía, puede haber sembrado en lágrimas, pero no la abandonaste, tu misericordia siempre estuvo con ella. Y tus palabras fueron dichas sobre la mujer, dijiste: «Un día cosecharás con amor».*

*Y caminé por el valle que llamas muerte, era una ciudad desolada y toda gris, no había color a la vista. Tantas veces tu espíritu trató de consolarme, querías llevarme a un lugar mejor y yo corría hacia el otro lado.*

*No quería verla, no soportaba mi dolor.*

*No quería entender su dolor.*

*Ella había hecho cosas imperdonables, mi dolor era real.*

*Yo dije: «Tengo razón» y tú dijiste: «Entrega tu vida, mi dolor era mayor».*

*No hay mayor llamado que darte mi corazón, y cuando dijiste «perdona», estaba recelosa, pero al final cedí.*

*Fui obediente, y tu misericordia me alimentó con aguas vivas, y en la fuente de tu espíritu encontré amor. Amaba a esa mujer como nunca pensé que fuera posible, y entendí que ella me amaba a su capacidad, pero tú compensaste la diferencia.*

*Gracias por elegirla como mi madre, al final me mostraste su corazón y ¡era hermoso!*

*Este es el jardín del perdón.*

Mi mamá amaba a Yona. La gracia de Dios estaba operando una vez más en nuestras vidas y le proporcionó un trabajo a Yona en un centro de asistencia de vida. Se convirtió en directora y tuvo que obtener las licencias en una variedad de temas según el departamento de salud del estado.

Un día Yona y yo estábamos hablando, ella me comentaba que era recomendable que mamá se fuera preparando para recibir atención las veinticuatro horas, ya que se había medicado en exceso varias veces con pastillas para dormir. En una ocasión, había tenido que ir en medio de la noche a recogerla del suelo. Yona dijo que conocía un lugar que era muy bueno y muy limpio, y me sugirió que la llevara de visita.

En varias ocasiones, cuando le hablaba del tema a mamá, ella siempre se mostró reacia. Pero entre Cristo y su nueva medicación, mamá se convertía gradualmente en una dama muy asombrosa. De modo que, finalmente, accedió a ir de visita.

Unas semanas después fuimos a visitar el lugar que Yona nos había referido, cuando entramos al *lobby* mi mamá dijo:

—Mi hija, amo este lugar, quiero vivir aquí.

¡Vaya!, estaba experimentando una tremenda victoria. Pensaba que sería imposible sacar a mi madre de su vecindario, pero Dios estaba trabajando seriamente. Cuando hablé con la directora, me dijo que el costo de residir allí era de mil novecientos dólares al mes.

Entonces le dije al Señor: «Con todos mis gastos, ¿cómo voy a pagar ese apartamento para mamá? Padre, hemos llegado hasta aquí, te pido que me ayudes con las finanzas, no puedo hacer esto sin ti».

Unas semanas después de la visita, un día me fui a dormir y alrededor de las 2 a. m. me desperté. Daba vueltas en la cama y no pude volver a dormir. Entonces el Señor me habló y dijo: «Si ayunas y bebes sólo agua desde que te despiertes hasta el momento en que vayas a almorzar, te daré tu victoria».

Nuevamente le dije a Dios: «Señor, tengo una reunión en la que desayunaremos, la gente va a pensar que soy rara». Entonces él repitió las mismas palabras con mucha suavidad y paciencia. Así que estuve de acuerdo.

Bebí sólo agua desde las 5 a. m. hasta la 1 p. m., cuando caminaba de regreso a mi escritorio sonó mi teléfono. La persona que llamó me preguntó mi nombre y me confirmó que llamaban del

Departamento de Niños y Familias, volvió a preguntarme si yo era Gloria, la hija de Maritza y le dije que sí.

En el momento me puse muy nerviosa y pregunté si le pasaba algo a mi madre, la señora me respondió que estaba todo bien y que, por favor, me sentara. Entonces ella procedió a informarme que mi mamá había sido aprobada, hacía unos treinta minutos antes, como una persona apta para recibir el 75% de su atención, bien fuera en un hogar de ancianos, en una casa asistida o con una enfermera privada. Yo no entendía, estaba sentada, pero sentía que iba a caer de un edificio, estaba mareada y me puse a llorar.

—¿Sabes lo bueno que Dios está siendo contigo? Hay gente que espera en esta lista durante años, mueren y nunca reciben la ayuda —dijo la señora.

No podía creer lo que estaba pasando. Así que seguía preguntando cómo era eso posible. Dijo que una enfermera que había ayudado a mi madre hacía dos años había puesto su nombre en la lista de espera de forma anónima. Ese día dejé el trabajo y me fui a casa, me metí debajo de las sábanas y lloré, estaba tan feliz que sólo podía llorar y agradecer al Señor como un millón de veces por lo que había hecho.

Hice el programa «Purificando Arroyos» (*Cleansing Streams*) seis veces y luego, me convertí en líder e intercesora de retiro. Pasaba tiempos increíbles llevando a diferentes grupos al retiro de Lakeland. Me sentía muy honrada de que *Central Bible* y la directora del programa, Rosie, me confiaran tal responsabilidad.

Oh, otra cosa maravillosa que quiero mencionar antes de cerrar este capítulo es, ¿recuerdas la segunda hipoteca? Después de mucha oración y ayuno, y de declararle a Dios mi total dependencia y lealtad a él y su reino, la segunda hipoteca fue perdonada.

> *«Incluso antes de haber hecho el mundo, Dios nos amó*
> *y nos eligió en Cristo para que seamos santos e*
> *intachables a sus ojos».*
>
> *Efesios, 1:4*
> (NTV)
>
> *«De tal hombre sí me gloriaré; pero en cuanto a mí*
> *mismo, no me gloriaré sino en mis debilidades».*
>
> *II Corintios, 12:5*
> (LBLA)

«No soy presuntuosa, no soy especial, pero Jesús lo es. Sólo me aferro a la cruz para salvar mi vida».

# Capítulo XVII. Construí mi Castillo con Deseos

*«No se asocien íntimamente con los que son incrédulos.*
*¿Cómo puede la justicia asociarse con la maldad?*
*¿Como puede la luz vivir con las tinieblas?».*

*II Corintios, 6:14*
(NTV)

U n día estaba en la boda de una amiga y mientras ella caminaba por el pasillo, sentí que una emoción se apoderaba de mi corazón. En silencio le pregunté al Señor: «¿Cuándo será mi momento? ¿Cuándo me enviarás a mi esposo, Señor?».

Casarse es una experiencia muy intensa, sientes que estás mudando de piel y volviéndote uno con otro ser humano. Tendrás que perdonar muchas veces y enamorarte una y otra vez. El amor tiene diferentes niveles en los que, a veces, estás eufórico y otras más bien desinflado. ¿Cómo puede una emoción tener tantas facetas entre la alegría y el dolor? A veces es sublime y otras es ridículo. ¿Cómo puede el amor ser tan poderoso que un día puedes estar elevado y devastado al siguiente?

Estando en la recepción de mi amiga, que se acababa de casar, sonó el teléfono y era Albert. Después de todos esos años sin tener ninguna comunicación, él llamaba mientras estaba en una boda. Me dijo que necesitaba hablar conmigo y me preguntó si podíamos ir a tomar un café, le dije que sí. Esa noche salí de la boda pensando, «Dios, ¿es esto posible? ¿Has traído a este hombre como un alma cambiada y arrepentida?».

Llegué al restaurante y charlamos, salimos de toda la palabrería social. Se veía bien y todavía me sentía increíblemente atraída por él. ¿Qué tenía esta persona que me emocionaba de esa manera?

Me dijo que no me había podido olvidar; que yo era la mujer de su vida, que lo había intentado, pero no podía sacarme de su mente. Me dijo que lo sentía y me pidió perdón. Además, me contó que había estado yendo a la iglesia Pneuma durante años.

Debí haberme ido, o haberme reído, o quizás simplemente haber dicho, «te llamaré la semana que viene». Pero no, mi yo disfuncional y enfermo se quedó y llené mis oídos con todo lo que decía. ¡Me gustaba! Pensaba que en realidad podía ser posible. Dios, ¿por qué no pude tener sentido común en ese momento? ¡Debí haber leído mis diarios anteriores! Hubiera corrido hacia otro lado.

Hablamos varias veces después de ese encuentro, y un día él fue a mi iglesia, a *Central Bible*, incluso se bautizó con el pastor David cuando hubo una cruzada de bautismo en la playa. Todos lo veían, pero yo no. Mis amigas me dijeron: «No lo hagas, estás haciendo un caminar asombroso con el Señor y esto está destinado a disuadirte de los planes de Dios para tu vida».

Le oré a Dios al respecto, pero este es un libro que trata de honestidad y, para ser sincera, yo lo quería. Me justificaba a mí misma, realmente creía que Dios me lo había devuelto. Fui a su iglesia y comprobé que lo conocían, yo estaba familiarizada con esa iglesia porque allí me había salvado.

Permanecimos puros, no teníamos relaciones íntimas, para mí eso era un cambio de juego y él lo entendió. Tres meses después nos casamos. Me mudé con él a su casa y Yona seguía viviendo en mi casa.

¿Cómo podía el amor volver a inundarlo todo con tanta fuerza? La respuesta que conseguía era que nunca hubía dejado de amar a Albert. Estaba segura de haberlo hecho, sin embargo, al parecer, había quedado una chispa que se convirtió en fuego. Todo empezó de maravilla, pero unos meses después él ya no quería ir a mi iglesia, le gustaba ir a la suya porque allí hablaban más en español. Así que nos mudamos a su iglesia, dejé mi iglesia y abandoné el ministerio de «Purificando Arroyos», *Cleansing Streams,* porque él no quería que yo participara llevando grupos a Lakeland para hacer los retiros.

Íbamos a la iglesia los domingos, allí él alababa al Señor, pero el lunes hablaba como un marinero y bebía como un pez. Tampoco le gustaba que tuviera una línea de oración, para mí era un honor ayudar a otras personas y orar por sus necesidades. Nunca le presté menos atención, sin embargo, él estaba en contra de que yo compartiera mi tiempo con nadie más.

Las cosas iban cuesta abajo rápidamente. Él me mostraba sus colores todos los días, entonces me di cuenta de que me atraían las personas emocionalmente inaccesibles y ¡con tendencias narcisistas! Eso no era normal y me decía a mí misma: «¿Cómo puede él decir que cree en Dios, ir a la iglesia y que su cristianismo sea tan egoísta?

Vi la película *Beaches* y la tomé como el ejemplo perfecto de un narcisista o de alguien muy inmaduro y egoísta. En la película *CC Bloom*, una de las protagonistas, le dice a su amiga: «Basta de mí, hablemos de ti. ¿Qué piensas de mí?»

Me di cuenta de que me había casado con mi madre, Albert era como el hijo varón que ella nunca tuvo. La relación con mi madre estaba tan enferma que me había enamorado de un hombre tan egoísta como ella. Debido al amor que ella nunca recibió, no supo cómo ser amorosa, así que era un ciclo y me lo había transferido a mí.

Mi esposo no tenía ninguna solidaridad conmigo, disfrutaba su vino y sus margaritas, pero dejaba la botella encima del mostrador de la cocina. Pronto se percató de que ya no era la mujer que una vez él había conocido. Ahora Dios estaba en mi matrimonio y Albert tendría que tratar con él.

Sabía que había un yugo desigual antes de casarme, pero nunca, ni en un millón de años, pensé que me pudiera pasar a mí.

*«¿Y qué clase de unión puede haber entre el templo de*
*Dios y los ídolos? Pues nosotros somos el templo del Dios*
*viviente. Como dijo Dios: "Viviré en ellos*
*y caminaré entre ellos.*
*Yo seré su Dios,*
*y ellos serán mi pueblo"».*

*II Corintios, 6:16*
(NTV)

Cuando era niña soñaba con enamorarme, ser esposa y madre y tener un hogar propio. No soñaba con ser doctora o abogada, ser famosa o ser rica, sólo quería una familia o simplemente ser amada.

Recuerdo que cuando leí mi primera novela romántica, instantáneamente me enganché. Compraba todas las revistas de Romance Moderno, Historias Verdaderas y Confesiones Verdaderas, me devoraba las historias de hombres y mujeres que se enamoraban, tenían bebés y vivían felices para siempre.

Mientras tanto crecía en una unidad familiar que carecía de amor y cariño, así como de supervisión, además debo sumar todos los problemas emocionales que tenía cuando era niña, mi necesidad de ser amada era insaciable y hubiera hecho cualquier cosa para ser especial, ser la única. Mi necesidad de consuelo me atrajo hacia las novelas románticas, estas me ayudaban a sentirme un poco mejor en medio del caos, tenía doce años y había encontrado mi primer refugio. Por lo menos, tenía algo que me permitía soñar y escapar a lugares lejanos, vivía la historia con cada fibra de mi ser.

Hoy comprendo el efecto que tuvieron las novelas románticas en la química de mi cerebro, el mismo efecto de la marihuana, la cocaína y el alcohol. Se liberaron sustancias químicas del placer y, por lo tanto, leer novelas románticas se volvió adictivo. Carecía de la única cosa que verdaderamente produce alegría, el amor incondicional.

¿Qué somos capaces de hacer por amor? ¿Es nuestra necesidad de amor tan grande, que dejamos a un lado nuestras propias necesidades para satisfacer las de los demás y así evitar el rechazo y el abandono a toda costa? La aceptación te hará sentirte acogida y cálida, la falta de ella, en cambio, te hará enojarte y ser vengativa, manipuladora e iracunda.

Una cosa es segura, el dolor emocional es insoportable sin Dios. Los pensamientos de melancolía, la comparación con los demás, el dolor que sientes cuando la persona que amas te rechaza, se vuelven una carga y harás todo lo que puedas para que esa persona te ame y te acepte. En algunas personas eso se vuelve en algo obsesivo, incluso cruel, el anhelo de afecto. ¿Cómo puede una emoción crear tantos sentimientos, buenos y malos?

El tema principal de mi vida era la adicción, la codependencia y el amor disfuncional. Me pregunto por qué no podemos dar la vuelta y marcharnos la primera vez que nuestro corazón se rompe, y llorar hasta quedarnos dormidos, ¿por qué seguimos volviendo atrás para recibir más abuso?

Había momentos en el que las cosas eran normales, pero de repente, era como si una doble personalidad se manifestaba y se apoderaba de él. En una ocasión necesitaba que mi esposo reparara uno de los baños de mi casa. Él seguía usándolo para atormentarme, «¿Por qué tengo que llamar a un contratista cuando sabes cómo hacerlo?», le preguntaba. Llegó a un punto en que me estaba chantajeando con el baño.

Un día estaba en oración y el Señor me dijo: «Pregúntale a Albert si alguna vez escuchó la voz del Espíritu Santo. ¿Me ha oído pedirle que haga algo?».

Albert había accedido a reparar el baño cuando le hice la pregunta que el Señor me ordenó que le hiciera.

—Dile a tu Dios que me deje en paz, repararé el baño o de lo contrario «Él» no me dejará en paz. —Me respondió iracundo.

Un día salimos en el barco de Albert, estábamos con otra pareja amigos de él. Ese día conocí a Maritza, la esposa del amigo de Albert. Los chicos fueron a bucear en busca de langostas y Maritza y yo nos quedamos en el bote. Empezamos a hablar y le mencioné que yo era cristiana y me dijo que ella también. Me agradaba mucho, era muy simpática. Me comentó que se había ido de la iglesia y que no había leído la Biblia después de casarse con el amigo de Albert.

Empezamos a hablar y le contaba un poco de mi testimonio cuando decidimos meternos al agua porque hacía calor. Estábamos hablando de Cristo cuando de repente sentí una presencia oscura a mi alrededor.

—Mari, ¡apúrate, entra en el bote, apúrate. —Comencé a gritar.

Sentía que algo oscuro se me acercaba y me recorría toda, me rodeaba por la cintura, luego el cuello y bajaba por mis brazos. Empecé a luchar para quitarme esa cosa y me las arreglé para regresar al bote rápidamente.

Una vez fuera del agua, sentí que mi pecho, mi cuello y mis brazos estaban en llamas. Sentía un dolor que era horrible y tenía grandes burbujas en la piel, algo me había quemado. Maritza dijo que probablemente fuera una medusa. No podía quedarme quieta, estaba sintiendo tanto ardor y dolor que no sabía qué hacer.

—Por favor, llama a Albert, tengo que ir a buscar algún medicamento. —Le gritaba a Maritza.

—Espera, he oído que si pones orine en las quemaduras el dolor desaparecerá —Me dijo esta mujer que acababa de conocer.

Orinó en una taza y tomó una toalla de papel para ponerme un poco en la piel, pero el dolor empeoró. Su actitud me demostró que ella sería mi amiga de por vida.

Llamó a su esposo y ambos regresaron al bote, su esposo dijo que tenían que echarme cerveza, que la levadura haría que la toxina en mi piel se desactivara reduciendo el dolor y el ardor. Mientras me echaban la cerveza me tomé un ibuprofeno, fue un momento horrible.

Ciertamente nos hicimos amigas, hablamos sobre el Señor y ella me comentó que estaba leyendo la Biblia nuevamente y un día mencionó que nuestro encuentro no había sido una coincidencia, que Dios había usado ese encuentro para llamarla de regreso a él.

—¡Sí y el diablo casi me mata! —dije.

Albert y yo seguíamos teniendo problemas y yo continuaba pidiéndole paciencia al Señor, me arrodillaba y oraba para que ablandara su corazón de piedra. Le pedía al Señor que lo cambiara y le diera un encuentro real con él en el que pudiera experimentar su amor infinito.

El Señor en oración me pidió que estudiara *coaching* cristiano, me pidió que me metiera de lleno en su palabra. Hice toda la investigación y busqué clases *online*, no quería crear enfrentamientos ya que sabía que Albert era el tipo de hombre celoso y yo no quería causar más caos. Encontré *Light University*, el costo era razonable y comencé mis estudios.

Después de los primeros cuatro meses de estudio como parte de los exámenes, tuve que hacer el análisis de varios casos desde el momento en que el cliente venía el primer día hasta que obtuviera la victoria. Debía describir las técnicas y herramientas que se usarían para llevar a esa persona a obtener el resultado deseado. El estudio del caso debía tener cuatro mil palabras. Esa fue la primera vez que tuve que escribir algo tan largo y me di cuenta de que realmente podía escribir. Me sorprendieron los escenarios y las técnicas que se me ocurrieron. Todo fue gracias al Señor. Tuve que hacer tres composiciones finales para cada semestre. En cada una obtuve una A.

El proceso de convertirme en una entrenadora de vida cristiana en *Light University* era increíble y el Señor me estaba animando. El curso duró ocho meses y completé el programa con una calificación muy buena.

Una mañana, cuando recibí mi diploma por correo y lo puse dentro de mi Biblia, dediqué al servicio del Señor todo lo que había aprendido. Escuché en mi espíritu como él siempre tan dulcemente me decía: «Mira, te lo dije, puedes escribir».

Un día estaba hablando con Yona sobre mi testimonio y ella me dijo:

—Sabes, mi hermana, tú deberías escribir un libro.

Me sentí totalmente feliz, era raro, ella ya me lo había mencionado antes, pero su comentario nunca había tenido el efecto que tuvo ese día.

Una mañana estaba alabando al Señor y las lágrimas corrían por mis mejillas, un sentimiento abrumador de tristeza se apoderó de mí, me escuché a mí misma clamar desesperadamente a Dios: «Señor, ¿cómo es esto posible?, ¿cómo puede suceder esto? Creí conocerte, soy tu hija, mi mente ha sido renovada por el poder de tu palabra, sin embargo, ¿por qué siento tanta depresión, tanta derrota, me siento perdida, Señor? ¡Han pasado nueve años que he estado caminando contigo y, sin embargo, he caído en una trampa! Me mintieron, me engañaron y no lo vi, no lo creí posible, Señor, intentaste decírmelo de múltiples maneras, enviaste a muchas personas a advertirme, ¡y todavía no escuché!

«Padre, ¿por qué estoy pasando por esto? ¡Tengo tanto dolor que siento que alguien me ha rasgado el corazón!» Entonces escuché al Señor decirle a mi corazón: «¿Qué hay dentro de Gloria que permitió tantas mentiras y tanto engaño?».

De repente, me di cuenta de que mi esposo me había lastimado profundamente, esa era mi realidad, pero en ese momento el Señor se estaba ocupando de mí, quería sanarme y su pregunta había traído una revelación a mi espíritu, y como si una tonelada de ladrillos cayeran sobre mi cabeza, me dije: «No se trata de mi esposo, sino de mí, la que necesita ayuda soy yo».

El Señor me impulsó a expresar mi creatividad. Me inspiró a aprender a hacer joyas, todos los sábados, cuando tenía que ir a clases, era una ardua tarea. Le dije a mi esposo que disfrutaba siendo creativa, hacer manualidades y crear joyas, me hacía sentir bien mental, emocional y espiritualmente.

—Lamento mucho que no lo apruebes, lo voy a hacer porque soy buena en eso y he descubierto un don que no sabía que tenía en mí. —Le dije decidida.

Albert no tenía la capacidad de amarme sólo se amaba a sí mismo. Realmente creí que quería caminar con Dios, tenía un gran problema para rendirse. Sabía que él no tenía ni idea de lo que era el reino de Dios y no estaba interesado en intentar conocerlo. Yo era una persona codependiente, lo había sido toda mi vida y trataba todo lo posible por mantener la paz en mi casa. Mis límites y fronteras eran tan débiles como yo misma.

Estaba perdiendo la paciencia, seguía orando y ayunando y de rodillas le pedía a Dios que cambiara el corazón de mi esposo y lo inspirara a dar pequeños pasos para conocer su palabra. Quería someterme a mi esposo, pero no podía, había sido cristiana durante nueve años y él estaba sometido al mundo, no a Dios.

El Señor me comenzó a inspirar, me hablaba en mi corazón que escribiera un libro. Era enero de 2015, estaba viviendo una época muy peligrosa en mi vida. Estaba en medio del caos, vivía con un hombre al que había amado durante más de diez años y con el que finalmente me había casado, pero él usaba la palabra divorcio cada vez que discutíamos. Me di cuenta de que mi cristianismo lo desconcertaba, trataba de hacer mi mejor esfuerzo y vivir, hablar y hacer lo que Jesús dejó plasmado en la Biblia. Yo era cristiana todos los días de mi vida, no sólo los domingos, un hecho que él conocía bien antes de casarnos, pero un día se le escapó y expresó lo que realmente sentía.

—No quiero estar casado con una cristiana. Oras con la gente, hablas de escribir un libro y esto no es lo que quiero para mi vida.

Pronto me di cuenta de que mi esposo vivía su vida basándose en las emociones, no en sus convicciones. También me di cuenta de que lo que él quería era a la mujer que había sido antes de entregar mi vida a Cristo, su falta de conocimiento de los principios bíblicos no le permitía celebrar la nueva criatura que el Señor había creado. En otro momento y lugar, hubiera sucumbido a tomarme una copa con él para complacerlo. Hubiera hecho cualquier cosa para que no me dejara, pero estaba renuente a vivir para la recompensa de su aprobación. De lo que mi esposo no se había dado cuenta era que estaba luchando con Dios, un salvador que había obrado en mí durante más de nueve años, había limpiado y transformado totalmente mi vida.

Me estaba enfrentando a mi grave error y mi derrota, en medio de su manipulación y control sobre mí, mientras luchaba por mantenerme sobria. Dios me confrontó para que escribiera un libro. Yo no lo podía creer y me dije a mí misma: «¡Este es Dios! Estos pensamientos no pueden venir de mí».

Todo estaría bien si sólo tomas un trago de vino, escuchaba decir a una voz. Se burlaban de mí para que volviera a ser la mujer que había sido, que hacía cualquier cosa para mantener al hombre que amaba. Pero esta vez no lo haría, prefería perderlo a él y no abandonar mi paz, mi sobriedad y mi relación con Dios.

Un día Albert me dijo que quería que me fuera. Así que recogí todas mis cosas y alquilé una habitación cercana. Dormí en un sofá durante un año esperando que Dios lo cambiara, en medio de mi desesperación nunca fui abandonada por Dios. Albert nunca cambió, pero mi relación con Dios sí y se volvió profundamente íntima.

Acordamos separarnos, era doloroso para mí. Había actuado por la necesidad de llenar el vacío, había creído las mentiras y me había expuesto a escuchar esas palabras en uno de los momentos más vulnerables de mi vida que me lastimaron profundamente y me hicieron sentir como una fracasada.

Para combatir la depresión que estaba sintiendo, comencé a conducir para Uber a tiempo parcial. Hablaba con personas que venían a visitar la ciudad desde otras ciudades, eso me ayudaba a dejar de pensar en mis problemas. Un mes después de comenzar, recogí a una encantadora pareja de Argentina.

Fue un viaje maravilloso, sentí una conexión con ellos que no podía entender. Todo en ellos se veía próspero y vibrante. Cuando los dejé en el sitio al que iban, acordamos mantenernos en contacto.

Tenían planeado irse en un crucero y dijeron que una vez que regresaran me contactarían.

Una vez que Magda y Norberto regresaron, me enviaron un mensaje de texto y me preguntaron si conocía alguna iglesia a la que pudieran ir y les respondí que podía recogerlos y llevarlos a mi iglesia. Los llevé a la Iglesia Pneuma bajo el liderazgo del pastor Christian García. Fue una cita planeada por Dios, sentía que los conocía desde hacía mucho tiempo, estaba totalmente cómoda con ellos. Antes de salir de la iglesia les dije que quería invitarlos a almorzar.

Fuimos a un pequeño restaurante italiano que era muy especial para mí, era propiedad de una familia y la comida era realmente excelente. Hablamos de muchas cosas, su aprobación, validación y gentileza hizo que abriera la puerta y me animaron a hablarles acerca de toda mi historia con Dios. Fueron atentos, abiertos y muy receptivos a cada palabra que les dije. Me dijeron que mi testimonio era increíble y que el libro que Dios me había dicho que escribiera sería una prueba evidente de su gloria en mi vida. Me aseguraron que sería un éxito de ventas. Los abrazos, la calidez, las miradas de amor incondicional que recibí ese día me infundieron una esperanza que iba más allá de las palabras.

Al final de mi testimonio me dijeron que tenían una sorpresa para mí, era su turno de contarme su testimonio o eso pensé. Magda dijo que era pastora y doctora en psicología y Norberto era Obispo. Dijeron que tenían una mega iglesia en Argentina y una escuela cristiana con cientos de estudiantes. No podía creerlo, ¡era una conexión divina realmente abrumadora! Y lo mejor de todo fue que, ¡me invitaron a Argentina para presentar mi libro! Empecé a llorar, no podía creer la gracia de Dios. Cómo había enviado a unos pastores desde Argentina para animarme, con la esperanza de despertar mi vocación y propósito que habían sido diseñados por él.

Realmente pensaba que estaba caminando en la voluntad de Dios, pero había lugares en mi corazón que no se habían rendido, las experiencias del pasado, el dolor de la niñez no había sido realmente sanado. Cada decisión que tomaba las hacía desde ese lugar de quebrantamiento, no me había dado cuenta de eso hasta que caí en una profunda depresión, una que conocía bien. Me volví a lanzar al foso, a pesar de todos los consejos, las advertencias, seguí adelante y me casé con Albert, cometiendo el mayor error de mi vida.

El amor de mi vida era una persona que necesitaba sanidad al igual que yo. Tendría que permanecer en su egoísmo hasta que viera la luz y se le revelaran los errores que había en sus caminos.

A mi condición la llamo demencia relacional emocional disfuncional. Este término DERD fue creado por mí para describir la locura de mi situación codependiente, es decir, una predilección por apegarme a personas tóxicas.

Utilizo el término demencia, porque sentía que estaba perdiendo la cabeza.

Yo tenía la culpa, cuando su comportamiento era grosero y deshonesto, el mentía, yo lo enfrentaba y entonces pasaba a ser yo la mentirosa. Estaba confundida y desorientada. Identifiqué cambios sutiles en mi personalidad y pude darme cuenta de que estaba una vez más en medio del caos. Voluntariamente, me había puesto allí, estaba ansiosa y deprimida. Me volví apática y desesperada. Nunca veía la luz al final del túnel. Las cosas simplemente empeoraban en mi pensamiento y en mis emociones y comencé a aislarme por completo.

Al igual que un consumidor de drogas, la abstinencia es clave para la recuperación de esta condición llamada codependencia. En mi opinión, la única forma de curar las adicciones o la condición de codependencia es mediante el amor incondicional de Dios. Estaba siendo adicta, a un individuo que era un adicto, abusador y narcisista. Me di cuenta de que siempre estaba satisfaciendo las necesidades de los demás y no me cuidaba ni ponía límites para proteger mi propio valor y no pisotearlo.

Los límites y las fronteras son el lado saludable de la codependencia. Yo no tenía ninguna autoestima, entonces, ¿cómo podía pedirle a otra persona que me valorara? Mi corazón enfermo siempre pensaba: «si hago esto o aquello, tal vez él me amará». Cambias para complacer al adicto, estás dispuesta a hacer o convertirte en lo que sea necesario para ser feliz. Es verdaderamente agotador, y te sientes miserable mientras intentas hacer feliz a otro para que te ame y no te deje.

Dos meses después de que mi esposo y yo nos separáramos, era el día de mi cumpleaños, el 8 de abril. Me desperté muy triste ese día, se podría decir que estaba muy deprimida. Tenía esa voz negativa en mi cabeza que me recordaba constantemente todas las cosas que no tenía. Veía un panorama muy oscuro, pensaba para mis adentros que el tiempo se me estaba pasando, mi madre pronto fallecería y no tenía hijos, ni hermanos, me sentía muy sola. Ese sentimiento no me era, para nada, ajeno, el adversario de mi alma había usado esas mismas palabras muchas veces en el pasado, para derrotarme, cansarme y confundirme.

*«¿Hasta cuándo he de tomar consejo en mi alma, teniendo pesar en mi corazón todo el día? ¿Hasta cuándo mi enemigo se enaltecerá sobre mí?».*

*Salmos, 13:2*

(LBLA)

Dios en su infinita misericordia y gracia me vio y usó al pastor TD Jakes en la televisión para sacarme de ese lugar de tristeza y duelo en el que estaba perdida, Dios comenzó a revelarme algunas cosas en mi espíritu. Las lágrimas rodaban por mi rostro, no podía dejar de llorar. Entonces le pregunté a Dios: «Señor, ¿qué me pasa? He recorrido este camino antes y pensé que me habías sanado de este vacío y este sentimiento de falta de esperanza. ¿Por qué estoy aquí de nuevo?, ¿qué es lo que necesito aprender en este momento de mi vida? Quiero estar sana y tener el gozo de mi salvación».

*«Restaura en mí la alegría de tu salvación y haz que esté dispuesto a obedecerte».*

*Salmos, 51:12*

(NTV)

Estaba orando al Señor y le pregunté: «¿Qué me estás diciendo en este día?, ¿cuál es tu revelación, tu verdad y tu sabiduría para mi vida?» Entonces escuché a TD Jakes mencionar la palabra esterilidad y tuve uno de esos momentos de conexión con Dios, esa palabra me iluminó, despertó una emoción muy fuerte, fue una revelación, como resultado de ello se dio en mí un entendimiento y tuve una epifanía.

La esterilidad era no poder producir. En mi caso, y en ese momento, entendí en mi espíritu que el Señor no se refería a un ser humano, se refería a mis sueños, visiones, propósitos y planes para mi vida. Todos sus planes estaban siendo retrasados por mis temores al fracaso.

El término «dar a luz un sueño» era la manera perfecta de describir lo que no estaba ocurriendo. El nacimiento se refiere a la producción de vida y el nacimiento espiritual es un proceso continuo de aprendizaje, crecimiento y superación personal iniciado y sostenido por Dios. Me di cuenta de que estaba estancada. Estaba atrapada en algún lugar. Estaba muerta, sin crecer y sin desarrollarme en el área en la que el Señor quería que creciera y lograra el propósito para el cual me había llamado.

Yo era infértil en mi cuerpo, nunca había producido vida desde mi vientre, pero Dios quería hacer nacer de mí su sueño.

Ya no tenía que pasar por la vida sintiéndome sin vida, fui fecundada por Dios para cumplir sus propósitos y sus planes para mi vida, iba a producir vida contándole al mundo lo que él había hecho por mí. Sería madre de muchos y tendría muchos hijos espirituales.

Escuché una pequeña voz en mi espíritu que me preguntaba: «¿Por qué no has empezado a escribir tu libro?», entonces recibí una revelación en mi espíritu, esa vocecita quieta nuevamente me hablaba y me decía: «Hasta que camines en mi propósito para tu vida no te sentirás bien, no te sentirás realizada y no dejarás de sentirte triste».

Entonces me escuché decir en voz alta: «Está bien, Señor, lo entiendo, tengo que dar los pasos, tengo que confiar en que eres un buen Dios y que encontraré misericordia y gracia cuando me siente a escribir. Serás mi fuerza en mis momentos de debilidad y llevarás este libro a la victoria porque no se trata de lo que yo puedo hacer, se trata de lo que tú puedes hacer».

«Tengo que dejar de ser perezosa», pensaba para mis adentros, «tengo que crear un plan y concentrarme en la tarea que tengo entre manos». Tenía miedo, pero me emocionaba, esta idea había pasado del espíritu a mi intelecto y de regreso a mi espíritu, realmente creía que era posible, porque nuestro Dios es el Dios de lo imposible.

Descuidar el crecimiento espiritual es como tener el cuerpo atrofiado por una enfermedad. Aprendí que las excusas provienen de un lugar de esterilidad espiritual, un estado en el que eres incapaz de producir lo que el Señor te ha llamado a hacer, y yo tenía todo tipo de excusas. Yo era experta en huir.

Me decía a mí misma, tengo que tomar clases para aprender a escribir, cuando tenga más tiempo comenzaré a escribir el libro, cuando me mude a mi casa y tenga un espacio más grande me sentiré más cómoda, luego comenzaré a escribir. Las excusas provienen del miedo al fracaso, la falta de conocimiento o la falta de confianza en Dios, quien nos elige para emprender sus propósitos que a nuestras mentes les resultan ser tan abrumadoramente grandes, que nos parece como tener que matar a Goliat.

Dudaba de mí misma, entonces empezaba a preguntarme, ¿era realmente Dios quien me pedía que escribiera el libro?, ¿o ese sueño provenía de un lugar en el que deseaba riqueza, fama o estatus? Rápidamente revisé cómo lo percibía, me imaginé a mí misma habiendo escrito el libro y entendí que tendría que hablar en público entonces pensé, «Oh Dios mío, ¿cómo voy a hacer eso?, me aterroriza hablar para grandes grupos de personas, no soy una oradora, igual que yo sé que no soy una vendedora y tampoco puedo hablar en público» Entonces reconocí que Dios me estaba haciendo enfrentar a mis monstruos, este proyecto era su plan y la finalización de este me iba a convertir en una mejor persona. Le daría toda la Gloria a Dios, el padre, porque yo no tenía ni idea de lo que estaba haciendo. Daría el primer paso con mi fe totalmente puesta en nuestro Dios, que es el autor y consumador de nuestra fe, el creador del cielo y la tierra, el diseñador de las galaxias, el padre, que es tan creativo que hizo una variedad de todo.

La palabra de Dios escrita en mi diario era: «Vivir sin un propósito puede enfermar a alguien y también puede hacer que alguien se deprima».

A fines de julio de 2016, comencé a sentirme realmente bien, volvía a sentirme confiada, el dolor de mi separación de Albert, finalmente, lo había superado. Ya no estaba deprimida. Comencé a sentir un extraño sentimiento de alegría, un sentimiento que había regresado a mí y que había estado ausente durante mucho tiempo.

En agosto, mi iglesia pidió veintiún días de oración y ayuno. Yo todavía estaba yendo a la iglesia Pneuma, donde Albert y yo habíamos estado asistiendo como pareja. Sentí que el Señor imprimía en mi corazón el tipo de ayuno que él quería, ¡¡¡NO televisión!!! Entonces, me dije: «Dios mío, nunca he hecho eso», pensaba cómo lo haría si yo dormía con la televisión encendida y siempre la tenía encendida. Sentí que el Señor me estaba inculcando también que debía leer más y estar en silencio. Además, sentía en mi corazón que sólo debía escuchar mensajes cristianos de motivación.

Eso tenía que venir de Dios, por mí misma nunca dejaría la televisión, ella era mi compañera, mi amiga.

Entonces apagué la televisión, cuando volvía a casa del trabajo, leía la Biblia o Testimonios Cristianos y empecé a familiarizarme con el silencio. Por la mañana, mientras me vestía, escuchaba a los oradores motivacionales, que enseñan sobre metas y describían los procesos de visualización, esto me ayudaba a visualizar cosas positivas para mí misma y decirme palabras positivas y de esperanza.

Mientras trabajaba, tenía mis auriculares puestos y comencé a escuchar a Jim Rohn, Jack Canfield y los pastores Joel Osteen, Joyce Meyers y TD Jakes.

Necesitaba aprender a establecerme metas y detener las excusas, necesitaba escuchar que debía comenzar y aprovechar el tiempo que tuviera, aunque sólo fuera una hora al día o unas pocas horas a la semana, para trabajar en mi libro. Cuando abandoné mi obsesión de ver la televisión, tuve tiempo más que suficiente. Además, estaba renovando mi relación con la persona creativa dentro de mí y comencé a hacer joyas nuevamente. Todo esto había sido una receta que me había dado el Señor mismo y, ¡wao!, me sentía feliz, realizada y contenta, estaba haciendo realmente lo que estaba llamada a hacer. Había encontrado mi propósito y eso me daba una sensación de validez. Tenía esperanza y esta alegría provenía de mi propia alma.

Mi iglesia comenzó a impartir unas clases llamadas «Caminos al Crecimiento» o *Growth Track*, uno de los módulos que contenía era un cuestionario que me ayudaría a identificar mis talentos y dones. La Biblia dice que Dios pone talentos y habilidades en todos sus hijos. Los resultados de mi prueba decían que tenía dones para enseñar, animar y hablar con la gente acerca de Dios.

La iglesia nos animaba a caminar para poner en práctica nuestras habilidades dadas por Dios. Abrieron diferentes cursos y nos daban a elegir lo que queríamos enseñar. Yo elegí «Celebrando la Recuperación» o *Celebrate Recovery*, que también era un programa de sanidad interior. Tenía un grupo de seis chicas. Terminamos un ciclo y en el segundo ciclo el Señor comenzó a hablar a mi corazón que quería que me sanara en un nivel más profundo.

Me habían invitado a Canaán, una iglesia que se especializaba en la restauración y la sanidad, y varias veces me había negado.

Amigas en las que confiaba, Evelyn y Vilma, que habían trabajado conmigo me invitaron esa vez, entonces accedí. Después de haber ido a Canaán varias veces, estaba enseñando una clase de «Celebrando la Recuperación» (*Celebrate Recovery*), mientras estaba impartiendo las enseñanzas frente a la clase, el Señor me preguntó: «¿Te las llevas para sanar contigo o las estás dejando atrás?» Sabía exactamente lo que me estaba preguntando, ¿serás orgullosa e irás a Canaán sin decirle a nadie y dejarlas atrás? Dije: «No padre, me las llevo conmigo».

El Señor y yo nos hicimos muy cercanos, sentía su presencia a mi alrededor, comenzó a hablarme sobre disciplina, enfoque y autocontrol, todos los ingredientes que necesitaba para completar el proyecto para el que me había instruido. Al principio de mi caminar con Jesús, en esos días cuando comencé a leer la palabra, el milagro de la gracia de Dios me había hecho darme cuenta de todo lo que Dios había hecho por mí y, un día, al leer la Biblia, sentí que el Señor me decía: «Dile al mundo lo que he hecho por ti» entonces las dudas, el miedo y las inseguridades inundaron mi mente. Y un día me escuché decir: «Señor, nunca he escrito nada, ¿cómo voy a escribir un libro?», luego supe con cada fibra de mi ser lo que había escuchado, muchas veces antes, de los maestros de la palabra, «Dios capacita a los que el llama para sus propósitos».

No sería un libro cualquiera, sería un libro que glorificaría a Dios, que lo alabaría. Este fue el primer poema en verso libre que el Señor me regaló, lo primero que escribí. Lo hice inspirada por las palabras que escuché en mi espíritu directamente de mi padre en el cielo.

## El amante de mi alma me trajo flores

*Ven a mí, mi bella novia, mi iglesia, porque yo
soy el Señor tu Dios, tu amado.*

*El amor que tengo por ti es como un tesoro de
piedras preciosas, el amor que tengo para ti es un
amor que no se puede comparar con ningún otro.
Mi amor por ti es con regocijo. Mi amor te
protege y te defenderá incluso cuando estés en tu
peor momento.*

*Celebro tu vida todos los días. Como padre te he
enseñado a caminar como una bebé, como una
niña y como una mujer, hasta que tuviste la certeza
de que no te caerías porque estoy a tu lado. Nunca
te dejaré, nunca te desampararé. Nada de lo que
has hecho me ha tomado por sorpresa, te abrí
camino a pesar de los desvíos que tomaste.*

*Veo tu cabeza cubierta con una hermosa corona,
hecha con las flores más exquisitas, porque tú
eres mi creación y estás hecha a mi imagen.*

*HECHA CON HONOR*

*MARAVILLOSAMENTE HECHA CON AMOR*

*Y mientras tu cuerpo descansa, tu espíritu está
en comunión conmigo, en silencio cuido las flores
que una vez fueron plantadas en la tierra de tu
corazón.*

*ROSAS DE FE,*

*JARDINES DE ESPERANZA,*

*ORQUÍDEAS DE AMOR,*

*VIOLETAS DE BONDAD,*

*JAZMINES DE TERNURA*

*Y MARGARITAS DE ALEGRÍA.*

*Escucho tu corazón latir suavemente. Como tu
creador, estuve escondido en el vientre de tu madre
mientras te formaba intrincadamente con un sentido
de creación, la verdadera esencia de mí.*

*Me senté en silencio escuchando cada
respiración, en la inmensidad de mi mente, tengo
pensamientos del mundo entero, sin embargo,
nunca te olvidé. Siempre te veo y estas son mis
palabras de amor para ti mientras duerme*

*«Pues yo sé los planes que tengo para ustedes —dice
el Señor—. Son planes para lo bueno y no para lo
malo, para darles un futuro y una esperanza. En esos
días, cuando oren, los escucharé. Si me buscan de
todo corazón, podrán encontrarme».*

*Jeremías, 29: 11-13*
(NTV)

*Te honro como mi hija, y todos los días te colmo de regalos de gracia, favor y amor.*

*Te honro con la belleza que creé en ti, mi preocupación es verdaderamente sanar tu corazón.*

*Puse bondad y misericordia en lo profundo de tus entrañas, y gentileza para ser tu maestro. Y escondido en lo profundo, también puse sueños y fe en milagros, que es tu gracia salvadora y como padre esperé pacientemente para escuchar las palabras, «Papá, ayúdame».*

*He llorado contigo a través de todo tu dolor y me he regocijado en tu felicidad. He visto tu soledad, te he visto llorar, he visto lo que te rompió el corazón. Con cada lágrima que derramaste, también he llorado de profundo dolor. Sufrí el corazón roto de un padre.*

*He visto tu camino, he visto tu deseo de caminar hacia mi luz. Mi hija nunca dejes de caminar hacia mí, porque hay uno que conoce tu dolor, se llama Jesús y es mi hijo.*

*Le mintieron, lo rechazaron y lo abandonaron como a ti. Conoció el más profundo de los dolores porque cargó con los pecados de la humanidad sobre sus hombros; fue golpeado y herido por todo el mundo, como un hombre al que despreciaban. Sintió los dolores más profundos, la desolación más profunda.*

*Mi hijo Jesús es el camino a la verdad y la vida y los que vienen a él nunca más tendrán sed ni hambre. La promesa del verdadero gozo es tuya, hija mía, recíbela y tómala. Tu identidad, tu destino y tu futuro están en Cristo, como Él está en ti.*

*Hija mía, eres la iglesia de Cristo, eres la novia por la que él algún día regresará. Camina de una manera digna de él. Camina por la vida sabiendo que tu hogar se llama victoria, deja un legado de amor y luce tu vestido de lino blanco con una guirnalda de rosas alrededor de tu cuello listo para conocer a tu rey.*

*Ama como yo te he amado.*

Cuando tuve la oportunidad de meditar realmente sobre el caos que viví, agradecí a Dios por haber estado conmigo y nunca dejarme. Escuché al Señor decirme un día: «Cuando te dije que estudiaras algo bíblico e hicieras un trabajo creativo con tus manos, yo te estaba protegiendo y salvando tu mente».

Escribí el poema en verso libre «*Y oré*» (*And I Prayed*), describiendo una época de mi vida en la que había hecho una alianza insidiosa con la oscuridad. Las decisiones que tomé en esa época tuvieron sus consecuencias, viví el invierno más frío y largo de mi vida. No escuché las advertencias de muchos consejeros y seguí mi propio camino. En mi desobediencia, el Señor tenía un plan y una salida, siempre lo tiene porque conoce el principio y el final. No podía culpar a Dios, no podía decirle, «por qué dejaste que sucediera esto». Yo tenía la culpa, fui en contra de su palabra, creí que podía hacer que alguien amara a Jesús como yo lo amaba, o que, de alguna manera, tenía el poder de cambiar a otro ser humano. Me complace compartir estas letras inspiradas ahora que ya salí de ese túnel oscuro.

## Y oré

El recuerdo de ti permaneció en un lugar que estaba escondido, lejos de mí, y oré.

Muchos años después entraste en mi vida, tenía tantas preguntas, ¿por qué estás aquí después de tantos años? ¡Estoy bien!

¿Qué traes en tus manos, es amor o es lujuria? Y oré.

Volví a caer rápidamente y nunca miré al pasado para recordar cómo sería el presente. Y oré.

Dejé de ser yo, para poder estar contigo. Tu control fue gradual y tu poder fue sutil.

Como una droga insidiosa, te presentaste como bueno, como algo que necesitaba y si no lo tenía no podría vivir.

Todas las hermosas palabras, toda la dulzura que goteaba de tus labios, los susurros de amor eran como ángeles cantando en mi oído. Y oré.

La intensidad de tu pasión me hizo sentir elevada, fue un torbellino de sentimientos, tal prueba de tu deseo por mí, eso es amor, y pensé.

Exigiste ser el centro de mi vida, eras como esa solución que necesitaba para seguir con vida. Todo lo que estaba bien, estaba mal. Todo lo que estaba mal, estaba bien. Y oré.

En medio de tanta oscuridad y tantas mentiras, ¡estaba confundida! ¡No podía ver! No sabía a ¿dónde acudir?, ¿dónde está la verdad?, ¿dónde está la luz? Y oré.

Fuiste el mayor asesino de mi alegría, me agotaste. Me sentí miserable mientras estuve contigo, ¿por qué fue tan difícil dejarte? Y oré.

Tenía que enfocar toda mi atención en ti, en tus necesidades, tus deseos al costo de mí. No había ningún remordimiento en tu constante control de poder. Qué pena tu capacidad deteriorada para reconocer mis necesidades.

¡Tu amor me dejaba impotente, indefensa, desesperada y derrotada! Y oré.

Las palabras que escuché a mi padre decirle a mi espíritu estaban ahogando tus mentiras: «En tu debilidad soy fuerte». Dios llenó mi corazón poco a poco y la esperanza se renovó. Y sus palabras las repetí como un mantra para sobrevivir y seguir con vida. Y oré.

Te mudaste a mi mente, estableciste un espacio en mi cerebro, ¡no podía dejarte ir! Y le gritaba a la oscuridad ¡Vete!, pero a ti te decía, no te vayas. Y oré.

Pero ¡un día se me abrieron los ojos y pude ver! La esperanza me llevó de la mano a un lugar mejor, donde las voces en mi oído decían que eras mi hija, eres querida, eres amada. El amor perfecto siempre estuvo ahí, el que murió por mí.

¡Y un beso del cielo me liberó!

# CAPÍTULO XVII. CONSTRUÍ MI CASTILLO CON DESEOS

A pesar del desierto de la depresión, la derrota y el arrepentimiento por mis errores, el Señor era tan misericordioso con mi madre y conmigo. Con el amor de Dios en mi corazón pude ver a mi madre como una flor, ella era una rosa abriendo sus capullos a la luz del sol.

Se convirtió en la viejecita más dulce, hablaba suavemente, era dócil y nunca confrontaba. Ella era como una niña dulce. Estaba en una relación de amor con Dios, sentía una asombrosa gratitud por lo que había hecho con mi madre. Había removido la piedra de su corazón.

Dios era tan fiel que se estaba dando a conocer ante mí. No juzgaba a mi madre por sus abortos o por su adicción a las drogas y por hacerme la vida miserable desde que fui una niña. Me estaba pidiendo que la perdonara, pero pensaba que tenía todo el derecho del mundo para estar enojada. Él le mostró misericordia, amaba tanto a mi madre y yo era testigo. Vi la prueba con mis propios ojos de lo que hizo con mi madre y cómo la amaba, cambió su corazón de piedra y le dio un corazón de carne. Sacó su verdadera esencia para que yo pudiera ver por qué él quería que la cuidara con amor incondicional. A pesar de todo el dolor que me causó, los recuerdos de mi infancia y lo que ella nunca me dio, Dios siempre estuvo ahí haciendo la diferencia.

Vi la ternura en ella subir a la cima, mientras conocía a un Dios de amor. Pude ver a la niña en ella jugando con su sobrino. Y me maravillé con el milagro más asombroso de todos cuando la escuché decir:

—*Hija mía, te amo. ¿Alguna vez te he dicho lo hermosa que eres? Gracias por venir a verme, gracias por no olvidarme nunca.*

—*Mamá* —le dije—. *Nunca te olvidaré mientras viva porque te amo con todo mi corazón.*

Un día me metí en la cama con ella, la abracé y ella me besó en la frente.

—*Mamá, ¿me amas?* —*Le pregunté.*

—*Te amo más que a mi propia vida.* —*Me respondió. Finalmente, pude disfrutar del calor y el cobijo del pecho de mi madre. Había vuelto a casa.*

331

# Capítulo XVIII. Canaán, la Tierra Prometida es Real

Entré por las puertas de la Iglesia de Canaán como una prisionera de guerra. Era marzo de 2017, estaba atada con cadenas que no podía ver. Dije que sí a un programa de sanidad interior a pesar de todos mis conocimientos, yo lo sabía, todavía necesitaba sanar.

Mis amigas Evy y Vilma fueron los instrumentos que Dios usó para llevarme allí, porque la depresión me golpeaba. Estaba muy agradecida de que Evy, quien una vez había sido mi jefa, hubiera tenido la visión y el discernimiento espiritual para ver que estaba sufriendo sin esperanza.

Mi separación de Albert había ocurrido el año anterior, y el peso de mi error se apoderaba de mí. Las voces habían comenzado una vez más, y en sus narrativas había agresión y violencia. Tenía tal tormento en mi cabeza, la paz había quedado lejana, sin embargo, estaba teniendo una experiencia con Dios. Tuve que atravesar el desierto para entrar en la tierra prometida. Anteriormente había sobrevivido ese viaje, pero este requeriría determinación y un apoyo obstinado, por eso me estaba aferrando a Dios, por mi vida. Tenía que perseguir el miedo, pues estaba cansada de que este me persiguiera a mí.

En abril de 2017 sentí la necesidad de irme con Dios. Me sentía motivada e inspirada a pasar tiempo a solas con Dios en mi cumpleaños.

Hice una reservación en Orlando, sentía que necesitaba ayunar. Planeaba llevar mi licuadora y hacer batidos naturales. Por primera vez en mi caminar con el Señor, iba a un retiro a solas con él. Sin teléfonos celulares, sin gente y sin distracciones.

Mis cumpleaños anteriores, siempre los había celebrado con amistades, en fiestas, restaurantes y otras actividades diferentes. Esta vez quería irme con mi amado Señor. Siempre había visto a mi buena amiga Bernadette tener ese tipo de intimidad con el Señor y quería hacer eso. Sabía que, si das un paso hacia el Señor, él dará grandes saltos hacia ti.

Comencé mi proceso de sanidad en Canaán, pero entraba y salía, sin asistir a clase realmente con diligencia como se me pedía que hiciera. Todavía estaba trabajando en el hecho de que necesitaba recuperarme emocionalmente una vez más, pero los velos del engaño y la negación se estaban rasgando.

Las clases que había presenciado en Canaán eran totalmente asombrosas, no se enseñaban en iglesias normales. Sabía en mi corazón que el Señor me había llevado allí porque esa iglesia era diferente. También sabía, en mi espíritu, que esto era importante para poder escribir el libro y no permitirme caer en la tierra de la locura, cada vez que comenzaba a hacerlo. Sabía que ir a Canaán era una voluntad de Dios que debía cumplir en mi vida.

Necesitaba tener un momento especial con Dios y quería hacer algo que nunca había hecho antes. Tenía un intenso deseo de conectarme con Dios, con su amor, su misericordia y su sabiduría y derramarlas en mi vida. Cuando les comenté a mis amigos y compañeros de trabajo que me iría por una semana para celebrar mi cumpleaños con Dios, me miraron como si tuviera tres cabezas. Sólo una persona que tuviera una profunda necesidad de cambiar, sanar y transformarse tomaría ese tipo de decisión. ¡Necesitaba a Dios y a nadie más!

Reservé una semana en Orlando, Florida, pero, además, había planeado hacer algunos viajes paralelos. Esa mañana me desperté muy temprano y seguí escuchando las palabras: «determinar los tiempos». Mientras conducía, meditaba acerca de esas palabras y oré al Señor para que me revelara lo que él quería que yo entendiera.

No me sentía muy bien, mi estómago había estado revuelto durante unos días antes, pero me negué a cancelar mi viaje. El viaje a Orlando fue genial, escuché mensajes cristianos durante todo el camino mientras manejaba y decidí que mi viaje se trataría de acercarme al Señor. Me sentía inflamada, como si tuviera indigestión. Algo le estaba pasando a mi cuerpo, pero simplemente no sabía qué era. Cuando llegué, pasé un tiempo en oración y recibí la palabra del Señor que descansara y así lo hice.

Al día siguiente, me fui de excursión a Jacksonville, Florida. Mientras conducía hacia allí, le pregunté al Señor por qué me sentía mal y él contestó a mi corazón que tenía una intoxicación alimentaria, entonces recordé una sopa de pescado que había comido.

—¡No es de extrañar! —exclamé.

Me dio instrucciones de ayunar y luego comer alimentos frescos, nada enlatado y mucho líquido y batidos durante unos días.

El Señor continuaba moviéndome y me dijo que mi mente también estaba envenenada. Dijo que quería que me convirtiera en un guardián de mis pensamientos, que debía mantenerme alerta de lo que estaba pensando. Dijo: «A partir de ahora quiero que interceptes todos los pensamientos negativos y los rechaces usando:

*«Pues aunque andamos en la carne, no militamos*
*según la carne; porque las armas de nuestra milicia no*
*son carnales, sino poderosas en Dios para la destrucción*
*de fortalezas, derribando argumentos y toda altivez que*
*se levanta contra el conocimiento de Dios, y llevando*
*cautivo todo pensamiento a la obediencia a Cristo».*

II Corintios, 10:3-5

(NTV)

Usa tu autoridad para derribar fortalezas, es decir, mentiras y malos pensamientos, y exígeles que se sometan a la obediencia, la autoridad y el dominio de Cristo. Quiero que hagas esto conscientemente, no dejes que los pensamientos de enfermedad y muerte, pobreza y carencia entren en tu mente».

¡Wao! cuando el Señor te revela algo es como cuando has estado perdido durante mucho tiempo y de repente encuentras tu camino. Es un pozo de agua de manantial para los sedientos o una fiesta para los hambrientos.

¡Lo puse en práctica y mi mente era un bote de basura! Era increíble para mí, cuando me relajaba un rato y me olvidaba de mi ejercicio, me sorprendía pensando que el camión que estaba girando a un lado de la carretera iba a chocar contra mí y a estrellarse contra mi auto. Tenía pensamientos de desolación, de desesperanza, pensamientos infieles y de impotencia que llenaban las grietas de mi mente.

Entonces exclamé al Señor: «¡Estoy muy enferma Dios! ¡Necesito tu ayuda! ¿Cómo puedo deshacerme de toda esta basura?» Y él dijo: «Quiero que hagas tu programa de sanidad interior y lo hagas hasta el final. No te pierdas ni una clase». Y le dije: «Sí señor, así lo haré».

Un día estaba sentada en una clase llamada «Hay Esperanza» o *There is Hope,* y escuché al Señor que me decía: «Quiero que cierres la boca y abras los oídos, aprende todo lo que puedas. ¿Ves al profesor frente a ti? Pronto estarás dando clases en Canaán. No quiero que busques la aprobación de nadie, no quiero que busques ser afirmada de ninguna manera. No le digas a nadie que tienes el don de enseñar. Cuando sea el momento adecuado, te llevaré desde el final de la fila hasta donde debes estar. No te preocupes por la gente que ha estado allí antes que tú, tu testimonio me dará la gloria».

Salí de allí ese día, con la mandíbula prácticamente colgando porque, en el programa al que asistía, los pastores tenían mucho cuidado de tener sólo siervos que se hubieran sanado por completo para no dañar a nadie más. Respiré hondo, estaba muy emocionada, no podía esperar para compartirlo con mi mejor amiga, Yona. Durante años, nos habíamos ayudado mutuamente a crecer en los asuntos de Dios, y siempre celebrábamos y compartíamos lo que el Señor hacía y nos decía en cada etapa de nuestras vidas.

Un mes después de haber regresado de mi viaje, estaba visitando a unos amigos, eran alrededor de las diez de la noche cuando recibí un mensaje de texto, era del centro de vida asistida donde vivía mi madre. Sentí que me invadía una sensación de pavor. Aunque me preguntaba cómo sería, me anticipaba ese momento con tanto miedo. Sin embargo, la imaginación nunca se comparará con la realidad del momento en que un ser querido está muriendo. El texto decía: «Tu madre tiene dificultad respiratoria», inmediatamente respondí: «Estoy en camino».

La dueña del centro de vida asistida ya me había alertado de lo que podía suceder y me había aconsejado que me preparara. Estaba en total negación, había visto a mamá el día anterior y estaba totalmente bien. ¿Cómo te preparas realmente? Con tantas palabras aún sin pronunciar, tantos abrazos y besos no dados y tantos «te amo» que se habían quedado callados.

Estaba destrozada, tenía un profundo sufrimiento en mi mente y en mi corazón. La mujer que había sido fuerte y tan grande a mis ojos, aquella mujer que había tenido tanto poder sobre mí en un momento, ahora estaba dejando de existir lentamente.

Ver a mi madre con dificultad respiratoria fue una de las cosas más difíciles por las que he pasado en mi vida. No quería que ella sufriera, su luz se apagaba muy lentamente, ella respiraba, pero el aire no llegaba a sus pulmones. Mi madre estaba muriendo frente a mis ojos. Oré a Dios para que la recibiera, la amara y le abriera las puertas del cielo para que finalmente pudiera ser feliz como nunca lo había sido en esta vida. Ella escuchaba todo lo que le decía.

—Mamá, vas a conocer a tu creador, tu padre, tu Dios. Él te está esperando con los brazos abiertos, te ama más de lo que jamás podrás entender, quiere que sepas que serás perfecta cuando te pongas frente a él, tendrás ambas piernas y bailarás y alabarás siendo feliz y alegre. —Le dije mientras tomaba su mano.

La abracé y le dije lo mucho que la amaba y la gran mamá que había sido y le agradecí por traerme al mundo.

—Mami, no tengas miedo, déjate ir, será hermoso —dije, y ella… se fue.

Estaba aturdida. Un pedacito de mi murió con ella. Eran tantas emociones que no podía procesarlas, había que ser fuerte hasta el final.

Afortunadamente, unos meses antes le había pedido a mi amiga Marcia que hiciera una presentación en *power point* con las fotos de mi madre. Quería que estuviera lista para cuando ella falleciera. Ella había sido elegida por el Señor para que yo pudiera rendirle un hermoso tributo a mi madre.

Ella capturó toda la belleza que quería transmitir colocando las imágenes más hermosas y unos versículos de la Biblia que eran realmente especiales.

Mamá tenía una chica del programa de hospicio que la visitaba y tocó el arpa el día que mi madre fue enterrada. La maravillosa presentación se proyectó en una de las paredes de la habitación de la funeraria donde estaba mamá. Mi primo Bryan le compró un hermoso vestido azul celeste y le pusimos en el cuello su collar de perlas favorito con un topacio, mamá se veía regia, como la hija de un rey. Fue un día asombroso en el que Dios amablemente escuchó mis peticiones y pude leer un Salmo sin desmoronarme. Yona, mi mejor amiga, fue un apoyo increíble, ella también leyó un pasaje de la Biblia. Fue un día glorioso en el que habían reinado el perdón, la misericordia y el amor.

Echaba mucho de menos a mi madre, había pasado casi toda mi vida disgustada con ella, ahora ella se había ido y sentía como si alguien me hubiera arrancado una parte de mi interior, un órgano vital que necesitaba para sobrevivir. Me quedé con un amor asombroso por ella que ya no se expresaría más. Ahora sería sólo un recuerdo y una pérdida que tendría que sanar con la ayuda del Señor.

Estaba contenta de haber sido una buena hija, el Señor, en su infinita misericordia, había reemplazado los malos recuerdos por los buenos. Nos hicimos amigas y hermanas en el Señor. Con mis palabras de amor hacia ella, le había dado confianza y la había conducido hacia la presencia de Dios. Murió como hija de Dios, de la luz y del amor.

Estaba encaminada en el programa de sanidad interior, me aseguraba de hacer todo lo que se requería de mí. Aprendía con la ayuda del Espíritu Santo a excavar cosas que habían sido profundamente enterradas. El programa llamado «Hay Esperanza» o *There is Hope* y la clase El Viaje Interior eran unos procesos asombrosos que me enseñaban a escuchar la voz de Dios diariamente. Se me instruía a buscar al Señor todos los días, escribir en mi diario y usar todas las herramientas que estaban disponibles para mí. El inventario moral diario consistía en que necesitaba identificar y luego hacer una lista de las emociones negativas y positivas que había experimentado en las veinticuatro horas anteriores. En la mañana lo llevaba ante el Señor para recibir revelación y pedir perdón por cualquier sentimiento, comportamiento, patrones o tendencias negativas que hubiera identificado. Pedía perdón y lo recibía como un regalo precioso del Señor. El hacer este inventario crea una conciencia de tus sentimientos, patrones y/o tendencias que, si no se rinden, nos conducen a la tentación y al pecado. Había pasado por la vida con un equipaje no resuelto y no identificado y cada día era más grande. Este proceso me mantenía libre de desorden, de culpa, de vergüenza y también de condenación.

Estaba por el buen camino con los grupos de apoyo, al principio estaba un poco recelosa de tener que enfrentar a extraños para hablar de todo mi pasado, pero mi entrenamiento en el programa de doce pasos, que había hecho en el pasado, me ayudó a tomar la determinación de que tenía que ir. Era parte del proceso y no podía tomar un atajo, Dios me pidió que lo hiciera correctamente.

Me rendí, me entregué al Señor y al programa, y era maravilloso. Encontré una comunidad de otras mujeres pasando por las mismas cosas, a veces, hasta mucho peores. Era muy bendecida al ir a los grupos y aprendía mucho. Era una temporada en la que Dios se deshacía de capas de disfunción en mí, él estaba haciendo un trabajo increíble al revelarme su verdad y eliminar las mentiras. Constantemente arrancaba raíces de pensamientos, juicios y mentiras incorrectas.

Abril de 2018 - Mi segundo viaje por carretera con Jesús, recibí revelaciones que trajeron luz a todos mis lugares oscuros.

*«Así que, todos nosotros, a quienes nos ha sido quitado el velo, podemos ver y reflejar la gloria del Señor. El Señor, quien es el Espíritu, nos hace más y más parecidos a él a medida que somos transformados a su gloriosa imagen».*

*II Corintios, 3:18*
(NTV)

Decidí ir de nuevo a Orlando, Florida, es una de mis ciudades favoritas. Me gustan los espacios abiertos, las diferentes formas de llegar a un destino. Me gusta la ciudad, que es relativamente nueva, la variedad de restaurantes y los comercios para ir de compras. Realmente me gustan todos los lagos y los parques. En este viaje, había hecho planes para tomar fotografías en el parque *Lake Eola* que está ubicado en el centro, el lago es muy grande y tiene mucho arte. También hice arreglos para ir a un concierto gratuito en la Universidad Central de la Florida.

Cuando llegué a la UCF y entré al auditorio, no tenía idea de lo que me encontraría. En el momento en que me senté me di cuenta de que había una obra de teatro y era una oración a Dios. Tenía un trasfondo cristiano, era muy hermosa. Había niños cantando y me quedé hipnotizada al ver la sorpresa que el Señor tenía para mí el día de mi cumpleaños. Escribí Sueño de Abril por inspiración del Señor.

## Sueño de abril

*Las voces angelicales cantaban canciones a Dios con una súplica por la igualdad y la justicia. El escenario estaba oscuro, sólo había silencio y una gran expectación llenaba el aire.*

*Cuando la música volvió a sonar, cerré los ojos y fui transportada por la puerta más hermosa que haya visto a un lugar celestial llamado «La ciudad de Dios». Las calles resplandecían de luz, estaban hechas de oro y brillaban.*

*Escuché una voz a lo lejos. Era la voz de mi padre cuando me llamaba hermosa, encantadora y me decía que era suya.*

*Abrí mis brazos preparándome para adorarlo en su santa presencia, todavía no estaba allí. Desde lejos vi a un hombre con el pelo muy blanco, parecía lana, era como nieve. Lo vi caminar por un valle y cuando se acercó, me estremecí. Su nombre es «El Anciano de los días».*

*Sus ojos eran como llamas de fuego. Su apariencia era como el jaspe o la cornalina. Era alto y muy erguido, la cola de su túnica era larga; llegó al templo y lo llenó.*

*Me venció instantáneamente en el espíritu, no podía moverme, sólo escuchaba voces angelicales cantando «Santo, Santo, Santo».*

*Había tantos niños allí, decibeles de sonido salían de sus bocas, había música por todas partes. Notas de amor, misericordia y bondad, llenaron el aire.*

*Abrí los ojos y el Espíritu Santo se posaba sobre mí, me extendió la mano y me levantó, ahí estaba el Señor todopoderoso, su nombre es «Fiel y Verdadero».*

*Caí de rodillas mientras cantaba canciones de adoración a mi salvador, canciones de gratitud fluían de mí mientras le agradecía por su sacrificio y la sangre que había sido derramada en la cruz por mis pecados.*

*Le daba las gracias por pagar el precio de mi liberación. Le agradecía la luz y la verdad. Le agradecía su palabra y su poder transformador. Le agradecía su paz y la tranquila seguridad de ser una hija de Dios.*

*Le agradecía que nunca me abandonara o me desamparara.*

*Y le canté a él, el único digno de mi alabanza. «No hay nadie como tú, Dios mío, eres Santo, Santo, Santo. ¡No hay nadie como nuestro padre, Aleluya!»*

*Mis manos se levantan en alto en un acto de adoración y me entrego frente a él mientras escuchaba con tanto amor.*

*Le daba las gracias por tomar las tonterías del mundo para avergonzar a los sabios, a los pequeños, como yo, a los que han sido descalificados toda la vida, a los que piensan que no pueden, esos son los que tú eliges. para exhibir tu poder, y te doy gracias Señor.*

*El Espíritu Santo me invitó a un baile y en su mano había un hermoso vestido, lo colocó sobre mi cuerpo y su encaje cubría cada centímetro de mi cuerpo.*

*Puso una corona de flores en mi cabeza que señalaba la llegada de la primavera, el momento en que renacía y todas las cosas eran renovadas.*

*Daba vueltas y vueltas con los brazos abiertos. Sentía tanta libertad mientras bailaba. Fui guiada por el espíritu, a través de una puerta llamada «La promesa» y él dijo: «Ven a la viña mientras el viñador espera».*

*Las enredaderas estaban cubiertas de rocío, era de mañana y el cielo estaba muy azul, todos los matices de todos los colores estaban allí mientras la promesa se desarrollaba ante mis ojos.*

*Podía ver que cada vid tenía un nombre, como una niña comencé a mirar y mirar, entonces se me mostró la que tenía mi nombre. Gloria, tu fruto será mostrado para que todos lo vean. Es la realización exterior de la vida vivida en mi hijo.*

*Vi frutos de todo tipo. Sentía el dulce aroma de manzanas, peras, melocotones y tantas otras frutas, todo era hermoso e invitaba al tacto, a apreciarlas y al gusto.*

*«Esto es lo que quiero de ti», le oí decir, muy suavemente, «amor, alegría, paz, paciencia, bondad, fidelidad, mansedumbre y autocontrol».*

*Y el Señor dijo: «Mantén firme la confesión de tu esperanza sin vacilar, porque fiel es el que prometió».*

*De pronto una voz como de trueno, con sonido de olas, una voz tan amorosa que cuando la escuchas, te derrite de adentro hacia afuera, me dijo:*

*«Feliz cumpleaños mi niña».*

Tenía las respuestas que estaba buscando, ahora entendía por qué mi vida había sido tan desordenada, por qué mis pensamientos estaban oscuros y por qué veía sombras. Cuando vi el diagrama, que muestro a continuación, en uno de los libros del programa de Canaán de sanidad interior al que asistí en mi iglesia, entendí muchas cosas, algo en mí cobró vida y sentí alegría. El amor de Dios estaba llenando cada espacio que había estado vacío, desprovisto de amor, afirmación y validación.

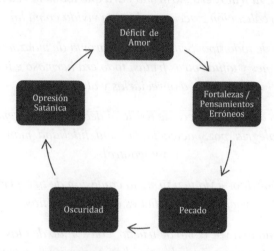

Con permiso de *Canaan Church*, EE. UU.
Del programa «Hay Esperanza».

Un día estaba trabajando y el título de mi libro vino a mí como una inspiración del Señor. Me gustaba el título, pero sentía que faltaba algo sin saber que había otra parte de este que el Señor me revelaría a su tiempo.

Era agosto de 2018 y estaba trabajando. Sentía que necesitaba salir de mi departamento por un tiempo así que le dije a mi jefe que necesitaba tomarme un descanso. Fui al baño de mujeres, revisé mis correos electrónicos y tuve la extraña sensación de que debía buscar algo en mi teléfono. Abrí un devocional cristiano, mientras lo leía, recibí un mensaje maravilloso del Espíritu Santo. Era Dios hablándome alto y claro, no con una voz audible sino con un suave susurro de amor en mi corazón. Cuando leía este devocional, tomado de pasajes bíblicos en Efesios 1:4-5, Isaías 41:10 e Isaías 41:15, el Señor me habló sobre mi vida y el libro.

*«Tú eras la menos probable de ser elegida. Eras la menos probable porque estabas más lejos de donde tenías que estar. Por eso nadie lo vio venir. Nunca te consideraron. Siempre te pasaron por alto. El Señor, en cambio, siempre te ha tenido en cuenta. Él te eligió en él antes de la creación del mundo para ser santa y sin mancha a sus ojos. En amor te predestinó para adopción para hija por Jesucristo, según su deseo y voluntad».*

*«El Señor te hizo una de sus hijas; también te nombró una de sus sirvientes.*

*Una vez fuiste una rebelde en el Reino de Dios, fuiste enemiga de todo lo que él representa. Él te sacó de ese bajo y lamentable estado y te convirtió en algo útil, algo que realmente podría expandir y realzar Su Reino. La gente no esperaba que viniera de ti, pero vino de ti porque él lo puso allí. No se puede detener. Es el Señor mismo quien te eligió y no te rechazó. Él ha tenido un plan para tu vida desde el principio de los tiempos, y se cumplirá pase lo que pase.*

*Quizás te preguntes si puedes hacer lo que él te ha pedido que hagas. Sin embargo, preguntarse así es un error. Es el Señor quien va a lograrlo. Como le dijo a Israel, te está diciendo: "Así que no temas, porque yo estoy contigo. Te sostendré con la diestra de mi justicia"».*

*«Todo lo que tienes que hacer es ser obediente, seguirlo y mirarlo para todo lo que necesites. Él abrirá las puertas y te empujará. Él te ayudará a superar todos los obstáculos.*

*De hecho, no te preguntes lo suficiente como para considerar lo que el Señor ha hecho en ti. Te ha convertido en un trillo, nuevo y afilado, con muchos dientes. Trillarás los montes y los triturarás, y reducirás los montes a paja».*

La revelación que el Señor me estaba dando con este pasaje, era que había tomado todas mis debilidades y me había hecho fuerte contra todos mis enemigos como la depresión, la drogadicción, el alcoholismo, la promiscuidad, el miedo, la duda y, sobre todo, los pensamientos limitantes que eran mis mayores adversarios.

El Señor sabía que tendría que empujarme a seguir adelante, no por mi desobediencia, sino porque me había sentido incompetente y mi corazón estaba lleno de miedo. Entonces el Señor me recordó una conversación que tuve con mi única amiga en la escuela secundaria. Recordé un comentario que me hizo un día en el que dijo: «El día que nos graduamos de la escuela secundaria, todos decían que eras la que tenías menos probabilidad de tener éxito».

El Señor también me recordó que ese día, había dos personas en la audiencia que me acompañaron, una era mi madre que iría a la cárcel en las próximas semanas y la otra era mi futuro esposo, el hombre que mi madre había elegido para que fuera mi esposo. Tenía apenas diecisiete años, la depresión me abrumaba y me estaba graduando de la escuela secundaria con un promedio de 1.0 que es igual a una D. Esa «D» había destacado siempre en mi mente y se había convertido en parte de mi identidad.

*Deprimida, desanimada, disgustada, decepcionada, desilusionada, desencantada, desinteresada, desdeñosa hacia mí misma, distante y, sobre todo, me descalificaba en mi propia mente.*

El Señor me recordó el vestido que usé ese día, un vestido que le pertenecía a mi madre y que ella había insistido para que me lo pusiera. El vestido era un poco revelador y sentí que me vendía como un trozo de carne a un hombre mayor que yo. Le dije a mi madre que parecía que iba a un bar. Quería encajar, quería usar un vestido como las otras chicas para poder sentir que me aceptaban tan sólo por un momento, pero en lugar de eso, elegí mantener la paz. No quería tener otro enfrentamiento con mi madre, no quería sentir esa horrible impotencia y frustración, no quería parecer triste, cedí, porque como siempre, quería complacer a mi madre por encima de mí.

Recibí esta revelación del Señor en mi teléfono. Después de que descargó todas sus palabras y su amor en mi espíritu, los recuerdos inundaron mi mente y crearon una conversación amorosa entre mi padre celestial y yo. Era una confirmación y un sello de su amor y su fidelidad en mi vida. Esta era la otra parte del título de mi libro que me faltaba. Todo iba encajando, una pieza a la vez. Era un tiempo durante el cual el Señor me iba dando fragmentos, preparándome gradualmente para lo que estaba por venir.

Cuando llegué a casa ese día, escribí la inspiración y la revelación que había recibido en menos de treinta minutos, pues ya estaba en mi espíritu.

## La chica con el vestido escotado

*El cielo expansivo y la luz que viene de él, las estrellas que colocaste como un manto, parecido a la belleza en tus ojos. El arquitecto hizo que estos hermosos seres brillaran, al igual que hizo que todas las personas fueran nombradas de manera única y amorosa.*

*El hombre y la mujer se conocieron y bailaron como si fueran uno, abrazaron su don mientras hacían el amor y sus cuerpos bailaron al ritmo de la creación.*

*La semilla fue implantada y el alma fue creada, y la vida se convirtió en un embrión que vive en un mundo perfecto. La sabiduría emparejó al bebé con sus padres y ambos tuvieron que aprender a amarse perfectamente y sin condiciones.*

*De tu padre recibiste amor por el arte, la música y las palabras. Te dio el regalo de la bondad. De tu madre recibiste la fuerza del sol y la lucha de una guerrera.*

*De mí recibiste el amor de tu creador, la misericordia de tu redentor. Te creé y vi formarte en el vientre de la mujer que elegí para ser tu madre.*

*Mientras te formabas, vi cada parte de ti; tu madre no sabía que la vida crecía en ella. Y el día que se escapó, perdió la cabeza; ella quería terminar con su vida. El mal trató de matarlas a las dos, pero intervine y ambas sobrevivieron.*

*Les pedí a la misericordia y a la bondad para que fueran tus compañeros, mientras crecías y te convertías en una niña. Y aunque la gente te insultó y dijo que eras huérfana y una intrusa, nunca te abandoné. Cuando te convertiste en una mujer joven, y la gente susurró a tus espaldas, diciendo que eras la que menos posibilidades tenías de triunfar. Nunca te abandoné.*

El día que decidiste ponerte el vestido de tu madre, te convertiste en La Chica con el Vestido Escotado. Eso se convirtió en una señal de cómo vivirías la mayor parte de tu vida, eras huérfana, extranjera y mendiga hasta que mi amor te rodeó, te acuné y te conduje hacia mí.

Los ídolos cantaron tu nombre. No te llamaban por tu nombre de nacimiento, te llamaban por los nombres de tus pecados. Entraste en lugares bajos, lugares de pastos secos, te caíste y te vi gateando por el piso, pero nunca te abandoné.

Y preguntaste: «Dios, ¿dónde estás? ¿Por qué estoy tan desconectada? ¿Dónde está tu amor? Estoy sin vida, ¿no me ves Dios?».

Te convertiste en una mujer con tantas heridas; tu corazón estaba profundamente roto por todo el dolor. Tenías muros y barreras que te rodeaban como una fortaleza, y el padre de las mentiras todos los días te decía que, si morías, a nadie le importaría. Nunca te abandoné.

Hija mía te ofrecía un festín de mi amor y tú cada vez te conformaste con migajas.

«¿Por qué el cielo está tan oscuro? Dios, ¿Dónde están las estrellas? ¿Es mi hora de morir?» Preguntaste el día que trataste de poner fin a tu vida.

Tú luchaste contra una profunda depresión y yo luché con el enemigo de tu alma en tu nombre.

La sangre de mi hijo salió a rescatarte en tu más profunda desesperación, te alimenté y te guié a mi reino.

Entraste como esclava y te amé con mi perdón, mi gracia, mi favor y mi sanidad y te convertiste en una hija.

Tú me diste tus cenizas y yo te di mi belleza.

*Tú me diste tu luto y yo hice bailar tu espíritu.*

*«Padre, te preparé la cena, ¿te gusta cómo cocino? ¿Crees que soy bonita?*

*¿Te gusta mi vestido?*

*Padre, ¿crees que soy inteligente?*

*Padre, ¿me amas?».*

*«¡Padre, quiero una estrella! Papá, ¿ves el cielo? ¿Ves lo brillantes que son las estrellas esta noche?».*

*«Sí, hija mía, veo las estrellas».*

*A pesar de todas las cosas que la gente dijo que serías, e incluso cuando tu madre y tu padre, por su propio dolor, te rechazaron, nunca te abandoné. Yo soy tu padre y digo:*

*«Fuiste elegida para ser mi hija, yo siempre he sido tu padre, tu protector, tu benefactor».*

*Bienvenida a la casa de tu padre, que es tu casa. «Bienvenida a mi amor».*

Con todas las clases que estaba tomando en la iglesia, aprendía a tener compasión y empatía por mi familia. Entender dónde se originaban sus comportamientos, me permitía dejar de juzgarlos y perdonarlos como Dios me había perdonado a mí. No me correspondía a mí juzgar, ese era el trabajo de Dios, no el mío.

El Señor me enseñó sobre la santería y por qué la despreciaba tanto. Un día él me dijo: «Manos humanas matan animales y derraman la sangre de gallinas, palomas y cabras, yo les di a mi hijo para que derramara su sangre por los pecados de la humanidad. ¿No es su sangre lo suficientemente poderosa para perdonar los pecados de alguien? La práctica de la santería es pisotear a mi hijo, es un acto directo de idolatría y es una rebelión contra mí».

«Creer en santos e imágenes hechas por manos de hombres, ¿tiene eso realmente el poder de salvar, sanar y liberar? Mi hijo es el abogado y el defensor de sus pecados. Las imágenes tienen ojos para ver, sin embargo, no pueden ver y oídos para oír y no pueden oír. Yo hablo al corazón y al espíritu. ¿Puede una imagen de arcilla o vidrio hacer eso?».

*«Lámpara de Jehová es el espíritu del hombre, la cual escudriña lo más profundo del corazón».*

Proverbios, 20:27
(NTV)

«Yo soy espíritu e hice que tu esencia fuera espíritu, no vayas al hombre a confesar tus pecados, el hombre es imperfecto y desaventajado, lleno de malos pensamientos e intenciones del corazón. Confiésate conmigo, te entrego a mi hijo todos los días, cree y recibe. No lo hagas más difícil, te lo hice fácil para que pudieras creer con tu corazón, no con tu mente».

Después de la clase de paternidad en mi iglesia, dejé de hacerle preguntas de reproche a Dios. ¿Dónde estabas, por qué permitiste que sucedieran tantas cosas terribles en mi vida? La narración en mi mente cambió hacia palabras de agradecimiento. Señor, te agradezco por llevarme tan lejos a pesar de los caminos que elegí, siempre estuviste ahí para mí.

Entendí sus leyes de libre albedrío, el respetará nuestras decisiones ya que no puede ir contra sí mismo.

Un día recibí la revelación de que la misericordia que tiene para nosotros es el antídoto contra el libre albedrío. Lo explicó, además, en este versículo:

*«Y sabemos que Dios hace que todas las cosas cooperen para el bien de quienes lo aman y son llamados según el propósito que él tiene para ellos».*

*Romanos, 8:28*
(NTV)

Sabía que eso era cierto. Con todas las cosas que había hecho para rebelarme contra Dios, él todavía tenía misericordia para mí. Qué padre tan maravilloso tenemos en el cielo.

Me entristecía tanto pensar en lo injustamente juzgado que ha sido Dios a lo largo de los siglos. Su mayor deseo es tener una relación con su creación y seguimos dándole la espalda y corriendo al mundo y al hombre para satisfacer nuestras necesidades y nuestra hambre de amor.

Le quité la culpa a Dios y me di cuenta de que no era su culpa que yo hubiera pasado por tanto en mi vida, tenía que estar agradecida de no estar muerta o, peor, viviendo con una enfermedad como el sida.

El 28 de agosto de 2019 escribí en mi diario:

*Buenos días Señor, gracias por el jardín de tu amor.*

*Gracias, padre mío, por toda la belleza, todos los colores, toda la gracia y, sobre todo, las expresiones de amor a mi alrededor.*

*¡Tu creación habla de quién eres!*

*Habla de tu inteligencia, tu dulzura, tu ternura y tu fuerza.*

*Porque tus semillas son de gran importancia, porque en la oscuridad, en la siembra, se liberan toda la belleza y todas las bendiciones internas.*

*En el solitario consuelo de esa semilla, en la tristeza de la tierra, la belleza brota y todas las células de esa semilla están en evolución para producir una flor, una planta, un árbol.*

*Eres tan generoso en tu amor; la planta produce rosas y el manzano un huerto no sólo de una, sino de muchas manzanas dulces.*

*Sé de tu amor, y lo vivo todos los días, ya no soy hostil y dudosa, soy libre.*

*Camino por el huerto tomada de tu mano, y en verdes pastos descanso y en aguas tranquilas vivo porque tu don es la paz.*

Aún unos años después de que hice el programa, por un tiempo había dejado de asistir a la iglesia. Buscaba al Señor en oración y ayunaba preguntándole si debía irme de Miami y si esa era la iglesia en la que debía estar, ya que no había sido llamada a servir. Entonces le dije: «Señor, ¡recuerda lo que dijiste!», me refería a lo que él me había dicho, que un día estaría enseñando clases en Canaán.

Entonces un día el Señor dijo: «Regresa a Canaán y no mires a la derecha ni a la izquierda, sólo mírame a mí». Al día siguiente recibí una llamada de Vilma y me dijo que, durante unos días, el Señor le había estado hablando sobre mi, y que él quería que sirviera en el ministerio en inglés de «Hay Esperanza» o *There is Hope*. El programa había comenzado en español, pero funcionaba perfectamente en inglés. Ella dijo que orara al respecto y yo le respondí: «El Señor ya me ha estado hablando sobre regresar a la iglesia y me confirmó que es la iglesia en la que estoy llamada a servir».

¡Wao! El Señor lo había hecho de nuevo. Me asombró por completo con sus palabras de conocimiento, sabiduría y verdad.

Un día recibí un correo electrónico de mi pastor. Era una invitación a ser parte del primer grupo de estudiantes de «La Academia de Enseñanza en Canaán de Estados Unidos» (*The Teachers Academy* en Canaán, EE. UU.). Yo estaba entre los dieciséis nombres que el Señor le había dado al pastor Jaime.

¡Me lo volvió a repetir! Me estaba confirmando sus palabras. Estaba encantada con él, todo lo que decía era la verdad y yo había aprendido a confiar en cada una de sus profecías.

Desde entonces he enseñado una variedad de clases en Canaán y cada vez más el Señor se muestra de manera poderosa. Como él me había dicho: «Tu testimonio me dará la gloria».

Es un honor para mí servir junto a un gran grupo de líderes, maestros y administradores en «Hay Esperanza» o *There is Hope*.

*Tendemos a esconder las cargas que están muy adentro. Pero, ¡oh!, qué bendición cuando las exponemos a Dios. Sólo se necesita un poco de coraje y fe del tamaño de una semilla de mostaza.*

*Y esperar a que él lo desenvuelva todo.*

*Amor y gracia serán reveladas en ti.*

*«Hasta ahora sólo había oído de ti, pero ahora te he visto con mis propios ojos».*

*Job, 42:5*
(NTV)

# Capítulo XIX. Perdón

Mi inocencia había sido robada por toda la negligencia y el abuso, pero Jesús sabía exactamente lo que yo necesitaba. Yo era una de esas personas por las que él había muerto, había venido a rescatar, sanar y restaurar. Yo era la oprimida, la cansada, la desesperanzada y la mendiga. Murió por toda la humanidad, pero su especialidad son los huérfanos, los casos perdidos y los quebrantados emocionalmente.

Cuando estuve en el programa «Hay Esperanza» y escuché por primera vez las palabras: «No puedes dar lo que no tienes» fue una revelación en mi espíritu y tuve una comprensión profunda en mi alma. Mi madre no pudo darme lo que nunca había recibido. Todo lo que había aprendido en Canaán hasta ese momento era como construir una casa con revelación, comprensión y preparación para perdonar incondicionalmente. Después escuché otra declaración reveladora, que nunca había escuchado antes: «El odio o la falta de perdón es como beber veneno y esperar que la otra persona muera».

Dios nos creó para conectarnos. Nunca entendí realmente por qué mamá y yo teníamos tantas dificultades para hacer eso. ¿Por qué éramos como enemigas en lugar de madre e hija? Por qué mi madre me decía todos los años el día de mi cumpleaños, el mismo comentario, «un día como hoy, naciste y fue el día más doloroso de mi vida».

Un día el Señor me había revelado de una manera asombrosa la razón por la qué mi madre me había rechazado, puso una película en mi espíritu y lo vi claramente. Lily García, la esposa de mi pastor, estaba orando después de una clase que acabábamos de terminar y sus

Entonces pensé para mí misma que eso iba a ser un proceso, «quién sabe cuánto tiempo me tomará escribir esas cartas, no tengo comida en casa, pasaré por la tienda y compraré provisiones para unos días». Entré a la tienda y compré lo que necesitaba. Caminé hacia mi auto, guardé las compras en el maletero y me fui. Luego pensé, parar en un restaurante cerca de la iglesia y comprar arroz integral y frijoles negros, pues no quería cocinar.

Cuando estoy sentada en el auto esperando mi turno en la fila para ordenar la comida, mientras me acercaba a la ventanilla para hacer mi pedido, busqué mi bolso, pero no estaba, siempre lo ponía en el asiento del pasajero cuando entro al auto. Empecé a buscarlo frenéticamente, salí del auto y miré en el maletero, pero mi bolso tampoco estaba allí. Entonces me puse a llorar y le dije al Señor: «Me pediste que me fuera a casa y perdonara y, ¿vas a permitir que el enemigo me robe la bendición? Tú no eres así Señor», y lloraba mientras le decía: «Sabes que el seguro me acaba de pagar quince mil dólares para poner un techo nuevo en la casa, ¿sabes cuánto tiempo he esperado por ese techo? Señor, sé que no vas a permitir que Satanás me robe mi bendición». Entonces de repente me sentí en paz.

—¿Qué quieres pedir? —Me preguntó en voz alta la mujer detrás de la ventanilla de pedidos.

—Nada. He perdido mi bolso. Necesito salir de esta fila para ir a buscarlo. Estuve en la cola unos veinte minutos y me parecieron veinte años.

Conduje de regreso al mercado y entré, le pregunté a la cajera si alguien le habían entregado un bolso negro y ella me dijo con la cabeza que no, nadie había devuelto un bolso negro. Me dijo que fuera al servicio de atención al cliente y les preguntara si lo tenían en el cajón de objetos perdidos. Caminé hasta allí, me temblaban las piernas pensando en la gente que mendigaba pidiendo dinero y comida en el estacionamiento del mercado, pensaba que, si encontraban ese cheque pasarían unas lindas vacaciones. Estábamos a dos semanas de Navidad. Cuando llegué al mostrador pregunté.

—¿Nadie ha entregado un bolso?

—No, —respondió la chica detrás del mostrador de servicio al cliente.

En ese momento estaba tan nerviosa que apenas podía hablar, entonces uno de los empleados me vio y me preguntó qué había perdido y le expliqué todo.

—Cálmese, está muy nerviosa, déjeme salir con usted y miraremos dentro de cada carrito. Venga conmigo —respondió él—. Volvamos sobre sus pasos, ¿dónde se estacionó?

Entonces le mostré. No había ningún auto en el espacio en el que había aparcado. Cuando me preparaba para decir que miráramos dentro de los carros, miré en la distancia y vi un carrito del mercado con algo oscuro encima.

Comencé a correr, estaba a unos cuarenta y cinco metros de distancia, yo estaba llorando, no podía entender el hecho de que el carro se hubiera alejado tan lejos y se hubiera detenido debajo de un árbol con mi bolso encima y todas mis pertenencias intactas en su interior. Alabé al Señor con todas mis fuerzas y le pedí perdón por dudar de él.

Cuando comencé a caminar de regreso a mi auto, el Señor me dijo: «Esto es lo que hace Satanás, ciega a mis hijos, pero en mi misericordia y compasión hacia ti, cegué a todos para que no pudieran ver tu bolso».

No podía creer lo que había pasado, el chico parado ahí esperando a que volviera con mi bolso tampoco podía creerlo. Las lágrimas corrían por mi rostro y exclamé:

—¡Dios es bueno!

Subí a mi auto y me fui. Estaba llorando, sentía un amor intenso por Dios, fluía mucho agradecimiento de mi corazón hacia él. Para mi mente humana era difícil de entender, pero podía discernir que algo sobrenatural acababa de ocurrir en el reino espiritual.

No tenía idea de las implicaciones de lo que iba a suceder. Cuando llegué al pequeño estudio de mi casa, comencé a preparar el ambiente. Allí había experimentado las más asombrosas revelaciones de Dios, éramos sólo él y yo trabajando en el programa de sanidad, él me acompañaba cada paso del camino, descubriendo recuerdos que estaban en lo profundo de mi mente subconsciente.

Puse música de alabanza y adoración y comencé a hablar con Dios y a reconocer ante él lo fiel que él había sido durante

a Dios, permitiéndole ser a Él y no a mí. Señor, he hecho mi parte. He perdonado, por favor haz tu parte. He hecho un pacto de obediencia para perdonar todos los días a los que me lastiman y no permitiré que la ofensa y el juicio entren en mi corazón.

Hice el mismo proceso con mi padre y conmigo misma. Perdoné cada recuerdo, cada sentimiento y cada trauma que había experimentado como consecuencia de los pecados de mis padres y los míos propios. Perdoné a mi padre por morir y dejarme sola y me perdoné por toda la destrucción que le había ocasionado a mi cuerpo. Tenía tanto que perdonar. Tenía mucho por lo cual pedir perdón. Me había colocado como juez y fiscal de la vida de mis padres y ese lugar sólo le pertenecía a Dios.

Ese día algo se rompió en mi vida, la oscuridad se disipó y la depresión desapareció. Después de ese día comencé a sentir alegría, estaba muy emocionada por todas las bendiciones y la vida que aún me quedaba por vivir.

La empresa en la que había trabajado durante nueve años despidió a un grupo de personas, alegando que se estaban reestructurando. Yo era una de esas personas. Realmente pensaba que sería yo la que en algún momento me retiraría de esa empresa, estaba devastada. Por la gracia de Dios, me dieron un generoso paquete de indemnización. Pensaba volver a trabajar en un mes, pero estaba en oración y el Señor me guió a tomar un retiro espiritual de un año para poner toda mi atención en el libro. Después de que el impacto inicial de mi despido pasó, me di cuenta de que había sido lo mejor. Era lo mejor que podía haber pasado porque comencé a escribir todos los días, este libro se convirtió en mi trabajo a tiempo completo.

Había invertido gran parte de mi vida en mi trabajo, ahora Dios me estaba enseñando a confiar en él de la manera más asombrosa y sobrenatural. Me había dicho y prometido que este libro era uno de los propósitos que él tenía para mi vida. Así que cuanto más escribía, más alegría sentía. El libro se estaba convirtiendo en una experiencia catártica, como una especie de purificación emocional, corporal mental y espiritual. Con cada capítulo que cerraba, era como cerrar un capítulo más de mi vida y eso me hacía sentir totalmente libre.

TD Jakes escribió un libro llamado *«Crushing. God turns crushing into power»* o «Quebrantamiento. Dios convierte el quebrantamiento en poder». En este libro él cuenta dos eventos que le causaron un dolor terrible y, como resultado de ello, tuvo una experiencia muy impactante como nunca antes había tenido. Para el pastor Jakes y su familia fue una temporada de duelo, aprendizaje y preguntas muy difíciles, así como de muchas dudas y, en última instancia, de mucha fe. Dios usó esos eventos que ocurrieron en su vida para ministrar a las personas de maneras asombrosas. El mismo proceso ocurre con las uvas, hay que triturarlas para obtener lo mejor de ellas, el vino.

El Señor me concedió el valor de ser real y honesta conmigo misma y con los demás. No tenemos que ser como el resto del mundo, podemos ser, con seguridad, lo que él creó, allí encontraremos nuestra victoria. Había querido reflejar una mejor versión de mí toda mi vida y no pude, lo estaba haciendo con mis propias fuerzas. Dios siempre nos pedirá que seamos reales, y yo me había dado cuenta de que tenía muchas máscaras.

¿Se pondrá de pie el verdadero tú? Era una frase muy pegadiza, era lo que decía el locutor después de leer el resumen de un personaje para el que había cuatro personas representando un papel, sólo una era la persona real a la que le pertenecía el papel. Este había sido un programa muy popular entre 1956 y 1978.

Hacemos eso en nuestra vida también, a veces nos mostramos ante los demás montando espectáculos y vistiendo diferentes máscaras, queriendo que la gente crea que estamos bien, pero, en el fondo, nos estamos muriendo.

Cuando me quité esas máscaras, la versión real de quien yo era, la que Dios creó, era mejor que la que quería mostrar.

# Capítulo XX. Mujer de Valor

La casa por la que tanto había luchado se había convertido en un recuerdo de pérdida, quiebra y agotamiento financiero. Cada vez que pensaba en regresar a esa casa me encogía. Tenía aversión de vivir allí de nuevo, había demasiados recuerdos. Me encontraba en un estado de negación con respecto a que un día debía regresar a la casa que el Señor me había dado.

Yona había vivido en mi casa más tiempo que yo. Después de seis años ella estaba muy contenta que su sueño se iba hacer realidad, había encontrado una propiedad en el norte de Florida y estaba haciendo todos los preparativos para su relocalización. La Gracia Divina estaba obrando a mi favor, pues Yona me refirió a una muchacha cristiana que trabajaba en una inmobiliaria y encontró algunos inquilinos para la casa y no me cobró comisión. Fue un generoso y hermoso regalo de una hija de Cristo y le estaré eternamente agradecida. Desde entonces nos hicimos amigas y, años después, el Señor me impulsó a darle un regalo como muestra de mi agradecimiento.

Durante años había orado y me había preguntado cómo sería la venta y cómo Dios traería un comprador si yo no estuviera allí para supervisar el proceso. Siempre pensé que un inquilino no mostraría la casa de la misma manera que el propietario. Descansé sabiendo que cuando fuera el momento, el Señor lo resolvería.

Un día, en oración, el Señor me dijo que estaba viviendo como una persona sin hogar y que quería que regresara a la casa. Luché con el Señor y dije: «¡No papá, por favor! No quiero volver allí».

Después de meses tratando de convencerme, dijo: «Confía en mí», así que, finalmente, cedí y dije: «Señor, por favor, pon amor en mi corazón para la casa». Un día, tuve un sueño en el que estaba decorando y supe que pronto llamaría al camión de mudanzas.

De modo que regresé a mi casa en febrero de 2019. El Señor me permitió tener compañeras, para ayudar a otras mujeres y hermanas que estaban solas, a vivir juntas en comunión con el Señor. Me mostró que en ella debía haber estudios bíblicos, y vi específicamente un versículo bíblico pintado como arte mural en una de las paredes de la casa. También me dijo que la casa se llamaría «Casa del pan», me mostró el nombre en la parte superior de la puerta principal. El Señor estaba cambiando el destino de la casa, ya no sería una casa que me traería malas memorias, ahora el nuevo nombre significaba casa de bendición y favor.

En agosto de 2019, durante un momento en el que estaba en silencio con el Señor, él me dijo que estaba ocurriendo una aceleración espiritual en mi vida. Realmente no tenía idea de lo que eso significaba, ni de todo lo que eso implicaría. Escribí en mi diario estas palabras del Señor: «Tengo una puerta abierta para ti, y quiero que la atravieses».

Mis amigas y yo estábamos haciendo planes para ir a Europa. A los pocos días de tener ya todos los planes establecidos, durante mi oración de la madrugada, escribí en mi diario lo que el Señor le decía a mi corazón: «Ve y has este viaje que tanto has soñado, cuando regreses estarás trabajando».

Y concluyó diciendo: «La gente verá una demostración pública de mi bondad». No estaba trabajando en ese momento. No hace falta decir que tenía grandes expectativas con respecto a lo que el Señor iba a hacer, qué puertas abriría y cuáles cerraría, pues esa es una de sus especialidades. Lo cierto es que, ¡yo me encontraba llena de alegría! En las próximas semanas iría con dos amigas a mi tan esperado viaje.

En la segunda semana de septiembre subimos a un avión y fuimos a París. Era un sueño volver allí, lo había visitado cuando murió mi padre. Escribí esto cuando llegué a mi lugar favorito del mundo.

## La belleza de París

París eres como un beso que espera, eres mi sueño tan
largamente esperado. Han pasado tantos años desde la última vez
que te vi, esta vez no será sólo una mirada, me quedaré y me
demoraré en tu abrazo.

¡Tre Jolie!

Las calles adoquinadas llenas de artistas en Montmartre; los cafés
y el jazz parisino; sentada en un autobús me deleito con tu historia y
la belleza que me rodea; los Campos Elíseos llamaron mi atención
mientras escuchaba a Charles Aznavour cantar La Vie en Rose.

La regia y elegante Torre Eiffel, con sus curvas y sus líneas, ¡un
lugar para bailar alrededor del río Sena! Eres tan hermosa mi
París, eres la mirada romántica de ese lugar.

París, me subes a la cabeza, como un buen champagne, me río
como una colegiala mientras mis ojos se cautivan con lo que veo. El
aroma de tu comida me acompañará hasta mi vejez. Las brasas
arderán por ti como tu beso, que espera.

Tre Jolie! ¡Mi París!

Amo el sur, el norte, el este y el oeste de ti.

¡Simplemente amo todo de ti!

Gracias Dios por darme la visión y poder ver las maravillas
creadas por tus manos, las vistas y los sonidos, todo permanecerá
en mi corazón mientras me alejo digo:

¡C' est la vie!

También visitamos Milán, Suiza y Venecia. Fue un viaje maravilloso. Nunca olvidaré el recorrido en tren en Grindelwald, Suiza, para llegar a la cima de Europa, la montaña Jungfraujoch con una altitud de 4158 metros de pura belleza y maravilla.

El Señor estaba con nosotras. Una de mis amigas bromeaba conmigo, decía que había empacado de más. En una de nuestras aventuras para tomar el tren de París a Lucerna, había mucho tráfico y lluvia. Entonces mi amiga se reía y decía, la próxima vez te enseñaré cómo empacar. No llegamos a tiempo y perdimos el tren.

Las entradas no eran reembolsables y ninguna de nosotras hablábamos francés. Así que fui la persona designada para hablar en la taquilla y pedir un boleto nuevo al mismo precio. El caballero con el que hablé básicamente dijo que no se podía hacer.

Fui humilde y amable, soy una de las que cree de que se atrapan más abejas con miel. O en términos cristianos:

*«Como manzanas de oro en engastes de plata es la palabra dicha a su tiempo».*

*Proverbios 25:11*
(LBLA)

El francés salió de atrás de su mostrador, caminó hacia afuera y dijo:

—He oído que si hablas con el conductor y le explicas lo que pasó, te dejará subir al tren.

Estaba tan agradecida de que la persona que Dios había elegido, fuera lo suficientemente amable para ayudarnos. ¡Eso se llama recibir el favor de Dios!

Fuimos a la puerta por donde salían los trenes, yo buscaba a un hombre vestido con un mono y con restos de aceite en la cara. Esa era la imagen que había visto en la televisión en el pasado. Estaba orando y agradeciendo al Señor en silencio por mostrarnos favor y gracia de todas las formas posibles. El conductor estaba vestido con un traje, y cuando le expliqué lo sucedido, preguntó cuántas personas había en mi grupo y le dije que éramos tres.

—Cuando todos estén a bordo, vayan a la 11 E y aborden allí, les daré un pasaje a Lucerna —dijo.

¡Casi salté de alegría! Y, ¡espera, se pone mejor!

Cuando entramos en el vagón del tren marcado 11 E, estaba buscando un lugar donde guardar mi equipaje y de repente escuché una voz de hombre.

—Déjame ayudarte, puedes poner tu equipaje aquí. —Me dijo.

Miré al simpático caballero y le agradecí mucho su amable gesto. Nos sentamos todos, él estaba con su esposa y su hijo. Fui la primera que habló, quería contarle al mundo lo que nos acababa de suceder, el cordial caballero de los boletos y la historia del conductor.

Me sentía muy cómoda hablando con ellos, eran muy receptivos, así que seguí siendo amigable. Les pregunté de dónde eran y me respondieron que de Costa Rica. Pronto todos nos conocimos. La pareja y su hijo eran personas muy agradables, sólo tenían mochilas y nos ayudaron con nuestro equipaje en las escaleras mecánicas y en los ascensores. Pasé momentos maravillosos con ellos pues terminamos siendo amigos e hicimos todo el turismo en Suiza juntos.

También nos reunimos con otra pareja que vivía en Lucerna y que estaban haciendo «Hay Esperanza» en español a través de clases en línea. Tenían problemas en su matrimonio y estaban haciendo el programa de sanidad interior, así que todos estábamos hablando de Canaán y lo que el programa había hecho en nuestras vidas. Sin duda era un momento de Dios.

De regreso, cuando llegamos a Miami, pasamos por la aduana y caminamos hasta el área de equipaje para recoger el nuestro. Estaba hablando con mis amigas y sonó el teléfono, era una hermana de la iglesia preguntándome si todavía estaba buscando trabajo.

—Sí —respondí.

—Mi jefe tiene tu currículum y le gustaría conocerte —dijo ella y me preguntó cuándo podría ir a una entrevista.

—Puedo estar allí mañana. —Le respondí.

Esa misma semana comencé a trabajar en mi nuevo empleo. Tal como Dios me había dicho: «Te haré una demostración pública de mi bondad». Estoy muy agradecida con mi amiga por haberme recomendado a su empresa.

Unas semanas después de nuestro regreso de Europa, estando en oración, el Señor me dijo: «Hay una gran división en tu hogar».

Estaban pasando cosas a mi alrededor que no entendía. Mi paz estaba siendo sacudida fuertemente en su centro, mis finanzas estaban disminuyendo por ofertas de negocios que estaban destinadas a destruirme en lugar de bendecirme. Tenía una tramposa, una mentirosa que me aseguraba su amistad y lealtad, pero mi instinto nunca me engañó, Dios me alertó en cada paso del camino. Tenía una enemiga en mi casa que quería robarme mi sustento y mi alegría.

En noviembre de ese mismo año, pasé por una experiencia muy fuerte con esa persona que se hacía llamar mi amiga, yo quedé profundamente herida. Mi persona fue difamada de la manera más horrible. Todo lo que ella había dicho de mí era mentira, y provocó una gran división dentro de mi hogar.

Entonces este pasaje bíblico me vino a la mente:

*«Ustedes se propusieron hacerme mal, pero Dios dispuso todo para bien. Él me puso en este cargo para que yo pudiera salvar la vida de muchas personas».*

*Génesis, 50:20*
(NTV)

Una de las señoras que vivía en mi casa se mudó y el Señor me bendijo con la hermana que se quedó, es una persona hermosa, amiga y hermana en Cristo. Estamos unidas por varias experiencias que estábamos destinadas a vivir juntas y por el amor que tenemos por Cristo.

Fue muy difícil no demostrarle mi ira, mi carne, es decir, la persona pecadora que existe en todos nosotros, quería hablar mal de ella y contarle al mundo lo que había hecho, pero en lugar de eso, elegí callarme y hacer lo que dice la Biblia.

*«No paguen mal por mal. No respondan con insultos cuando la gente los insulte. Por el contrario, contesten con una bendición. A esto los ha llamado Dios, y él les concederá su bendición».*

*I Pedro, 3:9*
(NTV)

Tenía que perdonarla, como sabía, cada evento y cada dolor que esa persona causó en mi vida debía entregarlo a Dios. Después de toda la sanidad que había recibido no podía comportarme de otra manera. Fueron tantas las promesas que me había cumplido el Señor que no podía defraudarlo en ese momento de mi vida en el que tantas cosas dependían de mi buena o mala actitud.

Sigo orando para que la misericordia, la luz y la verdad entren en el corazón de esa mujer, y oro para que se libere de las mentiras y el engaño del enemigo en su alma. Oro para que el Señor le dé fuerzas para buscar un programa de sanidad interior y completarlo obedientemente hasta el final. Oro para que el Señor le dé la victoria y convierta su prueba en un testimonio. Le deseo lo mejor.

El Señor permitió que el bien permaneciera en mi vida. Permitió que la persona que había sido envenenada contra mí, se quedara en mi casa y me conociera, ella conoció a mi verdadero yo. Ella es la persona que conoce cada detalle de los complots ideados contra nosotras.

En febrero de 2020 mi iglesia estaba organizando un retiro para líderes y un grupo de nosotras pasamos unos días en hermandad. Éramos bendecidas con una variedad de talleres para aumentar nuestro conocimiento, nuestra comprensión y nuestras capacidades como líderes de nuestra iglesia.

Una actividad en particular cambió mi vida por completo. Nuestros pastores estaban liderando estos objetivos enfocados, eran asombrosos. Nos preguntaron dónde queríamos estar en los próximos cinco años. Había escuchado preguntas como estas en el pasado y nunca tuvieron un impacto importante en mí. Si alguna vez implementaba algún cambio, duraba unas semanas y luego la emoción se esfumaba. No esta vez. Sentí el Espíritu Santo sobre mí, y cuando tuvimos que dar pasos hacia nuestro futuro y ver con el ojo de nuestro corazón dónde queríamos estar, el Señor me habló de una manera poderosa.

Cuando medité sobre la experiencia, encontré este versículo en la Biblia.

> *«Pido que les inunde de luz el corazón, para que puedan entender la esperanza segura que él ha dado a los que llamó —es decir, su pueblo santo—, quienes son su rica y gloriosa herencia».*

*Efesios, 1:18*
(NTV)

Confirmó una vez más la aceleración de mi vida. Me dijo que mi casa se vendería muy rápido, era alucinante, mi casa ni siquiera estaba en el mercado. También dijo que estaría completamente libre de deudas. Me habló de mi libro y dijo que estaría terminado en 2020. El Señor también me dio el nombre y el tema de mi segundo libro. Mi mente no podía comprender lo que el Señor me estaba diciendo. Lo alabé y le agradecí una vez más exclamando: «Dios, estoy asombrada de tu amor, tu poder y tu gracia». Pero algo en lo más profundo de mí siempre tiene esa minúscula duda,: ¿ese eras realmente tú, padre?, ¿o era yo?

En marzo llegaba a casa de comprar algo en la tienda y mientras caminaba hacia la sala, escuché al Señor decirme: «Es hora de vender la casa». Cuando el Señor me dijo esas palabras, estaba tan segura de su voz que ni siquiera le pedí que lo confirmara con más testigos. Dije: «Está bien, padre, así se hará».

La situación de Covid 19 estaba ya sobre nosotros, entonces le dije a Dios: «Ahora, ¿estamos vendiendo la casa? diez millones de personas han perdido sus trabajos en Estados Unidos. Pero Dios, lo sé; ¡si la situación fuera perfecta, no obtendrías la Gloria! Así que hagámoslo Señor».

Originalmente pensé que la vendería por mi cuenta, pero rápidamente, el Señor me hizo ver que no podía asumir ese esfuerzo ya que estaba trabajando desde casa y había demasiados detalles que era mejor dejar a un agente de bienes raíces profesional.

Una mañana estando en mi tiempo de oración, me encontraba escribiendo en mi diario y él me llevó a recordar a un joven llamado Juan que era corredor de bienes raíces.

Me había estado enviando un informe llamado *Market Watch* durante años y siempre había respondido, «gracias por su diligencia, pero todavía no estoy lista para vender la casa». El informe me daba información de ventas comparables en mi área y también una aproximación del costo de mi casa.

A la mañana siguiente, llamé a Juan y le expliqué mis expectativas de vender por mi cuenta, fue superprofesional y no me presionó en absoluto.

—Ya sea que lo haga conmigo o por su cuenta, permítame hacer una presentación para brindarle información que será valiosa cuando tome su decisión. —Me dijo.

Era cortés, estaba muy bien informado y era fácil hablar con él. Me sentía totalmente cómoda con todo lo que me estaba diciendo.

Al final de la conversación mencioné que era cristiana y me preguntó a qué iglesia asistía y le respondí que a Canaán EE. UU.

—¿Su pastor es calvo y es de Colombia? —Me preguntó.

—Sí, ¿cómo lo supiste? —Le respondí.

—Él le fue infiel a su esposa y luego fueron restaurados, ¿verdad? —Me preguntó.

—Si —dije.

Entonces él procedió a explicarme que su suegra iba a esa iglesia, ella había hecho el programa de sanidad interior y hablaba muy bien de la iglesia. De modo que le pregunté su nombre y le pedí que me enviara una foto de su suegra también.

A la mañana siguiente, cuando recibí la foto, casi me caigo de la silla, la persona era alguien con quien servía los domingos, ella y yo teníamos una hermosa conexión espiritual.

El Señor definitivamente tenía su mano puesta en este proceso de venta de la casa y me confirmó que Juan era el agente inmobiliario de su elección.

Todo el proceso duró seis semanas. Y durante ese tiempo Dios padre me dijo que iba a traer un comprador, una familia cristiana. Así que un día llegaron, fueron la novena familia en ver la casa. Estaban recorriéndola y nuevamente surgió el tema del cristianismo debido a un mensaje que tenía en la pared de la cocina, el versículo de la Biblia decía:

> *«Día tras día continuaban unánimes en el templo y partiendo el pan en los hogares, comían juntos con alegría y sencillez de corazón».*

> *Hechos, 2:46*
> (NTV)

Empezamos a hablar de la iglesia nuevamente y surgió el nombre de mi iglesia, entonces el comprador dijo que su tía asistía a esa iglesia y cuando mencionó su nombre, ¡no podía creerlo! Su tía era una buena amiga a la que quería y admiraba mucho. Estaba completamente desconcertada con todo lo que estaba sucediendo.

La pareja terminó comprando la casa en medio de la pandemia, una pareja cristiana que parecía increíble y saludable.

Estaba extasiada de que todo lo que me había dicho el Padre fuera cierto. Ya no dudaba de escuchar la voz de Dios. Se había vuelto tan real para mí, como una persona que estaba a mi lado. No hace falta decir que un mes después estaba libre de deudas.

Todo lo que estoy compartiendo contigo no es para parecer vanidosa, de ninguna manera. ¡No me jacto de mis logros, sino del poder y la fidelidad de Dios!

Busqué el día en que Juan me envió el primer informe de observación del mercado, fue en noviembre de 2017. El mismo año en que tomé la decisión de curarme sin importar el costo. Dios había preparado al agente inmobiliario tres años antes.

Ya no tengo que preguntarme, ¿Quién soy? ¿Para qué estoy aquí, para qué nací? ¿Qué se supone que debo hacer? ¿Cómo dejo una marca en esta tierra, si realmente estuve aquí?

La crisis existencial ya no existe, me dolió profundamente y me llevó por callejones muy oscuros, hasta el punto de no saber quién era. La búsqueda de sentido y la falta de amor de mis padres me llevaron a los brazos de extraños que no tenían nada que ofrecer excepto su propio quebrantamiento. Sus promesas eran vagas y vacías, pero sin saber quién era yo realmente, me hicieron creer en la farsa y la hipocresía del mundo que no conoce ni camina con Dios.

¡Por fin tengo la respuesta! Estaba destinada a amar a Dios y amar a los demás como a mí misma. Estaba destinada a alabar, sanar y llevar a otros al conocimiento de Cristo para que ellos también puedan sanar. Estaba destinada a vivir y experimentar intensamente mi vida para luego escribir mi historia y dejar una marca en la tierra, decirles a todos que Dios existe y que me sacó de un pozo horrible donde me encontraba sumida en desesperación, dolor, depresión y pecado.

Él me curó con su amor, su compasión y misericordia. Estoy destinada a hablarles a todos acerca de la bondad de Dios, decirle que su amor es tan fuerte y tan real que tiene el poder de sanar y cambiar los corazones más duros.

Esto es lo que Dios dice que soy:

He sido perdonada. La sangre de Jesús me ha hecho libre. La aprobación de mi padre celestial me da identidad para no preocuparme por las opiniones del mundo, ¡soy amada! No se avergüenza de que lo vean conmigo. Había sido elegida antes de que el mundo comenzara, él me llamó por mi nombre para conocerlo y amarlo. Pronunció mi nombre y me tejió en secreto en el vientre de mi madre. Soy su obra maestra, fui temerosa y maravillosamente creada, soy amada intensamente, soy apreciada y soy más que una vencedora, puedo hacer todas las cosas gracias a Cristo que me da fuerza.

Doy gracias a Dios todos los días por mi identidad en él. Sabiendo quién soy en Cristo, y sabiendo, inequívocamente, cuánto me ama. Tengo el poder de decir no a cualquier cosa que obstaculice mi caminar y mi victoria en él. Esta nueva identidad me da una tranquila seguridad, nunca más me comparé con los demás. Fui curada de los celos y de la envidia por los dones de otra persona porque ahora sé que tengo el mío, Dios está complacido con la mujer en la que me he convertido para él. Se regocija por mí con cánticos de liberación a medida que me transformo cada día más a imagen y semejanza de su hijo Jesús.

Los atributos serán evidentes para todos, la Biblia llama fruto a la evidencia de una persona que camina con Jesús, todo está en los frutos que producirá el árbol de tu vida.

Sé que todavía hay mucho por ver y experimentar con Dios. Una vez que me instalé en mi nueva rutina, el Señor comenzó a hablarme sobre el liderazgo y me dijo que me preparara. También dijo que quería que perseverara en la finalización del libro.

A fines de junio, me quedaban algunos capítulos, vi al pastor Steven Furtick predicar un mensaje llamado «Dios Vio», su esposa Holly también había predicado un mensaje llamado «Milagros». Ambas fueron las palabras que Dios usó para impulsarme hacia el siguiente paso de mi victoria. El pastor Steven habló de que Dios ve todas nuestras luchas y está siempre presente como ayuda y como amigo cuando lo necesitamos. El mensaje de Holly era para un evento del día de la madre y dijo que Jesús es nuestro pan de vida. Sus palabras fueron como un láser en mi espíritu y me di cuenta de que tenía un problema con la comida.

Tenía un problema con mi alimentación y mi estado emocional, tenía un asunto pendiente con el consumo de carbohidratos como medio de consuelo. El mensaje de Holly no se trataba de comida, pero en esa frase «Jesús es tu pan de vida», ¡Dios habló a mi corazón! Es realmente asombroso cómo el Señor comunica sus pensamientos, sus consejos, su protección, sus planes para nuestra vida cuando nuestros oídos están en sintonía para escuchar la voz suave y apacible de su espíritu con el tuyo.

Un día, en oración, Dios me dijo: «Te estoy poniendo en un plan de noventa días sin carne, sin carbohidratos y sin dulces». Además, me dijo: «Cada vez que tu cuerpo rechaza un alimento, lo sabrás por la forma en que este reacciona», percibí que esta instrucción era una dieta basada en vegetales y ejercicio diario. También me mostró una visión en la que vi un calendario frente a mí con todos los capítulos completados y marcados con un rotulador, me dijo, además, que apagara la televisión y leyera más libros.

El primero de julio de 2020 comencé mi plan de noventa días. Estaba en mi último tramo de escribir este libro y su plan consistía en hacerme completa, en espíritu, alma y cuerpo. Mantener una visión clara me ayudó para conservar mi motivación, el enfoque, la determinación, la perseverancia y la coherencia, todo lo cual me era muy necesario.

Mariella, mi compañera de casa, es una sobreviviente de cáncer de mama, ella está en un plan de alimentación de regeneración celular. Este es un plan de alimentación diseñado para prolongar la vida a través de diferentes métodos de cocción de alimentos que se ha demostrado que desactivan las células cancerosas. Ella me ha servido como modelo de tenacidad, logra mantenerse fuerte y no caer en la tentación ni siquiera de un solo bocado.

Su perseverancia y constancia, la forma en que vive su vida, es algo hermoso que Dios me estaba enseñando a través de su ejemplo.

También me enseñó acerca de la actitud, y cómo cuando no te quejas eres promovido por Dios, ella está agradecida por las cosas buenas y malas en su vida. Ella es de Venezuela, allí estudió Derecho, sin embargo, debido a la situación política existente en su país, vino a Miami, Florida, y ha estado luchando durante los últimos tres años. Su principal medio de transporte ha sido una bicicleta. Ha ido a trabajar bajo la lluvia y ha sido un ejemplo asombroso de determinación. Pero, un maravilloso e increíble día, gracias a los generosos obsequios de mis mejores amigas, las llaves de un auto fueron puestas en sus manos. ¡Dios ha sido muy fiel!

Estoy inmensamente agradecida con Dios por bendecirme con una amiga como ella. Sus cualidades son muchas y se ha convertido en una maestra para mí, mostrándome cómo perseverar y ser consistente en mi vida. Ella ha sido mi ayudante y una amiga incondicional.

En 2018 había tenido un accidente y había dejado de hacer ejercicio. Mi salud me estaba dando algunos problemas y creí en Dios para mi curación. Hoy realmente puedo decir que soy lo suficientemente fuerte física y mentalmente, he comenzado de nuevo a hacer ejercicio con la ayuda de Dios y mi fe en su poder sanador, gracias a él estoy sana.

Estoy caminando y trotando pequeños tramos para volver a ponerme en forma. Dios me pidió que me desafiara en todas las áreas. Había dicho que me preparara para usarme como maestra. Una mañana de agosto me desperté muy temprano. Oré y luego me subí a mi auto, manejé hasta un área hermosa cerca de donde vivo, quería caminar y respirar el aire fresco de la mañana.

Fui a una isla para deleitarme con una vista maravillosa. El área estaba llena de hermosos edificios con vista a la bahía. Caminaba rápido y de repente se formó una increíble tormenta de lluvia, me empapé por completo.

Entonces le dije al Señor: «Qué es un poco de lluvia de todos modos, ¿verdad Dios? ¡Nadie ha muerto por una pequeña lluvia! ¡Estoy bien, Dios! Todavía tengo que caminar un kilómetro y medio para llegar a mi auto, puedo hacer esto». Luego le dije: «¡Señor, detén un poco la lluvia para que pueda llegar al auto!» Entonces escuché, con una voz muy dulce, cuando el Señor me llamó «Mujer de valor». ¡Wao, fue realmente asombroso!

> *«Porque en Él vivimos, nos movemos y existimos, así*
> *como algunos de vuestros mismos poetas han dicho:*
> *"Porque también nosotros somos linaje suyo"».*

*Hechos, 17:28*

(LBLA)

Cuando el Señor habla, es como estar elevado en el Espíritu Santo.

Estaba dispuesta a cumplir con el objetivo y hacer todo lo que me había dicho que hiciera. Estaba siendo consistente en cada pequeño detalle, como nunca antes. Llegué a casa y medité en la frase que me había dado, «mujer de valor». En español significa valiente. Entonces me di cuenta de que había sido blanda y cobarde. Nunca había cumplido realmente ninguna meta, siempre dejaba proyectos sin terminar. En lo único en lo que he sido constante es en caminar con el Señor y permitirle que me guiara, que me sanara, me enseñara, me transformara en la mujer por la que él murió para que yo fuera.

He aprendido a matar de hambre a los pensamientos negativos. Ellos siempre estarán ahí para bien y para mal. Te contarán historias de derrota o te dirán palabras de victoria. Tendrás pensamientos de enfermedad, muerte y carencia o de bienestar y bondad hacia ti misma y hacia los demás. Debemos dejar de alimentar nuestros pensamientos que dicen cosas negativas sobre nosotros mismos y de otras personas. Puedes elegir los pensamientos que permitirás que se instalen en tu mente. Yo elijo tener pensamientos de victoria y prosperidad. Opto por tener pensamientos de paz y visionar un gran futuro.

Te amo Señor con mi mente, con mi alma y con todas mis fuerzas. Te amo con mi cuerpo, con gratitud, obediencia y fidelidad. Te amo con honor, te amo de todas las formas posibles. ¿Cómo te amo? Amándome a mí misma y amando a los demás.

Escribí esto para una clase llamada (*Joy*), que significa gozo, forma parte de una serie sobre la madurez que se dicta en mi iglesia.

## *Alegría indecible*

*Bajo la enseñanza de Dios me desperté a la realidad de lo que se había convertido mi vida. Su palabra fue como el filo de una espada, cuando reveló la gravedad de mis pecados. Sentí que mi corazón se cortaba, se desgarraba y se abría mostrándome por qué mi mundo era blanco y negro. La oscuridad estaba en mí y a mi alrededor.*

*Mi alma había estado en un asilo rodeada de las voces de enfermos mentales, mi madre, el sacerdote vudú que me llamaba maldita y todas las cuerdas de odio, ira y falta de perdón que me unían al mundo.*

*Vivía desde un lugar de miedo y él era un gigante que amenazaba mi sustento y mi cordura todos los días. La fe estaba muy lejos. La alegría era desconocida y la felicidad era para los demás, pero no para mí.*

*Hay un río, hay una puesta de sol.*

*Hay alegría. Hay un beso del cielo.*

*Una vez viví en blanco y negro, hoy veo el mundo a color. Vivo en alegría, apareció como una lluvia refrescante y un dulce respiro a todo mi dolor.*

*Una mujer pecadora ha sido perdonada. Hoy sé que soy amada. Estoy completamente persuadida de que nada puede separarme del amor de Dios.*

*Todos mis demonios han sido enterrados bajo tierra. Estoy en paz.*

*Devolveré al mundo todo lo que Cristo me ha dado.*

*¡Esa es mi promesa para ti Dios!*

*«A todos los que se lamentan en Israel les dará una corona de belleza en lugar de cenizas, una gozosa bendición en lugar de luto, una festiva alabanza en lugar de desesperación. Ellos, en su justicia, serán como grandes robles que el SEÑOR ha plantado para su propia gloria».*

*Isaías, 61:3*
(NTV)

Hay mucha firmeza en la palabra «Fin».

¡Hay más temporadas por venir, más libros para escribir y tal vez algún día haya una boda! Sólo Dios sabe lo que me espera.

A través de todas las pruebas y el sufrimiento por el que pasé, he aprendido a confiar completamente en sus planes para mi vida.

Finalmente estoy feliz, sana y completa.

Yo elijo,

Continuará...

# Oración para Entregar tu Vida a Jesús

Si este libro te ha impactado y te identificas con mi historia.

Si estas padeciendo de algún tipo de adicción, depresión y falta de esperanza.

Si tus cargas se han vuelto insoportables y ya no puedes más con tu vida y tu tristeza se ha convertido en desolación.

Si has contemplado hacerte un aborto, si has pensado en terminar con tu vida.

Esta oración es para ti.

Padre santo,

Reconozco que tú eres Dios del universo y yo soy tu creación. Jesús, declaro con mi boca que tú eres el hijo de Dios y fuiste crucificado en la cruz y resucitasteis al tercer día y eres nuestro salvador.

Hoy te pido perdón por virar mi espalda de ti y caminar a mi manera haciendo mis propias leyes y mi propia justicia. Reconozco que soy una pecadora/un pecador y hoy quiero reconciliarme contigo. Necesito conocerte, tengo necesidad de tu presencia y de tu paz.

Te entrego mi vida, Jesús, y prometo seguirte todos los días de mi vida. ¡Padre te pido que hagas de mi algo digno y maravilloso!

En el nombre de Jesús de Nazaret.

Amén y Amén.

# Un Poco de mi Historia en Imágenes

*Mami y Papi bailando
Habana, Cuba, 1956*

*Mami saliendo del hospital
con Tía Yolanda.
The Hanger Clinic, Nueva York*

*Mami y Papi conmigo*

*Mamy y Papi cuando me dedicaron a la virgen de la Caridad del Cobre, Patrona de Cuba, 1957*

*En brazos de mi Papi*

—Herald Staff Photo by ROY BARTLEY

## Horse Sense

Horsefeathers! Here I am saddled with a choice between two equinely attractive alternatives. The figure course sounds a little racier, but it might be to my behoof to give the beauty course a run. Hay,

it's so hard to chose, they stirrup so much interest in me. I'd like to quit stalling around and decide which I'm manely interested in, but there is one hitch. That two-legged filly that's been on my back lately left me tied up to this post. Guess I'll just keep horsing around until she comes pasture again.

# Cuban Fugitive Shot to Death, Ending 2-Month FBI Manhunt

**By COLIN DANGAARD**
*Herald Staff Writer*

A fugitive who reputedly was a high "Cuban Mafia" figure died Sunday of wounds suffered when he, a woman friend and two federal officers were shot in a drug raid gun battle.

The shootout at a southwest dwelling Saturday night ended a hunt pressed since mid-August, when Juan (Cesar) Restoy escaped from Miami City Jail. He died under surgery at Jackson Memorial Hospital at 1 a.m.

RESTOY, 56, was gunned down as he blazed away at agents who came to arrest him at a small one-story green home at 4700 SW Second Ter., shortly before midnight Saturday.

He was found hiding in a closet.

Sunday, all was quiet at the scene of the battle in which an estimated two dozen shots were fired.

The house was locked, but the air-conditioner was running and a light was still burning above the back door, smashed in and covered with a blood-stained, bullet-holed sheet of plywood.

There was also blood on the front steps, above a mailbox with the names: Juan Izquierdo, Elena Izquierdo, Gilberto Perez, Luisa Perez.

POLICE who searched the house, after the smoke

**Juan Restoy**
*... died Sunday*

cleared and the injured and dying were carried out, found $9,000 in $100 bills and a quantity of drugs.

Restoy, 56, a tall dapper man, was first-netted in Miami in a nationwide drug-sweep on June 21.

But he escaped from Miami City Jail in mid-August, by slipping an old lock, climbing up on the roof, and sliding down a rope to freedom.

He was closely followed down the rope, believed to have been furnished by an accomplice in a waiting car, by alledged dope racket associate Mario Escandar.

Escandar, his hands bleeding from rope burns, and his ankles swollen from the final drop to the ground, gave himself up a few days later.

But Restoy went into hiding . . . until Saturday night, when he was traced to the small, rented Second Terrace house.

SEVEN AGENTS — four fron the FBI and three from the Narcotics Bureau — approached the house about 11:30 p.m. with a federal arrest warrant for Restoy for breaking out of jail.

Agents stationed themselves at the front and back of the-house, rented just two weeks ago by Mrs. Alpisar, 56.

They identified themselves, called for Restoy to come out . . . and when he didn't — they went into the house, using a plank of timber for a battering ram.

They searched the house, and found Restoy in a bedroom closet. He came out shooting.

AGENT EDWARD HEATH, 32, crouched with his gun drawn, was hit in the side of the face. The bullet deflected and went down into his chest.

Agent Ernest Mertens, 25, was hit in the arm.

At least three agents returned fire immediately, hitting Restoy twice in the chest and once in the hand.

During the exchange of bullets, Mrs. Alpisar was hit in the back of the head. Her husband, Juan, 71, was not injured.

Even as he lay on the floor, blood seeping through his stylish pin-striped suit, Restoy tried to resist.

And as he rolled on the stretcher to a waiting ambulance, he tried to squirm free of his cuffs.

HE DIED one and a half hours later, on the operating table at Jackson Memorial Hospital.

Restoy, a former member of the Cuban House of Representatives in the Fulgencio Batista regime, reportedly used cocaine himself, as well as being involved in the sale of it.

The habit is said to have cost him $100 a day.

He was married to "Miss Cuba" 1957, Gilda Marin, and at the time of "Operation Eagle," the June nationwide drug-crackdown, they were living in an apartment at 1809 Meridian Ave., Miami Beach.

At that time Restoy did not resist — but his wife did, however, and was arrested for obstructing a federal officer.

## Policeman Hurt in Wreck

Miami Police Officer Victor Estefan, 26, who gave first aid to Federal Narcotics Agent Ernest Mertens, wounded in a gun battle with a fugitive, ended up in the same hospital room at Jackson Memorial Hospital with him two hours later.

Estefan, an accident investigator, was the first Miami policeman on the shooting scene Saturday night at 4700 SW Second Ter., where Mertens was one of two federal agents wounded in the recapture and fatal shooting of Juan (Cesar) Restoy, 56, a federal fugitive.

. . . to help staunch the flow of blood from Mertens'

*Artículo del periódico donde se reseña la muerte de mi padre*

*Mis quince años con Mami*

*Documento federal de la sentencia de mi mamá*

*Cuando Mami entregó su vida a Dios,
nos convertimos hermanas en Cristo*

# Información de Contacto

Si deseas contactar a Gloria Restoy puedes escribir a contact@innerhealingisjoy.com o a través de su página web innerhealingisjoy.com

Si deseas un programa de restauración para tu vida personal o tu matrimonio puedes contactar a:

Canaan, USA

14301 SW 119th Ave, Miami, FL 33186, Estados Unidos.

Info@canaanusa.org

+1 (786) 250-5029

# REFERENCIAS

i . Conferencia de la Habana (Sin fecha). En Wikipedia. Recuperado el 24 de diciembre de 2020 de https://es.wikipedia.org/wiki/Conferencia_de_La_Haba na

ii APS, Association For Psychological Science. (9 de noviembre de 2011). *Change in Mother's Mental State Can Influence Her Baby's Development Before and After Birth.* https://www.psychologicalscience.org/news/releases/a-fetus-can-sense-moms-psychological-state.html